JN273880

中世荘園制と鎌倉幕府

高橋一樹著

塙書房刊

目次

目次

中世荘園制と鎌倉幕府

序章　中世荘園制論の視角

一　「中世荘園制」概念の必要性

日本における荘園の歴史は八世紀後半に始まり、古代から中世をつらぬいている。この過程を総体的にとらえて〝荘園制〟と表現するか、荘園が中世の国家や社会の基底をなす比重をもつにいたったことの制度的表現として〝荘園制〟をもちいるのかは、荘園史における連続面と断絶面の評価とも関わって、困難な問題をはらんでいる。現在では、中世に存続する荘園の形成時期を十一世紀後半から十二世紀にもとめ[1]、平安末期以降を荘園制の本格的な形成・展開期とみる共通認識のもとに、中世社会の基本構造という意味で「中世荘園制」の語も使われている[2]。さらに古代史研究の側でも、奈良時代の墾田等を「初期荘園」という消極的な荘園類型で把握してきた研究段階は克服されつつあり、むしろ古代荘園の所有システムとして積極的に概念づける学説も登場した[3]。

荘園制をめぐるこのような研究動向をふまえると、中世荘園制は単なる荘園制の段階的把握にとどまらず、従来の通説的理解とは異なる内実を備えた、より新しく積極的な概念に高めていくことがもとめられる。ただその一方で、中世の独自な土地制度上の体制概念として「荘園公領制」が一九七〇年代前半に提起され[4]、学界のみならず教科書の叙述を含めて広く定着したといわれる。本書が中世の土地制度概念として中世荘園制の成立から展開の過程を論じていくうえで、この「荘園公領制」論との格闘は避けられない。

しかしながら、本書の論述は「荘園公領制」論からただちに出発するわけにもいかない。中世史研究の軌跡と荘園制研究との重なり合いが大きく変化するなかで、戦前以来の学説史を整理する作業はこれまでに幾度となく試みられている。(5) その成果にも学びつつ、新たな「中世荘園制」概念を提唱するにあたり、先行学説のなにを批判的に継承し、いかなる研究動向や史料分析法の克服をめざすのかを、本書をつらぬく視角として提示することがもとめられよう。その前提となる本書の中世荘園像を、つぎの三点に要約しておく。

第一に、中世荘園は本免田のほかに公領の郷・保などを包摂し複合的な荘域構成をもつ。ゆえに立荘後も「納官済物」はもとより、国衙財政をささえる官物の弁済も国衙法の規定下に存続し、国家的租税である一国平均役を含めて、その徴収は荘園領主たる王家（院・女院）や摂関家のもつ荘務権に集約される。中世荘園はこのように中世王権を担う王家や摂関家の家政に請け負われた公領支配の一形態として位置づけられるが、その他の公領、とりわけ国衙領としての郷・保と同列な単位ではなく、中世の公領支配において優位性と先端性を備えた所領形態といえる。

第二に、中世荘園の成立を寄進論ではなく立荘論によって説明する。公領などを包摂した複合的な荘域構成は立荘によって生じるが、そうした中世荘園の支配・領有・負担の体系は、院政の権力基盤である知行国制のなかに由来する。国衙領に一元化されない知行国制の独自な公領支配のあり方と、それを基点とする中世荘園の立荘形態の分析があらためて重視される。さらに寄進とは明確に区別される立荘は、本家職以下の重層した職の秩序を作り出さない。立荘時に補任される所職は預所職と下司職であるが、実際の荘務は預所と請負契約を結んだ沙汰人によって執行されており、立荘時に生ずる所職で荘園の支配や所有が完結しているとみることはできない。

第三に、中世荘園の領有体系は鎌倉期の国制に規定されて独自な展開（変質）を遂げる。立荘時には存在しない本家職や領家職などの新たな所職の創出と重層的な存在形態は、都市領主たる貴族層の観念的なレヴェルを含めて、荘園支配の職務と得分が「上分と下地」の分離原則にもとづき多元的に分節化したものである。それは国家権力を構成する公武政治権力の相互規定関係に特徴づけられており、鎌倉後期に発達する公武間の訴訟制度を通じて、保障・体制化されている。

以上のように本書の中世荘園制論は、荘域構成や支配・領有体系の点で独自な中世荘園像を、立荘論および展開（変質）論として整理し、その分析方法として中世前期の国制はもとより知行国制や訴訟制度との関係を重視する。したがって本書は、おもに一九五〇年代後半以降、領主制論や村落論との関係に視点を据えて荘園制の歴史的性格が議論されるなかから展開してきた、国家論に昇華されうる荘園制研究の流れに属している。その意味で政治史の文脈を重視するものといえるが、しかし本書の中世荘園制論は、国家中枢の政治過程にのみ還元されることを意図していない(6)。中世荘園の形成は、院政の定着にともなう中央権力の主導性を重視すべきだが、中世荘園は国衙領とは異なる都鄙間の交通形態に立脚した地域編成と収奪方法であり、それを現地で規定する地域社会の動向から立荘の歴史的意味を逆照射することが必要であろう。

二　立荘論への転換

戦前から戦後まもない時期の荘園研究は、自墾地系と寄進地系の二類型のもとで、古代から中世にかけての荘園を連続したものと考えていた。石母田正氏はこの枠組みを地域差と領主別にトレースし直し、畿内近国と辺境、寺領荘園と公家領荘園、「初期荘園」からの系譜と在地領主からの寄進、というように対比的な構図を示した(7)。

その強い影響力のもとで、豊富な寺院史料に裏打ちされた戦後の荘園研究は、その対象を畿内近国の寺領荘園に集中させながら、荘園支配の古代的性格を徐々に否定していく。それは、明確な立荘という形式をとらない寺領荘園が、中世荘園としての内部構造・収取形態へ展開する過程の追究であり、国衙領の侵食とそれにともなう国司・国衙との闘争・妥協の歴史に彩られた、官省符荘（荘田）からの外延的な拡大という荘園形成の一大シェーマが登場した。

一九五〇年代後半から六〇年代初頭にかけては、領主制の政治史的・制度史的検討が軌道に乗り、別名制や郡司職・郷司職などの公権に依拠した領主制の展開が基本的な認識となりつつあった。国衙機構や国衙領の再編成を領主制の基盤とする国家体制の変質（王朝国家論）も議論された。このような研究動向のなかで、寺領荘園を中心とした荘園研究の方向性を転換し、領主制を組み込んだ公家領荘園を中世荘園の典型に据える永原慶二氏と村井康彦氏の研究があいついで登場する(8)。

永原氏と村井氏の研究は、荘園の成立と領有・支配の構造とが数次にわたる寄進を媒介にセットで立論されている点に共通した特徴がある。中世に存続する荘園の形成時期は十一世紀から十二世紀にほぼ限定され(9)、その基本形が在地領主を寄進主体とする王家や摂関家の公家領荘園にもとめられるとともに、寄進の連鎖にもとづく身分的な職の秩序に特徴づけられる重層的な領有構造が重視された。このように中世荘園の成立過程と結びついた領有のあり方を指標として、公家領荘園を中心に類型化されたのが「寄進地系荘園」である。また、「寄進地系荘園」は、土地と荘民の統一的把握を実現した中央貴族層の私的大土地所有と規定され、財政や地方行政を含めた国制との関係性が強く意識されている。摂関政治や院政といった政治体制との単純な結びつけではなく、六〇年代以降に本格化した大田文の分析によって、中世にいたる荘園形成のピークと体制化が十二世紀中・後葉に確定されたことも、荘園制の国家権力による保障という永原氏の構想をさらに押し広げることになった。

ところで、この「寄進地系荘園」の理論的枠組みの出発点は、一九〇六年に発表された中田薫氏の論文「王朝時代の庄園に関する研究」[10]にもとめられることが多い。しかし中田氏自身は荘園の成立を寄進で説明しておらず、[11]中田学説の大幅な再構成を通じて「寄進地系荘園」が体系化されるプロセスをみきわめておく必要がある。

最初に確認しておきたいのは、中田氏が「一個人の私有地」たる荘園の存在を前提に、荘園所有権の発達を論じたことである。荘園の設立や内部構造に関する自説は公表されず、荘園の所有権の発生が「開墾」＝「開発」にもとづくことのみが指摘され、荘園所有の権利継承のヴァリエーションとして寄進が分析された。そのなかで中田氏は、荘園の所有者＝「開墾者」とその「権利承継人」を、それぞれ史料表現にもとづき「開発領主」と「開発領主之末流（余流）」と呼んでいる。そして「小地主」とも表現する前者から後者の「権門勢家寺社」への寄進が、「国家の租税を免かる、為めに、或は外部の壓迫に対して所有地を保全するが為めに」行われると説明した。平安時代以降に名目上の荘園所有権寄進を行った「開発領主」を、中田氏は「小地主」とイメージしていたことがわかる。

この荘園所有者で寄進主体たる「開発領主」＝「小地主」こそが、寄進先に選ばれた「権門勢家寺社」と区別される現地の領主、すなわち石母田正氏が理論化した在地領主と重ね合わされていくことはいうまでもない。[12]さらに同じく戦後に進展した国衙領研究の成果が中田学説に持ち込まれ、「開発領主」「小地主」＝在地領主の所領が、中世の国衙領たる郡や郷に位置づけられるとともに、その寄進が貴族的土地所有としての荘園を成立させるという理解に組みかえられた。つまり荘園の成立を下からの寄進によるものと規定したのは、出発まもない戦後歴史学の成果をもとに、中田学説を再構成した永原氏等である。その意味で六〇年代以降の「寄進地系荘園」論はすぐれて戦後歴史学の所産であった。

もとより永原氏はその行論過程において、在地領主（中田氏のいう「開発領主」「小地主」）と荘園領主の権限や得分が歴史的に異なる事実を明らかにし、在地領主の脆弱性・依存性を主張して、中田学説の「職権留保付領主権寄進」を根本的に批判したことはよく知られている。しかし、その一方で王家や摂関家の荘園所有と接合させるために中田学説の「本家寄進」をほとんど無批判に継承したことも事実である。「鹿子木庄事書」などから抽出された二つの寄進の連鎖は、中世荘園の支配・領有構造の特質として王家や摂関家を頂点とする重層性・集団性が強調される際に恣意的に利用されたきらいがあり、中田学説の批判的な検証は荘園の成立過程とは別の角度からも行わねばならない。

本書が永原氏の「寄進地系荘園」論を中田学説の再構成と評価するのは右のような理解にもとづいている。すなわち、中田学説が六〇年代に再構成される過程で「荘園の成立＝寄進」という図式はできあがり、そこから導かれる重層的な領有構造が中世荘園の特質として定式化された。しかし、その図式自体は再検証されておらず、荘園成立過程論の通説的位置をしめる永原氏以降の「寄進地系荘園」論を詳細に吟味し直すことが課題となる。

その際にまず留意すべきなのは、永原氏と村井氏はそれぞれに批判・克服の対象とした先行の学説や研究動向が異なるゆえに、荘園制の性格規定にいたる分析方法や論理展開に対立点も存在することである。具体的にいえば、荘園領主権を国衙公権の分割形態とする共通理解のもとで、寄進主体とされる在地領主権の評価の強弱は大きな分岐点であり、そこから荘園形成における寄進のもつ意義や国司の役割にまで論点が発展する。

永原氏は、藤間生大・石母田正両氏の研究[13]で論及された荘園領主＝中央貴族の政治的階級的特質を問い直し、古代とは異なる重層的・集団的な荘園の領有・支配構造を描き出した。それにもとづき中世前期の国家権力を、律令制から一定の変質を遂げた家産官僚制国家（「職制国家」）と規定して、[14]荘園制を封建的支配とみなす学説を批判する。他方の村井氏は、律令財政の崩壊から荘園制への転換を見通すなかで、中級貴族たる受領層の動向に目を向け、「寄進地系荘園」が乱立する政治的要因を分析した。その結果、「寄進地系荘園」の原動力は在地領主に加えて中級貴族の側にもあり、かれらの家領形成としての側面を有する国司の積極的な寄進仲介と荘園設立が高く評価されたのである。

このように現象的には国司の役割に集約される見解の相違は、荘園成立時に寄進所領の国衙公権が移譲される理由を、所領寄進の前提をくずさずに説明することの模索から生じている。永原氏が寄進の主体と対象をことさらに限定して、在地領主が郡司や郷司として公権＝職により知行する国衙単位所領を寄進すると述べたのも、同じ論理的要請からであった。しかし、その史料的な確証はない。

荘園形成の基本的な性格づけに関わるこの論点は、のちに坂本賞三氏が荘園領主権の成立経緯を所領寄進と国家的給付の便補との組み合わせにより説明することで、[15]止揚されたかにみえる。しかし、結果的に寄進と立荘の区別をはじめて提起したともいえる坂本氏でさえ、国衙体制下での領主支配の展開と矛盾、そして所領寄進から荘園成立という研究の軸線には、変更を加えなかった。そしてこの枠組みは、七〇年代後半から寄進の主体・対象・背景をめぐる議論[16]が錯綜することによって、むしろ空洞化したとさえ考えられる。

七〇年代前半の網野善彦氏による「荘園公領制」論は、荘園の公的性格をそうした成立過程論ではなく、別の方法で証明することを試みた。おもに十一世紀半ばの延久令以降の荘園整理令による荘園と公領の分離・領域確定、そして大田文の作成・登録にともなう同質化と体制的承認である。荘園と公領が国家的土地所有と私的土地所有の両側面をあわせもち、都市貴族と在地領主の土地所有を有機的に組み込んでいる、という「荘園公領制」

論のあいまいな定義のなかに「寄進地系荘園」論は包摂され、寄進の内実をめぐる論点の拡散と行き詰まりが解消されないまま、直接的な議論の対象から離れていく。

一方、八〇年代以降は国衙機構および国衙領の再編成論を媒介に進められた国制研究から脱皮して、国家中枢の制度や機構、財政に関する緻密な研究が活発化した。荘園制研究との関係からいえば、国家財政の推移に中世の荘園形成を位置づけるものや、立券荘号の制度的研究が貴重な成果をあげた[17]。そこで得られた知見は重要であり、とくに「寄進地系荘園」論では関心の向けられなかった、中世荘園の法的成立を意味する立券荘号の命令主体やその手続内容が具体的に解明された意義は大きい。立券荘号は院・女院・摂関家のみが命じることができ、その前提に在地領主を含めた所領の寄進が連なっていたとしても、それ自体は正式な中世荘園の成立ではないことがはっきりしたのである。

さらに井原今朝男氏の「国政と家政の分裂と統合」という分析視角にもとづく国家の儀礼論、収取論、年貢・公事論の展開を通じて、王家領や摂関家領の年貢・公事とその収取が国制上に位置づけられたことも重要である。中世荘園の年貢・公事を荘園領主（権門）の自給的家産制的な収奪物とする理解を克服して、国家儀礼などの公事用途の賦課・調達のあり方から王家や摂関家の荘園領有を論じ、その安定的な調達の必要から、中央権門側の「庄券契を尋ねる」という積極的な荘園設立の動きも示唆されるにいたった[18]。

このような研究成果をうけとめ、「寄進地系荘園」論以降に中世荘園の主流とされた、王家領や摂関家領の荘園を分析の中核に据えて、在地領主を基点とする寄進の連鎖を荘園設立の原動力に位置づける通説的理解を、正面から批判したのが川端新氏である。

九〇年代後半に集中して公表された川端氏の研究は、王家や摂関家による荘園設立の主体性を一貫して重視し、下からの所領寄進はその立荘過程の手続きにすぎないと主張して、「立荘＝寄進」の図式を否定する論を展開する。「寄進地系荘園」論以後の研究で捨象されてきた、寄進所領と立荘された荘園との構造差を実証的に示す方法のもとに、立荘のプロセスこそが中世荘園の成立として具体的に分析されるべきことを強調したのである[19]。

このような分析方法と議論の方向性は、川端氏により立荘論として整理・体系化されるのとほぼ同時期に構想され公表してきた私の論文と共通しており、立荘勢力としての院近臣による知行国支配と連動させた家領形成の動きへの注目も一致した見方であった。ただし川端氏の立荘論は、さらに独自な構想のもとに成り立っていた。

川端氏は、知行国主・国守と国衙（目代・在庁官人）を一枚岩の支配系列とは考えずに、院政と知行国制の定着に連動して、在京の知行国主・国守と現地の国衙（目代・在庁官人）とがそれぞれ自律的に機能するようになり、この両者間で利害対立と政治的妥協を内包しつつ、現実の地方行政を処理していく姿を追究した。国主・国守と官物の請負契約を結ぶ目代が、国主の変化と連動せずに在任した事例や、十一世紀以降に国解が減少し在庁官人の連署する在庁官人解が定着していく事実の指摘はその具体化である。十一世紀末以降、この枠組みのもとに中央から立荘の推進力がはたらき、それが国衙を含めた現地の受容を経て中世荘園は成立する。そして立荘のピークをむかえる十二世紀後半には、武力を背景にした平氏政権の主導による上からの立荘が強化され、荘園形成をめぐる中央と地方の軋轢が増幅していく。このような認識のもとに、川端氏は十二世紀末葉の内乱を展望していた[20]。

知行国制と国衙機構（留守所）の関係の実態究明に、根本的な再検討が必要とされる点は私もまったく同感である。しかし、より重要な問題として、川端氏の構想には「寄進地系荘園」論の分析方法上の欠点がほぼそのまま継承されている。立荘をめぐる中央から地方への一方的なベクトルを強調すればするほど、六〇年代からの荘園制研究が追究してきた中世荘園の国家的性格は、中央の政治過程レヴェルに矮小化されかねない。それと表裏の問題として、内乱終結後の鎌倉期以降も含めた、中世荘園の存続と国衙との関係性についての説明責任も、重くのしかかってくる。川端氏のなかでこれらの問題は十分に熟成されないまま、「中世初期の国衙と荘園」が永遠のテーマとなってしまった。

さらに、中世の荘園制は永原慶二氏が強調するような「支配諸階層」の体系としてのみ成立したのか、という疑問が川端氏の立荘論にも向けられる可能性は十分にある。川端氏は、「免田型荘園」から「領域型荘園」への転換を説く小山靖憲氏の類型論(21)を参考にして、中央貴族層から寄進される免田等と実際に立荘される領域性をもった荘園との構造差を強調した。これは法的・制度的な所領形態の相違という点では異論がなく、私見とも共通するが、免田所領が現地では領域性をもった村落にささえられているとみる議論もある(22)。立荘時に「庄券契を尋ねる」沙汰の対象となる文書＝所領の内実も含めて、中世荘園の外枠が現地でどのように作られ、荘民の編成はどのようになされるのか、そこに民衆的な基盤はまったくなかったのか、という論点も立荘論に組み込まねばならない。

これらの論点をもとに、本書における立荘論の独自性を明確化する意味からも、必要な範囲で以下に先行研究を整理しておくことにしよう。

知行国制の公領支配　最初の論点である知行国制や国衙機構と荘園形成との関係を考える際に、ふりかえらなければならないのは、七〇年代から八〇年代前半に新たな展開をみせた、十～十二世紀の国衙機構および国衙領の研究である。その議論の方向性は「寄進地系荘園」論に直接対峙するものではなく、むしろその基礎構造としての国衙領支配を再検討することで、「寄進地系荘園」論の枠組みを温存したともいえる。しかし、六〇年代までは不明であった国衙領における収取機能の実態究明から、国衙権力の再評価が行われたことは見逃せない。とくに本書が公領支配を前提とした中世荘園の設立を、寄進以外に説明する論理の構築をめざすとき、その糸口になりうる重要な視角が伏在していたと考える。

まず、前提としてふれたいのは、十一世紀後半の別名制導入に象徴される国衙領の再編成が、前代の荘園を吸収消化し、十二世紀の新たな荘園形成の土台になったとみる坂本賞三氏の見解である。「中世荘園が荘園という形をとった前提として律令国家段階から存在した初期荘園の影響（たとえば官省符荘に公認された永代所有と不輸租との特権など）があった」（傍点は筆者）という叙述[23]に象徴されるように、坂本氏は「初期荘園」と中世荘園の形式的な連続と実態的な断絶の関係をみきわめ、両者のあいだに国衙領の変質と再編に関する分析[24]をおいて、中世荘園の独自性を抽出しようとする。在地領主の所領寄進が国衙領段階でいかに準備されたか、という議論は別にして、その方法自体には学ぶべき点が多い。

そこで問題となるのは、十一～十二世紀における国衙領支配や国衙権力の性格規定である。入間田宣夫・大石直正氏の研究から展開する国使体制論とそれをうけた国衙領支配機構論[25]は、当該期の郡・郷などが国衙から派遣される国使を中心とした検田・収納の単位であることを実証的に論じ、国衙権力や国衙領を領主支配の基盤として積極的な評価を与えてきた研究に批判を加えた。その結果として、当該期の郡司・郷司＝在地領主に対する、国衙権力や国衙領支配の抑圧的性格が強調されることになる。国使体制論の主眼のひとつは、十二世紀までの在地領主と鎌倉期以降の在地領主との非連続面を、郡・郷における検田・徴税機能の帰属から明確にすることにあったが、領主制論を相対化した国衙の所領支配や権力機構の実態究明は、さきにふれた坂本氏の分析方法を批判的に継承するうえできわめて重要である。

ただし、大石氏が国使の実態を在庁身分の「土着」した領主と規定したように、国使体制論は国使の権能を国衙機構にひきつけすぎている。久保田和彦氏が批判するように、国使は在庁に限らず「土着」の領主とはいえない。国使は中央から下向した実務官人を含む国司の郎等であり、久保田氏はそこから国司の「私的権力」による国衙行政の遂行を提案している(26)。国使体制論をさらに展開させて、中世的な郡郷制の改変を国司主導の徴税単位の創出とみる研究(27)も想起されよう。さらに国使体制論やこれらの研究に共通した問題点として、当該期に国司と国衙が分離し国司制度が変質して、知行国制が展開・定着することへの論及がみられないことを指摘したい。国使体制論が提起した検田・収納機能などの担い手の問題は、狭義の国衙機構や国衙領にとどまらず、都鄙間の交通形態論をともなう知行国支配全体のなかで考えるべきではなかろうか。

知行国制下の史料には国司使と国衙使を使い分ける事例もあり(28)、国衙の介入を排除した別納や別結解・京済といった徴税・弁済の方法に関わる所領支配の多様性も考慮すると、国衙に直結した国衙領と中世の公領全体を等式で結ぶことはできない。「公領」と「国領」を明確に書き分ける十二世紀の公文書(29)もふまえて、国衙領に限定されない公領の範疇を定立し直し、その支配形態を知行国制のもとで分析する必要がある。

知行国制の研究においても、かつて時野谷滋氏や橋本義彦氏の研究(30)を軸に展開してきた段階から、新たな論点が生まれている。財政史的観点から知行国制を院や上級貴族などへの給付形態として位置づける、上島享氏の研究(31)とともに、郷や保などの知行が院分国主や知行国主の近臣・近親者などに給与され国衙から自立した公領支配のシステムが注目される(32)。封戸制の衰退をうけて、知行国制が国家レヴェルの給付体系として機能することの意味は、国主との血縁・姻戚・主従関係を通じて、貴族社会内に公領の経営を請け負うシステムが放射線状に広がっていく実態も含めて考えねばならない。国使体制論で明らかにされた検田・収納などの国務機能が、こうした知行国制下の公領給与を通じて、立荘後の荘園領主権に継承される道筋も十分に想定することができるからである。知行国主・国守と国衙の関係を問い直すことはもとより、知行国制にもとづく公領支配の実態を究明するなかに、中世荘園の立荘と経営の基盤を探り出す作業はこれまで行われていない。それは、領主制論を前提とした国衙領支配ではなく、知行国支配のもとでの公領経営のあり方から、中世荘園の特質を抽出する方法といえよう。

複合的荘域構成と立荘　知行国制下の公領支配から中世荘園の立荘を考えるとき、もうひとつ大きな課題となるのは、荘園内部の構成要素やそれらの支配構造をどのように理解するかである。名田制の分析を中心とした内部構造論と区別するために、本書ではこれを荘域構成と呼び、立荘論にもとづく荘園内部の政治的構造を含意している。つまり、政治史的範疇たる荘園領主権と国衙公権との有機的関係であり、面的な荘域構成からの領有・支配体系の立論である(33)。

従来の「寄進地系荘園」論では、重層的な所職の領有構造を強調するあまり、こうした問題にほとんど無関心であったといってよい。永原慶二氏は具体的な分析のメスを入れずに、荘園領主権には国衙公権の一部または大半が割譲される、というあいまいな表現に終始していた。村井康彦氏はさらに進んで「国家国衙権力よりの離脱」と表現している。両氏はともに荘園を私的土地所有と規定するために、在地領主からの所領寄進をうけた中央貴族層が国家権力への寄生や露骨な公権利用を通じて、いかに国衙公権を割き取って荘園領主権を確立するか、というベクトルでしか検討されていないのである。

しかし、再び中田薫氏の学説をふりかえってみると、その全体構想のなかには、つぎのような注目すべき指摘が含まれていた。

庄園は不輸不入の特権が附帯せる私有地なりとの説明は、総ての庄園に通じて極度まで之を支持すること能はず。(中略)少なくとも王朝の末期及び其以降に於ける多くの庄園内には、庄主の所有に属せずして、而も特権の関係に於て庄主の配下に立つ他人の所有地あれば なり。(中略)此種の土地を庄主の所有に属する固有庄地に対して、附属庄地と名づく。以下に於て庄園と言ふは、特に明記したる場合の外は、常に固有庄地のみを意味するものにして、敢て附属庄地を含まざるものと知るべし[34]。

中田氏の「附属庄地」に関する具体的な論述は公表されなかったが、少なくとも中田氏が、荘園の内部に他領が包摂されて権益関係が複合しているという認識をもっていたことは明らかである。永原氏が強く批判した在地領主の「排他的な私的所領」に立脚する荘園像というのは、中田氏の荘園理解の一面を突いたものにすぎない。

中田氏以後の荘園研究においても、戦中に公表された舟越康寿氏の研究[35]では、鎌倉期を中心に荘園の「半不輸」が正面からとりあげられていた。ただし、そこでの議論の方向性としては、国衙に官物を弁済するような荘園の出現理由が、平安中期以降の朝廷・国司による荘園整理と寺領荘園における荘園拡張との妥協策にもとめられている。つまり半不輸に象徴される荘園と国衙の有機的な関係は、本免田からの「加納・出作」を介した荘田の外延的拡大と荘園整理令によるその停廃、という枠組みのなかで理解されるにとどまっていた。荘園の半不輸を一円不輸への「過渡的な制度」とする舟越氏の理解も含め、それを当該期の政治権力の推移と結びつけて定式化したのが、五〇年代後半に院政・平氏政権と荘園制の関係を論じた竹内理三氏の研究[36]であった。

永原氏の研究でも、十一世紀の荘園における半不輸には注意が向けられているが、最終的には一円不輸の免田化を荘園の本質とみており、十二世紀の「寄進地系荘園」には半不輸の問題が考慮されていない[37]。畿内近国の寺領荘園を対象とした当時の研究段階では、官省符を帯びた荘田＝本免田のほかに公領を含み込んだ荘域の成り立ちを説明する論理として、本免周辺の国衙領に居住する農民の寄人化とその耕作地の加納化、ないしは荘民の出作公田の加納化しか提起されていなかった。[38] 著名な保元荘園整理令の第二条が規定する、「加納と号し出作と称し、本免の外に公田を押領」し、「暗に率法を減じ官物を対捍す」るような荘域構成をもつ「院宮諸家庄園」が、「宣旨并白川・鳥羽両院庁下文を帯び」て立荘される、という思考そのものが存在しなかったのである。

このような研究動向の一方で、六〇年代末には工藤敬一氏が九州荘園の分析から「郡荘」「寄郡」を概念化して、本免田からの外延的拡大ではとらえきれない、半ば国衙領的な中世荘園の存在形態を実証的に提示していた。[39] さらに工藤氏は、この「郡荘」論をふまえて八〇年代に九州荘園の研究をつぎつぎと公表し、国衙領や他領を包摂した複雑な存在形態をとる王家領の「郡名荘」が、九州地方の中世荘園の主流であることを強調している。[40] また九州以外の個別研究でも、鈴木国弘氏が六〇年代末に備後国大田荘を事例として、荘園内の国衙領の存続や国衙機構との関係を論じ、[41] 石井進氏も信濃国の蓮華王院領野原荘と伊勢神宮領矢原御厨との複合的な存在形態に注意を促す[42]などの動きがみられた。

九州地方という特定フィールドに対象を限定しながらも、工藤氏の研究がすぐれて普遍性をもち得たのは、永原氏や村井氏の「寄進地系荘園」論と同じ王家領荘園を素材に、その存在形態の分析にもとづいて「寄進地系荘園」を相対化する立荘像に議論を展開させたからである。川端新氏や本書の立荘論でもっとも継承したかった点もここにある。とくに院や知行国主などと在地の領主層との連携による立荘の政治構造と、本免田以外に多くの公領を包摂した荘域の創出が、セットで立論されたことが重要で、知行国支配と荘園形成の関係が村井康彦氏のいうように寄進の仲介や国司の家領形成だけではなく、立荘にともなう荘園の構造との関わりから知行国制の役割が示唆された点も大きい。

公領と重層した中世荘園の複合的な荘域構成の形成を立荘論に位置づけ、中世荘園を公領支配のヴァリエーションとみる本書の構想もここから出発している。「荘園公領制」論は、成立経緯を問わず荘園と国衙領の分離と併存を前提とした両者の同質化と有機的関係を、荘園整理令や大田文の作成を媒介に主張するが、荘園の内部構成や成立過程そのものから抽出できるように、荘園と公領は分離・併存もしていなければ同質でもない。そして荘園に導入された斗代制が国衙領に派生するように[43]、知行国制下の公領支配から特化した中世荘園の形成と存続がもつ先端性と優位性を明確に主張しなければならない。「荘園公領制」論はこれらの点を表現できない概念であり、中世的所領の支配や配置を荘園と国衙領の二本立てから出発して分析する方法は廃棄すべきであろう。

また、知行国制に連動した中世荘園と国衙との合意形成システムとして、公領の「加納」「余田」を分析することは、かつて永原慶二氏が国家権力に癒着する荘園領主権の特質から指摘した「権門の非自立性」という論点にも直結する。この「権門の非自立性」は井原今朝男氏の国政・家政連動論によって、諸国・荘園二本立ての公事用途調達方式との対応関係から再評価されたが、さらに永原説の対極にある公領と重層した中世荘園の荘域構成とその領有構造をふまえて、その内実を組みかえる作業も必要である。

立荘の在地的基盤　六〇年代に村井康彦氏が中世荘園の類型として提唱した「雑役免系荘園」と「寄進地系荘園」は、荘園の成立契機に着目するとともに、荘園の存在形態や支配構造のあり方をも含めた概念であった。これが畿内近国の寺社領荘園と辺境の公家領荘園という地域差・領主別にもとづく荘園配置の理解にトレースされたことはすでにふれた。畿内近国の寺領荘園では、公民の寄人化と公田の加納化が複合した荘領の拡大＝中世荘園化が論じられる一方で、辺境を中心とした公家領荘園では、在地領主の所領支配とその寄進に依拠した荘園設立により、「土地と人民の一円的支配」の確立が説かれた。重層的な所職の領有構造をもつ後者が、中世荘園のもっとも大きな比重をしめるとされながら、その設立と地域の住人・百姓との関係性を動態的に検証する視角や方法は開拓されなかった。その証拠に、中世成立期の「住人等解」闘争をめぐる六〇～七〇年代の議論でも、荘園領主側に残された伝来史料の分析という方法的限界もあって、荘園の成立は所与の前提とされることが多かった。[44]

荘園制の成立史を論じる方法は、もとより厳密な意味での制度的・法的な分析のみでは充足されない。『中世的世界の形成』に述べられた「特定の土地所有権の成立は形式的法的にのみ理解すべきではなく、そこに内在する政治的関係の表現として把握さるべきである」[45]という石母田正氏の方法論を想起するとき、その政治的関係の主体を地域レヴェルにおいても分析する必要があることはいうまでもない。

戸田芳実氏は、この方法に即して領主制論を批判的に継承する立場から、十二世紀における中世荘園の領域的枠組みと支配構造の形成過程に非古代的性格をみいだす研究を、五〇年代半ばに公表した。[46]それは荘園領主と在地領主の抗争を重点的に描いた石母田氏への批判であり、基本的な階級対立を荘園領主・在地領主と荘民とのあいだにもとめ、封建化した国衙の支配体系が荘園支配に吸収される事実が強調されている。明確な立荘という形態をとらない寺領荘園が対象であるが、国衙支配の形態や在地構造に規定された中世荘園の成立という指摘は、地域社会の深みから立荘論を組み立てるうえで方法論的な示唆をあたえる。とりわけ十二世紀に黒田荘の確立をもとめる裏づけとして、中世に存続する領域的枠組みが、公領における「在地村落の中心をなす小領主的田堵」と公民の同族・地縁的関係、その「小領主」の荘官組織への取り込みを媒介に確立したとする指摘は注目されよう。

この戸田氏の論理を継承・発展させたのが大山喬平氏の「村落領主」論である。[47]大山氏は七〇年代初頭に論文「荘園制と領主制」を発表して、小経営としての名主層と散田作人層の二重構成からなる中世村落から生み出される「村落領主」概念を提起し、荘園制と領主制と中世村落の架橋を試みた。おもに公文層を実体とするこの「村落領主」は、「寄進地系荘園」と「寺社領荘園」に共通の土台とされ、とくに前者の場合は、村落領主たちを組織した郡・郷規模の在地領主による所領寄進が、荘園設立を導くと考えられている。つまり中世荘園は、その成立経緯や領主の相違を問わず、「村落領主」の編成を介した村落を基盤とする支配の枠組みと理解されることになる。

小山靖憲氏の「領域型荘園」論は、これらの議論をふまえて、おもに景観論の立場から村落・田畠・山野河海を包摂した中世荘園の類型として立てられたものである。[48]ただし、大山氏などと同様に、王家領などの荘園形成を導く原動力は在地領主からの「寄進」しか想定されておらず、中世荘園の立荘時に自己の生活・生産の「空間を分節化[49]」されることへの住人や百姓たちの関わりは深められるにいたっていない。

これに対し、中世成立期の村落住民と在地領主との階級対立にささえられる荘園領主のイデオロギー支配を追究するなかで、ユニークな荘園形成を描いたのが河音能平氏である。河音氏の議論は、公家領の「寄進地系荘園」を中世荘園の主流とみて、畿内近国の権門寺社領に対象を限定したものだが、在地領主の支配に抵抗する田堵住民（上層農民）たちが権門寺社の寄人化を契機に村落結合を強化し、国家的給付の便補地として、かれらの生活領域が荘園制的領域支配に分割されるという点で、村落側の主体性に踏み込んでいる。[50]戸田氏と同様に国衙を在地領主の権力基盤とする評価は、現在の研究段階では受け入れがたいものの、荘園の領域的枠組みを形成するファクターとして、村落側の意志と中央権門側の国家的給付との結合は注目すべき視角といえよう。

以上にみてきた研究は、それぞれ対象も力点も異なるが、中世村落を基盤とした「中小領主」「村落領主」の編成による荘園形成、村落上層農民による田地寄進に上から国家的給付の便補を重ねた荘園領域の設定、といった論点が抽出できると同時に、その一方では国家論としての荘園制研究との懸隔も浮かび上がってくる。ここで必要なのは、基本的な階級対立を前提としつつも、中央権力の主体的な地域編成の動きに絡め取られていく、地域社会内の政治的・経済的な対立と協調の諸側面を見据えながら、より動態的な立荘論を「寄進地系荘園」論と同じ土俵（王家領や摂関家領の中世荘園）で構築することである。それは、一方的な支配・被支配関係の強調ではなく、複数の中世村落からなる地域社会の生活・生産関係が荘域の画定を逆に規定するという見通しのうえに、中央の立荘勢力と地域の住人・百姓たちとの「相互依存」関係を追究することにもつながる。[51]

本書ではその触媒として、立荘と国衙権力・国衙領支配との関係を、対立と協調の両面からあわせみることを提言した。地域の住人や百姓が忌避した国衙支配を相対化しうる、公的な支配形態としての知行国制がもつ意義もここにある。国衙領支配からの離脱をも可能にする知行国制の公領支配を介して、地域レヴェルにも基盤を有する中世荘園の立荘が行われ、「加納」「余田」が国衙との合意形成システムとして、その存続をささえる。ここであらためて焦点となるのが、知行国制を基盤とし、中世荘園を独自に立荘し、官物率法の特例指示を含めて「加納」の保障主体となる、院権力の歴史的性格とその求心力の問題であった。

すでに知行国制が院権力の基盤であることは共通理解となっているが、[52]知行国制下の公領支配と国衙の直轄領支配との複合関係をみる立場からすれば、立荘文書が院庁牒から院庁下文に様式変化する事実や、院権力による在庁官人への直接命令系統の確立[53]は、重要な意味をもつことになる。立荘時の牓示打ちはもとより、「加納」「余田」の田数確定や官物の収納・弁済（「加納之沙汰」）などからなる院使と国使の共同作業は、そうした院権力と国衙の関係に裏打ちされた、王家領における荘園法と国衙法との重層関係の反映と理解することができる。そして、十一世紀末からの伊賀国でみられるように、「加納」の官物率法に関する国衙法が、「院御庄例」「院御庄に准じる」という形式のもとで、王家領の荘園法に従属している事実にも注意しておかなければならない。

また、鈴木茂男氏が指摘した[54]院庁下文の国政文書化がみられる後白河院政期には、鈴木氏の予想をこえて、太政官牒・官符の発給なしに院庁下文のみで「官省符之地に准じる」特権が荘園に付与されるが、その背後には荘園現地の住人・百姓による要求が伏在していた。王家領荘園の住人・百姓たちは、対立する集団や国衙権力に対して「一院御領」の「住人」などと自称し、国衙による一国平均役等の賦課・徴収を制度的にまぬがれるかわりに、荘園領主たる院からの賦課・徴収に応じ、ときには諸国や貴所御領への賦課に先駆けて、院分国と院御領が伊勢役夫工米を負担するような[55]国家財政の構造をささえていた。国家的租税としての一国平均役の負担体系に対応した中世百姓身分の成立を説く木村茂光氏の研究[56]が想起される。また、「加納」の官物率法の適用や院使を介した国衙側への官物弁済によって、王家領荘園の住人・百姓が国衙財政に寄与していることも重要である。

中央貴族から国衙、そして地域の住人・百姓レヴェルにいたるまで、同時代の公私文書や法文に一致して「院御領」「院御庄」と表現される王家領荘園の立荘[57]を本書の中心に据えたのは、以上のような事実認識と研究史理解にもとづいている。本書の中世荘園制論をふまえて、院権力と地域社会の関係を正面から議論することは今後の大きな課題である。

三　領有構造の展開——新たな所職の創出と重層的領有体系の形成——

六〇年代にまとめられた「寄進地系荘園」論は、中世荘園の特質を国家的な保障下にある領有構造の重層性にもとめ、その形成要因を所領寄進の連鎖で説明した。より具体的にいえば、在地領主を基点とした下からの寄進の積み重ねと、そのたびに上から職に補任されることによって、本家職—領家職—預所職—下司職という重層的かつ身分階級的な職の秩序が形成されるというものである。永原慶二氏はこの領有構造を「職の体系」と概念づけ[58]、それを保障する家産官僚制的な国家権力のあり方を「職制国家」と規定した。

さらに「職の体系」論の特徴をまとめると、①院政期の荘園成立時から南北朝期までその存続を認める点、②中世荘園の支配と所有に関わる権利や得分がすべて職で表示され、「職の体系」内で完結的にとらえられている点、③職の補任にもとづく上位者優位の性格を強調する点、となる。こうした「職の体系」論に対しては、すでにいくつかの批判が出されているが、その多くは①に集中している。なかでも石井進氏は、「職の体系」論が中世荘園の領有・支配の体系を形式的・静態的に把握しすぎていると批判した[59]。しかし永原氏が「職の体系」の存続と表裏の関係で把握する国制のあり方（「職制国家」）については、その集権的・求心的側面の強調が黒田俊雄氏の「権門体制」論[60]と共通する点を指摘しつつも、詳細な検討を避けている。また、中世荘園の成立過程についても、石井氏は「寄進地系荘園」論に立つため、その批判は根本的なものとなり得ていない。これまで「職の体系」論への批判はあっても、それにかわる荘園領有・支配構造論が生み出されてこなかったのは、まずもって「寄進地系荘園」論にかわる中世荘園の成立過程論が提起されなかったからである。

九〇年代後半に提起された立荘論は、この点を明確に意識して中世荘園の領有構造に論及した。立荘論は寄進と立荘を明確に区別し、寄進の実態やその意義を立荘の過程に位置づけ直すことにより、立荘以前に行われる下から上への寄進の積み重ねが、荘園の成立はもとより受寄進者からの職の補任をともなわず、王家や摂関家による立荘への政治的な接近手段にすぎないことを明確にした。立荘論にもとづいて中世荘園の成立過程を分析すれば、「職の体系」論がいうような所職の重層性がただちに形成されないことは明白である。事実、立荘を命じる院庁・女院庁や摂関家政所の下文には、所領寄進者たる中央貴族などの申請にもとづいて預所職に補任し、荘務執行を許可する文言が例外なくある。そして預所職に補任された人物が、自己の家政機関から発給する文書で補任するのが下司職である。中世荘園の立荘時に成立する所職は、この預所職と下司職のみに限られる。

立荘当初の本家（本所）や領家は所職ではなく、免田等の所領寄進者が王家や摂関家による立荘後の中世荘園で預所職に補任される関係こそ、中世荘園の原初的な支配体系である(61)。また、中央貴族による預所職の知行は、立荘が行われる経緯とも関わって、王家や摂関家の家政機関における各種ポスト（執事・年預など）に付属する場合が多く、それらの職務と荘園の知行は連動しており、佐藤進一氏の提唱した「官司請負制(62)」と同じ構造が確認できる。前述した中世荘園の複合的な荘域構成も含めて、預所職以下の進退権に象徴される王家や摂関家の優位性は、むしろ立荘論によって整合的に理解することができよう。

この議論と大きく重なるが、立荘論にもとづく荘園領有構造の提起は、立荘時には存在しない本家職や領家職がどのように出現し、それが立荘以来の所職の変質といかに関わっているのか、という新たな課題を浮かび上がらせた。このような発想は、立荘論のうえにはじめて成り立つ独自なものだが、十三世紀初頭までに立荘がほぼ収束する事実もふまえると、さきにふれた「職の体系」論批判とも関わって、鎌倉幕府成立後の国制と荘園領有・支配の関係をどのように考えるかが焦点となってくる。

鎌倉期の国制をめぐる学説は、いずれも六〇年代以降に提唱された「権門体制」論、「職制国家」論、「東国国家」論(63)、「国家内国家」論(64)などがあり、現在でも一致をみていない。しかし、これらの各説を通じて、鎌倉期以降の中世国家における公武権力の補完的・相互規定関係は共通理解を得るにいたっている(65)。その結果、鎌倉期の荘園制研究においても、地頭職を獲得した武士たちが荘園を侵食し、貴族社会の経済基盤を掘りくずしていったとする戦前以来の見方を克服して、荘園領主・地頭間の調停機能にもとづく荘園制の維持と、それに寄生する政治権力として鎌倉幕府を評価するようになった。[66] そして、「荘園公領制」の提起以降はこれをさらに進めて、荘園制が鎌倉幕府の成立と地頭制の導入によって、体制的に確立したとする理解が浸透していく。

地頭制は鎌倉殿の統治権的支配を実現するものと指摘されており、[67] 鎌倉幕府の権力構造を考えるうえで欠かせない制度である。かつては領主制論の延長から論じられることの多かった地頭制だが、近年は東国を中心とした年貢徴収・請負システムとしての評価も高まっている。[68] その一方で、鎌倉幕府と荘園領主権との関係を論じる研究も戦前から進められている。鎌倉幕府の財政基盤や御家人に対する恩給所領への関心から出発した、関東御領の研究である。

関東御領研究の嚆矢ともいうべき牧健二氏の研究[69]は、鎌倉幕府が本家や領家の地位にある荘園を関東御領と規定し、その主たる淵源を平家没官領にもとめていた。戦後に関東御領の検出作業を進めた石井進氏は、その多くが北条氏得宗領と重なる事実を指摘して両者の系譜関係を論じ、[70] 入間田宣夫氏は支配システムの復元から関東御領と得宗領の類似性を分析した。[71] これらの研究をうけて、筧雅博氏は関東御領の多様な知行体系と政治的機能を分析し、恩給の対象を武士だけでなく王家や摂関家を含む貴族層にも拡大した。[72]

さらに工藤敬一氏と筧氏は、鎌倉幕府による九州地方の平家没官領に対する所領操作（「片寄せ」）と一円的な幕府直轄領の形成を明らかにし、平家没官領から関東御領への構造転換を示している。[73] この場合の平家没官領は、前述した荘域内に公領や他領を包摂した王家領の「郡名荘」であり、工藤氏はその再編成を通じた幕府権力の介入により、中世の所領体制が確立し大田文に登録されることを重視している（「建久図田帳体制」）。

このように近年の研究では、地頭制とは異なる視角からも荘園制に幕府権力を位置づけ、荘園制を確立する政治権力としての鎌倉幕府像を描こうとしている。ただし、地頭職は下司や公文のみならず荘園領主の謀叛人跡も接収することが可能であり、関東御領と地頭制を有機的に結びつけて研究する必要があることはいうまでもない。(74)また、鎌倉幕府の所領操作と一円的な幕府直轄領の形成は、全国規模の一般的な政策であるとはいえず、従来の関東御領・没官領研究が、「職の体系」論の枠内で鎌倉幕府（鎌倉殿）による荘園の領有構造を考えてきたことにも、再検討が加えられるにはいたっていない。この点、九〇年代以降は鎌倉幕府の国家権力化との関係から没官や没収を論じる独自な研究が登場し、(75)平家没官領や承久没収地の研究があらためて注目されるとともに、(76)かつて牧健二氏が関東御領とともに注目した、「関東御口入地」「関東進止地」を含む御家人領の保護政策を重視して、荘園制の変質を説く高橋典幸氏の議論(77)もあり、荘園制と鎌倉幕府の関係究明は新たな研究段階に入りつつあるといえよう。

高橋典幸氏の「武家領対本所一円地体制」論は、武家領の出現を、かつてのような地頭の侵略地＝荘園領主権の顛倒地ではなく、国家の法制・財政レヴェルで位置づけたところに特徴があり、この武家領の確立が非武家領としての「本所一円地」概念を成立させ、公家側の荘園領有が相対化されたと主張する。(78)ただし、基本的には軍役賦課の基準にもとづく「武家領対本所一円地体制」を荘園制の問題として論じるためには、鎌倉幕府による「没官領」「没収地」の経営という観点の導入が欠かせないと考える。そして、没官や没収の法的内容と地頭職の権原とも関わるが、関東御領も含めて御家人の知行する所領は、他の中央権門や寺社と重層的な領有構造をとるのが一般的であり、(79)そのなかには幕府からの寄進や給与をうけた事例も数多く含まれていたとみてよい。これを従来の「職の体系」にあてはめて分析・理解しようとするのではなく、公武権力の相互規定関係のなかで、本家職や領家職といった新たな所職を生み出すような、荘園領有の変質要素として分析する必要がある。それは鎌倉後期以降における本家職などの所職と特定の下地との結びつきに先行し、これを準備する動きとしてもとらえることができよう。[81]

川端新氏は立荘論のうえにたって、そうした新たな所職の創出形態として、領家職を例に別相伝の重要性を指摘した。[82] かつて中田薫氏は中世の荘園を舞台に所有権の展開を二つの寄進で論じたが、これに別相伝に着目した譲与の分析が加わり、笠松宏至氏[83]・永村眞氏[84]・市沢哲氏[85]を経て、新たな荘園所職の創出と結びつける川端氏の研究があらわれたことになる。しかし、鎌倉幕府を含めた国制の展開過程に位置づける視角がなくては、それは単なる荘園領主側の自己運動として理解されるおそれがある。そこで本書は、公武間の戦争・政争を通じた没収と返付の視角を導入し、これらにもとづく既存の荘園所職の変質と密接に結びつきながら、新たに本家職などの所職が創出される過程を追究することにした。

さらに、鎌倉期以降の新たな所職の創出と重層的な領有体系の構築を、中世荘園制の独自な展開過程として論じるためには、個々の荘園における個別具体的な事情をこえて、ある制度のもとで整序され体制化する動きを見定めることが必要である。そこで本書は、「職の体系」の変質と鎌倉後期の公家訴訟との関係に注目する近年の研究とは異なり、公武権力の相互規定関係を介して異常な発達をみる、鎌倉幕府の訴訟制度に注目した。さきにふれた「武家領対本所一円地体制」の創出にしても、その起点と評価される御家人領保護の幕府追加法が社会的に定着していく過程では、鎌倉幕府での裁判とその裁許内容が大きな役割をはたしたことはいうまでもない。

鎌倉後期は、すでに着実な分析のある悪党追捕の軍事動員手続[86]にとどまらず、院・女院や摂関家から一般貴族、武士にいたる当事者が、荘園の領有・知行とその相伝をめぐって、公家と武家の双方に同じ案件で訴訟を提起しうる社会である。現実には、公武権力の双方に足場をもつ武士や貴族たちが活動しているからこそ[87]、鎌倉後期に

「武家被官」「京都被官」の峻別が法制レヴェルで強引に進められなければならず[88]、同時に「勅裁地」または「関東成敗地」の由緒づけにみられる、訴訟制度とリンクした所領の分類区分も出現する。久我家領を例に、没官領の裁判を通じた公家領荘園の知行体系の整序に鎌倉幕府の「安堵」機能をみる岡野友彦氏の研究[89]は、この問題を考えるうえで重要な成果である。本書ではこうした動向を見据えながら、新たな荘園所職の創出を規定した鎌倉幕府訴訟制度の歴史的特質を文書論の視角から分析することにしたい。これらの作業を通じて、鎌倉後期の公武権力にまたがる所務相論の処理システムの全体像と、そのなかで圧倒的な軍事力を背景に鎌倉幕府が訴訟制度を発達させ国制上で担わされていく調整機能の実態とを、あわせて究明していくことが今後の大きな課題として明確にできよう。

註

(1)　網野善彦「若狭国」（同『日本中世土地制度史の研究』塙書房、一九九一年。初出は一九六九年）、石井進「院政時代」（歴史学研究会・日本史研究会編『講座日本史』2、東京大学出版会、一九七〇年）、五味文彦「前期院政と荘園整理の時代」（同『院政期社会の研究』山川出版社、一九八四年）。

(2)　坂本賞三『荘園制成立と王朝国家』（塙書房、一九八五年）など。

(3)　石上英一『古代荘園史料の基礎的研究』上下（塙書房、一九九七年）、鷺森浩幸『日本古代の王家・寺院と所領』（塙書房、二〇〇一年）。

(4)　網野善彦「荘園公領制の形成と構造」（註（1）所引網野善彦著書。初出は一九七三年）。以下、網野氏の「荘園公領制」概念に論及する場合は、この論文による。

(5)　網野善彦『中世東寺と東寺領荘園』（東京大学出版会、一九七八年）、中野栄夫『中世荘園史研究の歩み 律令制から鎌倉幕府まで』（新人物往来社、一九八二年）、田端泰子「荘園研究史―荘園制の生成と発展―」（網野善彦他編『講座日本荘園史』1、吉川弘文館、一九八九年）など。
（6）伊藤俊一「中世後期の地域社会と荘園制」（『新しい歴史学のために』二四二・二四三号、二〇〇一年）、工藤敬一「荘園制社会の基本構造―概観」（同『荘園制社会の基本構造』校倉書房、二〇〇二年）を参照。
（7）石母田正『古代末期政治史序説―古代末期の政治過程および政治形態―』（未来社、一九六四年。初出は一九五〇年）。
（8）永原慶二「荘園制の歴史的位置」（同『日本封建制成立過程の研究』岩波書店、一九六一年。初出は一九六〇年）、村井康彦「公家領荘園の形成」（同『古代国家解体過程の研究』岩波書店、一九六五年。初出は一九六二年）。以下、「寄進地系荘園」に関する永原氏と村井氏の見解は、とくに断らないかぎり、これらによる。
（9）註（1）所引諸論文。
（10）中田薫「王朝時代の庄園に関する研究」（同『法制史論集』第二巻、岩波書店、一九三八年。初出は一九〇六年）。以下、中田氏の見解はこの論文による。
（11）石井進「荘園の領有体系」（網野善彦他編『講座日本荘園史』2、吉川弘文館、一九九一年）。
（12）註（7）所引石母田正著書。
（13）石母田正『中世的世界の形成』（伊藤書店、一九四六年／文庫版、岩波書店、一九八五年。本書では後者による）、藤間生大『日本庄園史―古代より中世に至る変革の経済的基礎構造の研究―』（近藤書店、一九四七年。初出は一九三九～四二年）、註（7）所引石母田正著書。
（14）永原氏の「職制国家」論は同『日本の中世社会』（岩波書店、一九六八年）を参照。
（15）註（2）所引坂本賞三著書、同「王朝国家と荘園」（註（11）所引論集）。
（16）高橋昌明「平安末内乱期における権力と人民」（『日本史研究』一二四、一九七二年）、大石直正「平安時代末期の内乱」（吉田晶他編『日本史を学ぶ』2、有斐閣、一九七五年）、五味文彦「守護地頭制の展開と武士団」（岩波講座『日本歴史』中世1、岩波書店、一九七五年）、同「荘園公領制の再生産構造」（永原慶二他編『日本経済史を学ぶ（上）』有斐閣、一九八三年。大石直正「荘園公領制の展開」(歴史学研究会・日本史研究会編『講座日本歴史』3中世1、東京大学出版会、一九八四年)など。

(17) 註(2)所引坂本賞三著書、註(15)所引坂本賞三論文、今正秀「院政期国家論の再構築にむけて—王朝国家体制論の視角から—」(『史学研究』一九二、一九九一年)、上島享「財政史よりみた中世国家の成立」(『歴史評論』五二五、一九九四年)、佐藤泰弘「立券荘号の成立」(同『中世の黎明』京都大学学術出版会、二〇〇一年。初出は一九九三年)。

(18) 井原今朝男『日本中世の国政と家政』(校倉書房、一九九五年)。

(19) 川端新『荘園制成立史の研究』(思文閣出版、二〇〇〇年)。

(20) 川端新「中世初期の国衙と荘園」(報告要旨、『日本史研究』四五二、二〇〇〇年)を参照。なお、工藤敬一「領主制の形成について—地方官人の帯びる公権の意義—」(註(6)所引工藤敬一著書。初出は一九六〇年)も参照。

(21) 小山靖憲「古代荘園から中世荘園へ」(同『中世寺社と荘園制』塙書房、一九九八年。初出は一九八一年)。

(22) 小川弘和『古代・中世国家と領主支配』(吉川弘文館、一九九七年)。

(23) 註(2)所引坂本賞三著書一〇頁。

(24) 坂本賞三『日本王朝国家体制論』(東京大学出版会、一九七二年)、註(2)所引坂本賞三著書。

(25) 入間田宣夫「鎌倉前期における領主的土地所有と「百姓」支配の特質」(同『百姓申状と起請文の世界　中世民衆の自立と連帯』(東京大学出版会、一九八六年。初出は一九七二年)、大石直正「平安時代の郡・郷の収納所・検田所について」(豊田武教授還暦記念会編『日本古代・中世史の地方的展開』吉川弘文館、一九七三年)。国使体制論といわれる大石氏以後の研究成果は、註(22)所引小川弘和著書を参照。

(26) 久保田和彦「国司の私的権力機構の成立と構造—十一〜十二世紀における国司権力の再検討—」(『学習院史学』一七、一九八一年)。棚橋光男「祭文と問注記—院政期の法、素描—」(同『中世成立期の法と国家』塙書房、一九八三年。初出は一九八二年)も中央下級官人による国衙行政への参入を論じている。

(27) 註(22)所引小川弘和著書は、中世的な郡郷制の改変を領主制論と切り離して、国司主導による新たな行政単位の創出としたうえで、国使体制論と領主制と荘園制の架橋を試みた意欲的な研究であるが、荘園形成のあり方については本書と見解を異にする。

(28) 国司使では、仁安元年十二月二十三日太政官牒案（『根来要書』上、『平安遺文』三四〇九号）、安元元年十一月二十日伊賀国司庁宣案（東大寺文書、『平安遺文』三七一六号）。国衙使では、保元三年四月日伊賀国在庁官人等解（東大寺文書、『平安遺文』二九一九号）、永万元年二月二十四日若狭国司庁宣案（宮内庁書陵部所蔵壬生家文書、『平安遺文』三三五四号）、仁安二年二月二十五日伊予国弓削島荘住人解（東寺百合文書こ、『平安遺文』三四一八号）、承安二年十一月日伊予国弓削島荘住人等解（雨森善四郎氏所蔵文書、『平安遺文』三六一一号）などがあり、同一文書で「国使」を「国衙使」と言い換えている事例もある。

(29) たとえば、長寛三年七月四日太政官牒案（『根来要書』上、『平安遺文』三三五三号）。

(30) 時野谷滋「御分国・知行国制度の研究」（同『律令封禄制度史の研究』吉川弘文館、一九七七年。初出は一九六二・七二年）、橋本義彦「院宮分国と知行国」（同『平安貴族社会の研究』吉川弘文館、一九七六年。初出は一九六九年）、同「院宮分国と知行国再論」（竹内理三博士古稀記念会編『続律令国家と貴族社会』吉川弘文館、一九七八年）。なお知行国制を含めた国衙領研究の方向性については、石井進「中世国衙領支配の構造」（『信濃』二五巻一〇号、一九七三年）を参照。

(31) 上島享「国司制度の変遷と知行国制の形成」（大山喬平教授退官記念会編『日本国家の史的特質 古代・中世』思文閣出版、一九九七年）。寺内浩「知行国制の成立」（愛媛大学『法文学部論集』人文学科編八、二〇〇〇年）。

(32) 戸田芳実「院政期北陸の国司と国衙」（同『初期中世社会史の研究』東京大学出版会、一九九一年。初出は一九八九年）、五味文彦「紙背文書の方法」（石井進編『中世をひろげる　新しい史料論をもとめて』吉川弘文館、一九九一年）、同『武士と文士の中世史』（東京大学出版会、一九九二年）、安原功「院政期加賀国における院勢力の展開と在地社会―『医心方』紙背文書の一考察―」（『ヒストリア』一三六、一九九二年）、菊地大樹「国主と郷司」（『明月記研究』三号、一九九八年）、拙稿「平安末・鎌倉期の越後と佐渡―中世荘園の形成と国衙領支配―」（田村裕・坂井秀弥編『中世の越後と佐渡』高志書院、一九九九年）、同「越後国高田保ノート」（『上越市史研究』四、一九九九年）。なお、「医心方紙背文書」にはふれていないが、田中健二「大覚寺統分国讃岐国について」（九州大学国史学研究室編『古代中世史論集』吉川弘文館、一九九〇年）は、鎌倉後期の院分国における国衙領給与の実態を的確に論じた研究として重要である。

(33) 水野章二『日本中世の村落と荘園制』（校倉書房、二〇〇〇年）は、近年の「精緻化」した成立過程論を中心とする荘園制の制度論的研究に対し、荘園の内部を構成する名体制論や村落論といった構造論との乖離を指摘し、両者の再統合を模索している。この指摘に異論はないが、その方法論はこれまでの研究史にのみしばられる必要もない。荘園の構造論はなにも名体制論や中世村落論のみに限られるわけではなく、荘園の成立過程と不可分に関わる領有や収取の体系から荘域構成を復元し、その形成要因を分析して、荘園制と中世村落の関係に接近することも可能である。

(34)　註（10）所引中田薫論文七二頁。なお、註（11）所引石井進論文も参照。

(35)　舟越康寿「庄園に於ける不輸権成立の一過程―半輸制について―」（『経済史研究』二九巻五・六号、一九四三年）。

(36)　竹内理三「平家及び院政政権と「荘園制」」（『歴史学研究』二二五、一九五八年）。

(37)　永原慶二『荘園』（日本評論社、一九七八年／新装版、吉川弘文館、一九九八年。ここでは後者による）。

(38)　村井康彦「雑役免系荘園の特質」（註（8）所引村井康彦著者。初出は一九五九・六二年）は、大和最大の摂関家領荘園である平田荘にもこの「拡大」の論理を適用した。しかし百町余の本免田のほかに二千二百九十五町以上の「加納」を包摂する中世荘園としての平田荘の立荘を考えるべきではないか。

(39)　工藤敬一『九州庄園の研究』（塙書房、一九六九年）。

(40)　工藤敬一『荘園公領制の成立と内乱』（思文閣出版、一九九二年）。なお、服部英雄「肥前国長嶋荘の開発主体―条里制耕地の復原と変遷―」（『史学雑誌』八八編六号、一九七九年）は、工藤氏とは異なる視点から九州地方の郡規模王家領荘園の立荘を論じている。

(41)　鈴木国弘「庄園体制と国衙直領」（『日本歴史』二四二・二四三、一九六八年）、同「鎮西島津庄寄郡の歴史的位置―「国衙直領」研究序説―」（『史林』五三巻三号、一九七〇年）。

(42)　石井進「矢原御厨についての古文書の解読」（『信濃』四七巻二号、一九九五年）。

(43)　勝山清次『中世年貢制成立史の研究』（塙書房、一九九五年）。ここで勝山氏が分析した九条家領摂津国輪田荘も「加納」を包摂した中世荘園であった。

(44)　この点については、田村憲美「中世前期の地域形成と地域意識」（同『在地論の射程―中世の日本・地域・在地』校倉書房、二〇〇一年。初出は一九九五年）を参照。ただし、入間田宣夫「平安時代の村落と民衆の運動」（註（25）所引入間田宣夫著書。初出は一九七六年）は、後述する河音能平氏の議論に批判を加えつつ、荘園制的領域支配の形成と村落の動向を双方向から分析している。

（45）註（13）所引石母田正著書三四頁。なお、戸田芳実「付・歴史の名著　石母田正著『中世的世界の形成』」（同『日本中世の民衆と領主』校倉書房、一九九四年。初出は一九六七年）も参照。

（46）戸田芳実「黒田庄における寺領と庄民―庄園制の非古代的性格―」（註（45）所引戸田芳実著書。初出は一九五六年）。「寄進地系荘園」論の影響をうけた六〇年代以降の荘園制研究では、渡辺澄夫「公武権力と荘園制」（岩波講座『日本歴史』５中世１、岩波書店、一九六二年）を典型として、公家領荘園の重層的な領有体系に対応した国衙領における知行国制の展開、そして両者の同質化を指摘する傾向が強まっていたが、戸田氏は荘園現地の支配体制のレヴェルでその逆ルートを考えていたことになる。また、佐藤泰弘「国の検田」（註（17）所引佐藤泰弘著書。初出は一九九二年）は戸田氏の黒田荘研究を継承して、荘域内の加納公田における検田のあり方（利田請文の提出）を論じている。

（47）大山喬平「荘園制と領主制」（同『日本中世農村史の研究』岩波書店、一九七八年。初出は一九七〇年）。

（48）小山靖憲「荘園制的領域支配をめぐる権力と村落」（同『中世村落と荘園絵図』東京大学出版会、一九八七年。初出は一九七四年）、註（21）所引小山靖憲論文。

（49）榎原雅治『日本中世地域社会の構造』（校倉書房、二〇〇〇年）は中世後期の荘園制を考える立場から、「荘園とは何よりも空間を分節化する論理であり、荘園制を考えるためには、荘園の中に生きる人々にとって荘園制とは何であったのかを問う必要がある」（一九～二〇頁）と述べている。

（50）河音能平「中世社会成立期の農民問題」（同『中世封建制成立史論』東京大学出版会、一九七一年。初出は一九六四年）。

（51）本書でこの構想を王家領荘園における荘域画定＝牓示打ちの局面などで具体化するにあたっては、赤松俊秀「杣工と荘園―伊賀国玉滝・黒田荘―」（同『古代中世社会経済史研究』平楽寺書店、一九七三年。初出は一九六三年）、黒田日出男「板蠅杣・薦生牧と四至」（同『日本中世開発史の研究』校倉書房、一九八四年。初出は一九七八年）、保立道久「中世における山野河海の領有と支配」（網野善彦他編『日本の社会史』2、岩波書店、一九八七年）から着想を得た。

(52) 五味文彦「院政期知行国の変遷と分布」（註（1）所引五味文彦著書。初出は一九八三年）。

(53) 五味文彦「院支配の基盤と中世国家」（註（1）所引五味文彦著書。初出は一九七五年）。

(54) 鈴木茂男「院政期院庁の機能について―院庁発給文書を通じて見たる―」（同『古代文書の機能論的研究』吉川弘文館、一九九七年）。

(55) たとえば、『玉葉』建久二年五月三日条。

(56) 木村茂光「中世百姓の成立」（阿部猛編『日本社会における王権と封建』東京堂出版、一九九七年）。

(57) 王家領荘園とほぼ同じ実態を指す「院領荘園」の立荘を、九世紀以降の都鄙間交通形態と現地の領主集団の軍事行動から検討した保立道久氏の研究は、従来の「寄進地系荘園」論を異なる視角から批判し、独自な立荘像を提起したものとして注目される。しかし荘園内部の他領との抗争など、全体として荘園領有の軍事性・暴力性が強調される点には同意できない。保立道久「荘園制支配と都市・農村関係」（『歴史学研究別冊特集　世界史認識における民族と国家』青木書店、一九七八年）、註(51) 所引保立道久論文、同「中世初期の国家と庄園制」（『日本史研究』三六七、一九九三年）などを参照。

(58) 永原慶二「公家領荘園における領主権の構造」（註（8）所引永原慶二著書。初出は一九五八年）、同「荘園制における職の性格」（同『日本中世社会構造の研究』岩波書店、一九七三年。初出は一九六七年）。

(59) 石井進「中世社会論」（同『中世史を考える―社会論・史料論・都市論』校倉書房、一九九一年。初出は一九七六年）。

(60) 黒田俊雄「中世の国家と天皇」（同『日本中世の国家と宗教』岩波書店、一九七五年。初出は一九六三年）。

(61) 川端新「荘園所職の成立と展開」（註（19）所引川端新著書）。

(62) 佐藤進一『日本の中世国家』（岩波書店、一九八三年）。

(63) 註（62）所引佐藤進一著書。

(64) 五味文彦「初期鎌倉幕府の二つの性格―守護・地頭関係史料を中心に―」（日本古文書学会編『日本古文書学論集』5中世Ⅰ、吉川弘文館、一九八六年。初出は一九七七年）、村井章介「書評・佐藤進一著『日本の中世国家』」（『史学雑誌』九三編四

号、一九八四年)。なお、七海雅人『鎌倉幕府御家人制の展開』(吉川弘文館、二〇〇一年)を参照。
(65) 註(59)所引石井進論文、古澤直人「鎌倉幕府と中世国家」(同『鎌倉幕府と中世国家』校倉書房、一九九一年。初出は一九八八年)、註(18)所引井原今朝男著書序論を参照。
(66) 工藤敬一「荘園制の展開」(註(6)所引工藤敬一著書。初出は一九七五年)。
(67) 佐藤進一『日本中世史論集』(岩波書店、一九九〇年)。
(68) 「荘園公領制」論以後の研究として、高橋裕次「東国における荘園・国衙領年貢の幕府請負制について」(『中央史学』六、一九八三年)、今正秀「保元荘園整理令の歴史的意義—平安後期荘園整理政策をめぐる政府と権門—」(『日本史研究』三七八、一九九四年)、註(22)所引小川弘和著書など。
(69) 牧健二『日本封建制度成立史』(弘文堂書房、一九三五年)。なお、「平家没官領」の研究史は中野栄夫「平家没官領の解釈をめぐって」(『歴史公論』六五、一九八一年)を参照。
(70) 石井進「九州諸国における北条氏所領の研究」(竹内理三博士還暦記念会編『荘園制と武家社会』吉川弘文館、一九六九年)、同「関東御領研究ノート」(『金沢文庫研究』二六七、一九八一年)、同「関東御領覚え書」(『神奈川県史研究』五〇、一九八三年)。
(71) 入間田宣夫「鎌倉時代の国家権力」(峰岸純夫編『大系日本国家史』2中世、東京大学出版会、一九七五年)。
(72) 筧雅博「関東御領考」(『史学雑誌』九三編四号、一九八四年)、同「続・関東御領考」(石井進編『中世の人と政治』吉川弘文館、一九八八年)、同「武家領」(註(11)所引論集)。
(73) 註(40)所引工藤敬一著書、註(72)所引筧雅博論文。
(74) 入間田宣夫「守護・地頭と領主制」(註(16)所引論集)が指摘する地頭職の都市領主的性格は、この意味からも重要である。
(75) 東島誠「都市王権と中世国家—畿外と自己像—」(同『公共圏の歴史的創造　江湖の思想へ』東京大学出版会、二〇〇〇年。初出は一九九八年)。
(76) 川合康「武家の天皇観」(永原慶二他編『講座前近代の天皇』4、青木書店、一九九五年)、同「中世前期の土地所有　3　荘郷地頭制の展開—戦争と土地所有」(渡辺尚志・五味文彦編『新体系日本史』3、山川出版社、二〇〇二年)。

(77) 高橋典幸「鎌倉幕府軍制の構造と展開」(『史学雑誌』一〇五編一号、一九九六年)、同「武家政権と本所一円地―初期室町幕府軍制の前提―」(『日本史研究』四三一、一九九八年)。
(78) 高橋典幸「荘園制と武家政権」(『歴史評論』六二二、二〇〇二年)。
(79) 清水亮「鎌倉幕府御家人役賦課制度の展開と中世国家」(『歴史学研究』七六〇、二〇〇二年)は、同時代的な「関東御領」の用例分析から、高橋典幸氏のいう「武家領」との重なりを指摘している。
(80) 網野善彦「荘園公領制の発展と転換」(註(1)所引網野善彦著書。初出は一九七四年)。
(81) 「職の体系」論を前提としているものの、海津一朗『中世の変革と徳政―神領興行法の研究―』(吉川弘文館、一九九四年)は、この私見に近い議論の方向性をすでに示している。なお、井上聡「神領興行法と在地構造の転換」(佐藤信・五味文彦編『土地と在地の世界をさぐる―古代から中世へ―』山川出版社、一九九六年)も、別相伝から一円領の形成を論じている。
(82) 註(61)所引川端新論文。
(83) 笠松宏至「中世の政治社会思想」(同『日本中世法史論』東京大学出版会、一九七九年。初出は一九七六年)、同「仏物・僧物・人物」(同『法と言葉の中世史』平凡社、一九八四年。初出は一九八〇年)。
(84) 永村眞「「院家」の創設と発展」(同『中世東大寺の組織と経営』塙書房、一九八九年)。
(85) 市沢哲「鎌倉後期公家社会の構造と「治天の君」」(『日本史研究』三一四、一九八八年)、同「鎌倉後期の公家政権の構造と展開―建武政権への一展望―」(『日本史研究』三五五、一九九二年)。
(86) 近藤成一「悪党召し捕りの構造」(永原慶二編『中世の発見』吉川弘文館、一九九三年)。
(87) 註(32)所引五味文彦著書、井原今朝男「中世善光寺平の災害と開発」(『国立歴史民俗博物館研究報告』九六、二〇〇二年)などを参照。
(88) 註(81)所引海津一朗著書。
(89) 岡野友彦「池大納言家領の伝領と関東祗候廷臣」(同『中世久我家と久我家領荘園』続群書類従完成会、二〇〇二年。初出は一九九九年)。

第一部　中世荘園の立荘とその特質

第一章　知行国支配と中世荘園の立荘

はじめに

中世荘園は国衙領の枠組みを前提に立荘される。その理由を在地領主による国衙領の寄進で説明するか否かを問わず、十二世紀の国衙領を中心に一国支配を担った知行国制と立荘との関係はきわめて重要な問題である。

知行国制とは、摂関家や有力貴族が子弟・近親者や近臣・家司を国守（名国司）に推挙し、現地の国衙には目代を派遣して、中央官司や権門寺社に対する公納物以外の収益を得分とする制度である。知行国は摂関期からみられるが、そうした制度としての確立は十一世紀末葉の白河院政期以降で、その知行国を与える実権も院（治天の君）が握っており、いわゆる院近臣たちが数多くの知行国を獲得した。また、院・女院みずからも院分国を設定し、近臣などを国守に推挙して、その国から進済される公納物等の収益を取得したことが指摘されている。[1]

近年、この院分国や院近臣の知行国と膨大な王家領荘園の成立との関係が注目されている。[2] しかし、そこで指摘されているのは、国守による所領寄進の仲介や国司との「内縁」を通じた根回しの事実といった現象面ばかりで、立荘の具体的なメカニズムはほとんど明らかになっていない。それは、知行国制そのものの研究が停滞していたことにもよるが、最近ようやくその財政構造が国雑掌などの検討を通じて解明されはじめた。[3] 国衙領支配の問題についても、在地領主制を土台にした別名制の議論のみに代位されない知行国制下の独自なあり方が明らかにされつつあり[4]、中世荘園の成立を考える際の前提的理解も大きく変化してきている。

本章では、このような新しい研究状況をふまえて、知行国支配の構造的特質から中世荘園の成立を位置づけることを目的としたい。

第一節　国衙領の貴族的領有体系

中世における国衙領の支配体系は、知行国制下の在京国守―目代（留守所）―郡司・郷司ないし別名領主（いずれも在地領主）として説明されてきた。しかし、国衙領の史料が少ない状況にあって、これと実態面で相違する事例もいくつか報告されている。

たとえば、鎌倉前期の和泉国における国衙領の支配体系は、惣刀禰・村刀禰の在地支配を土台として、（一）国衙の管理下に在庁官人が郷務を担当する所領と、（二）国主から郷の知行を給与された近臣の中央貴族が国衙を介さずに郷務にあたる所領、の二類型が指摘されている[5]。通説的理解に適合しない（二）の具体例をみると、たとえば池田郷では卿二位や左京権大夫親綱などの院近臣が「恩給」の知行者として登場する。このうち院分国主の後鳥羽院に仕えた親綱は郷の「預所」と呼ばれ、独自に収納使・追捕使・検田使を組織して所領経営にあたっている[6]。国衙領の領有や支配の系列が国衙（留守所）のもとで一元化されていなかった状況がわかる。

これは従来の国衙領研究で指摘されてきた、いわゆる公郷（和名抄郷）と別名との相違[7]にもとづく類型ではない。なぜなら、（二）の類型に含まれる池田郷などは和名抄郷であり、この点を含めて（二）の類型は和泉以外にも確認できるからである。

まず、同じ院分国の事例を挙げると、建保二年（一二一四）に修明門院分備中国の国衙領が後鳥羽院近臣の貴族や僧侶、女房に給与された事実が知られている。[8]嘉元四年（一三〇六）の大覚寺統所領目録には、院分国として讃岐国・美濃国・播磨国の国衙領が郷や保などの単位所領ごとに人名の注記をともなって列挙されている。[9]播磨国は上端郷・大山郷・伊和西郷などの和名抄郷の知行が公家日記で実際に確認できるほか、[10]讃岐国は田中健二氏が鎌倉後期における知行と負担の体系を一国レヴェルで素描し、所当弁済が国衙を経由しない別納化を院宣で認められた所領の存在も指摘している。[11]同様の事例は伯耆でも確認でき、『実躬卿記』によると「竹田・三朝郷為別納地可知行之由」の院宣が下されたという。[12]また、『兼仲卿記』には播磨国の「灌仏用途」徴収について国衙に従わない「権門知行郷々」を「可被切出」とあり、[13]これも国衙を通さない所当課役の賦課（催促）・弁済方法＝別納化を意味するものとみてよかろう。

いま紹介した和泉・備中・播磨・美濃・讃岐・伯耆のほか、院政期から鎌倉期に院分国主・知行国主による国衙領の知行給与が確認できる国々は、管見の範囲で越後・越中・加賀・能登・越前・若狭・飛騨・武蔵・信濃・下総・丹波・丹後・備前・周防・伊予などにもおよんでおり、中世の一般的な国衙領の領有体系であったことを裏づける。

こうした知行国支配にともなう国衙領の領有体系は、分国主たる院や知行国主の摂関家や院近臣などへの求心力を象徴するものであった。鎌倉中期の事例だが、知行国主が交替した美濃国では藤原定家が「尋常之所廿余所」を「尋聞註出」し給与を申し出たが、それらはすでに他の人々に給与されてしまっていたため、「最下」の二ヶ所を与える庁宣二枚を得たという。[14]また、寛喜三年（一二三一）に備中が中宮分国になると「相国撰三ヶ郷被申請」れ、「蒙御恩由悦喜」と述べている。[15]このように院・女院や摂関家、院近臣などの貴族が国を獲得すると、かれらに仕える貴族や女房、僧侶は競って国衙領の知行を申請し、少しでも収益性の高い所領を確保するために奔走した。希望所領のなかには、すでに在地の勢力と関係を有する場合もあったに違いない。

その結果、一定の所領を知行できるのは「御恩に浴す」「御恩を蒙る」ことであり、これは日常的な奉仕に対する反対給付としての側面をもっていた。たとえば鎌倉後期の院分国播磨国の事例だが、ある廷臣は「日比御恩事申入」れてきたにもかかわらず院の処置がないため「於今者難参勤之由歎申」したところ、ようやく上端郷を与える御教書を給ったという。[16]一方、行事を欠席しがちな廷臣の態度に業を煮やした院は、「朝恩之地（播州大山郷）」を召し上げると警告している。[17]知行国制下の国衙領の知行は、この意味で貴族社会における奉仕と給与の双務関係を象徴する紐帯のひとつであったといえる。

さて、鎌倉期を中心に国衙領の知行給与について述べてきたが、こうした構造が史料上で確認できる確実な初見例は、現在のところ東寺観智院本『東征伝』紙背文書の保安元年（一一二〇）五月二十二日安房守伴広親書状[18]にみえる丹波の事例で、半井家本『医心方』紙背文書[19]から知られる加賀国・越中国の事例がそれにつづく。

前者の書状において伴広親は、丹波国で「大郷一所（賀美・拝師）罷預候了、今日下遣沙汰男候了（字中□清水）三郎童乳母夫也」と記しており、郷の知行を「預」けられた中央貴族は所領の現地に従者を派遣したことがわかる。この点は後者の加賀国・越中国でも広く確認でき、「沙汰人」「従者」「下人」「年来仰付如然□事召仕之輩」と表現されている[20]ように、知行者の従者だけでなく、都鄙間を往来し所領経営の差配に慣れた者が起用されていたこともわかる。「公物」のほかに「郷保沙汰人得分」が計上されている[21]のもこれに対応しよう。

これらの内容からは、こうした知行国制下の国衙領の知行形態が少なくとも十一世紀後葉にはすでに定着していたことを示唆している。そこで、まとまった史料を有する『医心方』紙背文書から加賀国や越中国を具体例に十二世紀前葉の状況をみておきたい。

まず『医心方』紙背文書に関する先行研究が注目したのは「国除目」の存在[22]である。これは知行国主の交替にともなう国守の任初時に国衙領や国内寺社の知行者を決定するもので、側近や縁故の貴族・僧侶・女房に給与対象の所領名や所職名を明記した国司庁宣が発給された。前述の藤原定家が美濃国の国衙領知行について記した内容も、この「国除目」時のものであったことがわかる。

さらに国内寺社の諸職補任に関しては、『兵範記』紙背文書にも興味深い事例がある。越後国二田社の社務執行に対する覚智僧都の乱妨を訴えた長寛元年（一一六三）六月日法眼智順解[23]と、越後国能生白山社の長吏執行職への拝任を国守にもとめた長寛二年二月日白山住僧弁延解[24]がそれで、いずれも提出先は当時の越後を知行していた摂関家の政所である。院政期の越後国でも寺社執行職の補任権は知行国主・国守が握り、国守の交替時には既得権の再確認が必要であったことがわかる。また、智順の訴えによると、覚智の乱妨は長寛元年初めに始まったというが、その前年には摂関家の代替わりによって藤原忠通から基実に越後の知行も禅譲されており[25]、その際の「国除目」が相論の発端であった可能性が高い。

さて、再び『医心方』紙背文書に目をもどすと、「国除目」で国司庁宣を得た中央貴族は「沙汰人」を派遣し、この使者が庁宣を国衙（留守所）に持参して留守所符を発給してもらい、現地におもむくことになる[26]。ただし、『医心方』紙背文書には在地領主の郷司が連署した目代宛の上申文書[27]があり、ここに登場する郷と「国除目」で給与された郷・保が重ならないことから、さきに和泉国で述べた二つのパターンが加賀国にも存在した可能性が高い。これは十二世紀の越後国でも同様で、知行国主の下文をうけて所当を国庫に弁済するよう国衙から命じられた郷司が現地にいる加地郷[28]と、知行国主から家司の中央貴族に知行が給与された苅羽郷[29]がそれぞれの代表例である。また加賀国では「勧農之盛」を避けて「下人」を派遣するという目代宛の書状[30]があることから、知行者の経営能力（家産）や「国除目」の時期にもよるが、勧農権は留守所に属するケースもあったようである。

このような現地の所領経営に関わる具体的な史料を『医心方』紙背文書にさがすと、越中の事例として大治四年（一一二九）の出羽守伊岐致遠書状[31]が挙げられる。

俄御相博、国中定物騒候歟、然而御一家沙汰也、別事不可候也、
弘田・東八代保等事、官物農料能々御沙汰可候也、致遠従者其力不可及、纔雖申請御免不可候也、又弘田
干損無術之由、度々雖申上、可申庁之由令申候、不申候、令尋問御百姓、実不可堪ハ計御沙汰可候也、
免田開田事、無相違御沙汰候之由、所悦承也、可然之様可令後見給也、諸事期後上洛而已、謹言、

十二月廿九日　　　　出羽守（花押）状

謹上　御目代殿

この年に越中と加賀で知行国主の相博が行われたが、越中の弘田と東八代保を預けられていた伊岐致遠はそれらの知行を継続することができ、新しい越中目代に書状を送った。「従者」の力量不足を省み、「官物農料」の沙汰を新目代以下の留守所に託すとともに、弘田の干損についても現地の百姓への尋問を含めた善処をもとめており、国衙領の知行者が「沙汰人」を通じて目代の「後見」のもとに留守所と共存しつつ所領支配にあたっていた状況が読みとれる。

ただ、書状の冒頭にもあるように、この知行国相博は「御一家沙汰」であったがゆえに伊岐致遠の所知も改易されなかっただけで、新旧国主の関係によっては別の中央貴族が国司庁宣をもらって「沙汰人」を派遣してくることもあり得た。院分国や一部の知行国がほぼ固定される鎌倉後期とは異なり、院政期においては「国除目」で

国衙領や寺社諸職の知行者が大きく入れ替わることはめずらしくない。つまり、知行国支配にもとづく国衙領の知行は相伝の対象ではなく、時限的なものであったことがわかる。中央貴族である知行者が留守所との関係を完全に断ち切れないのも、こうした知行形態から当然のことであろう。

中央貴族の所領形態に遷替の一時的な所領・所職が含まれていたことは、藤原定家の家領を分析した永原慶二氏がすでに強調している。[32] しかし、永原氏は公家領荘園の領有体系を論ずるなかで定家領を分析したため、九条家から定家に給与された越後や讃岐の国衙領の知行にはほとんど注意が払われていない。

定家の『明月記』をはじめとする公家日記には、中世荘園の預所職とならんで知行国主による国衙領の知行給与に関わる記事が散見され、この問題を考える際に貴重な分析対象となる。これに対し「国除目」の国司庁宣はもちろん、国衙領の知行に関する伝来史料はきわめて少ないが、この事実は国衙領の知行体系そのものを反映している。すなわち、知行国主・国守の交替にともない国衙領を預ける人々も入れ替わるため、知行する側にとっては「国除目」で発給された国司庁宣などに時限的な効力しか期待できず、それを公験文書として長期間保管する必要がない。前述した事例を含め、この種の史料のほとんどが裏面を二次利用された紙背文書であることも、それを裏づけている。

その一方で、院分国や知行国における国衙領や寺社諸職の知行体系は、上からの一方的な給与として成り立っていたのではないし、中央貴族たちも遷替性の強い知行形態の克服をめざしてさまざまな努力をしていたことも事実である。とくに同じ人物や特定の家による知行国支配が継続される傾向が十二世紀中葉にあらわれ、そのもとで国衙単位所領の知行も長期間におよぶようになると状況は変化してくる。

たとえば、前掲した伊岐致遠書状の末尾をみると、おそらくは弘田か東八代保のいずれかで目代の「後見」を得て致遠領の「免田開田」が行われている。同様の事例は周防国与田保でもあり[33]、これらは国衙領における遷替の所領のなかに相伝の免田を設定する動きとして一般化できると考えるが、現地の住人たちの動向も含めて、この問題を別の史料で少し掘り下げて考えてみよう。

散位中原朝臣兼俊解　申進　申文事
請被殊蒙　鴻恩、裁許越後国所知子細状、
言上二箇條、
一、為別結解欲運上所当於京都事
右、禅定殿下御時所給所知二箇所、高田保・光永名□也、而於光永名田者、当初為別名、此一両代之間、皆悉失□無段歩、不及其沙汰、以高田保許欲御恩之処、件保見田僅五町許也者、計保司得分、国定八石余也、御目代康俊顕然也、然者民哀憐、雖致能治計、依少分公事、入来使繁多苛責者、民不安堵、企逃亡、然者為別結解、致京都□、弥励加作矣、
一、以荒野十町欲募給田事
右給田者、以見作雖可申請、於古作本田者、公役所□、荒野者国中数千町也、於申請何不蒙哀憐哉、恣雖申□難耕作歟、雖然且相語比所他郷者、且保内民為令安堵也、
以前二箇條、大略言上如件、抑兼俊従年少当初、経恪勤労□余箇年、齢已迄及七旬、不踏他門、適欲御恩之間、宿運□□、我公　御逝去之後、如向闇夜、何不蒙裁許哉、仍勒□□、謹解、
長寛二年十月廿七日
散位中原朝臣兼□（俊）[34]

右の解状を摂関家の政所に提出した中原兼俊は、年少時から七十歳にいたるまで摂関家に下家司として奉公し

てきた下級貴族であった。かれは主人の藤原忠通が越後を知行していた永暦元年（一一六〇）からの約二年間に高田保と光永名の知行を給与された。しかし別名の光永名は荒廃して実体を失い、残る高田保も見作田は五町ばかりで保司の得分はわずかに八石余を数えるのみであったという。

高田保は、「散在坪々」からなる東大寺領石井荘などを包摂して、十二世紀初頭までに立保され、見作田や保司得分（国定）を留守所の目代も承知する国衙領の保（国保）であった。兼俊は越後を知行する摂関家から「御恩」として、その保司職に補任されていたのである。解状の文面にはあらわれないが、もちろん兼俊は在京して使者（沙汰人）を現地に派遣し、摂関家の派遣した目代と連携しながら所領経営にあたっていたとみてよい。ところが高田保は「府辺之要地」に立地することもあり、国衙使が公事徴収のために頻繁に入部し、保民の逃亡が慢性化していた。保司の兼俊はその解決策として高田保の「別結解」を知行国主たる摂関家の政所に申請した。

坂本賞三氏は、この兼俊解状の第一条を引きつつ、「別結解」をつぎのように定義している[35]。すなわち、「別結解とは、当該田地の徴税一切が給主の手によらず国衙の手によって行われ、国衙によって所定得分が給主に手渡されるもの」で、「当然その経営も国衙領として行われていた」という。そして、兼俊の行動は「経営の失敗によってこれ（開発私領、筆者注）を国衙に委ね、国衙によりかかって自己の得分を収めようとしたもの」と評価している。しかし、坂本氏も述べているように、兼俊解状には高田保の所当を国衙が京都に運ぶとか、兼俊が経営を国衙に委託して得分のみを望んだなどということは一切書かれていない。また、坂本氏が右の解釈を導き出す際の史料操作で引用した伊賀国黒田荘の関係史料も明確な論拠とはいえないし、そもそも前述したように高田保は「開発私領」が別名として公認されたものではないのである。

そこで坂本氏が引用しなかった第二条をみると、高田保の「別結解」化を前提に「荒野」の開発と給田の設定が申請されている。兼俊は所領経営を放棄するどころか、ますます意欲をみせている。この点をふまえて解状の第一条を解釈すれば、兼俊は国衙を通さずに保司たる自分の責任で所当を京都の国雑掌や関係機関に納入・決済することを申請し、国衙による現地介入の排除を望んだと読むべきであろう。これは「京済」とよばれる決済方法で、国保では讃岐国の円座保に確実な事例がある。[36] 兼俊自身も「致京都□（済カ）」と述べており、これで国衙使の入部が停止されて保民が「安堵」することとも整合しよう。

このようにみてくると、兼俊が申請した「別結解」の意味するところは、坂本氏の理解とはまったく逆に、高田保の徴税から京都での決済までを保司の責任で行い、保の所領経営から国衙を排除することにあったと考えられ、その背後に逃亡を繰り返した保民の強固な意志があったことは間違いない。これは、いわば公領としての性格を維持したままの国衙（留守所）からの離脱であり、しかも在地領主制を基軸に据えた別名制とは異なって、中央貴族の所領経営と結びついた点に大きな特徴がある。十二世紀中葉の保元の乱後に没官された信濃・越後両国に所在する散位平正弘領の「公郷領」四ヶ所[37]も、同様な性格をもつ国衙領とみてよかろう。

従来の研究では、住人等解に象徴される住人たちの反国衙闘争が権門と結託して荘園制的領域支配を招来することが強調された。[38] しかし、右に挙げた事例のように国衙領のままで荘園化せずとも、国衙使の入部停止が実現することは重要である。また、それは荘園制的支配形態が国衙領支配に影響を与えたのではなくて、むしろ逆に知行国支配の構造的特質が中世荘園に継承されたと考えるべきではなかろうか。

こうした知行国支配のあり方から中世荘園の形成を展望しようとするとき、中原兼俊が解状の後段で述べた内容はきわめて示唆に富んでいる。さきにふれた伊岐致遠の「免田開田」と同様に給田の設定を申請したものだが、その前提には高田保の近隣に位置する国衙領の住人を駆使した「荒野」の開発が措定されていた。みずからは現地とは直接に関わりをもたない中原兼俊がこの要求におよんだ背景には、「荒野」開発を推進するような地域レヴェルでの結合が高田保および近郷の住人たちに存在したと考えざるを得ない。かれらは知行国支配に組み込まれた中央貴族の国衙領知行を利用して反国衙闘争を有利に進める一方、兼俊もそうした動きに呼応して特定の田地に領主権を確立し、遷替を本質とした国衙領の知行体系がもつ限界を乗り越えて、地域に相伝の楔を打ち込もうとしたのである。

残念ながら、この「荒野」開発の結末は不明だが、かりに開発が成功して給田の設定にこぎつけたならば、兼俊の法的な土地所有権は国衙領における「給田十町」であっても、その背後には高田保や近郷の住人たちの地域組織が伏在することになろう。さらに兼俊がこの給田を主家の摂関家に寄進した場合、立荘される荘域は給田十町を中核に高田保や近隣の郷々までも包摂し、兼俊はこの中世荘園の預所職に補任されたはずである。兼俊による所領寄進や「府辺之要地」での立荘は史料上に確認できないが、この高田保の事例は、院政期における知行国支配を基点とした中世荘園の形成を在地社会の動向も視野に入れて、論理的に想定しうる希有の素材といえよう。(39)

以上、知行国・院分国における国衙領の知行給与や国内寺社の所職補任についてみてきた。これは、在地領主制を基軸に据えた中世の国衙領支配をめぐる研究はもとより、貴族層も範疇に入れた「私領主」概念でも欠落していた問題である。実態論的な検討は今後も進める必要があるものの、理論的にはこの知行国支配の構造的特質——院分国主や知行国主と縁故関係にある中央貴族の家政機構が国衙領支配を単位所領ごとに請け負いながら収益を得るシステム——が、中世荘園を生み出す直接的な基盤となったことを直視する必要がある。在地的基盤をもつ知行国支配に立脚した中世荘園の成立過程、すなわち立荘そのものの構造を知行国主の役割に留意して解明することがつぎの課題となろう。次節ではその前提として、寄進と立荘の関係について検討することにしたい。

第二節　寄進と立荘

中世荘園の立荘について分析するためには、まず立荘の手続内容と文書を具体的に知ることが必要である。十二世紀の立荘文書で原本がもっともよく残り、先行研究の蓄積も厚い備後国大田荘の事例(40)で、この点を確認しておくことにしよう。

大田荘の立荘を命ずる最初の文書は、永万二年（一一六六）の正月十日付で発給された後白河院庁下文である。これをうけて、京都にいる備後国司の庁宣が同じ正月と二月にあいつぎ出された。この国司庁宣は二月十四日に備後国の国衙（留守所）にもたらされ、その日のうちに立荘の命令を取りつぐ留守所下文が発給された。以上にもとづき、大田荘となる耕地等を記載した立券文が二月中に作成されている。なお、後白河院庁下文には同じ正月中の日付をもつ平重衡の寄文（寄進状）が引用されているものの、原本は現存しない。

大田荘の立荘に関わる基本的な文書は、①寄文・②院庁下文・③国司庁宣・④留守所下文・⑤立券文である。①から③までは京都で発給され、④と⑤は備後で作成された。京都の貴族社会で取り決められた立荘が現地の合意を得て実現するシステムとなっている。とくに⑤は、院庁の使者（院使）と国衙の使者（国使）を中心に、現地のようすに詳しい図師や住人・百姓も加わって、大田荘となる耕地等を確認した内容を記し、立荘への合意形成を象徴するはずの書面であった。

ところが、①から⑤までの作成期間は二ヶ月にも満たず、しかも⑤立券文にはわずかな耕地等しか記載されていない。これらのことから、大田荘の立荘は現地の領主と平氏、それに備後国司が結託して進めたもので、その立券文は備後の国衙にある土地台帳を抄録したものにすぎないという推測も行われている。(41) 院使や国使、それに現地の住人たちは、厳密な土地調査（検注）よりも大田荘の領域を画定すること、すなわち牓示を境界地点に打ち付けることを優先させたのである。

佐藤泰弘氏(42)によると、王家（院・女院）や摂関家の命ずる中世荘園の設立＝立券荘号は、十一世紀末葉から始まり十二世紀中葉に量的に拡大するだけでなく、手続内容における検注の省略など質的にも大きな変化がみられるという。すなわち、中世荘園の形成がピークをむかえる十二世紀中葉こそ、基本的な文書の形式に変化はないものの立荘の具体的な手続内容が変化し、検注を省略して牓示打ちに重点をおくようになるというわけである。従来の大田文に依拠する分析方法でもっぱら注目されてきた量的問題だけでなく、佐藤氏が重視する質的な側面を追究することが必要である。その場合、中世荘園の立荘が現地との関係ではまず第一に、荘園の外枠を確定することがもとめられたことになるが、これは寄進との関係でどのように考えたらよいだろうか。

大田荘の立荘は平重衡の寄文を引用した後白河院庁下文で命じられたが、同様に中央貴族の寄文を引用して立荘を命じる文書は女院庁や摂関家政所も発給し、それぞれの御使が現地に下向した。立荘が最盛期をむかえる十二世紀中・後葉には、女院庁や摂関家も下文形式をもっとも多用している。立荘手続の文書で伝来数が多いのも、この院・女院庁の下文であり、そこには例外なく中央貴族の寄文が引用されている。しかし、寄文の現存例はきわめて少なく、その検討はほとんど行われてこなかった。

旧来の「寄進地系荘園」の説明によると、在地領主から所領の寄進をうけた中央貴族はこれを自分の荘園とし、さらにその支配を強固にするために王家や摂関家に年貢の上分を再寄進して、王家や摂関家の中世荘園が成立するとされている。立荘を命じる院・女院庁や摂関家政所の下文は、この第二次寄進をうけて発給された文書となり、そこに引用された寄文がすべて中央貴族のものであることも整合するようにみえる。そこで、寄文の原本を有する荘園の事例を検討してみよう。

寄進
　相伝所領壹処事
在能登国管珠珠院内若山庄
四至
　南限珠珠正院真脇村
北限同院八條袋
西限町野院境山
東限海
右、件庄者、親父故土佐守俊兼朝臣所令伝領也、仍存生之時、所季兼処分給也、而今為募　御勢、所寄進
皇太后宮職也、抑於預職者、相継季兼子子孫孫可被補任之状、如件、
　康治二年十月四日
　　　　　　　　豊後守源朝臣（花押）上(43)

能登国若山荘は、能登半島の先端部に位置する中世荘園である。能登国の大田文によると、五百町の田数をもち康治二年（一一四三）の立荘とあり、源季兼が寄文で「若山庄」を寄進した年に一致する。

季兼の寄文によると、「若山庄」は亡父俊兼から譲得したという。源俊兼は十一世紀末葉に能登守をつとめており、このときに在地領主からの寄進を得て荘園化した可能性も考えられる。これを相伝した季兼は、さらに荘

園の強化をはかるべく皇太后宮職に再寄進し、自分とその子孫が預職（預所職）として荘園経営の実権を握り続けるための工作を康治二年に成功させたかのようにみえる。つまり、源季兼の寄文と能登国大田文は、「寄進地系荘園」の説明をみごとに裏づける事例と考えられてきたのである。

槇道雄氏[44]はこのような理解にたって、能登国大田文の記す立荘年次を遡る時期から「若山庄」が存在しており、大田文に記載された年次が必ずしも中世荘園の成立を意味するものではないと主張した。これは、能登国大田文に記載された荘園の立券年次を集計して、十二世紀中・後葉に中世荘園成立の画期をもとめた石井進氏に対する批判であり、石井氏はつぎのように反批判した。

源季兼の寄進した「若山庄」は、大田文に登録された五百町もの大荘園ではなく、父俊兼から譲り受けた所領を国司の認める国免荘としたか、勝手に荘園と称したにすぎない。それゆえに季兼はこの不安定な「若山庄」を康治二年に寄進し、大田文に記載されるような公認をうけて安定した大荘園の若山荘が確立した。寄文の作成年もむしろ大田文の立荘年次を裏づけており、槇氏の批判はあたらない。以上が石井氏の主張する要点である[45]。

源季兼の寄文から出発して、若山荘の成立をめぐる論争に立ち入ったが、それは寄進と立荘の関係を同時代史料に即して考え直すうえで、この論争が問題の核心を示す際に恰好の素材になると考えたからである。すなわち、槇・石井両氏の論争は、大田文に記載されるような中世荘園の立荘に関する理解がきわめて曖昧であることを露呈しており、この点を明確にしなければ、「寄進地系荘園」の枠組みを乗り越えることはできない。

では、中世荘園の立荘を明確に説明できる事例はほかにないのだろうか。

仁平三年（一一五三）十二月、鳥羽院庁下文によって立荘を命じられた越後国小泉荘の立券文が作成された。この小泉荘は鳥羽院の御願寺である金剛心院の荘園で、律令制下の旧磐船郡をほぼ丸ごと立荘した巨大な中世荘園であった。ところが、立荘から三十年前の保安四年（一一二三）、権大納言中御門宗忠は嫡子の宗能に「越後国小泉庄」を譲与している。若山荘とよく似た状況が史料上で確認されるわけである。

宗忠の日記『中右記』によると、じつは宗忠が宗能に譲与した「小泉庄」は、わずか三十町の免田からなる国免荘であった。それは、宗能の代に立荘される金剛心院領小泉荘とは同じ荘名ながら、荘園としての法的性格も内部構造もまったく異なっている。宗能は父宗忠から譲り受けた免田三十町の「小泉庄」を寄進し、それを基礎として立荘された中世荘園たる小泉荘の預所職を獲得したのである(46)（後述）。

この小泉荘の具体例を援用すれば、源季兼の寄進した「若山庄」と皇太后宮（のちの皇嘉門院）職領若山荘との関係も明白であろう。前者の「若山庄」はわずかな免田からなる国免荘にすぎず、その田数も三十町であったとみてよい(47)。大田文に記載された若山荘は、この免田段階の荘名を受け継ぎながらも、公称で五百町の田数を有し、広大な荘域をしめる中世荘園として新たに立荘されたのである。

大田文に記載される中世荘園の立荘とは、このように寄進所領とのあいだで構造上の転換がみられるのが一般的である。つまり、さきにふれた院使と国使が中心となって新たな荘園の枠組みを作り出すのが立荘であった。この意味で、中央貴族の荘園から年貢の一部を寄進して王家や摂関家を名目上の領主（本家）として仰いだ、という「寄進地系荘園」の説明は、実際の立荘からはるか後世の史料に依拠して所領寄進を過大評価したものといわざるを得ない。

さらに、十二世紀の同時代史料である源季兼の寄文にしても、そこに立荘後の広大な荘域を表現する境界が記載されている事実は、かえってこの文書の作為性を示す証拠となる。同様のケースは遠江国質侶荘の寄文でも指摘されている(48)。これらの寄文は、立荘についての交渉が終わり、どのような荘園を作るかのイメージができあがってから作成されたのではなかろうか。

荘園の境界表示とならんで寄文の史料的性格を考えさせるのは、年貢額の記入例が多いことである。立荘の事務手続を二ヶ月足らずで終えた備後国大田荘の寄文にも、すでに年貢額が記載されていた。年貢額を明記した寄文は十二世紀を通じて確認でき、後葉の後白河院政期には主流をしめるといってよい(49)。

そこで後白河院政期に立荘された最勝光院領信濃国塩田荘の例をみてみると、所領を寄進する藤原成親と後白河院とのあいだで年貢額をめぐる交渉が行われ、両者の合意に達したところで、院から「可進寄文」と指示が出されている(50)。中央貴族の寄文が、むしろ立荘の合意内容を表現した文書であることがはっきりとわかる。

従来の研究が重視してきた寄進を直截的に示す寄文の検討を通じて、寄進の虚構性はいよいよ明らかになった。そして寄進と立荘の関係を正確に把握し、さらに立荘の画期性を鮮明に示すためには、寄進所領の実体をいま少し洗い出す必要がある。なぜなら、これまでの研究は立荘後の荘園の姿から在地領主の寄進所領を遡及的に推定するのみで、中央貴族の段階における所領がどのようなものであったのかを等閑視してきたからである。

十二世紀に入って王家や摂関家に寄進された中央貴族の所領には、国司が在地領主からの寄進を仲介したり、国司自身が確保していた所領が数多く含まれることはこれまでも強調されてきた(51)。もとよりこれは「寄進地系荘園」の成立に関する理解で、寄進所領と実際に成立した中世荘園とのあいだで荘園の規模や構造が大幅に転換するという認識は含まれていない。ただし、中央貴族の所領形成や、それがのちに中世荘園と結節する過程での国司の役割を積極的に評価した点は継承すべきであろう。

金剛心院領小泉荘の基礎となった中御門家領の免田三十町は、宗忠の譲状によると、十一世紀後半に活躍した祖父の大宮右大臣藤原俊家から伝領してきたという。俊家がこのほかに保持していた所領では、飛騨国の「白川庄」が十二世紀に国司から収公されたものの、免田二十町からなる紀伊国の「弘田庄」は長承元年（一一三二）に大伝法院領弘田荘が立荘される基盤となった。[53] 中世荘園の立荘に結びついた所領に、十一世紀に立てられた国免荘が含まれていたことになる。

十一世紀段階の履歴がはっきりしている点では、天永二年（一一一一）に立荘された阿波国篠原荘の本免田が貴重な事例である。篠原荘は勝浦郡のほぼ全域を立荘したものだが、その基礎となった所領は、十一世紀に二条関白藤原教通が領有していた三十七町の免田にすぎなかった。それもほんらいは四至をもたない「冷泉院庄免田十一町」で、教通の時期に三十七町となり、代々の国司もそれを認めてきたのだという。[54] 十一世紀末葉に伊賀国司が「偁庄園者、依公験相伝、数代免判、証拠分明、所得之号也[55]」と述べたように、国司の交替ごとに免判を獲得し、実績を積み重ねてきた国免荘だったことがわかる。

一般に国免荘は、十世紀以降、任国の徴税を請け負う国司が任終近くに国家的給付の未払いを避けるために、特定の田地で官物や雑役の不輸を認めたものであるが、中央寺社や貴族たちはその対象地として、在地領主から寄進された私領を指定する場合が多かった。[56] また、藤原兼光が加賀国で助方という者の開発した所領を「位田」として知行したように、[57] そうした国免荘の形成は十二世紀においても公卿クラスの貴族を中心に行われていた。

一方、在地領主が貴族に寄進した私領は、貴族と国司との交渉によって、むしろ国衙領の体系のなかに位置づけられる所領もあった。たとえば、播磨国衙と関係の深い桑原氏から私領田畠の公験文書を大治三年（一一二八）に寄進された院近臣の源師行は、「触子細於国司之処、任公験理、為一色別符、可令領知之由庁宣」を獲得したという。[58] 一色別符とは、官物一色のみを郡や郷とは別の徴符で国衙側に納入する特権を得た所領のことである。別符は開発の申請によって認められる場合が多く、十二世紀に入ると在地領主からの私領寄進を得た公卿クラスの貴族による別符の申請も増加した。大治二年（一一二七）、僧永真は越前国大野郡内の私領荒野を左中将藤原成通に寄進し、開発を行う二、三年間は段別三斗、その後は傍例の率法にしたがって官物を弁済することを記している。成通はこの所領を「官物一色之他、全以所不勤国役也」と表現しており、まさしく一色別符となし得たことがわかる。(59)

在地領主が私領を中央貴族に寄進し別符化を要求するのは、開発を条件にほぼ三年間は官物額が優遇され、その特例期間が終わっても、僧永真が述べているように定まった官物額が適用されるからである。越前国の場合は不明だが、同じ時期の伊賀国では、別符の官物率法が一般の国衙領より低くおさえられていた。(60)しかも十二世紀末葉には「伊賀国前大将領官物率法事」が問題となっており、(61)国司との交渉で領主ごとに異なる官物率法が適用された可能性もある。もしそうだとすると、少しでも官物額を低くできる貴族に所領寄進が集中することになろう。

このように在地領主から私領を寄進された中央貴族は、国家的給付の未済分を、国司と交渉して国免荘に指定するか、国衙領の範疇に位置づけることで所領化していた。在地領主にとっても、中央貴族の有する国家的給付の未払い分や国司との政治交渉力は大きな魅力であった。ただ、それらの所領はあくまでそのときどきの国司の認定を必要としており、貴族たちは国司の交替ごとに免判・庁宣の獲得に奔走することになった。

国司が領主の貴族に免判や庁宣を送付する際の副状には、「経遠寄文成立券庁宣并免判献之、非無微忠」(62)と利益供与を強調するような文言があり、公卿といえども所領のある国の国司との関係には配慮せざるを得なかった。事実、侍従中納言藤原実隆が上野国の所領の国司免判を内々に「妹女房」を介して申請したものの、国司の白河院への奏聞により停廃されたという事例もある。(63)貴族間の内縁を通じた免判の獲得にも限界があった。

とはいえ、貴族たちもただ手をこまねいていたわけではない。中御門宗忠は摂関家の権勢を後ろ盾に、越後国司から免田三十町の庁宣を獲得し[64]、もし国司が停廃したら関白に申し上げて存続をはかるべきことを譲状に書き添えている。また待賢門院庁の院司をつとめる源師時は、「相讃庄」の国司庁宣を待賢門院を通じて獲得している[65]。かれらは摂関家や女院の威勢に依拠して、家領を維持する方策を立てたのである。

このような動きは、十一世紀末葉以降の貴族社会における家格の形成と、院・女院や摂関家を頂点とする系列化の進行を背景にしており、院・女院や摂関家の中世荘園における重層的な領有体系の形成と連動しているかにみえる。事実、さきに例示した貴族たちの所領は、いずれも院や女院による中世荘園の立荘に結びついている。しかし、それは貴族たちの寄進が中世荘園の立荘を実現させたものではない。

保延三年（一一三七）四月、中御門宗忠は「甲斐国鎌田庄」を関白藤原忠通に寄進するため、公験文書の案文を摂関家々司に提出し、摂関家政所下文を申請した。ところが数日後には、藤原朝隆を介して斎院（恰子・輔仁親王女）に寄進を打診している[66]。そして結局は、美福門院の御願寺である歓喜光院に寄進され、同院領鎌田荘の立荘に結びついたようである[67]。宗忠の寄進した「鎌田庄」は国免荘とみてよく、歓喜光院領鎌田荘の本免田となったのであろう。

年少時から摂関家に仕えてきた宗忠が最初に摂関家へ所領寄進を打診したのはうなずけるとしても、それが立荘に結びつかないとみるや、すばやく斎院への寄進に切り替えたものの結果は不調に終わった。この事実は、まさに寄進と立荘の区別を明確に示すものであり、立荘のチャンスをねらって、主家との関係をこえた寄進が繰り返されていたことがわかる。それは、斎院への窓口となった藤原朝隆が、他方では美福門院の側近くに仕え、宗忠の正室と美福門院が姉妹であるというように、貴族社会での人脈をフルに活用したものであった。

では、中世荘園の立荘はいかなる経緯で実現するのであろうか。この点を考えるうえで、いま述べた甲斐国鎌田荘が、女院の御願寺領として立荘されたことは示唆的である。さきにふれた信濃国塩田荘の付属する最勝光院も女院の御願寺で、年貢額や寄文について交渉が行われたのは、創建後に付属荘園を立荘する必要にせまられている時期のことであった。

十二世紀中葉に安芸国の在地領主が下級貴族の中原氏に宛てた私領の寄進状[68]にも、「准当他国近代之例、令申立御願寺并権門之御庄」ことが希望されている。十二世紀中・後葉の一般的な立荘契機として、院や女院の御願寺領荘園の設立が、中央・地方を問わずに認識されていたことがわかる。ただし注意しなければならないのは、この安芸国からの所領寄進が結局は立荘に結びつかなかったことで、その背景には、中央政界との仲介役を期待された中原氏の政治的地歩に問題があったとみられる[69]。御願寺領荘園の設立方法に注目しつつ、在地領主を組み込んだ貴族の寄進所領が立荘と結びつく政治的なメカニズムをも検証する必要がある。

美濃国真桑荘の立荘過程を例にとると、久安年間（一一四五～五〇）に美濃国を知行していた鳥羽院近臣の藤原家成は、右大史の中原俊重から寄進された美濃国内の所領をもとに王家領荘園を立荘する見返りに、俊重がその預所職に補任されることを約した「契状」を与えていた。ほどなく仁平年間（一一五一～五四）の鳥羽院庁下文により真桑荘が立荘されると、俊重は家成との「契約」どおりに真桑荘の預所職を獲得したという[70]。つまり、真桑荘の立荘は中原俊重からの所領寄進だけでは実現せず、美濃の知行国主にして「鳥羽院第一ノ近臣」である藤原家成の力量があってはじめて可能になったと考えられる。

院近臣の知行国主による王家領の立荘は、これまで院に対する奉仕として評価されてきた。しかし、院個人は個々の立荘の詳細を承知していなかった事実が明らかにされたこともあり[71]、立荘の「契約」を結んだ藤原家成と中原俊重のような、知行国主を含む中央貴族たちの主体的な動きこそが重要である。次節ではこの点について、藤原家成が十数年にわたって知行しつづけ、さきにふれた小泉荘のような王家領荘園が次々と立荘された、鳥羽院政期の越後国を素材に検証してみたい。

第三節　院近臣の知行国における王家領荘園の形成

十二世紀中葉の鳥羽院政期にひとりの院近臣がながらく知行国支配を行った越後国では、大田文は残存していないものの、中世荘園の立荘はやはり鳥羽院政期に集中していることが指摘されている。(72) これは、後白河院政末期の同国における荘園とその領有者・預所をほぼ網羅した注文の分析から導かれた結果である。この荘園注文(73)によると、越後国では院庁や院御願寺に付属する王家領荘園が十七を数え、摂関家領の五、権門寺社領の二などを圧倒している。越後国の荘園制は、まさに王家領荘園の爆発的な立荘によって確立するのであり、そのピークともいうべき鳥羽院政期の立荘に知行国主として関わっていたのが藤原家成であった。(74)

もちろん鳥羽院政期以前からこの国の中世荘園の立荘は始まっていた。明証のあるところでは、寛治四年（一〇九〇）の白河院による賀茂別雷・御祖両社への不輸田各六百余町の寄進で立荘された賀茂御祖社領石河荘がもっとも古い。(75) この「寛治寄進」は、天皇や上皇による荘園設立の起点と評価され、国家的給付の代替としての中世荘園の立荘認定という、朝廷の政策転換の端緒としても位置づけられている。(76) 越後国における荘園制形成の出発点をここにもとめることも可能だが、やはり本格的な中世荘園の立荘は、十二世紀中葉に入ってからである。それは、十一世紀までの免田を中核とした荘園がこの時期になって大きく転換していることからも示唆される。

十一世紀の越後国に存在したことが明らかな荘園は二例にとどまる。一つは東大寺領の「初期荘園」に系譜する石井荘、もう一つは十一世紀中葉に摂関家庶流の藤原俊家領として成立をみた国免荘の「小泉庄」である。

石井荘は東大寺の派遣する荘司のもとで田堵に請作させる数町規模の荘田だったが、十二世紀初頭までに高田保内の免田十五町となる(77)。また「小泉庄」は俊家から嫡系の中御門家に伝領された免田三十町で、同家は定使を派遣して現地を管理させていた。この二荘園はそのまま中世に存続するのではなく、いずれも鳥羽院政期に立荘される巨大な中世荘園の本免田として継承されることになる。

その具体像を「小泉庄」の例でみてみよう。十二世紀初頭に免田三十町の「小泉庄」を相伝した中御門家では、摂関家の威勢を背景に免除の国司庁宣を獲得して存続をはかっていた(78)。そのようすは中御門宗忠の日記『中右記』や嫡子宗能に宛てた譲状(79)に「抑国司有停廃之時者、早申殿下可沙汰也、定有許容歟」とあることから確認できる。ところが仁平三年（一一五三）末にいたり、この免田三十町を基礎とした広大な中世荘園が鳥羽院庁下文によって立券される。さきにふれた金剛心院領小泉荘の成立である(80)。

図１　摂関家略系図

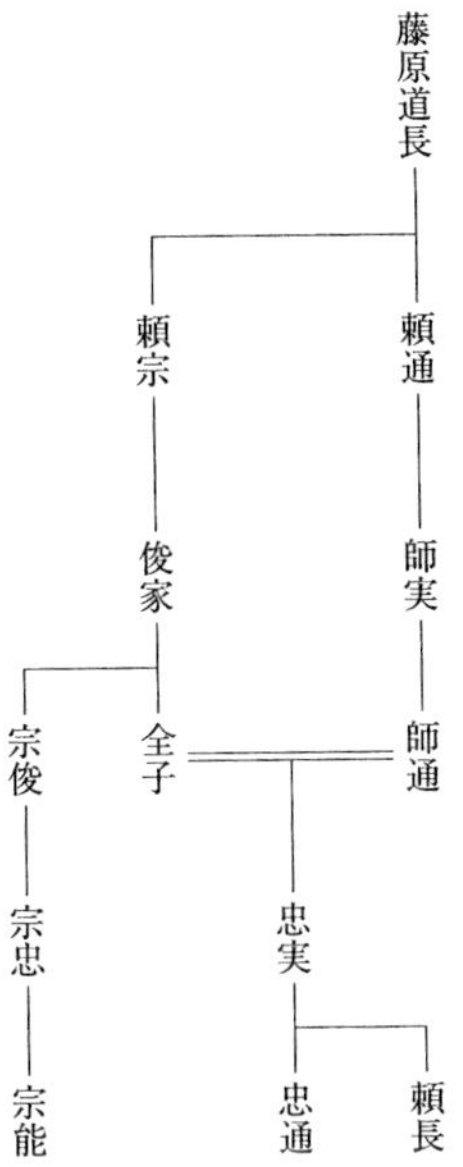

仁平三年十二月に作成された「一庄立券状」によると、金剛心院領小泉荘の荘域は、律令制下の磐船郡域をほぼ覆うもので、鎌倉期以降に連続する外枠がこの時点で確立した。しかし、その内部がすべて均質に金剛心院の荘園となったのではなく、牛屋郷（保）や留守所の進止下に存する国領瀬波河などの国衙単位所領を包摂していた。とくに牛屋郷を含む荘域内の南域は半不輸の「加納」であり、所当官物を国衙側に弁済してい

たと考えられる。つまり、金剛心院領小泉荘の内部は、中御門家領の「小泉庄」免田三十町の系譜をひく小泉本庄と、その他に国衙領を包摂した「加納」などが併存する構造になっていたのである。

小泉荘の立荘時に「加納」として囲い込まれた国衙領は膨大な領域にわたり、このため留守所の目代と在庁官人は立荘を認定せず、一度ならず現地で妨害を加えた。(81)これは小泉荘の立荘を在京の知行国主が強力に推進したことの反映と考えられるが、その知行国主は藤原家成であった。家成は、中御門家が免田存続の頼みとした摂関家の藤原忠実とともに、金剛心院の造進を請け負ってもいた。(82)小泉荘の立荘は、こうした中央政界の人脈のもとで、仁平三年春に開始した金剛心院の造営と平行して行われたのである。

免田三十町からなる中御門家領の「小泉庄」は、この金剛心院領小泉荘の形成に本庄として組み込まれた。史料上の荘園名は同じだが、両者は法的にも存在形態のうえでも異質な所領であり、いうまでもなく中世荘園は後者である。能登国と同様な大田文が越後国に残っていれば、小泉荘の項に注記される立券状の年は仁平三年である。また、この立荘を中御門家の所有形態に即して表現すれば、前者の寄進によって後者の預所職を獲得したことになり、ここに一般貴族の家領が免田から中世荘園の預所職へと転換する契機をみることができる。

このように藤原家成の知行国支配や院御願寺領の形成との関係から中世荘園の立荘を考えると、同様の事例が越後国内に数多く存在していることに気づく。前述した荘園注文では、金剛心院のほかに院御願寺領として六条院領（二荘）・鳥羽十一面堂領（二荘）・金剛院領などを挙げるが、このうち史料的に復元可能な十一面堂領佐味荘と金剛院領加地荘の立荘を簡単にみておきたい。

佐味荘は和名抄郷の郷名を継承し、前述の荘園注文には「鳥羽十一面堂領　預所大宮大納言入道家」との注記がある。この十一面堂は白河二条に造営された鳥羽院の御願寺で、天養二年（一一四五）六月に落慶した。(83)預所の大宮大納言は藤原家成の嫡子で、越後国守にもなった藤原隆季である。さらに『民経記』紙背文書に含まれる貞応元年（一二二二）の大嘗会関係史料(84)によると、後堀河天皇の大嘗会用途が諸国に賦課され、越後でも一国平均役として徴収されることになったが、「仏頂堂領起請之地」である佐味荘は、仏頂堂の建立以後、そうした一国平均役を免除されているという。この内容から、佐味荘は藤原家成が造進した鳥羽院御願寺の仏頂堂に付属する荘園であり、その立荘時期は久安二年（一一四六）十一月の仏頂堂落慶後であったことがわかる。仏頂堂は十一面堂と同じ敷地に所在しており(85)、佐味荘の得分は十一面堂にも割き与えられていたのであろう(86)。

伊勢役夫工米の賦課基準となる国衙登録の公田数で佐味荘は約四百町を有しており(87)、しかも荘域内には小泉荘と同様に国衙領の保が存続していた可能性が高い(88)。これらを考えあわせると、佐味荘の立荘は、越後国を知行する藤原家成が造進した鳥羽院御願寺の付属荘園を設定し、そこに家成一門が預所職を確保することを目的に、佐味郷の分割によって政治的に作り出されたものとみてよかろう。

一方、加地荘も和名抄郷の郷名を継承する王家領荘園で、十二世紀末葉の荘園注文には「金剛院領」として源定房の沙汰であることが注記される。定房は村上源氏の氏長者源雅定の猶子で、加地荘が「中院流家領目録草案」(89)のうちの雅定家領の部分にも登場することから、その立荘は雅定の活動した十二世紀中葉に推測される。加地荘は東大寺領豊田荘に隣接するが、この豊田荘は長承二年（一一三三）に

図2　善勝寺流藤原氏・中御門流藤原氏・村上源氏関係系図

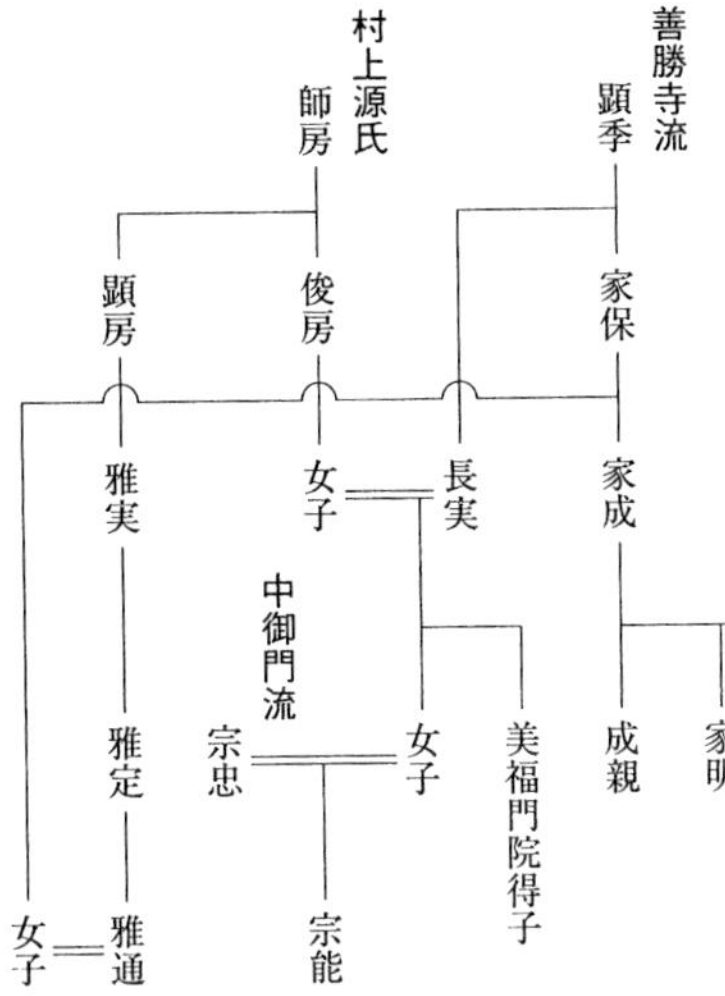

立荘され、久安三年から国衙と寺家が在家検注を実施している。[90] 豊田荘の荘域確定にとって久安三年が画期となったことは明らかで、このことと豊田荘を取り巻くように立地する加地荘の成立とが無関係とは考えにくい。

そこで「金剛院」に着目すると、久安二年に美福門院が御願所とした丹後国の金剛院が浮かび上がる。[91] 当該期はながらく美福門院の近臣が丹後国守に任じており、[92] 金剛院を支配の拠点とした宝荘厳院領志楽荘の立荘もこの時期にもとめられる。[93] 宝荘厳院は藤原家成の造進した鳥羽院御願寺である。美福門院と家成は同じ善勝寺流で血縁関係にあり、村上源氏の源雅定・雅通・定房と連携していた。[94] 源雅定は宝荘厳院領奄我荘の立荘にも関わり、預所職を獲得している。[95] 美福門院の御願所となった金剛院に村上源氏が得分を沙汰する加地荘の立荘も、同じ藤原家成と村上源氏の結託によって実現したと考えておきたい。

以上、藤原家成の知行国越後における王家御願寺領の形成ともいうべき中世荘園の立荘形態をみてきた。王家御願寺の造営は、造国司の任国内における造営費用の捻出を通じて、荘園の動静に大きな影響を与えるのみならず、造国司（知行国主）の他の知行国においては、御願寺の寺用をまかなう付属荘園を国衙領の分割によって政治的に作り出すという、中世荘園の形成を促進する国家的な起爆剤となった。[96] 十二世紀中葉の美福門院奏状にみえる「院宮建立堂塔者、新寄公領、更宛仏事、申賜不輸之官符、豈非承前之恒規哉」[97] という表現は、まさにそうした立荘が当時の一般的な趨勢であったことをものがたる。また、それは中世荘園の立荘が下からの所領寄進と直結するのではなく、王家の御願寺や国家的仏事の経費調達と結びついて可能になることをも示しており、坂本賞三氏[98]の強調する国家的給付としての荘園設立という側面はたしかに重要といえる。

しかし、これらの立荘は一方で、知行国主の藤原家成やその人脈に連なる貴族たちの家領形成としての側面をもっていたことも見逃してはならない。すでに封物収入に依存できなくなっていたかれらは、数ヶ国の知行国を維持し、多くの院御願寺の造営を請け負う藤原家成のような院近臣をブローカー的存在として、美濃国真桑荘のような「契約」を背後にもつ立荘を繰り返し、王家領をはじめとする中世荘園の預所職を集積していった。「諸大夫」の藤原家成と手を結んだ精華家の村上源氏の家領形成は、まさにその典型ということができよう。

また、小泉荘で特徴的にみられる中世荘園の存在形態も、その立荘が単なる院御願寺用途の調達、つまり国家的給付の代替としてのみ理解すべきでないことを明示している。すなわち、その荘域には膨大な国衙領が包摂されており、中御門家領の免田に系譜する「本庄」に対して「加納」とされた単位所領と純然たる国衙領が「一庄立券状」にもとづく枠組みのなかで混在している。これと同じ内部構造は佐味荘にも想定することができ、規模こそ異なるものの、論理的には鳥羽院政期を中心に立荘された王家領荘園の共通性として検討すべきであろう。

この問題を考えるうえで貴重な素材となるのは、第一節で紹介した『兵範記』紙背文書の長寛元年六月日法眼智順解である。智順は鳥羽院皇后の藤原得子（美福門院）の御願寺である金剛勝院が康治元年（一一四二）に落慶した際、その「綵絵」の功により越後国主藤原家成の下文で社務執行を与えられていたが、他者の乱妨を排除するために、長寛当時の知行国主である摂関家に訴えたのであった。藤原家成の権勢をささえる美福門院との連携が、その御願寺造営と家成知行国における社務執行の給与との連結となってあらわれたことは、前述した加地荘の立荘背景を傍証するものとしても重要だが、いまここでもっとも注目したいのは、智順が二田社に対する既得権の正当性を主張する際に述べた「故鳥羽院之御時新立庄園寺社等、皆拘新制畢」という内容である。[99]

この記述をめぐっては、鳥羽院政期に全国規模の荘園整理令の存在を主張する槙道雄氏が論拠のひとつとして、新立の荘園・寺社が鳥羽院の治世下に実施された荘園整理令の対象になったと解釈している。しかし、この記述は「鳥羽院の治世時に新立された荘園・寺社が新制に抵触した」、つまり鳥羽院政期の越後国で新たに立荘された荘園等が（鳥羽院の死後から長寛以前の）新制＝荘園整理令の対象になった、と読むことも可能である。槇氏の例証がことごとくくずされ、(100)しかも鳥羽院政期の越後国で数多くの王家領をはじめとする中世荘園が立荘された事実をふまえると、右の史料解釈も後者をとるべきものと考える。

鳥羽院の死後から長寛元年までの期間に新制として発令された荘園整理令は、著名な保元整理令のみである。この保元令では、白河・鳥羽両院庁下文によって立荘された王家領荘園を含む、本免田以外の「加納・余田」の停廃が指示された。家成知行下の越後国において、小泉荘をはじめとする王家領の立荘時に、膨大な「加納」が囲い込まれたことは前述したとおりである。越後国内で保元令の整理対象となった鳥羽院政期の「新立庄園」がこれらを指すことは明らかであり、事実、仁平三年立券の小泉荘には「保元立券状」も存在していた。(101)これは同荘の加納停廃から再立券の経過を示すものと理解できる。槇氏が注目した史料からは、氏の意図とは逆に、藤原家成の知行国支配のもとで国衙領を包摂した中世荘園が、鳥羽院政期の越後国内に数多く新立された状況を裏づけることができるのである。

藤原家成の知行国支配に立脚した中世荘園の立荘形態や内部構造をこのようにみてくると、それは王家御願寺の寺用等とそのための所領経営を預所として請け負う中央貴族の権益を組み込んだ、新たな国衙領支配の創出ともいうべき側面を有していたことが指摘できよう。その前提には、すでに述べた高田保と近隣の郷々のような、反国衙闘争にもとづく在地住人の結合や「別結解」要求があり、この動きを京都に直結させる国衙領の領有体系が知行国支配のもとに存在していたことが重要である。知行国制と中世荘園の関係は、国司が所領寄進を仲介したり、「内縁」にもとづき立荘に同意するというような現象の指摘にとどまらない、より構造的なものとして分析することが必要なのである。

おわりに

従来の「寄進地系荘園」は、中世荘園の成立を、在地領主の経営と国衙との対立軸にもとづく前者の中央貴族への依存（寄進）によって説明しようとしたものであった。そこでは寄進と立荘が同一視され、その対象たる所領の国衙支配からの離脱、公領としての性格の払拭が荘園の荘園たる所以として重視された。のちに荘園領主権と国衙支配権との関係が注目されて、荘園の設立を国家財政と連動させる視角が提起されても、また国司（知行国主・国守）が国衙と対立しながら荘園設立を認める事実が明らかにされても、この基本的な理解の枠組みが変わることはなかった。

本章では、その「寄進＝立荘」という根本理解を打ち破るために、中世荘園の存在形態（内部構造）への注目から、立荘の画期性を分析することの重要性を提起した。しかも、その立荘は、院政期に発達した知行国支配のもとで在地側の基盤をもって生み出される、新たな公領支配の形態としても評価できるのではないかという見通しを述べた。次章では、これらの点をより一般的な問題として王家領荘園を中心に論じることにしたい。

註

（1） 橋本義彦「院宮分国と知行国」（同『平安貴族社会の研究』吉川弘文館、一九七六年。初出は一九六九年）。最近、この橋本氏の通説的理解を再検討する研究動向もみられる。上島享「国司制度の変遷と知行国制の形成」（大山喬平教授退官記念会編『日本国家の史的特質 古代・中世』、思文閣出版、一九九七年）などを参照。

（2）　石井進「源平争乱期の八条院領―「八条院庁文書」を中心に―」（永原慶二・佐々木潤之介編『日本中世史研究の軌跡』東京大学出版会、一九八八年）、同「荘園の領有体系」（網野善彦他編『講座日本荘園史』2、吉川弘文館、一九九一年）。なお、工藤敬一『荘園公領制の成立と内乱』（思文閣出版、一九九二年）は、九州地方の巨大な王家領荘園が院近臣の知行国主や大宰府の知行者によって「上から立荘」されたと述べているが、その知行国支配と立荘の具体的な関係では不明な点が多い。

（3）　知行国支配との関係に限定して最新の成果を挙げると、本郷恵子『中世公家政権の研究』（東京大学出版会、一九九八年）、井原今朝男「院政期の地方国衙財政と民部省済事―諸国公文の作成主体―」（『三田中世史研究』三、一九九六年）。

（4）　菊地大樹「国主と郷司」（「『明月記』（嘉禄三年閏三月）を読む」解説七〔『明月記研究』三、一九九八年〕）が、後述する研究史をふまえて問題の所在を的確に指摘している。

（5）　『高石市史』第一巻中世編第四章（堀内和明執筆担当、一九八八年）。

（6）　建暦三年六月日和泉国池田郷住人等解（福智院家文書、『鎌倉遺文』補六〇八号）、『明月記』建保元年十月二十九日条・三十日条。

（7）　大山喬平「国衙領における領主制の形成」（同『日本中世農村史の研究』岩波書店、一九七八年。初出は一九六〇年）、坂本賞三『日本王朝国家体制論』（東京大学出版会、一九七二年）。

（8）　『後鳥羽天皇日記』建保二年四月三日条。なお、この点については五味文彦「女院と女房・侍」（同『院政期社会の研究』山川出版社、一九八四年。初出は一九八二年）を参照。

（9）　竹内文平氏所蔵文書、『鎌倉遺文』二二六六一号。この所領目録を「大覚寺統所領目録」と呼ぶべきことは金井静香『中世公家領の研究』（思文閣出版、一九九九年）。

（10）　『実躬卿記』正応三年五月八日条、嘉元四年十月十四日条、『花園天皇日記』正中二年十二月一日条。

（11）　田中健二「大覚寺統分国讃岐国について」（九州大学国史学研究室編『古代中世史論集』吉川弘文館、一九九〇年）。

（12）　『実躬卿記』正安二年閏七月二十四日条。

（13）　『兼仲卿記』弘安十年四月二日条。

(14)『明月記』天福元年三月二十日条。なお、『明月記』嘉禄三年閏三月二十九日条によると、藤原定家は信濃国を知行することが決定したのち、宇都宮頼綱から「補郷司、下面々使者」ことを止められている。

(15)『明月記』寛喜三年八月二十三日・九月二十五日条。

(16)『実躬卿記』正応三年五月八日条。

(17)『実躬卿記』嘉元四年十月十四日条。

(18)五月二十二日安房守伴広親書状追而書（『平安遺文』四六七八号）。年次比定は五味文彦『武士と文士の中世史』（東京大学出版会、一九九二年）による。

(19)瀬戸薫・山本信吉「史料紹介　半井家本『医心方』紙背文書について」（『加能史料研究』四、一九八九年）。以下、同文書からの引用はすべてこの史料紹介により、典拠には文書名と、「医」二十五巻一二のように整理番号のみを示す。なお、同文書をめぐる先行研究で本章の考察と関わるものは、瀬戸薫「半井家本『医心方』紙背文書とその周辺―善勝寺流藤原氏を中心に―」（『加能史料研究』四、一九八九年）、戸田芳実「院政期北陸の国司と国衙」（同『初期中世社会史の研究』東京大学出版会、一九九一年。初出は一九八九年）、五味文彦「紙背文書の方法」（石井進編『中世をひろげる』吉川弘文館、一九九一年）、安原功「院政期加賀国における院勢力の展開と在地社会―『医心方』紙背文書の一考察―」（『ヒストリア』一三六、一九九二年）、註（18）所引五味文彦著書。

(20)四月六日散位藤原某書状（「医」二十五巻六・七）、□月二十五日藤原某書状（「医」二十五巻一八）、三月十五日散位藤原某書状（「医」二十五巻二三・二四）、散位藤原某書状断簡（「医」二十五巻三八）ほか。

(21)二月十日大蔵大輔某書状（「医」二十五巻一四）。

(22)六月二十六日散位藤原某書状（「医」二十九巻二〇・二一・二二）。

(23)陽明文庫所蔵『兵範記』仁安二年十・十一月巻紙背文書、『平安遺文』三二六〇号。

(24)陽明文庫所蔵『兵範記』仁安二年夏巻紙背文書、『平安遺文』三三九九号。

(25)五味文彦「院政期知行国の変遷と分布」（註（8）所引五味文彦著書。初出は一九八三年）。

(26) 註(20)所引史料。
(27) 大治二年八月日加賀国江沼郡諸司等解(『医』二十五巻五〇・五一)。
(28) 保延七年五月三日越後国留守所下文(東南院文書、『平安遺文』二四四三号)。
(29) 『明月記』正治元年九月二十二日条。
(30) 四月十一日散位藤原某書状(『医』二十五巻三一・三二)。
(31) 『医』二十五巻五二・五三。
(32) 永原慶二「公家領荘園における領主権の構造」(同『日本封建制成立過程の研究』岩波書店、一九六一年。初出は一九五八年)。
(33) 田村裕「与田保」(網野善彦他編『講座日本荘園史』9、吉川弘文館、一九九九年)。
(34) 陽明文庫所蔵『兵範記』仁安二年秋巻紙背文書、『平安遺文』三三一三号。なお、高田保の研究史をはじめ、以下に述べる所在地や領有体系については拙稿「越後国高田保ノート」(『上越市史研究』四、一九九九年)を参照。
(35) 坂本賞三「別結解について」(註(7)所引坂本賞三著書。初出は一九六六年)。
(36) 『吉続記』文永八年正月十一日条、『実躬卿記』嘉元四年三月二十四日条。
(37) 『兵範記』保元二年三月二十九日条。なお、『史料大成』本では「公卿領」とあるが、原本写真(陽明叢書記録文書篇『人車記』一)で確認すれば「公郷領」が正しいと判明する。註(11)所引田中健二論文参照。
(38) 河音能平「中世社会成立期の農民問題」(同『中世封建制成立史論』東京大学出版会、一九七一年。初出は一九六四年)など。
(39) 田村裕「周防国与田保の性格と国衙補任地頭の成立について」(『史学研究』一一九、一九七三年)、註(33)所引田村裕論文、畠山聡「保に関する一考察」(『日本歴史』五三一、一九九二年)を参照しつつ、知行国主から国保の知行を給与されていた下級貴族の開発田が中世荘園の立荘に組み込まれた事例として、周防国与田保を挙げたい。十二世紀中葉ころ、知行国主から与田保の保司職に補任されていた中央官人の下毛野氏は、現地に代官として惣公文を派遣するとともに、「与田本村」とその他の領域から構成される保域のうち、後者にあたる保域の東方に「開発之地」「保司田」を設定した。これは越後国高田保で摂関家々司の中原兼俊が行った「荒野」の「開発」および「給田」の設定と同じ動きである。十二世紀後葉の嘉応年間（一一六九〜七一）にいたり、保司下毛野氏の開発田を含む与田保の東域は、隣接する柳井郷を中核とした蓮華王院領楊井荘の立荘に「新領」として組み込まれ、旧来の「与田本村」のみが鎌倉期以降に存続する与田保となった。この楊井荘の立荘とそれにともなう与田保の保域分割の背後には、当時保司職を知行していた下毛野朝武が平清盛との主従関係（朝武・朝利父子はそれぞれ清盛・宗盛の随身）にもとづき、保司の開発田を楊井荘の立荘にあわせて寄進した結果と考えられる。蓮華王院は平清盛の造進した後白河院御願寺で、その荘園形成に清盛や弟の頼盛が深く関わっていたことは、五味文彦「武家政権と荘園制」（網野善彦他編『講座日本荘園史』2、吉川弘文館、一九九一年）に指摘がある。なお、ひとつの保が「本保」「新保」に分割されて別々の中世荘園に包摂された類例は、加賀国の能美荘の「長野新保」と板津荘の「長野保」がある。

(40) 大田荘の立荘文書は、高野山文書、『平安遺文』三三七五号・三三七八号・三三八一号・三三八〇号・補一〇六号。

(41) 五味文彦「平家領備後大田庄」（『遙かなる中世』二、一九七七年）、田村裕「荘園・公領制の成立と展開」（『広島県史』原始・古代、一九八〇年）。

(42) 佐藤泰弘「立券荘号の成立」（同『日本中世の黎明』京都大学学術出版会、二〇〇一年。初出は一九九三年）。

(43) 康治二年十月四日源季兼寄進状（九条家文書、『平安遺文』補六九号）。

(44) 槙道雄「鳥羽院政期における荘園整理」（同『院政時代史論集』続群書類従完成会、一九九三年。初出は一九八二年）。

(45) 註（2）所引石井進「荘園の領有体系」。

(46) 拙稿「平安末・鎌倉期の越後と佐渡」（田村裕・坂井秀弥編『中世の越後と佐渡』高志書院、一九九九年）。

(47) 『玉葉』仁安二年六月二十二日条。

(48) 川端新「院政初期の立荘形態―寄進と立荘の間―」（同『荘園制成立史の研究』思文閣出版、二〇〇〇年。初出は一九九六年）。

(49) 大治三年八月日藤原永範寄進状案（東大寺所蔵「弥勒如来感応指示抄」一紙背文書、『平安遺文』四六九二号）、長承三年閏十二月十五日待賢門院庁下文案（仁和寺文書、『平安遺文』二三一〇号）に引用される藤原周子寄文、保延七年六月二十三日鳥羽院庁下文（九条家文書、『平安遺文』補六五号）に引用される源師行寄文、長寛三年六月日聖顕寄進状案（高山寺文書、

『平安遺文』三三五二号）など。
(50)『吉記』承安四年八月五・十三・十六日条。
(51)村井康彦『古代国家解体過程の研究』（岩波書店、一九六五年）。
(52)平治元年十二月五日藤原太子解（陽明文庫所蔵『兵範記』仁安二年冬巻紙背文書、『平安遺文』三〇四一号）。
(53)「弘田本免次第」（『根来要書』上）。
(54)『中右記』元永元年九月一日条。
(55)永保三年十二月二十九日伊賀国司解（東大寺文書、『平安遺文』一二〇五号）。
(56)坂本賞三「王朝国家と荘園」（網野善彦他編『講座日本荘園史』2、吉川弘文館、一九九一年）。
(57)註（44）所引槇道雄論文。
(58)註（49）所引保延七年六月二十三日鳥羽院庁下文。
(59)大治二年十二月二十七日僧永真寄進状（京都大学所蔵一乗院文書、『平安遺文』二一一四号）、長承二年正月二十七日官宣旨案（「醍醐雑事記」、『平安遺文』二二六四号）。
(60)保安三年二月日伊賀国在庁官人解（東南院文書、『平安遺文』一九五八号）。
(61)『玉葉』建久六年九月七日条。
(62)（嘉承三年）正月十四日摂津守菅原在良書状（九条家文書、『平安遺文』補三八号）。
(63)『長秋記』大治五年四月二十六日条。
(64)『中右記』長承二年七月二十七日・八月二十七日条。
(65)『長秋記』長承三年六月十二日条。
(66)『中右記』保延三年四月一日・二十二日条。
(67)安元二年二月日八条院領目録（内閣文庫所蔵山科家古文書、『平安遺文』五〇六〇号）。
(68)保延五年六月日藤原成孝譲状（浅野忠允氏所蔵厳島神社文書、『平安遺文』二四一〇号）。

(69) 明石一紀「安芸国高田郡司関係史料と中原氏―文書偽造説をめぐって―」(『民衆史研究』五一、一九九六年) によると、中原師長は摂関家の藤原頼長と緊密な関係にあったという。
(70) 『師守記』貞治元年十一月十一日・十六日条。なお、久安年間に藤原家成が美濃国を知行していたことは、註 (25) 所引五味文彦論文による。
(71) 註 (42) 所引佐藤泰弘論文、註 (48) 所引川端新論文。
(72) 荻野正博「越後国中世庄園の成立」(『新潟史学』一六、一九八三年)、同「荘園と国衙領」(『新潟県史』通史編1原始古代、一九八六年)。
(73) 『吾妻鏡』文治二年三月十二日条所引「関東御知行国々内乃貢未済庄々注文」。
(74) 藤原家成の越後知行期間は註 (25) 所引五味文彦論文による。また、家成を含む善勝寺流藤原氏の院近臣としての活動については、河野房雄『平安末期政治史研究』(東京堂出版、一九七九年) を参照。
(75) 「賀茂社古代荘園御厨」(『大日本史料』第三編之一)。
(76) 註 (42) 所引佐藤泰弘論文、註 (48) 所引川端新論文。
(77) 永治二年三月二十五日越後国留守所牒 (東大寺文書、『平安遺文』二四六六号)。
(78) 『中右記』長承二年七月二十七日・八月二十七日条。
(79) 保安四年八月八日藤原宗忠譲状案 (南部文書、『平安遺文』一九九四号)。
(80) 以下の小泉荘に関する叙述は、拙稿「小泉荘の成立と展開」(永原慶二監修『村上市史』通史編1、一九九九年) などによる。なお、永原慶二『荘園』(吉川弘文館、一九九八年) は、小泉荘の立荘を免田三十町を基点とした荘域全体のいわば免田化として理解しており、中世荘園としての存在形態 (内部構造) に対する理解、さらにいえば立荘の性格づけが私見とは大きく異なる。
(81) 長寛三年正月日越後国司庁宣案 (南部文書、『平安遺文』三三二八号)。
(82) 金剛心院の造営については、杉山信三『院家建築の研究』(吉川弘文館、一九八一年)。

(83)　十一面堂の造営については、註（82）所引杉山信三著書を参照。
(84)　某書状（『民経記』天福元年五月記紙背文書、大日本古記録『民経記』七）。
(85)　仏頂堂と十一面堂との関係は註（82）所引杉山信三著書を参照。
(86)　田村裕「佐味荘の成立」（『吉川町史』通史編第一巻、一九九六年）。
(87)　元亨四年九月二十七日造内外宮料役夫工米納状（西大寺文書、『上越市史』資料編3古代・中世、中世編七一号）。
(88)　註（86）所引田村裕論文。
(89)　国学院大学所蔵久我家文書、『久我家文書』第一巻三。岡野友彦「「中院流家領目録草案」（久我家文書）の検討」（同『中世久我家と久我家領荘園』続群書類従完成会、二〇〇二年）を参照。
(90)　本書第三章を参照。
(91)　美福門院御願所としての金剛院については、元弘三年六月日左少将恒定禁制（金剛院文書、『鎌倉遺文』三二三〇八号）、応永十一年八月十九日金剛院不動供養記（金剛院文書、『宮津市史』史料編第一巻別掲二三六号）など。
(92)　註（25）所引五味文彦論文。
(93)　平治元年閏五月日宝荘厳院領荘園注文（東寺百合文書レ、『平安遺文』二九八六号）。なお、註（89）所引岡野友彦論文を参照。
(94)　村上源氏と藤原家成・美福門院との密接な関係・連携については、橋本義彦『藤原頼長』（吉川弘文館、一九六四年）。
(95)　註（93）所引史料。
(96)　市沢哲「院御願寺造営に関する一考察」（『神戸大学史学年報』二、一九八七年）。
(97)　平治元年九月二十九日太政官牒案（安楽寿院古文書、『平安遺文』三〇二九号）。
(98)　坂本賞三『荘園制成立と王朝国家』（塙書房、一九八五年）、註（56）所引坂本賞三論文。
(99)　註（44）所引槇道雄論文。
(100)　五味文彦「荘園・公領と記録所」（註（8）所引五味文彦著書）。詫間直樹「地方統治の変貌」（橋本義彦編『古文書の語る日本史』2平安、筑摩書房、一九九一年)。

(101) 建長七年十月二十四日関東下知状案(米沢市上杉博物館所蔵色部氏文書、『鎌倉遺文』七九一一号)。

第二章　王家領荘園の立荘

はじめに

日本中世の土地制度を表現する概念として、「荘園公領制」が定着しつつある。提唱者の網野善彦氏[1]によれば、これは荘園重視の研究状況を批判して、国衙領などの公領がもつ比重の高さを質・量ともに重視するものであり、そこでは永原慶二氏[2]が指摘した荘園領主権を国衙領主権の分割継承とする見解をふまえて、荘園と公領が併存しながらも共通して国家的性格を有することが強調されている。

網野氏は、この「荘園公領制」の形成過程を一国別に検証する作業を積み重ねているが、中世荘園の成立については「寄進地系荘園」の理解を大枠では継承し、在地領主からの所領寄進を働きかける中・下級貴族や悪僧などの動きに注目すべきことを指摘するにとどまっていた。この立荘過程における所領寄進の相対化という視点は、荘園領主に対する国衙領主権の分割理由などをめぐり、王家領荘園を素材に国家財政史との関係に着目した研究[3]に継承されていく。しかし、その過程には立荘前後の荘園の存在形態や内部構造に関する議論[4]が組み込まれておらず、大きな問題点をはらんでいたと考える。

こうした研究史上の問題点をもふまえつつ、網野氏の理解を前提に、「荘園公領制」の形成過程を肥後国の事例に即してあとづけたのが工藤敬一氏[5]である。工藤氏はまず、みずから提起した九州地方の「郡荘」概念をふまえて、国衙領や地方寺社等の小荘園を包摂し、半不輸的な性格を帯びる郡規模の王家領荘園（「郡名荘」）の存在を指摘する。これは在地領主間の抗争を背景に、国司（知行国主）や大宰府を介した院周辺の人脈を通じて上から立荘されたもので、中世荘園としては安定せず、十二世紀末の内乱を経て、在地勢力のあり方に適合した荘園・公領の枠組みが鎌倉幕府の主導下に再編成（片寄せ、荘園と公領の分離）され、大田文にも表現される「荘園公領制」が確立したと説く。

この工藤氏の所説は、一郡レヴェルの地域において、中世を通じて存続する荘園・公領の配置（「荘園公領制」）が地域社会の動きを軸に作り出されていく様相を描写し、その過程で鎌倉幕府権力の役割を積極的に評価する点に大きな特徴がある。しかし荘園制形成論の視角からみたとき、つぎのような問題点が指摘できる。「荘園公領制」の成立が「郡名荘」の再編成（荘園と公領への分離）として論じられるため、王家領の「郡名荘」は中世荘園の形成過程での副次的な存在形態にすぎず、本質的な問題に位置づけられていない。しかし、工藤氏が挙げた類例を含め、「郡名荘」のまま存続する王家領荘園は同じ九州地方に多く、大田文に登録されていることも事実である（筑前国鞍手郡の成勝寺領粥田荘など）。

また、この点に関して私は、九州地方の対極に位置する越後国において、「郡名荘」と酷似した存在形態をとる王家領荘園が中世荘園として立荘され、鎌倉幕府が国衙を掌握したのちも、荘園としての枠組みに変化がないことを論じた(6)。その主たる素材とした金剛心院領小泉荘の立荘過程を整理すればつぎのようになる。

寄進所領　十一世紀中葉に成立した中御門家領の免田三十町「小泉庄」（国免荘）。

立荘経緯　鳥羽院庁下文により金剛心院造営中の仁平三年末の立券状で立荘。
旧磐船郡のほぼ全域にわたる荘域。保元・建久の立券状でも変化なし。

図1　金剛心院領小泉荘（概念図）

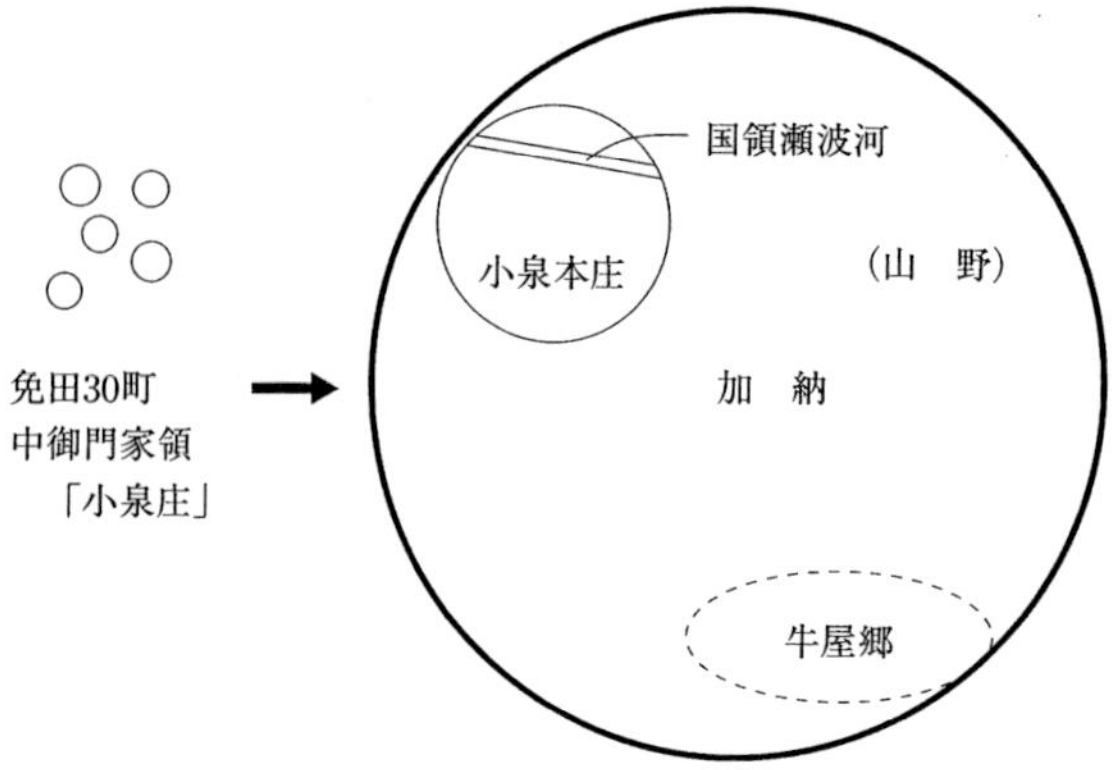

中世荘園としての立荘（立券）は仁平三年末が最初でもっとも重要。
存在形態　荘域内に「小泉本庄」と「加納」および「国領瀬波河」が併存。
「加納」には牛屋郷（保）および孤島の粟島も含まれる。
領有体系　荘園領主は鳥羽院御願寺の金剛心院、中御門家は預所職を知行。
両者を結び立荘を主導した院近臣で越後国主の藤原家成の役割が重要。

こうした王家領荘園の内部に、本免とは別に重層・複合した領有・収取関係の存在する構造（図1）を、工藤氏の「郡名荘」のように荘園・公領への分離（「荘園公領制」の成立）以前の不安定な前身とするのではなく、地域差や領有主体の違い、それに荘域の大小をも越えた、中世荘園の本質的な問題として、立荘段階から論ずる必要がある。つまり、「郡名荘」のような内部構造をもつ荘園形成を中世荘園の本質的な立荘と考え、寄進所領の位置づけや半不輸領の問題、それに対する国司（知行国主）の役割など、「上からの立荘」という曖昧な表現にとどまらず、その具体像を提示すべきなのである。

本章は、この課題にせまるべく、国司の関与のもとに寄進所領とは異なる国衙領や他領を含んだ不均質な内部構造をとる王家領荘園（郡規模とは限らない）が作り出され、そこに「加納」問題が生じること、そしてこうした構造をもつ荘園形成が中世荘園の立荘（立券荘号）としてもっとも重視されるべきことを主張する。

第一節　荘園と郷保の重層構造

越後国小泉荘の立荘過程で述べたように、御願寺領を基軸とする王家領荘園が形成される過程で一般貴族から寄進される所領は、かれらの領有する免田（国免荘）などであり、これが立荘後の本免田となった。そして、この本免のほかに、郷や保などの国衙領をはじめとする他領が荘域内に包摂された。こうした立荘のあり方は、十一世紀末から、立荘時の牓示打ちによる他領の「打籠」「押籠」「打入」「押入」を訴えた裁判が頻発することで、史料上に登場する。その具体例（王家領荘園）を次頁の表にまとめた。

表によると、国衙領の公田畠や山野桑園はもとより、「香御園田」「御厨」「封田」「神社仏寺領」「神戸」など「人々所領」が、牓示打ちによって荘域内に囲い込まれている。こうした本免以外の他領を包摂した荘域の画定については、これを院使の威勢や在地領主の暴力による所産（他領の「踏籠」）とし、そこに「土地所有関係の軍事化、軍事関係と土地所有関係の結合」をみる保立道久氏の見解がある。[7] 保立氏が直接の論拠とした、表の⑦筑後国生葉荘はたしかにその好例といえよう。

しかし保立氏の見解では、鎌倉幕府地頭の淵源としての「地頭人」が出現する本源的な理由を、日常的な武力発動の場としての荘境（「地頭」）にもとめる論理的要請が先行しており、院使や在地領主の暴力を強調すればするほど、それによって作り出された荘園は正当性をもち得ず、荘園制形成の論理に組み込まれてはいないと考える。在庁官人や隣荘との相論により二ヶ所の牓示を打てず院使が「罷上」った上総国橘木社、[8] 院使の帰京後に隣

荘園名	荘園領主	立荘年	本免	包括された他領など	典拠
①肥後国山鹿荘	無量光院	寛治六（一〇九二）		荘域内に「加納桑園数百町」を「打籠」めていると国司が訴える。荘側は「四至明白牓示顕然」と反論。	平一二六六
②伊賀国鞆田荘	六条院	永長二（一〇九七）	東大寺領玉滝杣の杣工雑役免田など二十町	院近臣の藤原顕季と連携した平正盛が院使とともに、他の東大寺領田や伊勢神宮の神戸を「牓示之内」に「打籠」める。	平一八二九
③阿波国篠原荘	仁和寺宮	天永二（一一一〇）	藤原教通領免田三十七町	「庄券」は「彼国人許」から「尋取」ったもの。院近臣の藤原為房が主導して勝浦郡のほぼ全域を立荘し、「加納千余町」「田畠山野千五六百町」を「打入」「押入」れる。	中右記
④美濃国弾正荘	白河院庁（カ）	元永元（一一一八）	源能俊領有の「弾正庄」（国免荘カ）	「人々領数百町」を「打籠」めていると国司が訴え、白河院は「除人々所領、只弾正庄許可被牓示」と命じる。鎌倉期に「弾正庄内加納長瀬村」が史料上にみえる。	中右記 鎌一六二四三・一六二六一
⑤伊勢国長田荘	皇后宮職	元永元（一一一八）		券契のうえでは島抜御厨と長田荘の四至は重なっていないのに、御厨が荘園に「打□」られたと伊勢神宮祭主が訴える。	中右記
⑥近江国善田荘	鳥羽院庁	長承二（一一三三）		近江国司が主導して善田郷を母体に立荘した際、尊勝寺領香御園田が「牓示」に「打籠」められる。院庁の裁定により両者は併存するが、善田荘による香御園寄人への在家役賦課などを契機に、香御園田は一円化し、香荘に転換。香荘内にも公田が存在し国衙に官物弁済等の義務を負う。	平五〇〇一
⑦筑後国生葉荘	皇后宮職	康治二（一一四三）	薦野郷内の「田地」	薦野資綱と連携した鳥羽院庁主典代・大宰府目代の大江国通を中心に、府官の周辺領主「五百余人軍兵」を動員して牓示打ちを強行。筑前国観世音寺領の封田など「所々神社仏寺領」や国衙領などを「踏籠」「打籠」める。	平補三一九
⑧紀伊国桛田荘	崇徳院庁	久安二～四（一一四六～八）		志富田荘の北堺であった「古河」（紀ノ川旧河道）以南の「嶋畠」が、桛田荘の立券時に「打入」れられた。しかし久安四年に国守となった源季範により同荘は収公され、「嶋畠」も国衙領にもどされた。	平補二三五
⑨丹波国吉富荘	後白河院 法華堂	承安四（一一七四）		源義朝の私領「宇都郷」が平治の乱後に没官され、それを継承した平家が丹波国主の藤原成親と連携して、神吉郷などの周辺の国衙領を加えて立荘。「平家知行之間、人領多以押入」れられたという。	平四八九二・四一四九

（注）典拠欄の平は『平安遺文』の略で、数字は同遺文の文書番号。鎌は『鎌倉遺文』の略で、数字は同遺文の文書番号。中右記とあるうち、③は『中右記』元永元年七月二十五日・八月十一日・九月一日・九月九日条、④は『中右記』元永元年八月十一日・八月十二日条、⑤は『中右記』元永元年七月二十五日・九月九日・九月十一日条。

郷の領主（在庁官人）が牓示を抜き棄てた但馬国温泉荘[9]、また逆に近江国善田荘と共存した尊勝寺香御園田などの事例がそれをものがたる。

他領を包摂した荘域の画定を、上からの暴力による強制の結果とのみ考えるのではなく、むしろ中世荘園の本質として、本免田とそれ以外の他領によって荘域が構成されると考え、それをささえる論理を分析する必要がある。そこで以下、荘域を構成する他領のもっとも典型的な事例として、国衙領や便補保の郷・保に注目して検討を進めることにしたい。

まず、保を包摂した荘園形成の実例をみてみよう。

寿永二年（一一八三）二月、秦頼康は丹波国佐伯郷内の時武名を「官物不輸」とする国司庁宣を得て高倉院法華堂に寄進し、同堂や最勝光院で行われる高倉院の国忌の用途負担を条件に寺領化を認められた[10]。こののち高倉院法華堂は、国忌用途の窮乏を改善するべく寺領の集積・確立をはかり、建久八・九年（一一九七・八）の官宣旨で荘園を立券した[11]。佐伯荘の立荘もこのときで、官物不輸の時武名を中核としつつも、実際は佐伯郷そのものが荘域として画定されたと考えられる。そこには、隼人保（隼人司領）が含まれていた。

又隼人司申佐伯庄相論間事、注申両方申状、庄家者可用建久検注帳之由申之、司者可用承元下坪之由申之、仰云、可守承元下坪之旨、早可仰下、

正嘉元年（一二五七）七月、隼人司は佐伯荘と相論を起こし、その二ヶ月後に下された後嵯峨院の判決内容である[12]。荘域を画定した建久時に検注帳が作成され、数年後の承元年間には荘域における保田の坪付が確定されていたことがわかる。そこで得られた荘側と保側の合意内容が約五十年後にくずれかかり、院での裁判に持ち込まれたのであろう。なお、『康富記』によれば、官司による「佐伯庄内隼人保」の支配は十五世紀まで存続している[13]。

荘園に包摂された保が公領としても機能しつづけたのは、なにも京都周辺の特殊事例ではない。王家領荘園での類例としては、前述した越後国小泉荘—牛屋郷のほかにも、

加賀国　額田荘—八田郷・額田郷（国衙領）
　　　　能美荘—石内保（もと東大寺領便補保）
　　　　小坂荘—興保・浅野保（国衙領）
尾張国　山田荘—小松江保（国衙領）
丹後国　志楽荘—伊祢保（国衙領か）
播磨国　安田荘—瓦保（尊勝寺封物便補保）
備前国　豊原荘—包末保・尾張保（もと国衙領か）
　　　　長田荘—紙工保・建部郷・賀茂郷（国衙領）
備後国　大田荘—戸張保（円宗寺封物便補保）
周防国　島末荘—島末（国衙領）
上野国　佐貫荘—大倉保・寮米保（便補保）

など、枚挙にいとまがない。しかも大田荘の場合は、さきにふれた佐伯荘の事例とともに、公領の保を包摂した荘域構成が立荘時から生じていることを確認できる（後述）。

また、公領のまま荘域内に存在する郷や保は、荘園領主との重層した支配・収取関係におかれていたことが、備前国長田荘(14)や後述する同国豊原荘などの事例から明らかである。そして、荘園と公領との重層構造は、基本的に鎌倉期にも存続している。

荘園と公領の併存（分離）を前提とした「荘園公領制」概念では理解できない、こうした複雑な荘域構成をもつ荘園の形成は、どのような論理で成り立っていたのであろうか。次節では、この問題について国司の役割を中心に考えたい。

第二節 「加納」の実態と立荘

1 「加納」の性格

公領の郷や保を包摂した荘園の存立は、第一に国司の政治姿勢に大きく左右される。駿河国益頭荘の立荘では国司の訴えを容れて「志太山」が荘域から除外され[15]、美作国久米荘では立荘時の国司が交替した途端に大井郷をめぐる相論が起きている[16]。史料には残りにくいが、これとは逆に公領を包摂した荘園の立荘や存続を国司が認め、裁判にならなかった事例は数知れず存在したであろう。

しかし、公領と重層した荘園の存立は、在京する国司との関係だけでは完結しない。平頼盛と国司が結託して大炊寮領小犬丸保を囲い込んだ播磨国布施荘では、立荘時から大炊頭が頼盛の威勢を怖れて荘側の「押領」を制止できなかった[17]。また造酒司領太田保を囲い込んだ摂津国奈佐原荘でも、官司は国司に訴えたものの荘側の「虜掠」が進んでいる[18]。いずれも保側との調整なしに立荘が強行された結果であり、のちに布施荘は停廃される結末をたどる。このことは、荘域内の郷や保に収取関係を維持する国衙や官司・他権門（さらにはその背後にいる百姓）との国司を軸にした合意形成が、いかに重要であったかを示している。

ここで、戸張保を包摂した備後国大田荘を例に、立荘関係の同時代史料[19]から同保をめぐる調整内容をみてみよう。立荘の翌年にあたる仁安二年（一一六七）、備後国司は戸張保のうち、円宗寺（済物免除時は国衙）に所当を弁済する「本古作田」（九町三段として登録）を除く無主荒野・山野藪沢を荘領と認める庁宣を発給した。荘園形成を主導した平氏には、事前に保の「地主」から券契文書が渡っており、現地勢力の合意はとれていたが、円宗寺側や国衙の目代・在庁官人はこれに抵抗したらしい。そこで荘沙汰人は、保の見作田を実検し直して十五町余を確定し、その所当の弁済を円宗寺に保障した。こののち交替した目代や在庁官人も抵抗しきれず、戸張保の荘領化がひとまず確立する。

封物代の所当が増額された円宗寺はともかく、国衙側が戸張保（無主荒野・山野藪沢）の荘領化を認めるにいたった具体的な経緯は、必ずしも明確ではない。しかし、この直後から戸張保（郷）が大田荘の「加納」と呼ばれている[20]ことは示唆的である。前述した他領の「打籠」事件でも「加納」がたびたび登場していたが、国衙との関係において、郷や保を公領のまま包摂した荘園が現実に存立するには、それらの公領が国司の認める半不輸地の「加納」であることが重要なのではなかろうか。

そもそも「加納」とは、本免や「本庄」に対するもので、荘園においては多くの場合、国衙に官物を弁済し荘園領主に雑役を納入する半不輸地となる。従来の荘園研究では「出作・加納」と併称され、おもに十一世紀後半から十二世紀初めの寺領荘園を舞台とした、荘域(本免田)外への荘田拡張の手段としての側面が重視されてきた[21]。しかし坂本賞三氏[22]が指摘するように、「出作」と「加納」は次元の異なる用語であり、延久荘園整理令の直後から登場する「加納」の語義は、「加え納める」という程度で特定の手段・方法を意味しない。つまり出作関係がなくとも「加納」は成立しうるのである。

のちに王家領となる丹波国野口牧では、検注で定めた「加納田」の不足を補うために、領家が公験文書をもつ重富保の「加納」化を下司が申請している。[23]この事例からは、「加納田習者、（中略）皆於公田者随便宜所引募也」という下司の主張とともに、国衙と矛盾しない荘園をささえる「加納」の設定とその政治的性格をうかがうことができる。

2　「加納」の内部構造

そこで以下、播磨国安田荘と備前国豊原荘を具体例に、公領の保を「加納」として包摂した、王家領荘園の内部構造について詳しくみることにしたい。

最初に播磨国安田荘と瓦保をとりあげる。安田荘は、平清盛が造進し長寛元年（一一六三）に落慶をみた後白河院御願寺の蓮華王院の荘園で、文治二年（一一八六）までに立荘された。それから数年後、つぎの後白河院庁下文[24]が発給されている。

院庁下　播磨国在庁官人并安田庄官等

可早令従二位高階朝臣為預所事

右当庄者、彼家有由緒、所令伝領也、永停□向後之牢籠、可令子孫相承、但当庄加納瓦保、年来弁済官物於国司、被免雑事、所被分進瓦弐万枚於尊勝寺・蓮華王院両寺也、而只以云被免除雑事、更不堪其役之由、保民訴申云云者、所申非無其謂、自今以後、件保為不輸之地、官物雑事共令付庄家、可致年貢并瓦勤之状、所仰如件、在庁官人并庄官等宜承知、不可違失、故下、

建久三年二月　日　　　　　　　主典代散位安倍朝臣（花押）

（以下、署判者略）

安田荘成立前の瓦保は、尊勝寺に対する播磨国の納物を立て替えた便補保であったと考えられる。ところが安田荘の立荘とともに荘域に包摂され、官物については国司に弁済する一方、荘園領主の蓮華王院に雑役として従来の尊勝寺分とは別に瓦を進納する、半不輸の「加納」となった。現地の保民もこれを納得したが、のちに課役の過多を訴えてきた。そこで、播磨国の知行国主であるとともに蓮華王院を管領する後白河院は、前者の立場から「加納」瓦保の官物を免除し、後者の立場から高階栄子の同荘預所職の相伝知行を認めるべく、「在庁官人并安田庄官」に宛て、右の院庁下文を発給したのである。

この安田荘の事例では、瓦保における官物の免除によって、荘園領主と国衙の重層関係はひとまず途切れたが、荘域内の瓦保から尊勝寺への瓦の進納は残っている。これは大田荘の戸張保（見作田十五町）から所当が円宗寺に納入されることと原理は同じである。さらに備前国豊原荘では、つぎにみるように国衙との半不輸地や権門寺社領を含めた「加納」が、鎌倉後期にも存続していることがわかる。[25]

豊原荘は「代々太上天皇御領」といわれ、肥前国神崎荘とならぶ王家領荘園の象徴的な存在である。その荘域内には「豊原本庄」と「加納」の区分があり、後者は国衙との半不輸地で国衙領としても機能していた。

寄進所領を中核とする本免とそれ以外の公領から構成される荘域は、「〇〇本庄・加納」と表現されることが多い。越後国小泉荘では、「一庄立券状」と牓示打ちによって画定された荘域に「小泉本庄」と「加納」が併存したが、これと同様な構造は豊原荘でもみられるわけである。もちろん荘域内に「本庄」と「加納」を分ける牓示はない。

さて、文治二年（一一八六）に豊原荘の預所職を知行していた藤原行隆は、造東大寺長官として同荘「加納」

図2　鎌倉後期の豊原荘（概念図）

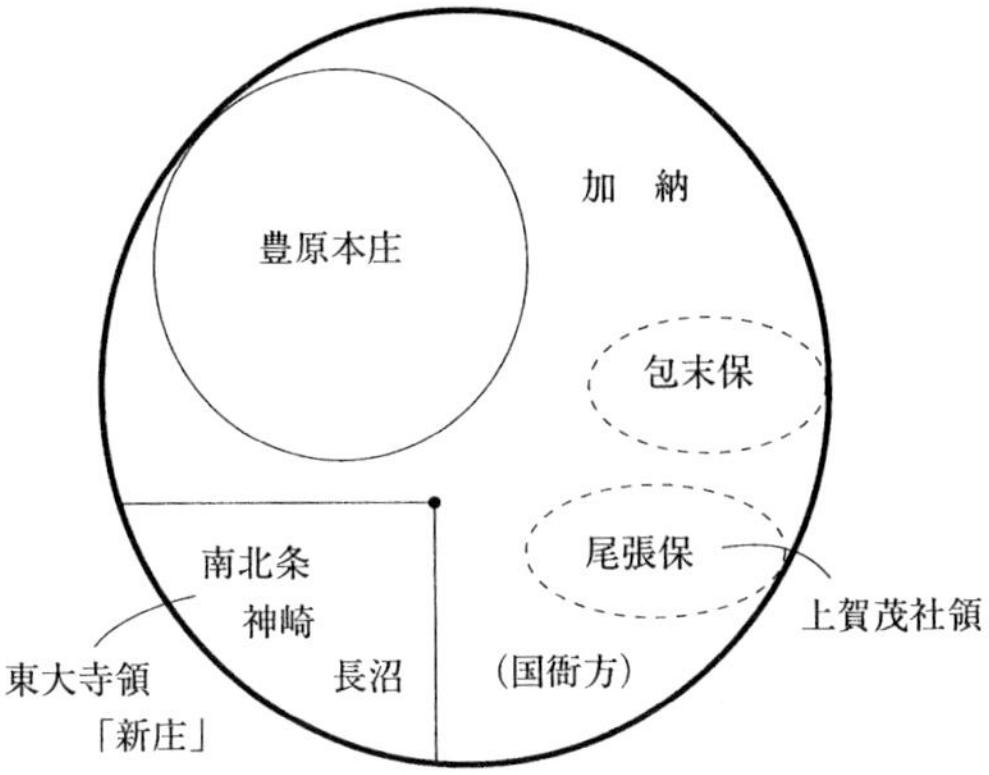

内の南北条と尾張保を東大寺の重源に寄進した。また知行国主の平頼盛は、「加納」内の長沼・神崎を東大寺に与える国司庁宣を発給している。この結果、のちに尾張保は上賀茂社領（荘預所による支配と重層関係）になるが、国衙との半不輸地であった「加納」内に東大寺領の「新庄」が成立したことがわかる。

　鎌倉後期における豊原荘の荘域構成は、以上のような経緯をたどって図2のように複雑なものとなった。もとより「加納」のなかには、東大寺領の南北条・長沼・神崎や上賀茂社領の尾張保のほかに国衙との半不輸地も残っており、目代・在庁官人はこの「国衙方」の拡張をねらって東大寺と抗争をつづけることになる。

3　「加納」と国衙の関係からみた立荘

　では、公領を半不輸の「加納」として含んだ荘園が立荘され、存続することについて、国司や国衙（目代・在庁官人）はどのように対応していたのであろうか。王家領の事例ではないが、嘉祥寺領長門国河棚荘の「加納」は、この点を考えるうえで示唆に富む。

　下　長門国留守所

　　可早且任宣旨状、且依前任例、停止国衙妨嘉祥寺領河棚御庄事、

右、得彼御庄官解偁、在庁有遠入来御庄云、雖未被下国司庁宣、加納之沙汰可有也、所当官物不可弁領家方

之由、申含之間、不安堵百姓也者、欲被申下当任庁宣云々者、早任立券以後之例、且令停止国衙使、且云煩
庄家事不可有之状、依　太政入道殿仰、下知如件、宜承知、不可違失、故下、
治承元年九月　日
（花押）

長門国の知行国主となった平重衡が父清盛の意をうけて発給した下文である。[26]河棚荘は前任国司のときに「加納」を含んで立荘され、「加納」の官物は領家方を通じて国衙側に弁済するのが通例となった。しかし国司の交替を好機とみた在庁の有遠は、そうした「立券以後之例」を無視して河棚荘に乗り込み、「加納之沙汰」として官物の直納をせまった。荘官・百姓はこれを知行国主に訴え、在庁による「国衙妨」を停止して官物の別納を認める下文を得たのである。

ここで重要なのは、国衙の在庁は「加納」の存在そのものを否定しておらず、「加納」の官物の弁済方法を問題にしていたことである。かりに領家を通じた別納であっても、「加納」の官物（「国衙年貢」）が完済されていれば国衙財政に大きな支障はなく、両者は共存できた。しかし別納のもとで官物の未進が起き、それが累積した場合は事情が異なる。そうした「加納」分の官物弁済をめぐり、在京する国司と国衙との意識には大きなズレがあった。

A　入夜、前右馬権頭隆信朝臣、為八条院御使来、伯耆国一宮加納之間事也、
B　依八条院仰、只進伯耆国一宮加納奉免庁宣了、

治承四年（一一八〇）に伯耆の知行国主となった九条兼実は、一宮の荘園領主である八条院からの「仰せ」をうけて（A）、三日後には「加納奉免庁宣」を書き送った（B）。[27]兼実と八条院の親密な関係はよく知られており、

「加納」の存続が京都の貴族社会内での人脈、「内縁」によって処理されていたことがわかる。

荘園領主は国司（知行国主）の交替ごとに「加納」を認めてもらう必要があった。そのたびに国司との縁故関係を利用し、国衙側の意志とは無関係に別納を前提とした「加納」奉免の庁宣を発給させ、それが「立券以後之例」として定着すれば、「加納」分官物の未済・対捍が起きる可能性は一挙に高まる。前述した河棚荘では、国衙側がこの関係を断ち切るために、「加納」分官物の直納を強行しようとしたのであった。やはり「加納」を含む越後国小泉荘への「目代・在庁官人等」の「国妨」[28]もこれと同様であろう。

しかし、こうした国衙側の動きは、荘園領主を通じた荘官・百姓の訴えにより、国司の下文や庁宣で停止を命じられている。八条院と九条兼実の関係にもとづく伯耆国一宮の「加納」奉免もあわせて、国司が「加納」問題で荘園側に与する立場をとればとるほど、国司と国衙の軋轢は増していく。十二世紀中葉以降、目代・在庁官人が牓示を「抜棄」て荘域内に乱入する事件が各地で頻発しているのも[29]、そうした事態の深刻さを示している。

とはいえ、貴族社会の政治状況とも関わって、国司が国衙寄りの姿勢をみせることも皆無ではなく、目代・在庁官人による荘域への入部と官物の徴収が合法化することはあり得た。国司任初時の一国単位での荘園整理はその一例である。いわゆる一国令の条文に「本免」以外の「加納」の停廃が含まれていたことはよく知られているが、ここではその適用例として著名な、『長寛勘文』[30]の甲斐国八代荘の事件を再評価することを通じて、国衙による荘園「停廃」の実態とその目的を「加納」との関係から確認しておきたい。

甲斐国八代荘は、熊野本宮の用途負担を条件に鳥羽院庁下文により立荘され、これを主導した院近臣で甲斐国司の藤原顕遠が遷任するまでは問題が生じなかった。ところが国司の交替とともに、荘園整理の実施を認める宣旨が発給され、八代荘では官使とともに目代・有勢在庁三枝氏らの率いる軍兵が牓示を抜き棄て荘域内に乱入し[31]、在家を追捕して年貢を奪い取り、熊野神人に乱暴をはたらく事件が起きた。

朝廷に関係者の処罰を訴えた熊野本宮に対し、新国司は、在京して現地の事情を知らない自分が八代荘への乱暴を指示するはずはなく、この事件は官使を担いだ目代と在庁三枝氏の勝手な仕業だと決めつけている。そのうえで注目すべきことに、国司はこの事件が宣旨にまかせて「令停廃新立荘園加納等之刻」に起きたのであろうこと、そして弁論の最終段階で「件荘停廃之条、指不下知、若存停廃之由者、何故其荘加納長江安多可成免除之庁宣哉」と述べ、八代荘の停廃を知っていたら同荘「加納」を免除する国司庁宣など発給するはずがないと訴えている。

国司庁宣の発給の真偽はともかく、この国司の主張では、明らかに八代荘の停廃と同荘「加納」との因果関係が前提となっている。さらに、熊野側も著名な保元荘園整理令の第二条を引き、白河・鳥羽の院庁下文を帯持する荘園は証文を進めて天裁を待つべしとする指示内容を強調して、これに国衙側の行為が矛盾すると述べている。いうまでもなく、この保元令第二条が規定するのは「加納」の停廃であり、それを引用した熊野側にも、今回の国衙による停廃と「加納」との関係が明確に認識されていたことは間違いない。加えて、保元令第二条の規定によっても、鳥羽院庁下文を帯びる八代荘の「加納」は停廃されず存続したという注目すべき事実も読みとれる。

このようにみてくると、八代荘に対する目代・在庁官人の乱入と年貢奪取についての評価は、立荘年次と荘園整理基準との関係から論じてきた従来の研究[32]とは大きく異なることになろう。すなわち、目代・在庁官人の行為は、国司任初の荘園整理を適用して、荘域内の「加納」から弁済されるべき官物の未進分を実力で収納したもので、これが「停廃」の実態であったと考えられる。そして、牓示抜き棄てに始まるこの事件が、立荘を主導した国司の遷任後に起きた事実は、荘域を画定する牓示打ちの際に公領が荘域内に包摂され、国司の協力のもとに

「加納」となった立荘のあり方を裏書きするものといえる。

さらに、この問題が普遍的に存在することを、相模国大庭御厨の史料[33]を通じて確認しておきたい。天養元年（一一四四）、相模国の在庁官人が源義朝の郎等とともに大庭御厨の牓示を抜き棄てて乱入し、年貢等を奪い取る事件が起きた。さきにみた甲斐の目代・在庁官人と共通した行動形態である。この事件は従来、おもに在地領主間の対立を軸に理解されてきたが、むしろ荘園制論の視角から論じることが重要である。

五味文彦氏[34]は、結論的には前者を強調するが、後者にも目配りするなかで、事件の数年前、国司と神宮の連携により建立された御厨内の殿原・香川両郷に対し、国衙の目代が国役賦課を指示していた事実を指摘する。これは、両郷が御厨建立以来の「加納」であった可能性を示唆するが、それとの関係でさらに注目すべきは、在庁官人らが御厨乱入の根拠とした「宣旨」の内容である。事件を朝廷に訴えた祭主によれば、その宣旨には、

　非指官省符新立庄園本庄之外加納一色別符可入勘

と記されており、神宮側はこれを「以可入勘庄薗加納之由」と解釈している。つまり、この宣旨は、官省符を帯びていない荘園内の「本庄」を除く「加納・一色別符」への国衙側の入部を認めたわけである。在庁官人らがこの宣旨を手に、「加納」を含む可能性の高い御厨内に牓示を抜き棄て乱入した事実を考えると、この宣旨で想定されている荘園の存在形態は、まさに本節で述べてきた「〇〇本庄・加納」という内部構造をもつものであったことが理解できよう。

しかも注目すべきことに祭主は、「神宮御領」を「院宮御領」＝王家領荘園と号して、大庭御厨と同様に停廃された事例が「諸国繁多」だと述べている。これらの事実から、大庭御厨を典型例とする御厨と王家領荘園との構造上の酷似のみならず、これまで述べてきたような「加納」を包摂する王家領荘園の普遍的な存在を主張して

おきたい。

以上、王家領荘園に郷や保が公領のまま包摂され、荘域のなかで半不輸地としての「加納」という重層構造におかれたことを、立荘との関係から論じてきた。その結果、「加納」の設定は、荘園領主、国司、国衙、そして住民（住人・百姓）の合意形成をはかるうえで、大きな役割をはたす側面が浮かんできた。それは、ひとたび「加納」をめぐる合意がバランスをくずした場合、たちまち対立の焦点に転化していることからも理解できよう。次節では、そうした「加納」を含む王家領荘園の立荘と存立を背後でささえる社会関係の実態を検証することにしたい。

第三節　王家領荘園の立荘構造

1　院近臣の荘園形成

荘域内に公領を「加納」として包摂した王家領荘園は、いかなる社会階層のいかなる運動方向のもとに形成され、存立しうるのであろうか。

膨大な王家領荘園群は、立荘および伝領のユニットとして、大きくはつぎの二系統に分類できる。院・女院の家政機関である院庁・女院庁に直属する庁分と、院や女院をはじめとする王家構成員の御願寺（菩提所たる法華堂を含む）に付属する御願寺領であり、このうち後者が圧倒的に多数をしめることは各種の王家領目録に明らかである。

御願寺の造営は、知行国を基盤に院・女院の近臣が請け負うかたちで進められた。とくに十二世紀中葉の鳥羽院政期には、「院第一ノ寵臣」といわれた藤原家成が、院やその皇后で従姉妹にあたる美福門院の御願寺を数多く造営している。そして家成は、御願寺の寺用を年貢として負担する荘園群の形成にも大きな役割をはたした。金剛心院領小泉荘を典型例とする越後国などで検証した結果、その手法はつぎのようにまとめられる。[35]

家成やその近親者の知行国において、家成の子息や、かれと関係の深い貴族（村上源氏など）が領有する免田などを寄進させ、これを本免としつつ、その周辺の国衙領などを繰り込んだ王家領荘園を立荘して、所領寄進者たちがその預所職を獲得する。院の寵愛や女院との連携を背後にもつ藤原家成が中核となって、御願寺の造営とその付属荘園の形成が知行国支配を梃子にリンクして進められ、その過程で家成一門や近親者の家領は、免田などの国免荘から王家領荘園の預所職（本主）へと転換する、というカラクリである。御願寺領を中心とする王家領荘園の立荘は、こうした院・女院の近臣たちによる家領の形成と表裏の関係にあり、かれらの手によって上から進められるという側面をもっていた。

ただ王家領荘園は、院・女院などの生活や諸行事の用途、あるいは国忌を含めた国家的仏事の開催の場である御願寺の寺用を、本年貢として負担することで立荘・存続が可能となる点に国政上の位置づけを有する。この点からみれば、王家への本年貢に官物を振り替える本免＝国免荘などの寄進所領だけでなく、周辺の公領を「加納」として囲い込んだ荘域を画定することにも、多様な雑公事の賦課との関係から大きな意味がある。[36][37]

すでにふれた事例でいえば、「山野千五六百町」を「打籠」めた阿波国篠原荘は、御願寺や宮殿の造営・修理に必要で院役として賦課される材木の、大量かつ定期的な調達をねらったものと考えられる。また播磨国安田荘は、蓮華王院の瓦の調達ルートを確保するべく、近隣の東播窯で生産される瓦を尊勝寺に納入する瓦保を包摂したとみてよかろう。[38]

多くの王家領荘園では、本免田の官物額と帳尻を合わせたわずかな本年貢よりはむしろ、多様な雑公事の賦課が重要であり、それを可能にする山野や公領を荘域に包摂していた。そして、それは院権力の政治的・経済的需要をささえるものであった。院近臣を中心とする貴族たちの家領形成運動に牽引されながら、こうした王家領荘園が各地で立荘されていったのである。

2　在地社会の動向

しかし、公領を「加納」として包摂した王家領荘園の形成は、京都中心の政治構造のみでは完結しない。たとえ上からの契機を重視するにせよ、ほとんどの立荘には、院近臣などの中央貴族を介した在地からの所領寄進が組み込まれていた。免田など一般貴族の所領においても、在地領主からの所領寄進がその前提にある場合が少なくなく（篠原荘の本免など）、これが寄進されれば結果は同じである。また在地領主の側も、御願寺の建立などが十二世紀中葉の荘園形成のもっともシンボリックな契機となることを承知していた。[39]御願寺領を中核とする王家領荘園が形成される過程では、そうした在地領主との関係を背後にもつ所領の寄進が、上から積極的に働きかけられていた。井原今朝男・川端新氏の注目した「庄券契を尋ねる」である。[40]

では、立荘の過程でいかなる性格の「券契」がもとめられたのだろうか。そして、それは前述のような荘域構成とどのように関係するのであろうか。荘園を構成する村落や山野を描く「四至牓示図」で著名な紀伊国神野真国荘を具体例に、この問題を検討したい。

康治元年（一一四二）十二月、鳥羽院庁は院司の藤原成通を介した長依友の「先祖相伝私領」の寄進を認め、神野真国荘の立荘を院庁下文で命じた[41]。かつて、この「私領」は高野山（金剛峰寺）領であったが国衙の停廃をうけ、王家に再寄進されたのであった。院庁は、立荘後の本年貢（能米十斛）も高野山に納入することとしたが、それは「神野真国本券一通　但紛失状也」「真国文書事（中略）康和紛失状正文一通康和五年三月十五日[42]」などの券契文書で表現される、長氏の「私領」（反別三斗として三町余）にみあう額だったのであろう。

上横手雅敬氏[43]は、この那賀郡の郡名を称した長氏について、隣郡の坂上氏とともに「郡司級領主」と位置づけ、両者が競合関係にあることを指摘している。坂上氏は高野山領官省符荘の住人で、丹生天野社領の六箇七郷にも影響力をもち、ときには国司の郎等となって紀伊と京都を往復していた[44]。京都の院近臣に康和五年（一一〇三）の券契文書を副えて「私領」を寄進した長氏も、これとほぼ同様な政治的性格を有するものとみてよい。

神野真国の周辺地域では、この長氏を最有力として、赤坂・真上・高向・国覓などの領主クラスが点在し、立荘後は神野真国荘の「住人」として「住人等解」に署判する政治的な主体となった[45]。田村憲美氏[46]は、こうした「住人」結合を、在地領主を含めた在地諸階層と国衙・本所権力とを結ぶ「政治的編制／結集」の形態と把握し直し、その基層に存在する在地諸階層による隣保関係を析出している。そして、「住人」結合として現象する「荘園公領制的枠組み」「荘園制的土地所有」を歴史的所産ととらえ、その形成過程を在地社会側の主体的な「地域」創出の動きと結びつけて分析する必要性を述べている。

この問題提起に学びつつ、立荘段階から荘域内に複数の村落が確認できる神野真国荘に目を向けるならば、荘の「住人」として史料上に登場した各氏は、それぞれの背後に百姓を含めた村落結合をもち（猿河村の国覓氏[47]などはその一例）、立荘以前から隣保関係（田村氏のいう「随近在地」関係）にあった。長氏の寄進した康和五年の券契文書＝紛失状にも、かれらは「在地」として署判していたであろう。そして、最有力の長氏による院近臣を介した王家への「私領」寄進に同調して、それぞれが基盤とする村落とともに、神野真国荘の形成に結集していったと考えられる。

康治二年初めに藤原成通が現地の「住人」に発給した政所下文[48]によると、長氏や国覓氏たちが王家領荘園の形成に結集した理由のひとつは、かつての高野山領時代にも阻止できなかった国役の賦課と国使の入勘であった。成通は、近く下向する院使に祗候するよう「住人」たちに命じているが、これは牓示打ちに立ち会う院使への「供給雑事」とも受け取れる。しかし現地での実態は、長氏や国覓氏たちが院使と一緒になって、かれらの村落を取り囲むように牓示を打ち、成通から送られてきた「院御庄」「不輸庄」を証明する院庁下文の案文とともに、国使入勘を拒否しうる体制を整えることであったと考える。

国役忌避などの政治的要求が在地と中央権門の結託をひきおこし、ついには荘園制的領域支配が招来されるという議論は、権門寺社の荘園を舞台にこれまでもなされてきた[49]。しかし、現実には寺社領荘園ではだめで、この神野真国のように王家領荘園となることに決定的な意味があったのである（この点はのちに詳述する）。

神野真国の「住人」や百姓たちにとって、王家領荘園の立荘を望む理由は、じつは対国衙以外にもあった。つぎの史料[50]をみてみたい。

「件柱押留事実者、可免下之、

　　別当法橋（花押）」

一院御領神野御庄住人等解　申請　裁事

請殊任　道理、被糺給新御願寺門柱伍本、依仁和寺御室抑留召子細状、

右、神野内猿河村者、当御庄牓示之刻、依公験理、依在庁申状、依前司詞、依古老議、沙汰切畢、而御室御

高野間、依其仰御室御領無毛原住人出来、件柱五本抑留、尤無所拠事也、御庄即是一院御領也、柱又新御願柱也、以非道犯御威、遂何養之有哉、是定非御室御下知、住人等虚誕歟、望請、早停止無所拠之狼藉、無左右紅返□柱五本、欲不闕彼門御材木、仍言上如件、謹以解、

久安三年五月廿八日

住人等上

神野荘の東端に位置する猿河村（猿川郷）は、立荘以前の国衙領時代から、隣村の毛無原村と山林の境界争いを繰り返してきた。しかし、国覓氏を中心とする猿河村の「住人」や百姓たちは、立荘時の牓示打ちによって相論に決着をつけようとした。「四至牓示図」によると、たしかに両村間の山林には牓示が打たれている（図3）。つまり、この牓示は荘境であるとともに村の境界でもあったことになる。村の境界が荘園の境界をきめている。[51]神野真国荘の荘域は、神野郷・真国郷・猿川郷からなり、鎌倉期には「神野・真国・猿川三箇庄」という呼称が史料上に登場する。[52]しかし立荘時の猿川郷（猿河村）は、むしろ神野荘に埋没している。山林を含めた郷域を王家領の荘域内に包摂する牓示を打ってもらい、毛無原村との境界争いに決着をつけるためである。この結果、毛無原村の「住人」が報復行為として柱（木材）五本を抑留すると、猿河村を含めた神野荘の「住人」たちは、問題の牓示で画定された荘園は「一院御庄」、抑留された木材は「新御願寺門柱」と強調し、相手側の荘園領主から木材の賠償（つまりは牓示の正当性の認定）を得ることに成功している。

論敵の毛無原村は、仁和寺御室の支配下にある丹生天野社領六箇七郷のひとつで、前述した坂上氏の影響力がおよんでいた。ゆえに猿河村の国覓氏らは、坂上氏と競合関係にある長氏との連携を選択し、かつ長氏の「私領」寄進に同調して猿川郷を含む荘園の立荘、とりわけ御室に対抗しうる鳥羽院領化に主体的に参加したのであろう。そして、こうした現地の動きは、神野真国荘を用材供給地たる杣として位置づけ、[53]荘域の山林で伐採され

図3　紀伊国神野真国荘絵図トレース図（部分）
小山靖憲他編『中世荘園絵図大成』第一部（河出書房新社、1997年）より

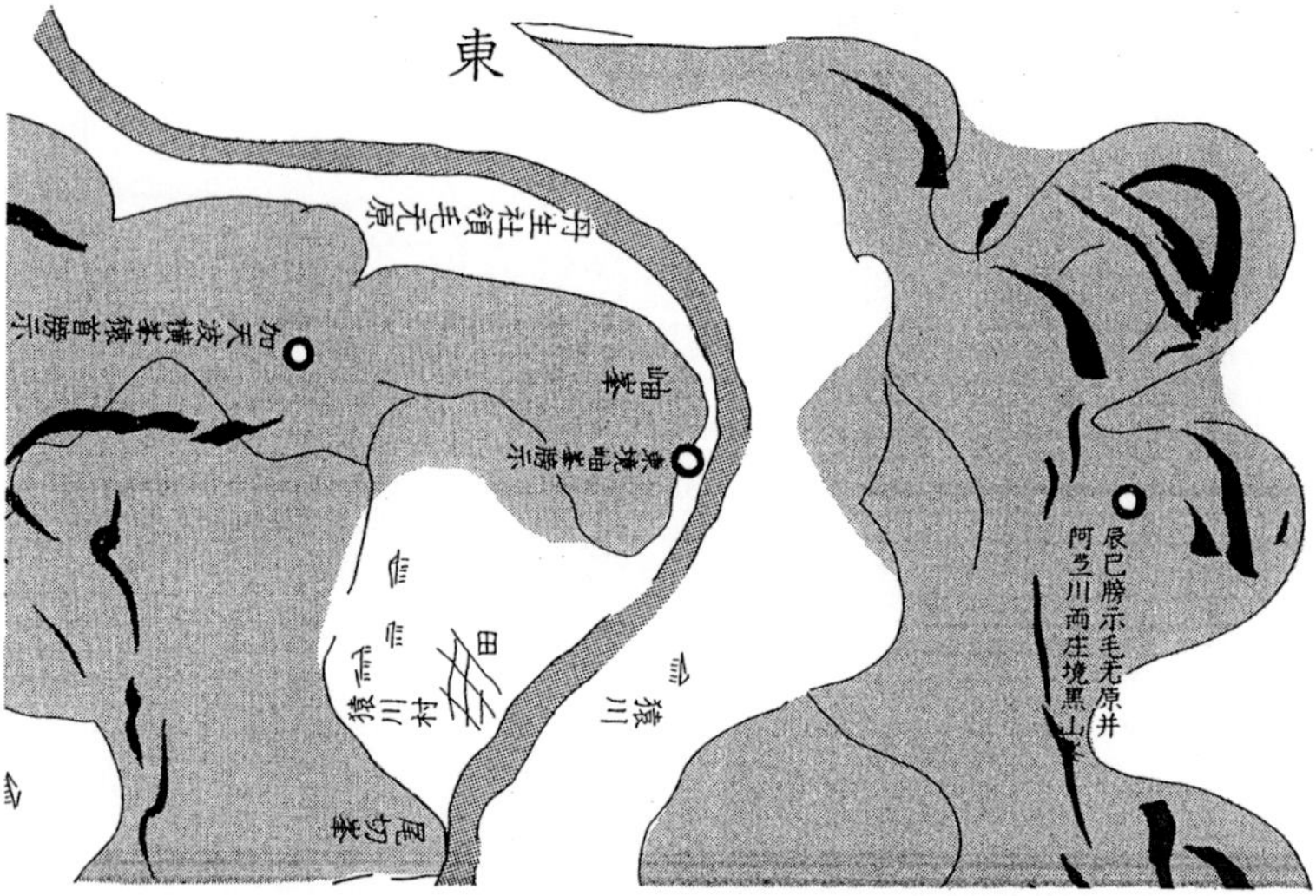

る材木を公事として徴収し、まさに「新御願寺門柱」のように京都で消費することに主眼をおいていた鳥羽院庁の立荘目的[54]とみごとに合致するものであった。

本項で述べてきた内容をまとめよう。立荘の前提には、対国衙（国使不入）や対隣村（山林争い）の政治的・経済的対立の絡み合いのなかで、隣保関係にあった現地の有力領主を中心に複数の村落が「連合」し、「一揆」的な枠組みがすでに創出されていた。そこで課題解決の手段として志向された王家領荘園化は、院権力側の需要とうまく接合して、広大な神野真国荘が生み出された。まさに王家と在地社会の相互依存、村落を基盤にした領主「連合」による荘園制的枠組みの形成である。京都の院近臣たちが「尋ね」た「庄券契」とは、こうした現地住民たちの結集力と合意形成を背後に秘めた所領文書だったのである。

3　「加納」の役割

神野真国荘の立荘過程でみたごとく、寄進所領には現

地の住民間の合意形成にもとづき、周辺の公領が「吸着」していた。家領形成とリンクした立荘を進める院近臣を介した王家と在地との関係を軸に、それらが上から全体として立荘されるならば、本免となる寄進所領に対して、残りの公領部分の「加納」化は、国衙との均衡をはかる処理方法といえる。王家領荘園の「加納」をめぐる院権力・住民・国衙の関係を最後に整理しておこう。

十二世紀初めの伊賀国では、出作公田（加納田）の官物率法について、「当国内権門庄牧其数巨多也、然而以院御庄可為例也[55]」として「院御庄例」の適用を国衙が主張するという興味深い事実がある。とくに天養元年（一一四四）には、在庁官人が保安三年（一一二二）以来「当国第一之権勢也」と認める鳥羽院庁分五箇荘[56]に関して院庁下文が発給され[57]、同荘を含めた「権門御庄加納田官物、段別三斗可済之由」が「仰下」された。これは、出作公田（加納田）の官物において准米の形骸化が進むなか、見米三斗を死守したい国衙側の意向に合致するもので[58]、院庁が荘家を通じた別納による官物の弁済を荘園側に義務づけるなど、いわば院が「加納」の官物弁済を保障する体制を意味していた。

伊賀国衙による「院御庄例」見米三斗の適用に対し、東大寺領黒田荘は強く抵抗して長い相論を展開する。その過程で預所の僧覚仁は「抑院御庄々ハ、中比乃建立也[59]」と述べて、王家領荘園の浅い歴史を攻撃材料にしている。しかし、この言葉は中世荘園のモデルとしての王家領荘園の性格を逆に強く印象づける。王家領荘園は、前述した官物率法に関する「院御庄例」の登場[60]にも端的に示されるように、公領を「加納」として含んだ立荘を国衙も認めうる政治的条件を兼ね備えた、はじめての荘園なのである。

ところで、国衙にとっては官物とともに、一国平均役の賦課も重要な問題である。従来の研究では、後述する王家領荘園の「官省符庄」化によって課役が免除され、このことが王家に所領寄進が集中する大きな理由と考えられてきた。しかし、王家領荘園には公領の「加納」が含まれ、院の保障のもとで国衙に官物も弁済している。このような構造を前提としたとき、一国平均役との関係はどのようにとらえたらよいだろうか。

王家領荘園は、庁分や各御願寺領単位に太政官符・牒の発給をうけ、一国平均役の停止と国使など諸使入勘の停止という特権を得ることができた。これが中世荘園の「官省符庄」化であり、前述の大庭御厨乱入事件で登場した宣旨にみえる「官省符」もこれを指す。後白河院政末期には、この特権を「官省符地に准ずる」形式で保障する院庁定文・施入状が発給され、その対象となった荘園は「後白河院御起請符地」と呼ばれた。

前述した保と重層する丹波国佐伯荘や播磨国安田荘もそれに含まれるが、このうち佐伯荘は、十三世紀中葉に一国平均役と思われる課役を現地で徴収されそうになり、百姓が「折紙」を荘園領主に提出して国司に訴えた。これをうけて国司は、同荘が「後白河院御起請符之地」で「一向不輸別納」であることを認める庁宣を発給しており、その案文を荘園領主から送付された現地の荘官・百姓も、それに沿った「沙汰」を命じられている。

この国司庁宣でいう「不輸」と「別納」は、太政官符・牒の規定する「院事勅事の停止」と「国使など諸使入闌の停止」を国司がそれぞれ読みかえたものであり、保と重層する佐伯荘の荘官・百姓に命じられた「沙汰」の内容も後者の「別納」を意味すると考える。つまり、「官省符庄」となった王家領荘園でも、その「加納」＝公領についての一国平均役は免除されず、官物と同様に領家を介して別納することになっていた。

たとえば、大田文にも登録される「加納」を包摂した紀伊国荒河荘を例にとると、治承二年（一一七八）に同国一宮の造営費用を賦課された同荘では、徴収にあたる官使が国使等を率いて荘域内に乱入し、供給雑事と称してさまざまなモノを百姓から責め取る事件が起きた。後白河院庁はこれをうけて、賦課物は院庁から使者を下して徴収するから、官使や国使は立ち入らないよう命じている。荒河荘はこれ以前に「官省符」を獲得していたようであり[65]、その結果として、一国平均役や「加納」の官物も荘園領主（院庁）が収納し、荘園領主の責任で国司や国衙に弁済するシステムがとられていたのである[66]。これにより、国衙などの使者が荘園内に入部せずにすみ、住人・百姓たちの負担も軽減されることになる。

これは国衙による一国平均役の賦課を保証する一方で、公領と重層した王家領荘園の百姓たちの国使不入＝別納要求に応えるものであった。越後国衙に近い高田保の保民が、国衙使による公事徴収を嫌って京済の「別結解」を申請したように、在地の別納要求は各地に潜在し、かつ国衙近傍地域も例外ではない[67]。前項でふれた神野真国の「住人」たちが、対国衙の側面で王家領化を志向した背景にも、こうした国衙との共存関係を前提とした、王家領荘園ならではの特権獲得が視野に入れられていたと考えられる。

以上のようにみてくると、王家領荘園は「加納」をもつことで、ひとまず住民と国衙の利害関係が微妙に均衡し、それを院権力が保障・調停する構造のなかで存立し得たということができる。この合意が維持されるかぎり、王家領荘園は存続する。その意味で、官物や一国平均役を弁済する王家領荘園は、国衙財政の一端をささえていたともいえる。

王家領荘園から官物や一国平均役を弁済する際の実務は、預所職を知行する貴族と契約関係を結んだ「(在京) 沙汰人」として、中央の実務官人が担っていた[68]。かれらは一方で、国衙の目代にも任じられる存在である。そしてさらに、かれらは院庁の主典代にも編成され、王家領荘園の立荘時に院使として下向したり、院庁での訴訟実務を担当している。全体としてみれば、王家領荘園の形成と存立をささえる上級領主権の実務部門は、すべて五位クラスの中央官人層が担っていたことになる。これまで繰り返し述べてきた公領（「加納」）と重層する王家領荘園の内部構造と立荘のあり方に対応した現象といえよう。

おわりに

以上、本章では、貴族社会や在地社会の動向を視野に入れつつ、本免以外に公領などを「加納」として包摂した王家領荘園の立荘について考えてきた。

十一世紀末に登場し、十二世紀中葉に叢生する王家領荘園は、在地領主支配の積み上げによる一円的・排他的な領域支配が確立されてはいない。ただ、本免と公領からなる荘域の枠組みが、牓示打ちの局面などでみられたように現地でも実体をもつのは、荘園領主（王家）・国司・国衙・住民（住人・百姓）それぞれの利害関係を背景にした志向性が複雑に絡み合いながら、立荘後も合意のバランスを保つからである。「加納」はその制度的表現であり、こうした構造のうえに立荘され存立するのが中世荘園の本質と考える。

註

（1）網野善彦「荘園公領制の形成」（同『日本中世土地制度史の研究』塙書房、一九九一年。初出は一九七三年）。

（2）永原慶二「荘園制の歴史的位置」（同『日本封建制成立過程の研究』岩波書店、一九六一年。初出は一九六〇年）。

（3）坂本賞三『荘園制成立と王朝国家』（塙書房、一九八五年）、同「王朝国家と荘園」（網野善彦他編『講座日本荘園史』2、吉川弘文館、一九九一年）、今正秀「院政期国家論の再構築にむけて―王朝国家体制論の視角から―」（『史学研究』一九二、一九九一年）など。

（4）このような荘園形成における構造転換に着目した従来の研究は、工藤敬一氏（次註参照）のほかに、川端新「院政初期の立荘形態―寄進と立荘の間―」（同『荘園制成立史の研究』思文閣出版、二〇〇〇年。初出は一九九六年）。

(5)　工藤敬一『荘園公領制の成立と内乱』(思文閣出版、一九九二年)。
(6)　本書第一章。
(7)　保立道久「中世における山野河海の領有と支配」(朝尾直弘他編『日本の社会史』2、岩波書店、一九八七年)、同「中世初期の国家と庄園制」(『日本史研究』三六七、一九九三年)。
(8)　永暦元年十二月日尼蓮西解(報恩院文書、『平安遺文』三一二〇号)。
(9)　永万二年□月八日後白河院庁下文案(吉田黙氏所蔵文書、『平安遺文』三三八六号)。
(10)　寿永二年二月日建礼門院庁下文案(田中穣氏旧蔵清閑寺文書、『平安遺文』四〇七四号)。
(11)　尾張国富吉荘は「建久八年六月廿八日官符宣」により立券されており(文保二年十二月二十三日関東御教書案、『図書寮叢刊』壬生家文書三七七号)、安芸国世能荒山荘も建久八年に「給官使、堺四至打牓示」たれ、翌九年に高倉院法華堂領となっている(建久九年官宣旨案、『図書寮叢刊』壬生家文書三〇六号)。山城国音羽荘も建久年間に「随有斗代対捍之輩者、可改作人之由」の綸旨が発給されている(正応五年閏六月二十九日記録所注進状案、『図書寮叢刊』壬生家文書一五二二号)。
(12)　『経俊卿記』正嘉元年九月十三日条。
(13)　『康富記』応永二十七年八月三十日・十一月十日条、嘉吉三年五月十五日・十一月二十五日条など。
(14)　弘安十年四月十九日関東下知状二通(神田孝平氏所蔵文書・早稲田大学図書館所蔵文書、瀬野精一郎編『鎌倉幕府裁許状集』上一六一・一六二)によると、長田荘雑掌と和名抄郷に系譜する同荘内の建部郷・賀茂郷、さらに紙工保の各地頭とが荘官進止・検断などをめぐり争っている。
(15)　『長秋記』大治五年十一月二十二日条。なお、大塚勲「益頭庄の立庄史料」(『静岡県地域史研究会報』一一二、二〇〇〇年)も参照。
(16)　『三長記』建仁元年七月二十六日条。
(17)　建久八年四月三十日官宣旨案(「続左丞抄」下、『鎌倉遺文』九一二号)。
(18)　『山槐記』応保元年十二月二十六日・二十七日条、正治元年十一月日摂津国垂水東本牧外寄司等注進状(佐藤泰弘編『京都大学文学部博物館の古文書』永昌記紙背文書、思文閣出版、一九九三年）。

(19) 以下の大田荘に関する叙述は次の史料による。
仁安二年七月日備後国司庁宣・仁安三年十一月日備後国大田荘沙汰人等解・仁安四年四月二十二日備後国留守所下文（高野山文書、『平安遺文』三四二八号・三四八二号・三五〇一号）。

(20) （嘉応元年）十二月一日中原基兼書状・建久五年十二月日金剛峰寺所司解案（高野山文書、『平安遺文』四八六八号・『鎌倉遺文』七六三号）。

(21) 村井康彦「雑役免系荘園の特質」（同『古代国家解体過程の研究』岩波書店、一九六五年）など。

(22) 坂本賞三「延久荘園整理令と加納」（福尾教授退官記念事業会編『日本中世史論集』吉川弘文館、一九七二年）、註（3）所引坂本賞三著書。

(23) 応保三年三月日丹波国野口牧下司藤原定遠解（京都大学所蔵『兵範記』紙背文書、『平安遺文』三二五三号）。

(24) 『図書寮叢刊』九条家文書五一五号。

(25) 以下の豊原荘に関する叙述は、建久六年五月七日官宣旨案（堂本四郎氏所蔵文書、『鎌倉遺文』七八九号）、東大寺衆徒僉議事書案（東大寺文書、『岡山県史』編年史料一二八六）、某院庁下文案（「江家次第第四裏書」紙背文書、国立歴史民俗博物館所蔵「広橋家旧蔵記録文書典籍類」）、延慶三年十二月十七日預所洞院実泰御教書（早稲田大学所蔵文書、『鎌倉遺文』二四一四四号）、正中二年十二月二十三日洞院実泰御教書（賀茂別雷神社文書、『岡山県史』編年史料一三〇九）、『新抄』弘安十年八月十日条（『続史籍集覧』）、「経塵記」正安三年三月一日条（国立歴史民俗博物館所蔵「高松宮家伝来禁裏本」）、『仙洞御移徙部類記』後嵯峨院甲「中原為季記」（『図書寮叢刊』）などによる。鎌倉後期の豊原荘の知行と修理職との関係については、本郷恵子『中世公家政権の研究』（東京大学出版会、一九九八年）に指摘がある。なお、右に挙げた未紹介の院庁下文案の釈文を以下に掲げる。

（朱筆）「後院雑掌所進証文」

院庁下　備前国豊原庄官等

可早停止新儀、且任旧跡、且随庄家下知、勤仕庄役当庄領□
北条村并尾張保等万雑公事等事、
右、庄官等去四月日解状偁、謹検旧貫、当御庄者、代々□
太上天皇御領、恒例院役之外、未聞異儀、而前預所左大弁殿□
時、往古御庄領内以上件所々、始寄進東大寺領、割分一円□
庄要□最中、被庄号之間、恒例院役已下雑事無其足無□
□子細勒解状、度々言上畢、若先日寄進之状難被□
於所号彼新庄之田畠所当者、可進納彼寺、其外任旧跡□
（朱筆）「□開発之条、宣旨分明□者、任旧跡可勤仕雑事之由、被載之条、敢非三ヶ村事者也」
事□一向可令勤仕院役之由、欲被成庁御下文者、彼南□
条并尾張保等所当、縦令弁済東大寺、於万雑公事者、任
旧例可令勤仕庄役矣、
以前両条所仰如件、庄官等宜承知、不可違失、故下、（後欠）

(26)　尊経閣文庫所蔵東寺文書、『平安遺文』三八一〇号。五味文彦「花押に見る院政期諸階層」（同『院政期社会の研究』山川出版社、一九八四年）を参照。

(27)　Aは『玉葉』治承五年八月八日条、Bは同年八月十一日条。兼実と八条院との関係については五味文彦『藤原定家の時代』（岩波書店、一九九一年）を参照。

(28)　長寛三年正月日越後国司庁宣案（南部文書、『平安遺文』三三二八号）。

(29)　註（9）所引史料。

(30)　『長寛勘文』は『群書類従』第二十六輯による。

(31)　これとよく似た事件は淡路国生穂荘でもあり（『中右記』保安元年四月六日条）、また前述の越後国小泉荘でも「国妨」の

主体が「目代・在庁官人等」であったことから、目代は在京する国司の代官に本質があるとはいえ、現実の政治的立場では国司よりも国衙の在庁官人との関係を重視すべきと考える。

(32)　戸川点「「長寛勘文」にあらわれた荘園整理令―保元令と国司申請令のあいだ―」(『日本史研究』三三五、一九九〇年）など。

(33)　天養二年三月四日官宣旨案（相模国大庭御厨古文書、『平安遺文』二五四八号）。

(34)　五味文彦「大庭御厨と「義朝濫行」の背景」（註(26)所引五味文彦著書。初出は一九七八年）。

(35)　本書第一章を参照。

(36)　本年貢の額は、貴族からの寄進状や立荘を命ずる院・女院庁下文などに明記されている例が圧倒的に多い。たとえば、最勝光院領信濃国塩田荘の立荘過程では、所領寄進者（藤原成親）と後白河院が年貢額を交渉し、妥結額を寄進状に記して提出しており、その際に院が重視したのは「所当」額であった（『吉記』承安四年八月五日・十三日・十六日条）。どちらを基準に帳尻合わせをするかは別として、寄進所領（立荘後の「本庄」）の官物額と院・女院庁や御願寺への年貢額とは有機的な関係にある。この点を藤原周子の寄進所領を基礎に立荘された法金剛院領越前国河和田荘の例でみてみよう。

立荘まもない河和田荘の「本庄」には、「公験之内」として左衛門督家の「位田」が含まれていた。そこで藤原周子は国司庁宣を得て長承三年（一一三四）に重ねて寄文を提出し、「位田」を「本庄」に「混合」して「八丈絹伍拾疋・綿伍百両」の年貢を納入することを待賢門院庁下文で認められている（長承三年閏十二月十五日待賢門院庁下文案、仁和寺文書、『平安遺文』二三一〇号)。この「本庄」が最初の寄進所領に系譜する「河和田本庄」であり、そこから国衙側に納入されていた所当物が立荘によって法金剛院への年貢に振り替えられることになった。藤原周子が「河和田本庄」に「位田」を「混合」するにあたって国司庁宣の発給をうけたのは、左衛門督家領の「位田」が国衙側に所当物を弁済する所領であったからと考えられる。この「位田」から御願寺への年貢を負担するためには、国衙の課役をあらかじめ国司庁宣で免除してもらう必要があったわけである。

(37)　寄進された国免荘などが、どのように中世荘園の本免になるのか、また本免（田）と本庄との厳密な意味での相違点については、別に詳論する必要がある。

(38)　東播窯の瓦と京都の御願寺との関係については、上原真人「古代末期における瓦生産体制の変革」（『古代研究』一三・一

四、一九七八年）を参照。なお、東播窯をめぐる近年の発掘・研究動向については吉岡康暢氏よりご教示をうけた。
(39) 保延五年六月日藤原成孝譲状（浅野忠允氏所蔵厳島神社文書、『平安遺文』二四一〇号）。
(40) 井原今朝男「公家領の収取と領主経済」（同『日本中世の国政と家政』校倉書房、一九九五年。初出は一九九一年）。註（4）所引川端新論文。
(41) 康治元年十二月十三日鳥羽院庁下文案（高野山文書、『平安遺文』二四九一号）。この文書については、服部英雄「未来年号の世界から―日付に矛盾のある文書よりみた荘園の様相―」（『史学雑誌』九二編八号、一九八三年）が高野山による一部内容の改竄を指摘している。今後の慎重な検証が必要となろうが、かりに同文書における高野山への年貢負担が虚偽の内容だとしても、鳥羽院庁による神野真国荘の立荘とその前提については事実と認めてよく、本章の論旨に関わるものではない。また、五味文彦「保元の乱の歴史的位置」（註（26）所引五味文彦著書）による服部論文への批判も参照。
(42) 天福二年卯月三十日神野真国荘文書注進状・寛元四年五月日金剛峰寺調度文書目録（高野山文書、『鎌倉遺文』四六五七号・六七〇六号）。
(43) 上横手雅敬「武士団の成立」（同『日本中世政治史研究』塙書房、一九七〇年）。
(44) 木村茂光「荘園領主制の成立と住人集団―高野山領官省符荘の成立過程―」（同『日本古代・中世畠作史の研究』校倉書房、一九九二年。初出は一九七二年）。
(45) 長寛二年七月十六日神野荘住人等解（高野山文書、『平安遺文』三二八八号）。
(46) 田村憲美「中世村落の形成と『随近在地』『在地』」（同『日本中世村落形成史の研究』校倉書房、一九九四年）、同「中世前期の地域形成と地域意識」（同『在地論の射程―中世の日本・地域・在地』校倉書房、二〇〇一年。初出は一九九五年）。
(47) 註（43）所引上横手雅敬論文。
(48) 康治二年正月二日領家（藤原成通）政所下文案（高野山文書、『平安遺文』二四九八号）。
(49) 河音能平「中世社会成立期の農民問題」（同『中世封建制成立史論』東京大学出版会、一九七一年。初出は一九六四年）など。
(50) 神護寺文書、『平安遺文』二六一二号。

(51)「四至牓示図」などによると、西境も佐々小河村を取り込むように牓示が打たれたが、もともと同村が立地していた野上荘の荘園領主（石清水八幡宮）の訴えで牓示の位置が変更されている。神野荘の立荘に結集した佐々小河村の住民の意志に反する内容が、荘園領主間で合意されたと考えられる。

(52)寛元四年五月日金剛峰寺調度文書目録（前掲）・寛元四年九月晦日鋳師用途結解（金剛峰寺文書、『鎌倉遺文』六七四三号）、文永八年六月十七日神野真国猿川荘々官連署起請文（高野山文書、『鎌倉遺文』一〇八三九号）。

(53)註（43）所引上横手雅敬論文。

(54)神野真国荘の立荘は、院の熊野詣雑事の負担との関係も重視される。久安三年正月日神野真国荘熊野詣雑事支配状・久安四年二月五日神野真国荘熊野詣雑事支配状（神護寺文書、『平安遺文』二六〇〇号・二六三九号・二六四〇号）などを参照。

(55)久安五年五月六日東大寺僧覚仁・伊賀国目代中原利宗問注記案（東大寺文書、『平安遺文』二六六四号）。

(56)保安三年二月日伊賀国在庁官人解（東南院文書、『平安遺文』一九五八号）。

(57)天養元年十月二十日鳥羽院庁下文案（狩野亨吉氏蒐集文書、『平安遺文』二五四一号）。

(58)勝山清次「黒田荘出作公田の官物率法について―その変化を中心として―」（同『中世年貢制成立史の研究』塙書房、一九九五年。初出は一九八四年）。

(59)久安五年六月十三日東大寺僧覚仁・伊賀国目代中原利宗重問注記案（東大寺文書、『平安遺文』二六六六号）。

(60)大治二年八月二十八日加賀国額田荘寄人等解（半井家本「医心方」紙背文書、『平安遺文』二一〇七号）によると、同荘は立荘時に「年貢御服」の納入について、「本　院御庄例」によるべき旨を命じられていた。王家領荘園群の内部で依拠すべき「例」が成立していたことに注目したい。なお、本書第五章を参照。

(61)上島享「庄園公領制下の所領認定」（『ヒストリア』一三七、一九九二年）、註（4）所引川端新論文。

(62)文治二年六月二十一日後白河院起請符案（「九条満家公引付」永享三年十月九日条〔『九条家歴世記録』二〕）。この起請符案の存在は、すでに中野栄夫「九条家領播磨国田原荘・蔭山荘の成立」（『法政大学文学部紀要』三九、一九九四年）が注目している。また、その他の後白河院起請符は、酒井紀美「「符」、その後の展開」（同『日本中世の在地社会』吉川弘文館、一九九九九年。初出は一九九六年）を参照。

（63）建長六年十一月二十一日某奉書案（清閑寺文書、国立歴史民俗博物館所蔵「田中穣氏旧蔵典籍古文書」）。

（64）（治承二年）十二月五日後白河上皇院宣案（高野山文書、『平安遺文』三八六五号）。

（65）（平治元年）十一月三日美福門院令旨（高野山文書、『平安遺文』三〇三六号）。

（66）平山浩三「一国平均役荘園催徴の一形態について―院政期を中心に―」（『日本史研究』二三〇、一九八一年）は、中世荘園における荘園領主の領域支配と国衙の一国平均役賦課を両立させるものとして、荘園領主による同役の徴収・納入の事実を指摘していたが、このようなシステムは、本章で検討した、公領の「加納」を含んで立荘された中世荘園の存在形態と密接に関わるものである。

（67）本書第一章を参照。

（68）本書第五章を参照。

補論　十二世紀における摂関家領荘園の立荘と存在形態

十一世紀末から立荘される王家領荘園は、国衙領などを包摂した複合的な荘域構成をもつ中世荘園のモデルとして位置づけられるが、同様な性格は摂関家領荘園にも指摘できると考えられる。

最初に、十二世紀の摂関家が中世荘園の立荘といかなる関係にあったのかを概観しよう。十二世紀初頭に摂関家を嗣いで関白となった藤原忠実は、それまで摂関家内部に形成されたいくつかの荘園群を集積し、家政機関の拡充と連動させながら家領荘園の再編成を進めた。その結果は摂関家の年中行事とその用途配分を定めた「執政所抄」の内容によくあらわれている(1)。ただし、忠実の父師通や祖父師実の保持していた国免荘を中心とする所領の多くはすでに消滅しており、逆に鎌倉時代の摂関家領荘園で「執政所抄」に登場しない所領が多いことも事実である。

薩摩・大隅・日向の三ヶ国にまたがる島津荘が、忠実の時期に中世荘園として歩み始めたことはよく知られているが、これ以外にも家司の活動を通じて、新たな中世荘園の立荘を模索する動きがあった。後述する大治五年（一一三〇）の大和国某荘や、元永二年（一一一九）の上野国における五千町の立荘計画(2)はその典型的な事例といえる。しかし、後者の計画は国司の反対にあい立荘が頓挫しただけでなく、その直後に忠実が白河院の勅勘を蒙り関白罷免のうえ宇治に隠遁したこともあり、子息の忠通が関白を嗣いだ当初は摂関家による立荘がほとんど確認できない。

ところが白河院の死後、院政を開始した鳥羽院と忠実が手を結び、長承元年（一一三二）に忠実が政界復帰をはたすと、摂関家による立荘が表面化し始める。

まず忠実は、鳥羽院に入内させた泰子、すなわち高陽院のもとに相伝家領の主要部分を集めるとともに、越中国阿努荘を新たに立荘するなどして、中世に存続する荘園群としての高陽院領を確立させた(3)。忠実は阿努荘などでは院近臣の知行国主と連携するとともに、藤原家成とならんで造進した院御願寺の金剛心院では、付属荘園の立荘に介在したり(4)、安楽寿院内に造進した不動堂のために知行国の播磨で大国荘を立荘する(5)など、院権力と癒着することで立荘を実現している。これが家成ら旧来の院近臣グループとの対立を呼び、ついには晩年の鳥羽院からも不興をかって、子息の頼長とともに政界で孤立していくことになる。

一方の忠通は、崇徳天皇の中宮に入れた聖子、すなわち皇嘉門院を拠点に立荘を積み重ねていく(6)。中宮・皇太后宮時代を含めた皇嘉門院領で、立荘年次の判明する事例は十二世紀中葉に集中している。皇嘉門院領の立荘は、若山荘や和田荘のように家司の中級貴族が相伝した国免荘などの所領を基礎としたり、女院庁の判官代・侍などに編成された武士が寄進を仲介した東国の私領をもとに、いずれも数百町レヴェルの中世荘園を作り出しており、さきに述べた王家による立荘と共通している。

また御願寺領の立荘という点では、久安四年（一一四八）に忠通の創建した最勝金剛院が重要である。忠通はこの最勝金剛院のために荘園を新立していくが、久安六年（一一五〇）には最勝金剛院を近衛天皇の御祈願所とする太政官牒(7)が発給されており、同院領の立荘は天皇祈願所の荘園形成をも意味していた。その背景に近衛の生母である美福門院と忠通の政治的な提携が伏在していたことは間違いない。

十二世紀中葉以降に本格化する摂関家の立荘は、このように摂関家出身の女院が荘園を形成するかたちをとり、院権力との連携を背後にもつ点で共通していた。所領を寄進しつつ立荘を推し進める摂関家の家司たちも、院や女院の院司を同時に兼ねるようになっている。これらの事実は、十二世紀における中世荘園の立荘が院権力を核にして実現することを明確に示しており、摂関家でさえもその構造のなかに自己を位置づけることなしには、新たな中世荘園を形成し得なかったのである。

では、摂関家の藤原忠実や忠通が新たに立荘した中世荘園は、どのような構造をもっていたのであろうか。すでに舟越康寿氏は、保元元年（一一五六）に勃発した保元の乱で藤原頼長が敗死し、摂関家領荘園の多くが後白河天皇に没収された際、その処置を決めた太政官符に「於官物者弁済国庫、至地利者徴納院家、但元来不輸田畠非此限[8]」とあることから、荘園領主と国衙との半不輸の収取関係を基本とする摂関家領荘園の存在に注目していた。[9]これを具体的に裏づける事例をいくつか検討してみよう。

まず、『中右記』大治五年八月十一日条には、さきに少しふれた大和国内の某荘について、つぎのような興味深い内容の記事がみえる。

申時許、雅光来、奉新庄坪付案文、此次談云、此庄ハ土御門右大臣殿為左衛門督時、源頼成為式部丞奉寄也、件寄文在雅光許、早可奉之由所示也、早可給之由答了、

入夜新庄下司為遠申云、新庄ハ六十町也、此外新御領四十町・西念寺五十町・（東金堂免四十町新御領中、金峯山免田ハ在西念寺中十五町、此中三町ハ在頼治加納中、）井田庄十余町・頼治加納十余町也、菓子林在新御領中也、新御領・西念寺・井田庄ハ、皆弁加地子之所也、遣使被沙汰何事候哉云々、仰云、如在庁官人貞村申、九十余町之由所注付也、仍新庄ハ九十余町歟、

残念ながら荘園名を特定できないが、この荘園の一部はかつて、土御門右大臣源師房が左衛門督のときに式部

丞の源頼成から寄進されていたもので、四日前の七日条によると、師房の孫にあたる雅光が寄文と坪付を藤原忠実のもとに寄進し、忠実（大殿）家政所下文が発給されることになっていた。源頼成は大和源氏で、同国内に数多くの所領を築いた源頼親の子息である[10]。

ところで、この荘園の下司である為遠が報告してきた内容によると、雅光からの寄進所領（「新庄」）は六十町であるが、それをふまえて新たに立荘されることになった荘園には、ほかに「新御領」「西念寺」「井田庄」「頼治加納」など加地子のみを弁済する他領が[11]荘域に包摂され、さらにその内部に興福寺東金堂や金峯山の免田が散在していた。しかも、これらの入り組み関係は在庁官人から注進されており、荘務の沙汰には郡司も関与するな[12]ど、国衙領や他領を包摂した複合的な荘域構成を国衙との合意のうえで成り立たせていたことがわかる。

一方、『兵範記』紙背文書中のつぎの史料は、「加納之沙汰」に象徴される国衙側との収取関係を含めた荘園現地の状況がうかがえる重要な事例である。

殿下政所御使近清解　申進　申文事
　請殊蒙　恩裁、被停止、称有国宣、在庁等不□御勢、皆悉追捕御庄内、苅取作田子細状、
右、近清謹検　案内、去七月十三日皆悉追捕住人、致巨□□損亡、即言上子細之刻、重下給政所御下文、令安□住人先畢、仍於今者、守御下文之状、於官物者無懈□令弁済国衙、其外於雑事者、可勤仕御領方之由、下知之間、俄今月五日夜半、如初発数多軍兵、不□一人皆悉搦取住人、倩案之、乍見二箇度之御下□、不成其憚、或擬凌轢御使、或令追捕住人、凡未曽□事也、早為蒙御裁定、勒在状、以解、
　長寛元年九月七日　　御使近清[13]

摂関家政所の御使である近清が提出してきた解状である。これによると、長寛元年（一一六三）七月、摂関家

領の「御庄内」に在庁官人が国宣ありと称して乱入し、住人をことごとく追捕し作田を刈り取って荘内を損亡させた。そこで近清は、摂関家政所下文を現地に持参して住人たちを安堵させ、その内容にもとづき官物は国庫に弁済し雑事は御領方（摂関家）に勤仕するように下知したという。この事実から、この摂関家領の荘域内には半不輸の加納が包摂されていたことが明らかである。そして、「国宣」に依拠した国衙の在庁たちによる荘内乱入や追捕行為も加納部分の官物弁済に乗じてのことであり、その行動パターンは第二章でみた、王家領や伊勢神宮領の中世荘園に対するそれとまったく一致している。

さらに不輸の免田を除いて官物を国衙に弁済する摂関家領荘園の内部構造とその存続は、忠実の立荘した摂津国細川荘の例でも確認できる。細川荘の荘域には、「国方正税」を負担する国衙領や隣接する多田院の「加納」が包摂されていたが、鎌倉末期にこの正税分を別納として知行することを認められた勘解由小路家は、南北朝期を通じて国司や国衙の干渉をうけつづけている。[14]要するに細川荘は、「本庄」というべき免田のほかに、国衙領や隣荘の「加納」を含んだ複雑な構成をもち、その内部構造が十四世紀にも基本的に維持されており、摂関家の荘園領主権が排他的な一円不輸を確立していないのである。同様な構造は、摂津国弘井荘や伊勢国益田荘でも確認でき、とくに後者の荘域内における国衙領とそれにともなう負担は十五世紀中葉まで存続している。[15]

こうした「加納」を包摂する摂関家領荘園は、畿内近国に特有なものではない。たとえば、下野国中泉荘[16]や下総国三崎荘には「本庄」と「加納」の区分が鎌倉期以降も存続している。とくに三崎荘では、建久八年（一一九七）に香取神宮の遷宮作料が下総国内の諸荘園に賦課された際、「三崎庄八十斛」「同加納横根八十石」「同加納須賀三郷七十石」が割り当てられており、[17]「三崎本庄・加納」という同荘の内部構成が浮かび上がってくる。国衙領の「加納」をはじめとした複合的な荘域構成は、東国の摂関家領荘園にも共通する性格なのである。

なお、藤原忠通の立荘した皇嘉門院領荘園で大田文などの登録田数を調べると、能登国若山荘の五百町、常陸国小鶴荘の四百町、越後国白河荘の三百町、豊後国臼杵荘の二百町、などのように巨大な整数がめだつが、なかでも肥前国与賀荘の内部は「与賀本庄百二十町」と「与賀新庄六百町」からなっており、[18] ほんらいは六百町もの「加納」を包摂して立荘されたことがわかる。皇嘉門院領で「本庄・新庄」の内部構造をとる荘園は、武蔵国の稲毛荘や船木田荘、それに阿波国河輪田荘なども知られている。皇嘉門院領の立荘が十二世紀中葉に集中している点を含めて、十二世紀における摂関家と王家の立荘の共通性を、荘園の内部構造からも確認することができよう。

註

(1)　義江彰夫「摂関家領の相続研究序説」（『史学雑誌』七六編四号、一九六七年）、元木泰雄『院政期政治史研究』（思文閣出版、一九九六年）、川端新「摂関家領荘園群の形成と伝領―近衛家領の成立―」（同『荘園制成立史の研究』思文閣出版、二〇〇〇年。初出は一九九四年）。

(2)　『中右記』元永二年三月二十五日・二十六日条。

(3)　註（1）所引川端新論文。

(4)　拙稿「平安末・鎌倉期の越後と佐渡」（田村裕・坂井秀弥編『中世の越後と佐渡』高志書院、一九九九年）。

(5)　「庄々所済日記」（安楽寿院古文書、東京大学史料編纂所所蔵本による）。なお、久安五年（一一四九）には河内国で忠実が石川御稲田供御人の名田などを包摂した新たな中世荘園を立荘している（『本朝世紀』久安五年十一月三十日条。橋本義彦「大炊寮領について」（同『平安貴族社会の研究』吉川弘文館、一九七六年。初出は一九七二年）も参照）。

(6)　註（1）所引川端新論文。

(7)　久安六年十一月二十六日太政官牒案（東福寺文書、『平安遺文』二七一三号）。
(8)　『兵範記』保元二年三月二十九日条。
(9)　舟越康寿「庄園における不輸権成立の一過―半輸制について―」（『経済史研究』二九編五・六号、一九四三年）。
(10)　『小右記』寛仁二年十月二十九日条。
(11)　「頼治加納」とは、源頼親の曾孫（実際は孫）にあたる源頼治の所領を「加納」としたものであろう。『小右記』寛治六年十月二十二日条裏書には、大和国内の「頼治所領」に関する記事がみえる。
(12)　『中右記』大治五年九月八日条。
(13)　長寛元年九月七日殿下政所御使近清解（陽明文庫所蔵『兵範記』仁安二年夏巻紙背文書、『平安遺文』三二六七号）。なお、この事例を前提に、越前国の方上荘（某書状、陽明文庫所蔵『兵範記』仁安二年十月・十一月巻紙背文書、『平安遺文』四八二八号）や曾万布荘（長寛二年七月日越前国曾万布荘百姓等重解、陽明文庫所蔵『兵範記』仁安二年夏巻紙背文書、『平安遺文』三二九六号）においても、半不輸の「加納」を包摂した荘域構成や住人と国衙との収取関係の存在を読みとるべきと考える。
(14)　貞治三年九月日勘解由小路前中納言家雑掌申状（国立歴史民俗博物館所蔵「廣橋家旧蔵記録文書典籍類」）。
(15)　『建内記』嘉吉元年十一月三十日条。
(16)　寛喜二年二月二十日小山朝政譲状案（小山文書、『鎌倉遺文』三九六〇号）。
(17)　（建久八年カ）香取神宮遷宮用途注進状（香取旧大禰宜家文書、『鎌倉遺文』九六〇号）。
(18)　正応五年八月十六日肥前国河上宮造営用途支配惣田数注文（河上神社文書、『鎌倉遺文』一七九八四号）。

第三章　寺領荘園の立荘

はじめに

十一世紀後葉に始まる中世荘園の形成は、十二世紀初頭の白河院政期に本格化し、つづく鳥羽院政期に大きな画期をむかえる。(1)荘園成立史をめぐる従来の議論は、権門寺院の荘園（以下、寺領荘園）から出発し、それを基軸に据えながらも、十二世紀に入ると王家や摂関家の荘園を典型とする「寄進地系荘園」の盛行を論じてきた。(2)それは、畿内近国の寺領荘園に対して、東国・九州の遠隔地における広大な公家領荘園の叢生、という荘園配置の理解とも通底する。畿内近国の寺領荘園は豊富な伝来史料にもとづき分厚い研究蓄積を有するが、他地域に存在する寺領荘園も決して少なくはない。後者を中心とした十二世紀における寺領荘園の形成は、史料的制約もあって未解明の部分が大きいと考える。

寺領荘園の形成を考える際のキィ・ワードは「復興」である。東大寺領荘園の「復旧」を論じた竹内理三氏は、退転した複数の古代荘園を集約して立て替える立荘形態を「相博による拡張」例として紹介した。(3)そこで指摘された事例はいずれも、荘園形成の画期とされる鳥羽院政期の「復興」である。東大寺領の場合、本免田からの「加納・出作」による荘域の外延的拡大という伊賀国黒田荘のイメージが強いが、全国規模で繰り返される寺領「復興」を通じた中世荘園への転換のあり方は一様ではない。荘園史における古代から中世への連続と断絶の両面を考えるとき、古代荘園の「復興」という国家的な外皮のもとで進められる、新たな寺領荘園の形成の実態解明がもとめられている。

本章は、右のような問題意識にもとづき、東大寺領荘園の「復興」を主たる素材として、鳥羽院政期における寺領荘園の立荘を政治構造（おもに知行国支配）との関係から考察するものである。その際、以下の二点に留意して論を進めたい。

第一に、立荘を推進する人間関係への着目である。最近の研究は王家領荘園を素材に、立荘と知行国支配の関係を問題にし、立荘勢力と知行国主・国守との私的な縁故関係のはたす役割に注目しつつある(4)。この視角を寺領荘園の立荘研究に生かすならば、院家領をめぐる近年の研究成果(5)にも学んで、院や摂関家との俗縁関係をもつ別当の役割を重視する必要がある(6)。しかも、当該期の東大寺別当が寺外に本坊をもち、東寺長者や醍醐寺座主などを兼帯する状況では、これら他寺の荘園形成との関連も問われることになろう。

この点と深く関わるが、第二は別当任初時や訴訟時などの文書出納にともなって作成された文書目録・送状の活用である(7)。目録類から得られる多様な情報を、断片的な伝存史料の内容と有機的に結びつけて分析し、現存しない数多くの文書とその同時代的な動きを復元することにしたい。

第一節　文書目録にみる寺領の「復興」

竹内理三氏の指摘する「相博」型の立荘が行われた東大寺領荘園は、十二世紀中葉の鳥羽院政期では越中国入善荘・越後国豊田荘・播磨国大部荘の三ヶ所がある。本章では、同時代の史料・目録類がもっとも多く伝来する豊田荘の立荘過程を行論の中心に据え、入善荘や大部荘との比較検討を通じて問題の所在を明らかにする。

越後国豊田荘は、田堵論で知られる国府近傍の石井荘と隣郡の土井荘を阿賀野川以北の加地郷内に立て替え、新たに立券された荘園である(8)。八世紀の石井荘から十三世紀の豊田荘にいたる、越後国内の東大寺領荘園が関係する文書目録をまとめてみると（表1）、寺外にいる別当（政所）に公験文書が召されたときの送状が多い。このうちAとCは越後関係のみの目録だが、前者はつぎのように理解することができる。

表1　東大寺文書中の越後国関係文書目録類（鎌倉前期まで）

	日付	目録名	出典
A	元永元年（一一一八）七月　三日	越後国石井荘文書取出注文	平補一九九
B	大治五年（一一三〇）三月十三日	東大寺領荘園文書目録	平二一五六
C	長承二年（一一三三）六月十一日	東大寺領越後国荘園文書目録	平二二七七
D	久安三年（一一四七）三月十九日	文書目録令献法務御房状	三―一一―八六
E	久安三年　四月十七日	東大寺印蔵文書目録	平二六〇九
F	仁平三年（一一五三）四月廿九日	東大寺領荘園文書目録	平二七八三
G	保元二年（一一五七）五月廿八日	東大寺領荘園文書返納目録	平二八八五
H	正月廿七日	僧俊縁文書送状	三―一一―九〇
I	承安五年（一一七五）五月　日	東大寺領荘園文書未返納目録	平三六九〇
J	安元元年（一一七五）八月　七日	東大寺領荘園文書目録	平三七〇〇
K	安元元年　八月　九日	東大寺三綱文書預状	平三七〇一
L	建仁元年（一二〇一）六月　五日	東大寺文書出納日記	鎌補　三九四
M	承元四年（一二一〇）六月　□日	東大寺文書出納日記	鎌　一八三九
N	建保二年（一二一四）正月十五日	東大寺文書出納日記	鎌　二〇七六
O	承久二年（一二二〇）	東大寺文書出納日記	鎌　二六一五
P	承久三年（一二二一）十月　一日	東大寺文書出納日記	鎌補　七五七

平は平安遺文、鎌は鎌倉遺文。数字のみは東大寺図書館の架蔵番号。

永治二年（一一四二）三月の越後国留守所牒(9)に引用された、同年二月の「東大寺牒」によると、「往古」の石井荘は高田保内に散在する十五町の免田となっていた（後述）。田堵得延らの登場する天喜年間の史料にこの状況はみえないから、石井荘の免田化とそれを包摂する高田保の立保は、十一世紀後葉から十二世紀初頭のことである。この時期、元永元年（一一一八）四月に東大寺別当となった寛助(10)は、石井荘の公験文書を寺家から取り寄せた（目録A）。そして翌年には、「久疋郡石井庄券」の「一巻七枚　元永二年寺家立券」が作られている（目録F）。両者の関連性は明らかで、別当就任直後に公験文書を取り寄せた寛助は、高田保の立保もにらんで、当時の越後国を知行していた摂関家の藤原忠実との交渉により[11]、翌年の「立券」で石井荘を高田保内の免田に位置づけ直したのであろう。

白河院や鳥羽天皇との強縁を有し「世人、法関白と号す」といわれた寛助は、仁和寺領や東寺領の荘園形成・支配に深く関与した[12]。とくに東寺一長者への就任早々から東寺領丹波国大山荘の再生に取り組み、天永の記録所での訴訟を経て、中世荘園としての大山荘の立荘を白河院近臣の丹波国守に認めさせている[13]。また東大寺別当となってからは東大寺領荘園の大規模な訴訟を展開し、越後国石井荘だけでなく、山城国玉井荘（目録F）や摂津国猪名荘・伊賀国玉滝杣などで成果をあげている[14]。

東大寺別当の任初における寺田の復興運動は九世紀からみられ[15]、中世成立期では封戸制から荘園制への転換期に位置した永観の役割も重視されている[16]。しかし、中世荘園の形成が本格化した鳥羽院政期には、白河院政期の寛助のような、院近臣僧の別当就任を契機とする東大寺領荘園の「復興」が重要である。

鳥羽院・待賢門院が帰依した定海は[17]、別当任初の大治五年（一一三〇）三月に東大寺領の公験文書を取り寄せ（目録B）、廃絶した越中国内の寺領七ヶ所の替わりに入善荘を立荘させた[18]。その成功理由には、前年末に国守となった藤原顕長と定海の血縁関係があったとみられる[19]。また、久安三年（一一四七）に別当となった鳥羽院近習の寛信による訴訟もよく知られており[20]、その過程で播磨国の古代荘園三ヶ所の替わりに大部荘が立荘された[21]。当時の播磨国守は寛信と親交の深い院近臣の平忠盛である[22]。伊賀国の寺領をめぐり、東大寺側と抗争を繰り返してきた忠盛も、寛信との関係では播磨国に東大寺の荘園を立荘させている。寺領の「復興」が別当の俗縁関係に大きく左右されていた状況が知られよう。

越後国豊田荘も越中国入善荘と同じ定海の任中に立荘されており、後述する目録Cもこれと関わるが、豊田荘の関係文書を目録類からまとめてみると（表2）、立荘後も久安三年と仁平三年（一一五三）に大きな動きが認められる。[23]この両年はそれぞれ寛信と寛暁の別当任初にあたり、両者とも豊田荘の公験文書を取り寄せて朝廷に訴訟を提起している（目録DEF、表2）。とくに興味深いのは、寛暁の別当任中はかれの坊官で東大寺威儀師の俊縁[24]が豊田荘の関係文書を保管していた（目録H）ことで、別当主導の寺領訴訟のあり方を文書保管の面からも裏づけることができる。

表2　鳥羽院政期の豊田荘関係文書

発給年	文書名
長承四年（一一三五）	庁宣正　留守所下文正　立券状正・案 紙絵図
保延元年	国司宣旨請文案　立券寺家使静寛申文案
保延二年（一一三六）	豊田庄宣旨正　庁宣正・案　留守所下文正 **職事**并史長者**書状**正　寺解　寺牒 寺家下文正
保延七年（一一四一）	庁宣案　**留守所下文**正　国司書状等正 **留守所牒**正　寺解
永治二年（一一四二）	宣旨案　雑掌申文　法務御房御消息案 同年以後在家帳正文并雑文書等
久安三年（一一四七）	庁宣并寺家下文案　国司書状 **文書目録令献法務御房状**
久安四年（一一四八）	宣旨正　庁宣正　童子丸申文
久安五年（一一四九）	庄解
仁平元年（一一五一）	庁宣案　留守所下文案　文書目録
仁平三年（一一五三）	在庁解正　庁宣并留守所下文正
仁平四年（一一五四）	花蔵院僧正御房御消息（俊縁奉）

（表1の各目録で年次が特定できる文書のみ・注記の「正」は正文、「案」は案文。ゴチックは現存文書）

以上、鳥羽院政期のおおまかな状況をみてきたが、これをふまえつつ、豊田荘の立荘とその背景について詳しく検討することにしたい。

第二節　宣旨による立荘

豊田荘は、国司庁宣の発給と立券状の作成で長承四年に立荘された（表2）。前者は「同（長承）四年内蔵頭兼大介藤原朝臣庁宣」とも記され（目録L）、内蔵頭を兼ねた越後国守の藤原清隆が石井・土井両荘の加地郷内への立て替えを命じた庁宣である。後者はその結果として作成された豊田荘の立券状にあたる。長承四年が保延元年に改元するのは四月末であるから、これらの立荘文書は改元前の約四ヶ月間に作成されたことになる。

鎌倉期以降の東大寺では、この長承四年（一～四月）の国司庁宣や立券状を含む、つぎの文書群を豊田荘の公験文書と考えていた（目録Nより引用）。

豊田庄

絵図一禎紙

正宣旨并代々庁宣六通八枚

豊田庄宣旨保延二年

越後加地庄立券長承四年

庁宣一通一枚長承四年

保延二年寺解　久安三年宣旨

冒頭の「絵図」は長承四年の作成であり（目録Jなど）、同年の国司庁宣や立券状とともに、豊田荘の立荘時に作成されたものとわかる。そして注目したいのが、「正宣旨」「豊田庄宣旨保延二年」「久安三年宣旨」の宣旨三通である。久安三年の宣旨は前述した寛信の訴訟に関わることからひとまず措き、ここでは立荘時の前二者について検討する。

正宣旨　目録Pでは、この宣旨について「宣旨并代々庁宣長承四年以後六通八枚正文」と記している。前掲の目録Nと一致する「代々庁宣六通八枚」とのセット関係から、この宣旨＝「正宣旨」は長承四年に出されたことがわかる。そして、この宣旨にもとづき代々の越後国守が庁宣を発給している点からしても、それは豊田荘の成立・領有を裏づけるもっとも根本的な文書であった。東大寺側はこれをつぎのように表現している。

> 彼両庄（石井・土井両庄、筆者注）者、往古官符式数田参佰町也、但世及于澆漓、国依致損亡、前司任中奏聞公家之日、可複旧基之由、所被下宣旨也、而国司於件両庄者、称府辺之要地立替加地郷、奉免豊田庄、即任本庄之式数、令成施行之庁宣已畢、

さきにふれた永治二年の「東大寺牒」の一部である。大治四年末に始まる藤原清隆の国守在任中に、東大寺は「往古官符式数田参佰町」にもとづく石井・土井両荘の復興を朝廷に要求した。この寺領三百町を根拠づける「往古官符」とは、かつて天長七年（八三〇）に東大寺が北陸道諸国の特定荘園と連動させつつ、越後国内では石井荘と土井荘をセットにして、その回復・存続をはかるために獲得した同年五月十日の太政官符と考えられる[25]。もとより十二世紀の石井荘と土井荘は、三百町の田数にほど遠い状態であった。後者はすでに実体はなく、前者のみが十五町の荘田を確保するにすぎない。こうした現状からすれば、東大寺側による寺領三百町の要求は無謀である。ところが、実際にはそれを認める宣旨が出された。豊田荘成立の起点は、この東大寺の要求にもとづく石井・土井両荘の復興を認めた宣旨にもとめられており、これこそが「正宣旨」と呼びうる文書なのである。

表2によると、この「正宣旨」に対応する「国司　宣旨請文」が、改元後の保延元年五月～十二月に提出されている。東大寺側の要求を容れる「正宣旨」が出た後、国守清隆が石井・土井両荘を加地郷に立て替える庁宣を発給し、立券状の作成された時期が長承四年四月以前。国守清隆はこの処置を朝廷に報告するべく、改元後の保延元年五月以降に「宣旨請文」を提出した。これをうけて出されたのが、「豊田庄宣旨保延二年」である。

豊田庄宣旨　「豊田庄宣旨」の内容は、その発給手続文書から知ることができる。

（端裏書）「国司　□□□（宣旨請）文并職事仰書」

「下本弁了」

進上

宣旨

越後国司弁申、東大寺訴申寺領字石井・土井両庄事副調度文書等案

仰、宣任国司弁申旨并立券状令寺家領掌

右　宣旨、可令下知給候、抑件事本左兵衛督奉行也、而猶如此大事、上﨟令宣下給

能候、仍所進上候也、為中使参鳥羽候之間、不能持参、且所進上候也、恐々謹言、

「保延二年」正月十四日　　右少弁資信

進上　内大臣殿[26]

勅旨を承った職事が太政官の上卿にその内容を伝達するとき、本解の有無によって二通りの形式があった。[27]右の文書は、本解がある場合の書下（書状形式）で、東大寺に伝来した十二世紀中葉の貴重な実例である。[28]弁官を兼ねる職事の藤原資信が内大臣中御門宗忠に勅旨を伝えているが、端裏書から、東大寺側ではこれを「職事仰書」と呼び、越後国守の藤原清隆による「国司　宣旨請文」などと一緒に入手したことがわかる。この文書が東大寺側に送達されるまでの流れはつぎのように考えておく。

最初から当該事案を担当し、長承四年に「正宣旨」の上卿をつとめたのは「左兵衛督」中御門宗輔であった。しかし、越後国守による荘園立て替えという事態が「大事」と認識された結果、上﨟の内大臣である宗忠（宗輔の実兄）が上卿に選ばれた。この日、鳥羽に参向している職事の資信は「宣旨」を持参できず、宗忠に右の書下

と越後国守の宣旨請文などを送ってきた。(29)宗忠は上卿の宣下として、これらを担当の弁に回付した（おそらく消息を添えて）。袖端にある異筆の「下本弁了」がそれをものがたる。

受け取った弁はさらにこのセットを史に渡し、「宣旨」の内容を東大寺側に伝達する官宣旨が作成された。これが保延二年の「豊田庄宣旨」である。表2によると、東大寺には同じ保延二年の「職事并史長者書状」が伝来している。この「職事書状」が右掲の資信書状であり、「豊田庄宣旨」はこれと越後国守の請文とともに、官宣旨作成の実務担当者である史の書状によって東大寺側に送達されたものと考えられる。

このように資信書状（「職事書状」）と国守清隆の請文はセットで動いていた。そして前者の事書は「越後国司弁申…」に始まり、国守清隆の弁明と「立券状」にまかせて東大寺の領掌を認める内容であった。このことは、保延二年の官宣旨が前述の「正宣旨」に対する国守清隆の請文で要求され、それに応えるものであったことを示している。

いうまでもなく国守清隆の弁明とは、石井・土井両荘を加地郷内に立て替えた措置を意味する。また「立券状」は、それにともなう長承四年の「加地庄立券状」を指す。ゆえに保延二年の「宣旨」は、東大寺による「加地庄」＝豊田荘の領掌を正式に認定したものであり、まさに「豊田庄宣旨」と呼ぶにふさわしい内容であった。

以上、長承四年・保延元年から保延二年にかけての発給文書をめぐる検討の結果、豊田荘の立荘過程は、二つの宣旨を軸につぎのように復元できる。

大治四年（一一二九）十二月　　藤原清隆、越後国守に補任される。

大治五年（一一三〇）三月　　東大寺別当定海が寺領荘園の公験等を取り寄せる。

長承四年（一一三五）正月以降　「官符式数田」にもとづく越後国の寺領荘園の復興を認める宣旨が出る。

国守清隆、石井・土井両荘を加地郷内に立て替える庁宣を発給。豊田荘立券状・絵図の作成。

保延元年（一一三五）五月以降　国守清隆、右の処置を請文にて朝廷に報告。

保延二年（一一三六）正月以降　国守清隆の請文をうけて、豊田荘の領掌を東大寺に認める宣旨が出る。

第三節　立荘の政治構造

定海の別当就任にともなう寺領訴訟を契機に、越中国では国守と定海の縁故関係もあって入善荘の立荘がすぐに認められたが、越後国では国守の任期中に数年間の沈黙を経て事態が急速に進展している。後者の背景に切り込む手がかりとして目録Cを検討しよう。

目録Cは「石井庄文書二巻」と「土井庄文書三巻」の出納目録である。東大寺側が主張した「往古官符式数田参佰町」の「往古官符」は、この目録で最初に挙げられた天長七年五月の太政官符とみてよい（前述）。ところで、この目録Cの奥には、

右、両庄正文等合五巻、依　仰進上如件、

長承二年六月十一日　　僧康秀

とあり、別当定海の指示で文書が召されたと考えられるが、幸いにも目録の袖には、

「依東南院僧都御房仰、任目録返納如件、

長承四年二月十七日　　五師（花押）」

という異筆の返納記がある。石井・土井両荘の公験文書は長承二年（一一三三）六月に必要となり、長承四年二月に別当定海の実弟で東南院々主の覚樹の指示により、寺家へ返納されたことがわかる。別当の交替や寺領文書の整理・補修との関係もないことから、目録Cの文書群は定海と覚樹の手で寺領訴訟のために利用された可能性が高い。そこで注目したいのは、前掲の「職事仰書」に副進されていた「石井・土井両庄」の「調度文書等案」の存在である。

定海の本坊は醍醐寺三宝院であり、かれは同寺の座主を譲ったのちも検校として当該期の醍醐寺を代表する立場にあった。[30]醍醐寺領荘園の「復興」も主導していた定海は、康治二年（一一四三）四月ころ、停廃されていた尾張国安食荘の復興を尾張の知行国主でもある藤原忠実に訴え、「調度公験」にもとづき宣旨を得て「如旧被興立寺庄」れている。[31]その背景に定海と忠実の強縁（後述）が働いたことは明らかだが、荘園復興の法的根拠となる「調度公験」文書の提出も不可欠の要素であった。

同じ定海の関わる東大寺領石井・土井両荘の復興要求においても、それを根拠づける公験文書等の存在は決定的に重要であり、その案文を作成・提出するためには、東大寺に保管された文書正文（目録Cの文書群）が必要となる。また、定海と覚樹がCの文書群を取り寄せた長承二年六月前後に復興要求が進展し始めたとして、その文書群が寺家に返納された長承四年二月前後には、まさに両荘の復興を認める宣旨が出されており、目録Cは一連の動きとうまく整合する。以上の点から、目録Cの文書群は石井・土井両荘の復興要求に利用され、東大寺側の要求行動は長承二年半ばから本格化したと考えたい。この事案を担当した藤原資信の職事への補任時期が長承二年正月であることも[32]それを補強する。

では、越後国の寺領復興が長承二年に進捗し始めた背景は何だろうか。定海と覚樹は六条右府源顕房の子息で、姉には摂関家の藤原忠実に嫁いだ師子がおり、この関係から二人は忠実と緊密に結びついていた。[33]元永二年（一一一九）以降、忠実は白河院の不興をかい宇治に籠居していたが、長承元年に鳥羽院から内覧を命じられ、尾張などの知行国も回復して、[34]政治の表舞台に復帰する。前述の定海と忠実が動いた尾張国の醍醐寺領荘園の「復興」が、このような政治情勢のもとで実現したとすると、忠実復帰の翌年に定海と覚樹が動き出した越後国の東大寺領問題も、同じ見方が可能になってくる。

父忠実の復帰後も関白の忠通は留任していたが、国政における「大殿」忠実の隠然たる政治力に期待する有縁の人々は少なくなかった。年少時から忠実に仕え、かれの右腕ともいうべき近臣であった中御門宗忠[35]もそのひとりである。

復帰直後から忠実の権力に依存する宗忠の姿勢は、みずからの家領荘園をめぐる政治折衝の場で表面化する。長承元年に再提訴した摂津国「山道野並庄」の相論では、蔵人藤原資信を奉行として、翌二年四～五月に忠実から「宣旨早可申下」「有道理、可被下宣旨」との言質を得ている。[36]また七月には、越後国「小泉庄」の存続問題で忠実に相談をもちかけ、国守の藤原清隆に圧力をかけた。[37]清隆は鳥羽院近臣ながら忠実とも交流が深かった。[38]「小泉庄」は十一世紀中葉に成立した国免荘であり、翌月宗忠のもとには「免田三十町任旧也」と記した国司庁宣が届いている。[39]ちなみに越後国守の清隆は、翌三年八月に本田数三百町の皇嘉門院領白河荘の立荘を認めた庁宣も発給している。[40]皇嘉門院聖子は忠実の孫女（忠通の息女）である。

忠実の威勢を頼った同様な訴えは他にもあり、宗忠はその窓口にもなっていた。[41]宗忠外孫（恵珍）の東南院入室など日常的に交際のあった覚樹も、忠実に対する種々の陳情を宗忠に取り次いでもらっている。[42]長承二年正月に覚樹が集積した東大寺領伊賀国黒田荘出作地（矢川・中村）の私領主権に関して、黒田荘の荘務や伊賀国務と

関係系図（ゴチックは立荘関係者）

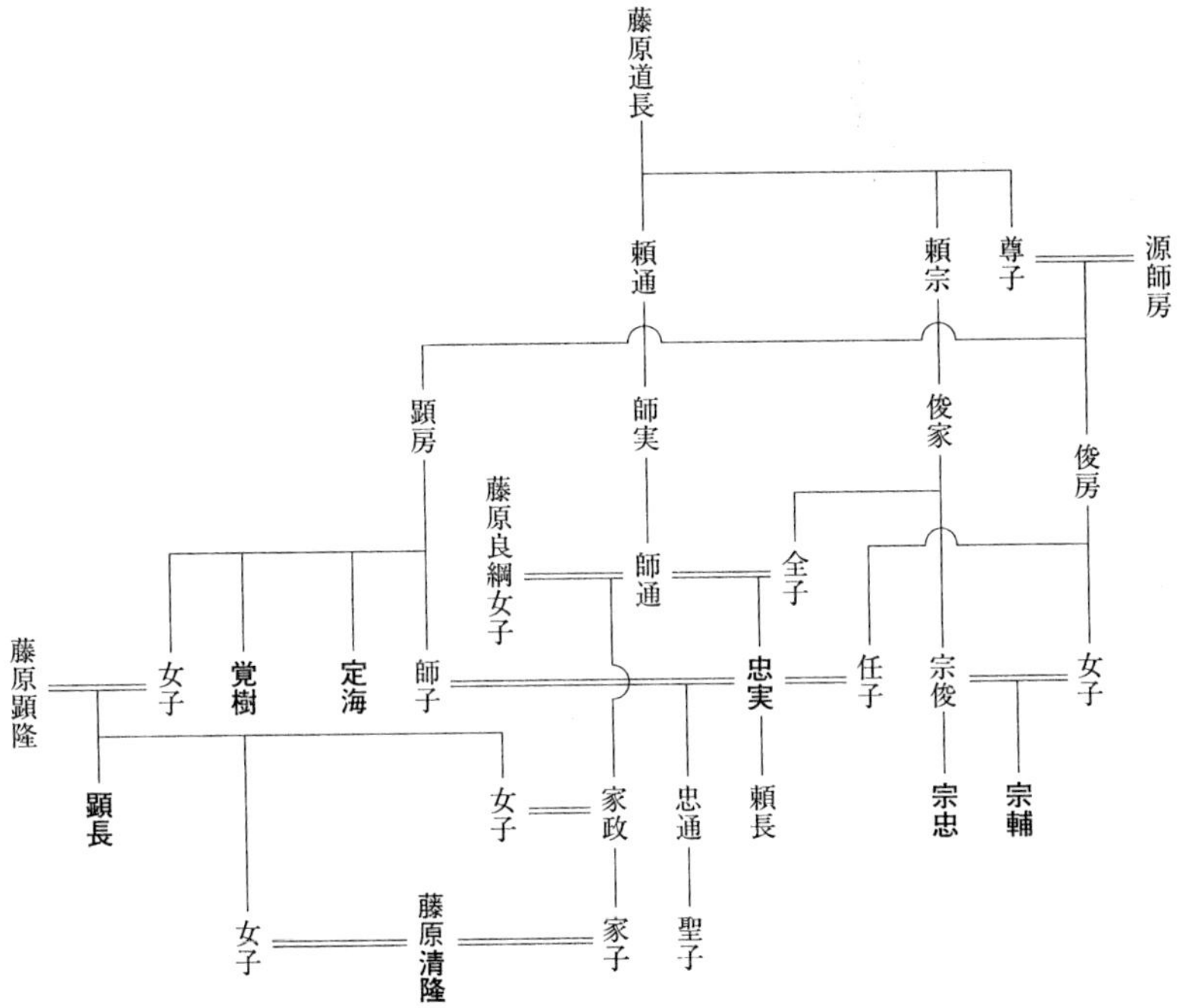

は関係のない藤原忠実家の政所下文が、同年十二月と翌年十月に二通も発給された[43]のもその成果であろう。

長承二年前後の忠実は、このように家政機関の発給文書だけでなく、国政文書としての宣旨や国司庁宣の発給を引き出す政治力をたしかにもっていた。それを裏づける右の事案に登場する人物たち―定海・中御門宗忠・藤原清隆・覚樹は、同じ長承二年に進展し始めた越後国の東大寺領問題のまさに当事者でもある。さらに、寺領復興を認めた最初の宣旨の上卿・中御門宗輔や職事の藤原資信も忠実と頼長に近侍していた[44]。定海や覚樹のはたらきかけをうけて、かれらを動かし二度にわたる宣旨を出させ、越後国守の庁宣を引き出した実質的な主体は、鳥羽院と結んで内覧に復帰した藤原忠実そのひとに間違いない。

長承年間における越後国の東大寺領荘園の

復興は、表向きは東大寺側が九世紀の太政官符を根拠に持ち出した国政問題であった。事実、二度の宣旨発給に帰結するその処理は、上卿―弁―史という国政ルート上で行われている。しかし、その実態は「大殿」藤原忠実をとりまく人脈が国政を動かすことによって、新たな中世荘園を作り出すものであった。

さらに注目すべきなのは、同じ忠実―定海の提携による荘園形成が醍醐寺領でも行われていたことである。尾張国安食荘は十一世紀後半に退転したが、定海は尾張国の知行を取り戻した忠実と組んでこれを「復興」し、新たな中世荘園を立てた。それは、定海が三宝院に建立し鳥羽院の御願寺となった灌頂院を弟子の元海（醍醐寺座主）に譲与する直前の立荘で、年貢の一部が醍醐寺とは別に灌頂院へも納入されている。[45][46]つまり定海は、寺領荘園の「復興」を通じて、みずからの院家に得分を確保したことになる。東大寺領豊田荘の立荘に、定海の実弟で東南院々主の覚樹が参画したのも、そうした院家の得分設定との関係が推測されよう。

このような視角から検討しておきたいのは、「復興」の名のもとで、新たに立荘される寺領荘園の立地場所がどのように選ばれるか、という問題である。東大寺領の場合、越中国入善荘・越後国豊田荘・播磨国大部荘のいずれも、顛倒した古代荘園の故地とは異なる地点で立荘が行われている。その場所選定について、越中国の場合は手がかりを得られないが、越後国豊田荘の立荘された加地郷は、別当定海・東南院々主覚樹の出自する村上源氏と関係が深く、豊田荘とほぼ連続して、村上源氏を預所とする王家領加地荘が立荘されていることから、定海・覚樹兄弟が主体的に加地郷での立荘を国守側にはたらきかけた可能性が考えられる。[47]こうした関係をふまえて、播磨国大部荘の場合を検証すると、つぎのような興味深い事実が浮かび上がってくる。

大部荘は久安三年（一一四七）に播磨国大部郷を立荘したものだが、十二世紀の文書目録[48]によると、立荘の二年前にあたる久安元年に信舜なる僧侶を、大部郷司に補任する国司庁宣が出ていた。久安元年は平忠盛が播磨守に補任され、東大寺別当の定海がようやく所職辞任を許されて、別当が不在になった年でもある。したがって、大部郷司に信舜を補任する国司庁宣は平忠盛が発給したもので、東大寺とは直接関係のない動きとみるべきである。

そこで、この信舜の素性を探ってみると、かれは鳥羽院近習僧の寛信に仕える坊官のひとりで、永治二年（一一四二）正月に急遽、寛信が後七日御修法を勤めることになった際に、寛信から大行事に任命されてさまざまな雑事を処理している(49)。久安元年にこの信舜が、平忠盛の発給する国司庁宣で大部郷司に補任されたのは、忠盛と親交の深い寛信に、国衙領たる大部郷の知行が給与されたことにともなう処置と考えられよう。この二年後、久安三年正月に寛信はしばらく空位となっていた東大寺別当に就き、顛倒荘園の「復興」要求を含めた寺領訴訟を開始するが、播磨国に関しては、寛信みずから知行する大部郷を東大寺領荘園の「復興」＝新たな立荘場所に指定し、国守の平忠盛による協力を得て大部荘の立荘を実現させたのである。

このようにみてくると、当該期における他寺出身別当を中心とした寺領の「復興」―新たな中世荘園の形成は、別当自身の院家や別当と関係の深い院家に対する所領・所職の設定（別相伝）という性格を基層としており(50)、別当の政治関係や知行国支配を構造的に組み込むことで実現するものであったといえよう。

第四節　荘園の存在形態

別当の俗縁関係を背景にした官宣旨の発給、知行国主・国守との交渉に左右される立荘のあり方をみてきたが、このような寺領荘園の「復興」をめぐる政治構造は荘園の存続をも規定した。この点を同じ立荘形態をとった越後国豊田荘と播磨国大部荘で検証しよう。

鳥羽院政下の藤原忠実―定海ラインに国守の藤原清隆が協力して立荘された越後国豊田荘は、法的には三百町の公田数を称するが、その実態は在京国守―留守所―加地郷の国衙系列下で「豊田見作田」の奉免が保証されるにすぎず、ここに東大寺と国衙権力との対立要素がはらまれていた。立荘に協力した藤原清隆が保延三年（一一三七）正月に国守を去り、鳥羽院寵臣の藤原家成が越後国を知行すると、この対立は一気に表面化する。[51]

家成が最初に国守に申し任じた子息の家明は、保延七年二月五日付（七月十日に永治元年に改元）の国司下文を発給し、「件御庄往古散在坪々、任先例可令勘免」ことを越後国衙に命じた。越後国衙は、これを加地郷司に施行する留守所下文を五月三日付で出している。[52]その内容は国司下文よりも詳細で、豊田荘の本免田十五町を勘免し、「剰田」は郷司の沙汰で所当物（官物）を国庫に弁済することが命じられた。

この豊田荘における本免田と「剰田」の区別は、中世荘園の「本（免）田」と「剰田」の関係を論じた坂本賞三氏の研究[53]を参考にすると、加地郷内の「豊田」における田地（見作田）のうち、本免田十五町分は官物免除となるが、残りの田地は「剰田」として郷司の責任下に官物を徴収されることを意味する。つまり、荘域内での官物免除の対象が「見作田」のすべてから本免田十五町のみに限定されたのである。

前国守の先例を破るこの指示内容に東大寺側は強く反発し、翌永治二年二月に越後国衙へ送った牒状で、前年二月の国司下文を「当任国判、同依先例奉免之旨、去年二月被成庁宣又畢」と都合よく解釈して、前国守と同様に「豊田見作田」すべての奉免を要求する。越後国衙では、三月二十五日付で東大寺宛ての返牒[54]を発給し、つぎのように反論している。

抑去年二月御庁宣云、件御庄往古散在坪々、任先例可令勘免者、付国判検案内、件本免田者、高田保内散在坪々田拾伍町也、而前司任被移加地郷之刻、以豊田見作田不残段歩、皆悉所被奉免也、而被奉免豊田庄者、任前司任之例、皆悉雖可奉免見作田、又往古散在坪々、任先例可令勘免之由、御庁宣明白也者、任国判所令勘免也、更非留守所進止也、乞也衙察状、牒到准状、以牒、

家明の国司下文＝「御庁宣」の指示内容を正確に引用したうえで、勘免すべき本免田の根拠を説明している。それによると、豊田荘の「往古散在坪々」とは「高田保内散在坪々田拾伍町」のことで、それが同荘の本免田にあたるという。石井・土井両荘の立て替えという豊田荘の成立経緯と、十一世紀中葉の段階で石井荘のみが荘田の実態を有していた事実からすれば、この豊田荘の本免田はかつての石井荘を指すことが明らかである。十二世紀中葉の東大寺には、石井荘文書として寛和三年（九八七）以降の「寺下文并国判庄解」が保管されていたが（目録F）、これに対応する「国判注文」[55]のような国衙行政に関わる「国衙文書」[56]を有していた越後国衙は、豊田荘の本免田が、石井荘当時の「往古散在坪々」「高田保内散在坪々田拾伍町」である事実を独自に主張することができたと考える。

知行国主の藤原家成や国守の家明は、こうした国衙側の姿勢に呼応しつつ、さらには別当定海の度重なる辞状提出[57]という東大寺別当の求心力低下にことよせ、豊田荘の奉免に関する先例を破棄した。それはまた、「天下事、一向家成に帰す」といわれた藤原家成が、「大殿」藤原忠実の威勢を背景に出された長承の宣旨を反故としたのに等しい。ここに鳥羽院に仕える二大勢力、すなわち摂関家の忠実と鳥羽院近臣の家成との対立、それに乗じた国衙の攻勢、といった構図を読みとることができよう。

一方、前述のように別当寛信と関係の深い平忠盛の知行国支配に依存するかたちで立荘された播磨国大部荘は、仁平元年（一一五一）二月に忠盛が辞任したのち、播磨国を知行した藤原忠実[58]によって、停廃・収公されてしまう。[59]

驚いた別当寛信は朝廷に訴訟を提起するが、仁平三年三月に死去。つづく別当寛暁も復興の訴訟を試みるが[60]、再立券は認められなかった。大部荘に国守が反応を示すのは、忠盛子息の平清盛が補任された保元元年（一一五六）以降である[61]。この間、知行国主の藤原忠実は大部荘を収公したまま、東大寺側の復興要求を無視し続けていた。そして久寿元年（一一五四）には、東大寺領の伊賀国丸柱村を忠実がみずからの「沙汰」として自領の近江国信楽荘に取り込み、やはり東大寺側と争っている[62]。

鳥羽院の信任を得て政界に復帰した直後、藤原忠実は越後国で東大寺領荘園を作らせ、自分の知行する尾張国でも醍醐寺領荘園を立券した。それから十数年後、やはり知行国主の立場から播磨国の東大寺領荘園をつぶし、伊賀国では東大寺領を押領している。同じ忠実による立荘と収公という対照的な措置の背景には、各時期の別当との関係に加えて、この間の忠実をめぐる政治情勢の変化（忠実・頼長の孤立化）があることは間違いなかろう[63]。

以上のように、豊田荘・大部荘は、ともに国司（知行国主・国守）の交替や中央の政治情勢と関わって、奉免田数の大幅な削減や荘園そのものの停廃に追い込まれた。同じ東大寺領荘園ながら両荘を比較した場合、立地する郷（郷司）との関係で有利な条件を有する大部荘が、むしろ簡単に上から収公されていることは、注目すべき事実である。それは、十二世紀における寺領荘園の立荘とその存続に、国司（知行国主・国守）が決定的な影響力を握っていたことが、如実に示されているからである。

宣旨により立荘された寺領荘園が、国司の交替により存廃を揺れ動く理由は、その荘園の内部構造にあるとみなければならない。越後国豊田荘は、立荘時に東大寺から立券使が下向して立券状と絵図が作成され、加地郷内の「豊田」をしめる荘域が画定された。しかし前述のように、東大寺側の得た権利は「見作田」の官物免除にすぎず、数年後にはそれも十五町に限定されてしまう[64]。残りの「剰田」は、郷司の沙汰で官物が国庫に弁済される国衙領であり、立荘後しばらくは在家検注や在家役の賦課も国衙側が行っていた[65]。つまり豊田荘の荘域は一円不輸を確立しておらず、むしろ国衙領と入り組んでいたことになる。

このような荘域構成は、醍醐寺領尾張国安食荘の場合がさらに鮮明である。康治二年（一一四三）七月の安食荘検注帳[66]によると、安食郷内に立荘された同荘の四至内には、「国領」の畠地が四十三町余あり、在家の約九割もその「国領」に所在していた。立荘後も荘域内に国衙領が厳然と残っており、そこに立地する在家には安食郷の公郷在家役が賦課されたと考えざるを得ない。また荘域内には「皇后宮領朝日庄」などの他領も包摂されており、安食荘は醍醐寺による一円的領有が確立していなかったことがわかる。

大部荘の場合は立荘当時の内部構造が史料上明らかではないが、おそらく豊田荘や安食荘と同様とみてよく、知行国主の藤原忠実が大部荘を収公できた理由もその点から説明できよう。なお安食荘も、藤原惟方が尾張国を知行した時期（保元元年五月〜同三年八月）に停廃される[67]が、これは保元荘園整理令による「加納余田」停廃の適用をうけた結果である。惟方は保元の記録所を構成する弁官の一人であり[68]、みずから知行する尾張国では徹底した「加納余田」の停廃を推進したようで、摂関家領の小弓荘などがその対象にされていたことが知られる[69]。荘域内に国衙領を抱える安食荘も同様であったとみてよかろう。

このようにみてくると、退転した古代荘園の証文を使って十二世紀に「復興」された寺領荘園は、新たな荘域を上から画定し、国衙領や他領を包摂する内部構造をもち、別当周辺の人脈や知行国支配との関わりにおいて立荘され存続する（あるいは停廃される）荘園であった。史料的な制約から、立荘過程での在地領主との関係は追究できなかったが、それ以外の点は、別に論じた院・女院の御願寺領[70]を中核とする王家領荘園と変わるところはない。十二世紀中葉における寺領「復興」の外皮をまとった新たな荘園形成は、同時期に各地で叢生した中世荘園のモデルたる王家領荘園と同じ構造と論理を有していた。本章で東大寺領豊田荘や醍醐寺領安食荘などを中世荘園と呼んできた理由もここにある。

おわりに

荘園設立の手続に関する研究はここ数年で大きく進展した。[71]それによると寺領荘園は、古代以来の由緒を背景に、寺解で申請された官宣旨で立荘が命じられている。家政機関発給文書で独自に立荘が命じられる王家や摂関家の荘園に比べて、これら寺領は、古代荘園の復興や国家的給付の転化といった印象が強い。本章でとりあげた、十二世紀中葉における東大寺領荘園の立荘も「復興」を謳った官宣旨で行われているが、その背後では院周辺の人間関係にささえられる中世荘園が新たに作り出されていた。

あえて史料の少ない荘園をとりあげたこともあり、本章は推測を重ねたモノグラフにすぎないが、個別荘園の動きを追いかけるなかでも、鳥羽院政下の権力関係が知行国支配を介して、地方の荘園支配にストレートに反映している状況がみえてきた。さらに、従来は伊賀国黒田荘の歴史のなかで注視されてきた長承二・三年（一一三三・三四）の動向が、[72]意外にも藤原忠実の政界復帰と関わって、東大寺領荘園全体の形成を考えるうえで注目する必要があることも浮かび上がってきた。忠実や定海の関わる訴訟は長承二年に摂津国水成瀬荘でも展開され、同荘の歴史にとって大きな転換点になっている。[73]越後国豊田荘の立荘も、この時期の政治情勢に直結した、東大寺領全体の動向のなかに位置づけることができよう。

同時代的な視角から全国規模で立地する寺領荘園の成立史を見直す作業は、寺院機構や朝廷政治史の研究と協業しながら、ひきつづき進めることが必要である。とりわけ畿内近国の寺領荘園についても、大和を中心に従来の枠組みを越える研究が登場してきており、興福寺領では、律令的給付の荘園転化とその拡大という単線的な理解はくずれ、それを素材にした「雑役免系荘園」なる荘園類型も根本的な再考をせまられている。(74)また、本章で論じてきたような十二世紀中葉における寺領荘園の立荘と存在形態が王家領荘園との親近性を有する点にも注意すべきであろう。

このほか、十二世紀における寺領荘園の立荘とその確立過程を考える場合、在地勢力との関係、そして未済封物の根強い納入要求との関係などが注目される。史料的な制約から本章では深く追究できなかったが、いずれも今後の課題である。

註

(1)　石井進「院政時代」(『講座日本史』2、東京大学出版会、一九七〇年)。ただし十二世紀初頭の白河院政期から荘園形成が本格化することは、五味文彦「前期院政と荘園整理の時代」(同『院政期社会の研究』山川出版社、一九八四年)、川端新「院政初期の立荘形態―寄進と立荘の間―」(同『荘園制成立史の研究』思文閣出版、二〇〇〇年。初出は一九九六年)。

(2)　網野善彦『東寺と東寺領荘園』(東京大学出版会、一九七八年)による研究史の整理、形成期から崩壊期にいたる荘園史を叙述した最新の研究である永原慶二『荘園』(吉川弘文館、一九九八年)などを参照。

(3)　竹内理三『寺領荘園の研究』(畝傍書房、一九四二年/吉川弘文館より復刊、一九八三年。ここでは後者による)。

(4)　村井康彦「公家領荘園の形成」(同『古代国家解体過程の研究』岩波書店、一九六五年。初出は一九六二年)は、立荘時の国司の役割に早くから注目していた。近年では、五味文彦「平家領備後国大田庄」(『遙かなる中世』二、一九七七年)、坂本賞三『荘園制成立と王朝国家』(塙書房、一九八五年)、石井進「源平争乱期の八条院領―「八条院庁文書」を中心に―」(永原慶二・佐々木潤之介編『日本中世史研究の軌跡』東京大学出版会、一九八八年)、工藤敬一『荘園公領制の成立と内乱』(思文閣出版、一九九二年)、註(1)所引川端新論文などがある。本書第二章ではこの視角をさらに進めて、知行国支配や荘園の内部構造との関係から中世荘園の立荘を王家領中心に論じている。

(5) 稲葉伸道「伊賀国名張郡簗瀬庄・黒田新庄と院家」(同『中世寺院の権力構造』岩波書店、一九九七年。初出は一九八二年)、安田次郎「雑役免荘園と院家領荘園」(同『中世の興福寺と大和』山川出版社、二〇〇一年。初出は一九九〇年)、川端新「興福寺院家領荘園の形成」(註(1)所引川端新著書。初出は一九九七年)などを参照。

(6) 註(5)所引稲葉伸道論文は、院家のもつ領家職の成立を「私領主の領家への上昇転化」によって説き、その過程での公権(国衙領主権)の分与時に発揮される別当の役割に注目している。また豊田荘に即しては、伊藤正義「東大寺領越後国石井荘相論と豊田荘相博事件小考」(安田元久先生退任記念論集刊行委員会編『中世日本の諸相』上巻、吉川弘文館、一九八九年)が別当の俗縁関係に注意を喚起している。

(7) 文書目録をもちいる方法論については、富澤清人「東大寺領水無瀬荘と荘民」(同『中世荘園と検注』吉川弘文館、一九九六年。初出は一九七五年)に多くを学んでいる。

(8) 越後国の石井荘および高田保・豊田荘に関する研究史は、それぞれ市沢哲「一一世紀中葉の東大寺領越後国石井荘について—研究史の再検討—」・拙稿「越後国高田保ノート」(ともに『上越市史研究』四、一九九九年)を参照。

(9) 永治二年三月二十五日越後国留守所牒(東大寺文書、『平安遺文』二四六六号)。

(10) 東大寺別当の在任期間は「東大寺別当次第」(『群書類従』第四輯)による。

(11) 五味文彦「院政期知行国の変遷と分布」(註(1)所引五味文彦著書。初出は一九八三年)。

(12) 槇道雄「法の関白と院政」(同『院近臣の研究』続群書類従完成会、二〇〇一年。初出は一九九八年)。槇氏はこの論文で寛助の東大寺別当就任後の活動にも言及している。

(13) 大山荘の立荘については、大山喬平「院政時代の国衙と荘園」(『兵庫県史』第一巻、一九七四年)を参照。

(14) 猪名荘は応保二年五月一日官宣旨(東南院文書、『平安遺文』三二一四号)、玉滝杣は大治四年十一月二十一日東大寺所司等解（平岡定海氏所蔵文書、『平安遺文』四六九三号）。
(15) 浅香年木「北陸の庄田について」（『古代を考える』一六、一九七八年）を参照。
(16) 五味文彦「永観と「中世」」（註（1）所引五味文彦著書。初出は一九八三年）。
(17) 定海と覚樹は、御願寺での儀礼や身体護持の修法などを通じて鳥羽院・待賢門院と関係が深い。とくに待賢門院との関係に留意すると、『中右記』大治四年正月十一日条・『長秋記』大治五年七月十二日条・長承三年七月四日条・同月十日条が注目される。「醍醐寺座主次第」（国立歴史民俗博物館所蔵「田中穣氏旧蔵典籍古文書」）にも、鳥羽院・待賢門院と定海の緊密な関係を示す祈祷の記事などが列記されている。
(18) 年月日欠東大寺三綱等解案（東大寺文書一―一七―七〇）。註（15）所引浅香年木論文を参照。
(19) 菊池紳一・宮崎康充編「国司一覧」（『日本史総覧』Ⅱ、新人物往来社、一九八四年）。以下の国司関係記事は、とくに断らないかぎりこれによる。
(20) 久安三年五月十六日官宣旨案（東大寺文書、『平安遺文』二六一一号）によると、久安三年の訴訟は、①筑前観世音寺の再末寺化、②未済封物の催徴、③停廃・牢籠荘園の復興、の三点を柱としていた。五味文彦「院政期の東大寺文書―東大寺所司覚仁を中心に―」（註（1）所引五味文彦著書。初出は一九八一年）は、未紹介の東大寺文書などを駆使しながら、この訴訟の経過を復元している。
(21) 応保二年五月一日官宣旨案（東南院文書、『平安遺文』三二一八号）、保元二年八月日東大寺領播磨国荘園文書目録（高橋義彦氏所蔵文書、『平安遺文』二八九九号）。橋本道範「播磨国大部荘」（石井進編『中世のムラ　景観は語りかける』東京大学出版会、一九九五年）を参照。
(22) 寛信と忠盛の関係は、五味文彦「大庭御厨と「義朝濫行」の背景」（註（1）所引五味文彦著書。初出は一九七八年）を参照。
(23) 註（6）所引伊藤正義論文もこの両年に着目しているが、仁平三年に三百町の豊田荘が確立したとするなど、後述する豊田荘の存在形態をめぐって私見とは大きく理解が異なる。
(24) （年月欠、保元三年カ）七日東大寺威儀師俊縁奉書（東大寺文書三―一一―七六）など。俊縁の関係史料については、遠藤基郎氏よりご教示いただいた。

(25)　目録B段階では、越中国の寺領についての天長七年四月一日太政官符と、加賀国幡生荘・越前国溝江荘・越後国石井荘に関する同年五月一日太政官符の各三通、計四通が「連券」となっていた。また同じ時期に土井荘の坪付なども作成され、石井荘とセットで復興されたと考えられている。荻野正博「越後国東大寺領荘園の経営と変遷」(『新潟県史』通史編原始・古代、一九八六年)、同「東大寺領越後国石井庄の歴史」(山田英雄先生退官記念会編『政治社会史論叢』近藤出版社、一九八六年)。

(26)　国立公文書館内閣文庫所蔵雑古文書、『平安遺文』二三三七号。平安遺文では袖の異筆を「下本寺了」とするが、内閣文庫架蔵の同文書写真により、「寺」を「弁」に訂正した。

(27)　富田正弘「口宣・口宣案の成立」(『古文書研究』一四・一五、一九七九・八〇年)、本郷和人『中世朝廷訴訟の研究』(東京大学出版会、一九九五年)、同「『鎌倉時代の綸旨・院宣』入門」(『遙かなる中世』一七、一九九八年)。

(28)　註(27)所引富田正弘論文は、このような職事書下の存在が十一世紀末に遡ると推測している。五味文彦「宣旨類」(註(1)所引五味文彦著書。初出は一九八三年)は、富田氏のいう「職事書下」を職事書状と呼び、その例を『兵範記』仁安二年十二月二十三日条から挙げているが、本章で論じた保延二年の事例はそれより古い。なお、十二世紀の東大寺には、「職事仰書」と呼ばれる文書がこれ以外にも伝来していた。目録Jをみると、

一通一枚　永久二年黒田庄役夫工免除宣旨案文

一通一枚　同宣旨職事仰書案文

とある。豊田荘の場合もこの黒田荘と同じように、正式な太政官発給文書としての官宣旨とセットで、上掲の「職事仰書」が東大寺側に送達されたものと考えられる。

(29)　宗忠の日記『中右記』の保延二年正月十四日条前後にこの関係記事はない。ただ、資信が職事として上卿の宗忠に勅旨を伝えていることを示す記事は『中右記』中に散見される(長承二年七月二十四日条・保延元年七月二十四日条など。前者では、「消息」をもって左少弁に下知している)。

(30)　土谷恵「中世初頭の醍醐寺と座主職」・同「房政所と寺家政所―十二世紀前半の醍醐寺と東大寺―」(同『中世寺院の社会

と芸能』吉川弘文館、二〇〇一年。初出はいずれも一九八八年）。後者の論文では、目録Cの袖にある返納記の署判者「五師（花押）」が定海に仕える坊官の勝真であることが明らかにされている。なお、定海をめぐる研究状況については上川通夫氏のご教示をうけた。

(31) 康治二年八月十九日官宣旨案（醍醐寺三宝院文書、『平安遺文』二五二〇号）。安食荘の研究史および通説的理解については、須磨千穎「安食荘」（網野善彦他編『講座日本荘園史』5、吉川弘文館、一九九〇年）を参照。

(32) 「職事補任」（『群書類従』第四輯）、『中右記』長承二年二月九日条。

(33) 赤松俊秀「杣工と荘園―伊賀国玉滝・黒田荘―」（同『古代中世社会経済史研究』平楽寺書店、一九七二年。初出は一九六三年）。

(34) 註（11）所引五味文彦論文。

(35) 忠実と宗忠の関係については、戸田芳実『中右記　躍動する院政時代の群像』（そしえて、一九七九年）を参照。また、井原今朝男「院政期の地方国衙財政と民部省済事―諸国公文の作成主体―」（『三田中世史研究』三、一九九六年）は、元永の忠実失脚以前にも、宗忠が知行国の公文勘会のトラブルに際して忠実から殿下御教書を発給してもらっていたことを指摘している。

(36) 『中右記』長承二年四月二十五日条・同月二十八日条・五月十六日条など。

(37) 『中右記』長承二年七月二十七日条。

(38) 『中外抄』（新日本古典文学大系三二）上三三、下五二・五四。

(39) 『中右記』長承二年八月二十七日条。なお、本書第一章を参照。

(40) 長承三年八月日越後国司庁宣（九条家文書、『平安遺文』補五五号。平安遺文の「紀伊国司庁宣」は誤り）。

(41) 『中右記』長承二年五月九日条など。

(42) 『中右記』長承三年四月二十六日条など。恵珍については『中右記』長承元年十一月十四日条などを参照。

(43) 長承二年十二月十七日藤原忠実家政所下文（東南院文書、『平安遺文』二二九五号）、長承三年十月日藤原忠実家政所下文

（東南院文書、『平安遺文』二三〇六号）。井原今朝男「摂関家政所下文の研究―院政期の家政と国政―」（同『日本中世の国政と家政』校倉書房、一九九五年。初出は一九八一年）は、この二通の藤原忠実家政所下文が発給された理由を、忠実が伊賀国主であったことにもとめているが、この当時の伊賀国主は忠実ではない。川端新「平安後期公家訴訟制度の研究―院政期の権門裁判を中心に―」（註（1）所引川端新著書）を参照。

（44）註（35）所引戸田芳実著書、『殿暦』永久三年二月六日条・永久五年正月二日条、『中右記』元永二年二月十七日条・大治二年正月四日条・大治五年正月四日条、『台記』保延二年十一月二十五日条・同年十二月十三日条、忠実の意を奉じた（仁平三年）十月五日資信奉書（東大寺旧蔵文書、『思文閣古書資料目録』一六三、一九九九年）など。

（45）註（30）所引土谷恵論文。

（46）註（31）所引史料。

（47）本書第一章を参照。

（48）目録J および治承二年四月日公文藤原家職東大寺領荘園文書請取状（東大寺文書、『平安遺文』三八二九号）。

（49）「永治二年真言院御修法記」（『続群書類従』第二十五輯下）。なお信舜は、『兵範記』保元二年正月十三日条に威儀師としてみえ、応保三年とみられる二月十三日僧理真書状（京都大学所蔵東大寺法華堂文書、『平安遺文』三二四五号）には東大寺僧理真の「亡父信舜」とある（川端新・横内裕人両氏のご教示による）。

（50）この点、本章での分析は、永村眞「「院家」の創設と発展」（同『中世東大寺の組織と経営』塙書房、一九八九年）の指摘する、院家による寺領荘園の所職の「別相伝」の発生について、十二世紀における寺領荘園の「復興」＝中世荘園の立荘という視角から具体化するものと考える。

（51）註（11）所引五味文彦論文。

（52）保延七年五月三日越後国留守所下文（東南院文書、『平安遺文』二四四三号）。

（53）坂本賞三「都宇・竹原庄の成立」（同『日本王朝国家体制論』東京大学出版会、一九七二年。初出は一九六三年）。

（54）註（9）所引史料。

(55)「国判注文」は寛治二年二月一日酒人盛信解（河野家所蔵文書、『日本史研究』二〇七、一九七九年）にみえる。
(56) 国衙の保管文書とその機能については、梶木良夫「中世前期における国衙税所の歴史的意義」（『ヒストリア』一一八、一九八八年）、白川哲郎「鎌倉時代の国衙と王朝国家」（『ヒストリア』一四九、一九九五年）、本郷恵子「常陸の国衙文書をめぐって」（『茨城県史研究』八一、一九九八年）。
(57) 註（17）所引「醍醐寺座主次第」。定海は、永治二年にも辞状を提出したが、同じ年（康治元年に改元）十二月に却下されている（十二月十五日近衛天皇綸旨、東南院文書、『大日本古文書』東大寺文書之二、四〇八号。註（20）所引五味文彦論文を参照）。
(58) 註（11）所引五味文彦論文。
(59) 註（21）所引史料。
(60) 仁平三年六月二日東大寺領諸荘文書出納日記（東大寺文書、『平安遺文』二七八四号）、仁平三年七月二日播磨国東大寺領荘園文書目録（東大寺文書三―一一―八三）。
(61) 註（48）所引史料。
(62) 保元元年十二月日東大寺三綱解案（東大寺文書、『平安遺文』二八六五号）、保元二年五月日東大寺三綱陳状案（東大寺文書、『平安遺文』二八八六号）。
(63) 寛信は頼長と親交があり（元木泰雄『武士の成立』吉川弘文館、一九九四年）、久安三年の訴訟の成果がみえてきた同年十二月に寛信は宇治の忠実邸に参候している（十二月十二日右官掌盛信請文、東南院文書、『平安遺文』四八七五号。註（20）所引五味文彦論文を参照）。寛信とのこうした関係にもかかわらず、忠実は大部荘を収公したことになる。摂関家内部の忠実・頼長と忠通の関係が決裂したのは久安六年（一一五〇）九月であり、『愚管抄』の著名な叙述によれば、頼長が藤原家成邸を襲撃させた仁平元年（一一五一）秋ころから、鳥羽院は頼長を疎んじるようになったというが、忠実による大部荘収公はちょうどこの時期にあたっている。なお、当該期の政治情勢については、元木泰雄「院政期政治構造の展開―保元・平治の乱―」（同『院政期政治史研究』思文閣出版、一九九六年。初出は一九八六年）を参照。

(64)　建保二年五月の「東大寺領荘園田数所当注進状」(『東大寺続要録』寺領章。国立歴史民俗博物館架蔵写真帳による)にある豊田荘の項をみると、公田数は三百町だが年貢賦課対象の「見作田」は「三十五町二段」で、これが「本田」とされている。以後、この「本田」数に大きな変動はなかったであろう。

(65)　表2にみえるように、東大寺には久安三年の分から豊田荘の在家帳(正文)が保管されていた。同年に「庁宣并寺家下文」が出ていることからすると、この在家検注は国衙と寺家との共同作業であった可能性がある。また少なくとも、これ以前は豊田荘の在家検注・在家役に東大寺が関与した形跡はまったくみられない。

(66)　康治二年七月十六日安食荘検注帳(醍醐寺文書、『平安遺文』二五一七号)。

(67)　文治四年四月九日後白河院庁下文案(醍醐寺文書、『鎌倉遺文』三二二号)。

(68)　『兵範記』保元元年十月十三日条。なお、惟方は保元の内裏造営時に用途が賦課された三十三ヶ国の「庄々支配文書」も保管しており(『吉記』承安四年二月二十九日条)、記録所のなかで実務の中枢を担った弁官であった。

(69)　(保元元年)十一月九日修理権大夫雅国書状・十一月十二日同書状(京都大学所蔵『兵範記』紙背文書、『平安遺文』四七五五号・四七五六号)。両文書の年次比定は五味文彦「荘園・公領と記録所」(註(1)所引五味文彦著書)による。

(70)　本書第一章を参照。

(71)　上島享「庄園公領制下の所領認定―立庄と不輸・不入権と安堵―」(『ヒストリア』一三七、一九九二年)、佐藤泰弘「立券荘号の成立」(同『日本中世の黎明』京都大学学術出版会、二〇〇一年。初出は一九九三年)、註(1)所引川端新論文。

(72)　石母田正『中世的世界の形成』(伊藤書店、一九四四年/岩波文庫版、一九八五年)以降、おもに新荘の成立をめぐって議論が交わされている。

(73)　長承二年六月二十七日摂津国水成瀬荘文書目録(東大寺文書、『平安遺文』二二八〇号)。註(7)所引富澤清人論文も参照。

(74)　近年の興福寺領研究の動向については、註(5)所引川端新論文を参照。

第四章　中世荘園制の形成

はじめに

網野善彦氏が一九七三年に提唱した「荘園公領制[1]」は、日本中世における公領（網野氏は国衙領ともいう）のもつ比重の高さを重視し、荘園と公領が同質化して国家的性格を共有することを主張した土地制度上の概念と理解されている。それは、国別の土地台帳である大田文の読解と国単位の荘園・公領研究という分析手法のもとに、私的大土地所有としての荘園に主眼をおく「荘園制」との違いを表現するための、「便宜上」の用語でもあった。「荘園公領制」概念の方法論的支柱である大田文の分析は、戦後急速に高まった国衙領研究がすでに採用して「別名体制」論を生み出すとともに、荘園・公領を貫く大田文の登録田数を領主階級の共通基盤と位置づける「公田体制」論をささえてもいた。かつては摂関政治と結びつけられていた荘園成立のピークを、十二世紀中・後葉の鳥羽・後白河院政期に修正したのも大田文の分析結果である。網野氏はこれらの研究動向をふまえつつ[2]、国ごとの荘園・公領の形成過程や配置のあり方をも検証して、そこに国家政策の反映や荘園と公領の相互連関をみいだしたのである。

さて、このような公領・荘園の併存と同質化、とくに荘園に関する性格づけは、国衙支配権の分割形態として荘園領主権の政治的階級的特質を論じた永原慶二[3]氏の研究段階から、いわば一足飛びに荘園の国家的性格を一般化するものであった。網野氏は、「荘園公領制」という場合の荘園が、貴族層の私的大土地所有という旧来の規定とはいかに異なり、それがどのように成立したのか、という点について明確な説明をしていない。そして荘園成立の問題に即していえば、寄進を介した私領から私的大土地所有への昇化を説いた、「寄進地系荘園」の枠組みを出ていないのである。

網野氏とは別に、坂本賞三氏は永原説を補足して荘園領主権の成立経緯を論じ、荘園＝国家的給付論を提起した[4]。これによって、在地領主を起点とする下からの所領寄進を荘園の成立と区別し、前者をむしろ所領経営の側面で評価する度合いが高まるとともに、国家財政とリンクした荘園の国家的な形成のあり方が研究史上の基本的な検討課題となった。そして近年は、川端新氏[5]の研究を出発点に、そうした立荘自体の究明が本格化しつつある。

私もこの立荘の画期性をおもに荘園の内部構造から説明して、中世荘園の本質を国衙領との重層性にもとめ、網野氏とは異なる意味での荘園と公領の有機的な関係を具体化するとともに、「荘園公領制」概念における荘園と公領の分離・併存という事実認識に疑問を提示した[6]。網野氏の研究でもっとも手薄だった荘園成立史の理論的問題をめぐる新たな研究動向が、「荘園公領制」概念の再検討をせまっているといえよう。

本章では、こうした研究状況をふまえて、「荘園公領制」概念と私見を対置するかたちで論点を整理し、そこから中世成立期の新たな土地制度上の概念を模索することにしたい。

第一節　中世荘園と国衙領の重層関係

十二世紀を通じて形成される王家領以下の中世荘園は、地域性や荘域の広狭を問わず、国衙領や他領を包摂した荘域構成を基本形態とする。そして、その立荘は王家から国衙や現地の百姓にいたる合意形成に裏打ちされており、その調整システムとして機能したのが「加納」である。これが中世荘園の内部構造とその立荘に関する私見の概略である。

他領や国衙領の「加納」を包摂した中世荘園の形成、という問題の立て方は、じつに荘園の収取関係が立荘に規定されたものであることを示すとともに、荘園的収取の具体的なあり方を国衙との関係に留意しつつ、根本的に見直すものといえる。中世荘園の「加納」にはさまざまなタイプがあり得たが、官物を国衙に、雑公事を荘園領主にそれぞれ納める半不輸がもっとも基本形で、しかも官物の弁済は荘民の要求にもとづき荘園領主を介した別納が多く採用されたと考えられる。王家領荘園の場合、こうした収取関係を院が保障する形式をとり、国衙でもそれに応じて「院御庄加納田」の官物率法が規定されたのである。

では、荘園と国衙の合意を背景に、中世荘園が国衙領を包摂する際の調整システムは、「加納」に限られるのだろうか。ここでは、十二世紀中葉の保元荘園整理令で「加納」と連称される「余田」に即して、説明を加えることにしよう。

中世の荘園と「余田」に関する研究は意外に少なく、渡辺澄夫氏が荘園成立後の開発田として論じた[7]程度にとどまる。ただし中世成立期の「余田」に限ってみても、保元令以下の荘園整理令に登場する国政上のタームとしてのそれを、開発田の意に固定して理解するわけにはいかない。「加え納める」という語義のみで特定の成立手段を含意しない「加納」を、中世荘園の形成という文脈から論じた第二章と同様に、この「余田」も立荘との関係で位置づけることが重要と考える。まず、この点を近江国香荘で確認しておく。

香荘は、尊勝寺に香と雑器を納める香御園田五十六町を前身として、保延四年（一一三八）の鳥羽院庁下文により立荘された。その際、旧御園田五十六町分のうち宣旨で雑役免のみ認められていた三十町分については、香荘の成立後も定額の官物と検田雑事を国衙に納め、さらに五十六町をこえる「余田」は「任傍例、弁済官物於国庫、可停止臨時雑役」ことが命じられている[8]。つまり、香荘の「余田」は立荘によって発生するもので、牓示により画定された荘域内に本免田をこえて存在する田地を指すことがわかる。

立荘時の牓示打ちと「余田」との密接な関係は、遠江国蒲御厨の「加納」「余田」をめぐる国衙側との相論史料[9]に、「国之所存、牓示之外ニハ余田全不可候、牓示内ニもれて□□本免之外、余田之有無ハ可被実□(検カ)事にて候へ」とあることからも裏づけられる。ここで国衙側が主張しているように、立荘後の荘域における「余田」は検注で確認するものであった。事実、さきの香荘では立荘直後から毎年、院使と国使が合同で実検を行い、官物を弁済する「余田」を確定している。これは「毎年検注」と呼ばれる土地調査[10]の一種であり、その結果は帳簿にまとめられた。醍醐寺円光院の仏事用途に対応する公田数で立荘された近江国柏原荘では、「余田」の「収公」をもくろむ国司側の強引な検注に対して、荘官らが「不加判」という行動に出ており[11]、「余田」の検注結果をまとめた帳簿への署判が、荘園側と国側の合意形成を象徴するものであったことがわかる。

十一世紀末に平正盛の寄進私領を基礎として立荘された六条院領伊賀国鞆田荘でも、国司が「毎年検注」を行って徴収すべき官物額を算定している[12]。これも正盛の寄進した鞆田村の田地二十町をこえて荘域内に「押籠」られた田地を、「余田」として把握するためとみてよい。伊賀国司がこの鞆田荘から弁済される官物を東大寺の封物に便補しているように、中世荘園の「余田」は、国衙に官物などを弁済する点では国衙領なのであり、その側面での裁量権は国司が握っていた。

中世荘園の「余田」は、このように立荘時の牓示打ちによる荘域の画定と本免田以外の公田把握、荘園領主と国衙の協調した収取関係の樹立、という政治的要素から出現したものである。荘園領主の申請により国司（知行国主）の交替ごとに国司庁宣を得て免除特権を付与される「加納」に対し、「余田」は本免田以外の公田を荘園・国衙共同の「毎年検注」によって確定する点で国衙との関係性が強い。ただ、いずれも特別の官物率法や検田雑事の負担割合などが定められ、国衙領の一形態として中世荘園を構成する重要な要素であった。

このような「余田」という形態のもとに中世荘園と国衙領が重層的に存在し、立荘時からその関係を荘園・国衙がともに認識している事実は、周防国島末荘で確認できる。

島末荘は、建春門院御願寺の最勝光院で催される仏事の用途などを調達する荘園群のひとつとして、落慶の翌年にあたる承安四年（一一七四）に立荘された。村上源氏の所領を基礎とする立荘の手続きに関わった吉田経房の日記によると、後白河院は「弁済国庫官物、可注申之由」を指示したという[13]。島末荘は、立荘時から院御願寺の仏事用途のほかに、周防国衙へ官物を弁済する中世荘園であった。さらに、十三世紀前葉の同荘領家の所務文書には「嶋末庄余田所当事、前司之時庁宣案并相□□謹以給預候了」とあり[14]、立荘以来の国衙に対する官物弁済は、島末荘の「余田」にともなうものであったことがわかる。

周防国衙もこの島末荘の「余田」を国衙領として明確に認識しており、十三世紀末葉の段階で同国の国衙領諸郷保を網羅したリストにも「島末」が登場する[15]。つまり、十二世紀の立荘以来の「余田」が、鎌倉後期にいたっても国領単位の「島末」として把握されていたのである。もし鎌倉期の周防国大田文が伝存していたならば、そこには島末荘と島末が、それぞれ荘領と国領とに書き分けられていたであろう。しかし、決して両者は空間的に分離した別個の所領ではなく、後者が前者に包摂された重層的な存在形態となっていたのである。

では、このような荘園・国衙双方の認める「余田」が、立荘時に生じるのはなぜなのだろうか。その理由を前述した香荘の事例で模式的に説明するとつぎのようになる。香荘の立荘時に牓示で画定された荘域は、前身の所領にあたる香御園田五十六町分の田地だけでなく、その経営を請け負ってきた寄人たちの居住空間や広大な山野をも包含したものであった。つまり、香荘の荘域は、村落や耕地・山野の有機的な結びつきを丸ごと囲い込むことを優先して画定されたのであり、その範囲内で本免田五十六町分をこえて存在する田地が「余田」として国衙領の一形態に位置づけられたのである。この意味において、「余田」はまさに「加納」とならぶ中世荘園と国衙の利害調整システムなのであった。

第二節　荘園整理令と「荘公分離」

中世荘園の立荘が国衙領や他領を包摂した複雑な内部構造を作り出し、その存続が鎌倉後期まで確認される事例も存在するとなると、網野氏の考える「荘園公領制」の形成過程とは鋭く対立することになる。

網野氏は「荘園公領制」の形成時期を十一世紀後半から十三世紀初頭の期間にもとめ、その過程における荘園整理令を通じた「荘園と公領の分離」を重視している。「加納」「出作」によって本免田以外の広大な公田を籠作する荘園を停廃し、「国衙・荘園双方の二元的支配下にある地域」の整理が進められた結果、逆に国家的な承認をうけた荘園と公領の分離・並存が確立するというわけである[16]。

このような理解は、本免田から「加納」「出作」を介して、外延的に荘域を拡大させていく荘園成立像にもとづいており、そのモデルが豊富な史料と研究蓄積を有する畿内近国の寺領荘園にあることはいうまでもない。しかし研究史の一方では、「荘園公領制」概念を最初に採用した工藤敬一[17]氏によって、九州地方をフィールドにまったく正反対の中世荘園像が提起された。本免田以外の小荘園や荘公両属の半不輸領を包摂した郡規模の荘域をもつ王家領荘園（「郡名荘」）がそれであり、工藤氏はこれを九州における中世荘園の主流に据え、その設立が十二世紀を通じて盛行することを論じたのである。

工藤氏はさらに、この「郡名荘」の一部が鎌倉幕府の介入によって「片寄せ」され、地域の政治秩序と適合した一円的な荘園と公領に分離し、建久年間の大田文に登録される過程を肥後国で実証した（「建久図田帳体制」）。そして、「片寄せ」されない「郡名荘」の存続も視野に入れて、荘園と公領が有機的関係を保ちつつ、同一の政治体制のもとで併存・共存するという意味から、「荘園公領制」概念の有効性を提案している。

網野氏と工藤氏は、中世の荘園を私的大土地所有ではなく公的領域支配の体系として主張する点では大差はない。しかし、両氏の説明や事実認識には大きなズレがあり、荘園整理令の実効性ひとつとっても、両氏の評価は大きく異なる。工藤氏の提案は、九州地方で実証したみずからの中世荘園像に立脚する「荘園公領制」概念の読みかえにほかならない。にもかかわらず、両氏が同じ「荘園公領制」という用語をもちいているのは、研究史の現状把握と研究課題を見えにくくしているのではなかろうか。

私の立場は、工藤氏の研究を批判的に継承しつつ、立荘の形態に規定されて国衙領等を構成要素とする複合的な荘域構成に中世荘園の本質をもとめる以上、網野氏の「荘園公領制」概念をそのまま承認・使用すべきではないと考える。

網野氏を含めた従来の荘園理解では、そもそも荘園の設立時に国衙領当時の入り組んだ所有関係が整理され、荘田として一円化されると考えられてきた。しかし、それは立荘後に国衙や他領との重層関係の合意が成り立たなくなった場合に限られる。たとえば摂関家領尾張国小弓荘に包摂された某女院領は十三世紀に入って「庄号之後、被移国領者、当他国習候、然者立券之後、可返付国領之□、自　女院御訴候ハ、直被仰国司候[18]」と主張したが、これは所当の弁済が滞ったためにおきた相論時のものである。結局この主張は「其条未断」となったし、逆に小弓荘の複合的な荘域構成とそれにともなう複雑な収取関係の存続を如実にものがたっている。第二章でも典型的な事例をいくつか明示したが、王家領以下の中世荘園は、立荘時から複合的な荘域構成をもちつつ存続するのが一般的なのである[19]。

では、こうした中世荘園の存在形態と荘園整理令との関係は、どのように考えるべきであろうか。すでにふれたように網野氏は、荘園整理令にもとづく荘園と公領の分離を強調する立場から、大田文の作成始期ともいわれる一〇六九年の延久令を出発点に、十二世紀中葉の保元令における「加納」の整理、検注の実施を重視している。

まず延久令の段階については、当該期の荘田＝本免田の確定、国衙領との区別、という政策方針が中央主導で示されたのは事実であり[20]、それと表裏の関係にある「加納」「余田」もこの時期に初見する。しかし、東大寺領などの寺領荘園では、延久以前の天喜年間前後から本免田以外に膨大な公田をとり込み、中世荘園の原型となるような荘域構成を作り出す動きが顕在化しており、延久令はそうした荘域の実態を解体することなく、本免田の確定を行っている。美濃国大井荘の例[21]をみると、本免二十町の同荘では十一世紀半ばの永承・天喜年間に東大寺使・在庁官人・荘別当が連携して百数十町もの公田を「打籠」め、延久三年（一〇七一）の官符で本免が確定されると、この公田部分を「加納」と称して国司と免除交渉を行っている。十一世紀後葉にはそれをふまえて、在庁官人や郡司・郡古老図師も承知する百八十八町八段三歩の見作田数が、「本庄四至牓示之内」と「本四至之外新立牓示内」という二重の牓示で囲まれた、「本領（本庄）・加納」からなる荘域を確立している。つまり大井荘では、「本免」と「打籠公田」からなる荘域構成が延久令を経て、「本庄・加納」という制度的な位置づけを得たとすらいえるのである。

また、公家領の荘園については、これまで延久令による摂関家領荘園への打撃が強調されてきたが、たとえば承暦四年（一〇八〇）の相論で摂津国「榎並庄」内に、内大臣・信濃守・藤原憲房後家・皇太后宮・右中弁・四天王寺・善源寺などの免田が並列的に錯綜する存在形態が確認され、[22]のちの摂関家領榎並荘との構造差が確認できるように、この時期の公家領荘園は中世荘園とはいえない。むしろ、他領の包摂や国衙領の「加納」を構成要素とした王家領や摂関家領の中世荘園の立荘は、十一世紀末葉から本格化するのであり、延久令との時間差は決定的に大きい。

つぎに、中世荘園の立荘がピークをむかえていた十二世紀中葉の保元令では、第二条において「加納余田」の停廃が明記され、王家領荘園を含めて後白河親政下の記録所に荘園券契を提出することが命じられた。いくつかの同時代史料によると、尾張国や越後国など「加納余田」の停廃が実行されようとした国はたしかに存在する。ただし、それをもって保元令にもとづく「加納余田」の停廃が各国で一律に行われ、「荘園と公領の分離」が進行したとみることはできない。まず尾張国は、記録所に所属する後白河近臣の弁が知行国主として、保元令の施行に積極的であったことを考慮する必要がある。[23]鳥羽院政期の「新立庄園」が停廃されたという越後国でも、保元直後には巨大な中世荘園がつぎつぎと再立荘されている。[24]さらに第二章でもふれたように紀伊国や甲斐国では、立荘時から「加納」を包摂する王家領荘園が保元令以後も存続しており、巨視的にみると保元令第二条による「加納余田」停廃の実効性は疑問とせざるを得ない。

いわゆる全国令と国司任初時の一国令とを問わず、十一世紀後半以降の荘園整理令には、お題目のように「加納」「加納余田」の停廃・収公を命じる文言がみられる。しかし、この文言自体の羅列で当時の実情を判断する重要である。

のではなく、そのような決まり文句を有する荘園整理令の実際の機能面・適用例を動態的に分析していくことが重要である。

第二章では、著名な『長寛勘文』等を再検討して、一国令の「加納」停廃の実態を分析した。その結果、国衙（目代・在庁官人）による王家領荘園やそれと同様な荘域構成をもつ伊勢神宮御厨の「加納」の停廃は、不入権を獲得した荘域に入勘するシンボルとして牓示を抜き棄て、検注の強行と官物等の未進分を直接に収納（別納を否定）する作業と規定しうる。むろん、その背景には荘園と国衙とで権力基盤を異にする在地領主間の対立が伏在し、荘園経営の危機に瀕するような被害にあうことも多い。しかし、「加納」の停廃は、複合的な荘域構成そのものを解消する機能ははたすまでにいたっていないと考える。たとえば、大伝法院領紀伊国弘田荘は、相命僧都の知行する妙香院領荘園（「本免廿町」と「加納六十町」からなる）の加納部分を、逆に「本庄」とすることで立荘され、相命僧都の免田二十町を包摂したまま存続したが、保元年間にこの免田二十町については官物を国庫に弁済することが命じられ、さらに宣旨で国司が官物を徴収し領家が公事を催促するように定められたため、国司と領家の「両方使」が荘内に「乱入」し「喧嘩事」が絶えなかったという。[25] つまり相命僧都の免田二十町は、保元令にもとづく審査で大伝法院領弘田荘の加納と判断され、国庫への官物弁済と国使の入勘が認められたものの、その後も含めて荘域構成自体には何ら変更が加えられていないのである。

同じことは「余田」の場合でもいえる。さきにふれた近江国柏原荘では、保元年間の国司が「有余田」と称して検注使を入れ、「以荒野川沢、注付田代」て「余田」に対する勅事国役の賦課をもくろんだ。荘園側はこの行為を「収公」と表現しているが、それは柏原荘に立荘時から包摂された「余田」＝国領に対する国役等の賦課を意味する。[26] 柏原荘は「余田号」を停止する宣旨を得たのちも実際の荘域構成に変化がなく、国司が保元令を適用して国役等の賦課＝「収公」に踏み切ったのである。この事例からも保元令が複合的な荘域構成を整理するものではなかったことが指摘できよう。

第三節　大田文と「加納」「余田」

中世荘園の「加納」「余田」を包摂した複合的な荘域構成の形成は、十一世紀末葉の伊賀国で加納田の「院御庄例」が官物率法に規定され、十二世紀中葉の近江国で「余田」から弁済すべき官物額の「傍例」が確立するなど、国司や国衙との関係の上に定着をみていく。しかも、そうした中世荘園が荘園整理令で整理され去ったのではないとすると、現存する十二世紀以降の大田文の読解方法にも影響がおよぶことは避けられない。少なくとも荘園と国衙領の存在形態について、両者を厳然と区分して記載する大田文の記載内容を実体化するような理解は疑問である。

現存する大田文のなかには、異なる作成時期の政治状況に応じた作成目的・指示主体の相違がある。このうちもっとも単純に所領構成の記載方式からみた大田文の類型には、並列型と重層型があることが指摘されている。[27]並列型はおもに一国平均役の賦課台帳と考えられ、徴税面での各所領の「同格性」を表現している。一方の重層型は、おもに所職の補任状況を把握するためといわれる。大田文の記載内容がこうした作成目的と機能によって類型化されることをふまえ、大田文の分析のみから実際の所領構成を総体的に表現できないことは、これまでもっぱら国衙領の研究で強調されてきた。錦織勤氏や誉田慶信氏の研究[28]などはその代表例である。

ただし、そうした大田文の記載内容の一面性や限定性については、荘領と国衙領、さらには荘領の内部に関しても十分に想定しうるのではなかろうか。さきに指摘した鎌倉期以降も存続する周防国島末荘の「余田」と国衙領「島末」のような関係は、たとえば「年来一円庄」の近江国坂田荘で国検による「余田」の把握が「坂田保」を生じさせたり[29]、播磨国の高岡荘と高岡郷、志染荘と志染保、などが鎌倉期以降も重層的な存在形態をとる事実などから、決して特殊な現象ではない。ただ残念なのは、これらが大田文の現存しない国の事例で、荘領と国衙領にまたがる所領構成が大田文でいかに表現されたのかを確認できないことである。

大田文の現存する国では、海老澤衷氏が十三世紀後半に作成された豊後国大田文を分析するなかで、宇佐宮領と国衙領の半不輸地に対する単位呼称が、宇佐側の史料と国衙側の大田文とで相違する事実を指摘している[30]。また、中世荘園と国衙領の関係では、承久の乱後の淡路国大田文[31]における「庄領」掃守荘と「国領」掃守保の記載区分が、乱前後の地頭交代を把握する意味もあって複合的な荘域構成を書き分けた実例ではなかろうか。

現段階では、大田文やその登録所領の関連史料をすべて検討しておらず、確実な事例を指摘できないが、今後は大田文の作成目的に沿って書き分けられた荘園と国衙領との構造的な関係を、意識的に追究する必要があると考える。

一方、荘領内部の問題については比較的事例が豊富である。まず「加納」の例では、鎌倉後期の史料中[32]に逸文として残る建久年間の筑前国大田文（図田帳）の鞍手郡の部分に「庄領内粥田庄者、本庄八拾町・加納陸百余町」という記載がみられる。この「本庄」が一円不輸の本免であるのに対し、「加納」が国衙との半不輸地を意味することは、加納のうち二百九十町余がのちに金剛三昧院領の「粥田新庄」として不輸化した事実からも裏づけられる。また、鎌倉期の大田文が二通残る常陸国でも、嘉元期の大田文[33]には信太荘の内部構成として「本庄四百十丁　加納二百十丁」の記載がみられる。

さらに大田文の現存しない国でも、一宮造営役や伊勢役夫工米の賦課関係史料から大田文の記載内容を類推できる場合があり、(34)そこに「加納」「余田」の登録が確認できる事例を指摘しうる。たとえば、各国の一宮造営役では、紀伊国荒河荘の「荒川庄二十丁・同加納二十八丁余(35)」や下総国三崎荘の「三崎庄八十斛」「同加納横根八十石」「同加納須賀三郷七十石(36)」があり、筑後国の賦課台帳(37)にも「本庄」「加納」や「本庄」「余田」が頻出する。役夫工米関係では伊予国の未納荘園注文(38)に「吉岡庄」「同余田」がみえる。

これらの国々では、並列型の大田文に「〇〇庄」「〇〇本庄」とならんで「加納」「余田」を並列的に記載していたことが明らかである。しかし、それらは個々に独立した所領単位ではない。これまで強調してきたように、それは中世荘園における複合的な荘域構成を徴税の面から区分したものにすぎない。一般の国衙領と「加納」「余田」の国衙領とでは官物率法などが異なることから、一国平均役賦課でも「加納」「余田」には特例があり、(39)それが大田文の並列表記に反映するのではなかろうか。

いずれにせよ、国衙は荘園ごとの「加納」「余田」を土地台帳で把握しており、その詳細な情報が大田文に表記されなくとも、その荘園が一円不輸であったことには決してならないのである。紀伊国荒河荘の例では、国役の賦課に際して「四十八町余」と全体の公田数しか表記されない場合もある。(40)常陸国の弘安大田文(41)でも、嘉元大田文に記載される信太荘の「加納」の包摂にふれていない。これらの事例が示すように、大田文で「〇〇庄　〇〇町」とのみ表記されている荘園でも、実際は荘域内に国衙領等の「加納」「余田」を包摂している可能性が高い。そして、その具体的な検証なしに大田文の記載区分から直接、荘領と国衙領の空間的分離と並存を導き出すことはできないのである。

なお、立荘時に包摂された中世荘園の「加納」「余田」は、国司の認定によって官物免除を獲得し、国衙との収取関係を縮小ないし完全に断ち切ることもあり得た。これが中世荘園における「新庄」の成立であり、大田文にも「本庄」とならんで記載されるケースが多い。

筑前国粥田荘の例で説明すると、「本庄」八十町はそのままで、「加納」六百町余のうち二百十町分の官物が免除されて「新庄」が成立した。鎌倉期の史料に登場する[42]「粥田本新庄」の確立である。同様に紀伊国荒河荘の「加納」も十三世紀中葉までには「新庄」となって、立荘時以来の「本庄」とあわせて「荒河本新庄」の区分が確立している。[43]また、荘園領主とは異なる権門寺社に「加納」の官物が免除される場合もあった。法勝寺領丹波国御油荘の「余田」は上賀茂社領の「新庄」となり、後院領備前国豊原荘の「加納半不輸地」にも東大寺領の「新庄」が成立している。[44]

中世荘園の「加納」「余田」は、このように国衙領としての性格を失ったのちも、複合的な領有関係におかれることが一般的である。しかも、立荘以来の荘園の枠組みのなかで「本庄」「新庄」の区分が残存するのは、「本庄」となる寄進所領のほかに広大な公領を包摂した立荘の規定性がいかに強いかを示している。

第四節　知行国制と中世荘園

最後に、これまで繰り返し述べてきた、私見のごとき中世荘園の形成母体となる知行国制についてふれておきたい。それは、国衙領等を包摂した複合的な荘域構成をもつ中世荘園を基軸に据えた、新たな概念設定に必要であるのみならず、「荘園公領制」概念の克服のための論点整理にも不可欠な作業だからである。

さて、研究史をふりかえってみると、所領寄進の仲介を含めて、荘園成立に国司のはたす役割を積極的に評価し、荘園制の形成と知行国制の関係究明を提起したのは、村井康彦氏[45]が最初であった。ただし村井氏の研究は荘園を貴族層の私的大土地所有として定立するものであったし、その理論的枠組みも「寄進地系荘園」を出るものではない。そしてなにより、知行国制という場合の国衙領支配に関する事実認識が問題なのである。

中世における国衙領の支配体系は、知行国制下の在京国守―目代（留守所）―郡司・郷司・別名領主（いずれも在地領主）として説明されてきた。この理解を荘園における「職の体系」に対応させて、国衙領も荘園と同様に中央―地方間で重層的な領有体系をもつことが強調され、荘園と国衙領の同質化を示す指標のひとつと考えられるようになった[46]。これは、「荘園公領制」概念が急速に定着していく過程で、その肯定材料としても位置づけられた。

しかし他方、「荘園公領制」概念とは無関係に、国衙領の支配体系に関する通説的理解とは実態面で食い違う事例がいくつか報告され、すでに一国レヴェルの様相を素描した仕事もある。そのなかでとくに注目されるのが、第一章で述べた鎌倉前期の和泉国であり、公領の領有や支配の体系が国衙（留守所）のもとに一元化されていない状況が浮き彫りになった。

さらに同時期の美作国では、摂関家の元三雑事や法成寺修正会の用途賦課・徴収のあり方から、和泉国とまったく同じ体系を確認できる。『民経記』紙背にのこる建保五年（一二一七）の同用途賦課リスト[47]は、①「留守所沙汰」の部分と②「高倉郷宗康」「北高田郷季昌」のような、具体的な郷名表記の部分とに大きく区分されていた。この高倉郷や北高田郷などは、「留守所沙汰」ではなく各知行者（宗康や季昌）が知行国主・国守と直結して用途の賦課・徴収を受けていたと考えられ、留守所の傘下にある国衙領単位とは明確に区別されている。これが和泉国の二類型にそれぞれ対応するのであり、同様の構造は鎌倉後期の讃岐国においてもすでに指摘されている[48]。

鎌倉前期には明確に姿をあらわす、このような一国レヴェルでの公領の支配体系（①と②の並存）は、従来の国衙領研究で指摘されてきた、公郷（和名抄郷）と別名の関係にトレースできるものではない。たとえば、②に該当する和泉国池田郷は和名抄郷であり、同じく国主から近臣の中央貴族に給与された播磨国の大山郷・伊和西郷、(49)伯耆国の竹田郷・三朝郷なども和名抄郷である。むしろ①と②の相違点を抽出するならば、「竹田・三朝郷為別納地可知行之由」の院宣が国主から出されているように、(50)②は国衙を介さない所当課役の賦課・弁済＝別納化の特権を中央貴族である知行者が認められた公領単位と規定できよう。

現地の国衙による直接支配から離脱して、知行国主に連なる中央貴族たちに経営が委ねられた公領の存在。これは公領において貴族層が国務の一定部分を請け負い、収益を得るシステムであるが、その定着は少なくとも十一世紀末葉には遡り、(51)十二世紀中葉に本格化する中世荘園の形成に先行することがわかる。

すでに『医心方』紙背文書の分析から十二世紀前葉の加賀国で指摘されているように、知行国主・国守の交替後に「国除目」が行われ、国主の近臣・近親者に郷・保の知行が国司庁宣によって給与されると、京都にいる受給者たちは所領経営に関わる「沙汰人」「下人」を現地に派遣した。(52)とくに別納を認められた中央貴族たる受給者たちは、知行国主・国守のもとで実際の国務を沙汰する国雑掌から直接に所当物を賦課され、国雑掌の納所に納入することになり、中央官司からの所課もこのルートで処理される。

公領でありながら公納物の賦課・収納・弁済のプロセスで国衙の介入を排除する別納化は、決して貴族層の一方的な要求にもとづくのではなく、国衙使の頻繁な入部と取り立て、その度ごとの供給雑事で疲弊していた国衙領の住人・百姓がむしろ渇望するものであった。(53)そして、このような在地的基盤をもった知行国制下の新たな公領支配のシステムこそが、国衙領等を包摂した複合的な荘域構成をもつ中世荘園の原基形態であると私は考えている。

中世荘園は官物率法にもとづく「加納」「余田」の官物を荘園領主を介して弁済したり、国役等を負担するだけでなく、国衙領当時の中央官司に対する課役負担もそのまま継承している。たとえば、三条女御の知行する三河国碧海荘は、蔵人所の賦課により犬頭糸四百勾を所出する国衙領の一部を包摂して、十二世紀中葉に立荘されたため、ひきつづき国衙が負担する三百四十勾を除いた六十勾を蔵人所へ納入している(54)。碧海荘が国司や国衙のはたすべき役割を肩代わりしていることがわかる。しかも、蔵人所への納入は国衙と一緒に行われるため、現地での収納段階から、国司や国衙との綿密な連絡調整が必要とされたに違いない。中世荘園の経営を王家や摂関家から請け負った預所の中央貴族や女房・僧侶たちは、こうした国衙財政や中央の国家財政とも密接に関わる荘務を執行するにあたり、次章で詳しく述べるように、中央下級官人たちを「沙汰人」として請負契約を結んでいる。

中世荘園の経営は、このように国衙や中央の官司と有機的な関係を保ち、その人的なネットワークにささえられるなかで実現していた。これはあくまで立荘の構造に規定されたものであって、公領などを包摂した内部構成や国司・国衙・官司への公納物を維持したままの負担体系に対応している。

中世荘園の立荘は、決して公領の機能を払拭するものではない。それは旧来の免田を基点に一定の領域を画定し、院・女院あるいは摂関家の諸経費、国家的仏事を行う院・女院などの御願寺の用途を年貢や公事として負担させる点で、他の国衙領から負担関係を特化させる手続きである。と同時に、貴族層による国務請負システムを、預所職への補任・相伝を通じて特定の家に相伝させるものでもある。中世荘園は国衙支配権を割譲されるのではなく、知行国制を媒介にその主要な部分を請け負っているとみるべきであり（これを「国務請負荘園」と呼ぶ）、中世荘園による「国衙年貢」「国司年貢」の負担(55)は、単なる雑役免の残存というような消極的な認識ではとらえきれない、中世荘園の本質に根ざしたものといえよう。この意味で、中世荘園の形成は、知行国支配を母体に貴族社会（王家ないし摂関家と一般貴族）・国衙・現地住人の三者の利害関係を調整し、特定の「家」による請負という概念をそこに導入して、新しい地域支配・徴税システムを作り出すものだったと考えることができる。

おわりに

網野善彦氏が「荘園制」とは区別して「荘園公領制」の語を用い、日本中世における荘園を私的土地所有の体系とする旧来の理解から脱皮させようとした問題意識は決して誤りではない。むしろ本章の冒頭で近年の研究動向を整理したように、中世荘園の基本的性格を成立過程そのものから考え直し、荘園研究の方向転換を行う必要性はますます高まっている。この意味でも、日本中世の土地制度の概念として定着した感のある「荘園公領制」はその過渡的な役割を終え、網野氏の問題意識を批判的に継承しつつ新たな概念を定立すべき段階にいたったのではないだろうか。

「荘園公領制」概念に対置させながら紹介してきた私の中世荘園像は、大田文にはほとんど表出しない荘域における公領の包摂などを考慮に入れると、中世前期の公田全体に公領のしめる比重を網野氏以上に強調することになった。この意味から、荘園も含めて全体を「中世公領制」と位置づけ、分析することも可能ではある。しかし、それでは中世荘園の卓越した数量はもとより、その設立（立荘）と存続のもたらした歴史的な意義を見失うことにもなりかねない。また、公領などを包摂した複合的な荘域構成をもつ中世荘園の設立を、中世成立期における知行国制下の公領支配システムの変質の延長線上に位置づけるべき問題もある。これらの研究史上の必要性と私見の論理的要請にしたがって、王家領や摂関家領の中世荘園の広範な成立と、それを生み出す中世的な公領支配システムを構造的に把握して、〝中世荘園制〟と呼ぶことにしたい。

註

（1）網野善彦「荘園公領制の形成と構造」（同『日本中世土地制度史の研究』塙書房、一九九一年。初出は一九七三年）。以下、網野氏の見解はこれによる。
（2）「荘園公領制」概念が生み出される研究史上の背景やその再検討の必要性については、木村茂光・井原今朝男「総説・荘園公領制をめぐる研究史と論点」（同編『展望日本歴史8　荘園公領制』東京堂出版、二〇〇〇年）。
（3）永原慶二「荘園制の歴史的位置」（同『日本封建制成立過程の研究』岩波書店、一九六一年。初出は一九六〇年）。
（4）坂本賞三『荘園制成立と王朝国家』（塙書房、一九八五年）、同「王朝国家と荘園」（網野善彦他編『講座日本荘園史』2、吉川弘文館、一九九一年）。
（5）川端新『荘園制成立史の研究』（思文閣出版、二〇〇〇年）。
（6）本書第二章を参照。
（7）渡辺澄夫『増訂畿内庄園の基礎構造』上・下（吉川弘文館、一九六九・七〇年）。
（8）保延四年五月二十日鳥羽院庁下文（早稲田大学所蔵文書、『平安遺文』五〇〇一号）。なお、佐藤泰弘「平安時代の官物と領主得分」（『甲南大学紀要』文学編一二九歴史文化特集、二〇〇三年）は、十一世紀末〜十二世紀後葉の伊賀国における「余田」の官物率法を明らかにしている。
（9）（承久二年）九月二十六日益定書状（『民経記』寛喜三年八月記紙背文書、大日本古文書『民経記』四）。
（10）「毎年検注」については、井原今朝男「荘園公領の支配」（峰岸純夫編『今日の古文書学』3中世、雄山閣、二〇〇〇年）。
（11）仁安二年八月二十四日太政官牒案（「醍醐雑事記」十二、『平安遺文』三四三三号）。

(12) 永久三年四月三十日宣旨（東南院文書、『平安遺文』一八二六号）。なお、鞆田荘の複雑な荘域構成には伊勢神宮神戸も包摂されており、祭主と平正盛の相論が展開した（『中右記』康和四年十一月七日・八日条）。
(13) 『吉記』承安四年二月二十六日・八月十日条。
(14) 安貞三年三月日醍醐寺三綱等解案紙背文書（『大日本古文書』醍醐寺文書之八、一七八三号）。
(15) 永仁二年十月十日北条実政施行状案（尊勝院文書、『鎌倉遺文』一八六七三号）。
(16) なお、網野氏は註（1）所引論文のなかで「出作・加納」「新荘・半不輸」の項を立て、中世における半不輸地の広がりを指摘しているが、これが延久荘園整理令以降の「荘公両属地」の整理という論旨の基本線と、どのように整合するのだろうか。
(17) 工藤敬一『荘園公領制の成立と内乱』（思文閣出版、一九九二年）。
(18) 二月二十八日某御教書（醍醐寺所蔵「諸尊道場観集」紙背文書、『醍醐寺文化財研究所研究紀要』六、一九八四年）。
(19) 文永五年十二月日小野細川御作手重訴状（神護寺文書、『鎌倉遺文』一〇三四七号）によると、丹波国吉富荘に包摂された勅旨田や主水司領神吉氷室が「且触本所領家、且取国司庁宣、立替他所乎」といい、『玉葉』承安五年五月十二日条にも丹波国小幡荘の「四至内」に「籠」められた摂関家の「本御願位田」が国司によって「改立他所」とある。これらは荘園領主と国司、さらに他領の領主が合意して所領を立て替えた事例である。
(20) この点を明確に論じた最近の研究として、鈴木利男「国司の対荘園政策よりみる延久荘園整理令の意義について」（『史学研究』二二三〇号、二〇〇〇年）がある。ただし、鈴木利男論文が延久令を契機とする「免田型不輸」から「領域型不輸」への移行をあとづけた点は重要である。延久令の実効性を疑問視する鈴木敏弘「荘園整理令下の在地情勢とその認識」（『史潮』新三五、一九九四年）も参照。
(21) 嘉保三年五月十二日官宣旨案（内閣文庫所蔵美濃国古文書、『平安遺文』一三五三号）。安田元久『日本荘園史概説』（吉川弘文館、一九五七年）、註（20）所引鈴木敏弘論文も参照。
(22) 『水左記』承暦四年六月二十五日・二十九日・閏八月十一日条ほか。
(23) 本書第三章を参照。

(24) 拙稿「平安末・鎌倉期の越後と佐渡」(田村裕・坂井秀弥編『中世の越後と佐渡』高志書院、一九九九年)。

(25) 『長秋記』保延元年九月二十九日条、仁安元年十二月二十三日太政官牒案(「根来要書」上、『平安遺文』三四〇九号)。弘田荘の立荘については、丸山仁「覚鑁造営伝法院と鳥羽院御願寺大伝法院」(入間田宣夫編『日本・東アジアの国家・地域・人間―歴史学と文化人類学の方法から―』入間田宣夫先生還暦記念論集編集委員会、二〇〇二年)を参照。

(26) こうした「収公」の実態を簡明に説いた近年の著作に、平田耿二『消された政治家　菅原道真』(文春文庫、二〇〇〇年)がある。なお同書では「荘園公領制」概念に対する鋭い批判も展開されている。

(27) 坂本賞三『日本王朝国家体制論』(東京大学出版会、一九七二年)。

(28) 錦織勤「別名制に関する一考察―大田文を素材として―」(『史学研究』一四二、一九七八年)、同「大田文の重層型記載と並列型記載について」(『広島大学文学部紀要』三八巻二号、一九七八年)、誉田慶信「大田文と国衙領の所領構成」(同『中世奥羽の民衆と宗教』吉川弘文館、二〇〇〇年。初出は一九八〇年)。

(29) 建永元年慈円起請文(「門葉記」二、『鎌倉遺文』一六五九号)。

(30) 海老澤衷「豊後国の荘園公領制と国衙領」(同『荘園公領制と中世村落』校倉書房、二〇〇〇年。初出は一九八〇年)。

(31) 貞応二年四月日淡路国大田文(皆川文書、『鎌倉遺文』三〇八八号)。

(32) 正中二年四月五日鎮西探題下知状(金剛三昧院文書、『鎌倉遺文』二九〇七九号)。

(33) 嘉元四年八月十日常陸国大田文案(「安得虎子」三、『鎌倉遺文』二二六九六号)。

(34) この方法論は中野栄夫「大田文研究の現状と課題」(『信濃』三三巻七号、一九八一年七月)を参照。

(35) (嘉応二年カ)九月十一日後白河上皇院宣(高野山文書、『平安遺文』三五五七号)。

(36) (建久八年カ)香取神宮遷宮用途注進状(香取旧大禰宜家文書、『鎌倉遺文』九六〇号)。

(37) 建仁元年十一月日高良宮上下宮并小社等造営所課荘々田数注文案(国立歴史民俗博物館所蔵「田中穣氏旧蔵典籍古文書」)。工藤敬一「高良宮造営役と筑後の荘園公領―歴博所蔵新史料の紹介―」(同『中世古文書を読み解く』吉川弘文館、二〇〇〇年。初出は一九九三年)を参照。

(38)　伊予国内宮役夫工米未済注文（輯古帖御藻濯川和歌集紙背文書、『鎌倉遺文』二五九一一号）。
(39)　『民経記』寛喜元年六月五日条によると、加賀国司は一宮造営役を賦課する際に「庄薗・便補保・同加納余田作料米支配事」のデータを作成していることが注目されよう。
(40)　元久元年六月日紀伊国符案（高野山文書、『鎌倉遺文』一四六八号）。
(41)　弘安二年常陸国作田惣勘文案（税所文書、『鎌倉遺文』一三八二四号）。
(42)　貞応三年九月十八日関東下知状（金剛三昧院文書、『鎌倉遺文』三二八四号）、註（32）所引史料。
(43)　建長六年九月九日荒河荘供料相折帳（『大日本古文書』高野山文書之七、一五三三号）。
(44)　本書第三章を参照。
(45)　村井康彦『古代国家解体過程の研究』（岩波書店、一九六五年）。
(46)　渡辺澄夫「公武権力と荘園制」（岩波講座『日本歴史』5中世1、岩波書店、一九六二年）、永原慶二『日本中世の社会と国家　増補改訂版』（青木書店、一九九一年）。
(47)　『民経記』安貞元年六月記紙背文書（大日本古記録『民経記』一）。
(48)　田中健二「大覚寺統分国讃岐国について」（九州大学国史学研究室編『古代中世史論集』吉川弘文館、一九九〇年）。
(49)　『実躬卿記』正応三年五月八日・嘉元四年十月十四日条、『花園天皇日記』正中二年十二月一日条。
(50)　『実躬卿記』正安二年閏七月二十四日条。
(51)　五月二十二日安房守伴広親書状追而書（東寺観智院本「東征伝」紙背文書、『平安遺文』四六七八号）。伴広親は五味文彦『武士と文士の中世史』（東京大学出版会、一九九二年）が指摘するように摂関家の家司として『殿暦』の康和四年（一一〇二）の記事に登場する。実際の活動は十一世紀後葉に遡る。
(52)　本書第一章を参照。
(53)　拙稿「越後国高田保ノート」（『上越市史研究』四、一九九九年）。
(54)　『兵範記』仁安三年七月六日条。
(55)　井原今朝男「信濃国小河荘に賦課された国衙年貢について」（『市誌研究ながの』二、一九九五年）。

第五章　中世荘園の荘務請負と在京沙汰人

はじめに

中世における荘園支配の根幹をなす年貢・公事等の賦課・徴収や検注といった諸権能は、荘務権と表現されている。[1] 中世成立期のそうした荘務の具体的な執行のあり方は、これまで関連史料の豊富な畿内近国の寺領荘園を素材に論じられるのみで、十二世紀に数多く新立される王家領や摂関家領の中世荘園については研究が進展していない。それは史料の残存度だけでなく、王家領や摂関家領の荘園を「寄進地系荘園」と概念化する旧来の通説的理解と深く関わっている。

そもそも「寄進地系荘園」概念は、在地領主を基点とした所領寄進の連鎖によって荘園の成立を説くもので、寄進を軸とした成立経緯に規定されて重層的な領有体系をもつとされている。すなわち、

本家職（王家・摂関家）―領家職（中央貴族）―預所職（下級貴族）―下司職（在地領主）

というように、下からの寄進と上からの補任にもとづき、権門・中央貴族から在地領主までが身分制的に編成された「職」の領有者として位置づけられている（いわゆる「職の体系」）。そして、本家ないし領家が国衙の得分や諸権限を分割継承した荘務権を保持しつつも、現実の荘園支配の局面では職の補任を通じて下司＝在地領主や公文の力量に依存するというように、「職の体系」は中央貴族と在地領主が互いに補完しあう荘園支配のシステ

ムとして実体的にとらえられてきた(2)。荘園研究における個々の史料分析もこれにもとづき行われてきたといってよい。

しかし、荘園成立史をめぐる近年の研究は、「寄進地系荘園」における「寄進＝立荘」という根本的な図式を崩し、所領寄進に解消されない立荘の独自性を明らかにしている(3)。これにともなって、寄進の論理に立脚した「職の体系」も再検討がもとめられているといえよう。本章はこうした視点に立って、「職の体系」にかわる新たな荘園支配システム像を構築する作業のひとつとして、荘園領主の保持する荘務権の執行形態を請負主体に着目しながら分析するものである。とりわけ立荘時に国領等を包摂した複合的荘域構成を重視する私見にもとづき、近年の朝廷財政・知行国支配に関する研究とのリンクも視野に入れて論を進めることにしたい。

第一節　荘務権の執行に関する研究史

ながらく通説の位置をしめてきた「寄進地系荘園」概念は、中田薫氏(4)の古典学説を出発点に永原慶二氏が再構成したものである。永原氏は、中田学説の根幹にあった在地領主の得分からの上分取得者＝荘園領主という理解を否定し、荘園領主の得分や権限が国衙のそれを分割継承していることを明らかにした。そして、これを荘務権と呼び、その内容を年貢賦課・徴収、検注、臨時課役賦課などと規定したうえで、荘務権が本家にある場合と領家にある場合とに分類している。この二つのパターンが生ずる理由は、本家・領家間の寄進契約の差異にもとめられ、王家領や摂関家領では領家の中央貴族が荘務権を留保して得分のみを本家に寄進する「本家（職）寄進」が基本形とされた。

これに対し槇道雄氏[5]は、院政期における王家領（槇氏は院領とする）の立荘関係文書の検討から、「院領本家」「院領預所」「院領下司」の概念を新たに提起し、荘務権はつねに「院領本家」にあり、その近臣たる貴族（領家）が「院領預所」として荘務を請け負い、さらに「院領下司」などの下級所職保持者がそれを執行すると主張した。そして、五味文彦氏[6]の「下司級領主」「公文級領主」の概念設定を継承して、「院領下司」は厳密な在地領主ではなく中央の下級官人などであったとしている。

槇氏による批判の中心は、おもに院政期における「預所職」の具体的な用例分析を通じて、「職の体系」における本家―領家―預所という関係が厳密なタテの系列ではないことを主張する点にある。しかし、領家がときに本家の預所職として荘務にあたるという事実はすでに中田薫氏も指摘しており、槇氏の独自な見解ではない。また、槇氏は「寄進地系荘園」概念と同様に職の成立経緯を下からの重層した寄進にもとめ、中央貴族が領有する既存の荘園からの上分寄進（本家職の設定）により王家領が成立すると考えるため、「院領本家」「院領預所」などの概念を新たに設定する必要が生じたが、のちに述べるように王家や摂関家が主導権をもち立荘する中世荘園の荘務権をもつのは当然であり、不要な概念設定の上に立った本家の荘務権保持の強調は単なる現象面の指摘にすぎない。槇氏の批判は「職の体系」論の部分修正といわざるを得ないのである。

院政期における王家領や摂関家領の立荘文書を丹念に読んでいくと、①所領を寄進した貴族たちの寄進状には立荘後の預所職への補任と荘務執行をもとめる文言が必ず存在する。そして、②預所職に補任された人物は、荘園領主である院・女院ないし摂関家から荘務を預かり、それを執行することが命じられている。荘務権が基本的に荘園領主たる王家・摂関家に帰属することは明らかである。また、個々の史料解釈をねじ曲げて「職の体系」論と整合させるために、史料上にみえる「預所職」の実態を領家職とするような叙述はさすがに少なくなり、中央貴族が中世荘園の立荘時から預所職を知行する事例もようやく一般的に認識されるようになってきた。しかし、より重要な問題は、従来の「寄進地系荘園」概念や「職の体系」論にかわる中世荘園の成立構造や支配体系を新たに組み立て、そこに①②の現象を正当に位置づけることであろう。

最近の川端新氏[7]による立荘研究は、まさにこの作業を着実に進めようとするものであった。川端氏によって、王家や摂関家の側が主導権をもつ立荘時からの中世荘園における支配体系は、

本家（王家・摂関家）―領家＝預所職―下司職

と図式化され、「職の体系」論とは異なる史料分析の方法が開拓されつつあったといえる。ただし川端氏の議論にあっても、中世荘園における具体的な荘務の執行やそれにともなう得分の取得が所職の保有者で完結するという意味では、「職の体系」と同じ立論という批判もまぬがれない。法金剛院領越前国河和田荘の預所美濃局が「以当預所使者、令庄務執行、可全寺役之由」を後白河院庁に申し入れているように[8]、本家―預所職という形式のもとで実際に荘務を処理した「使者」のような存在に注目し、その実態を深く掘り下げることが必要と考える。

このような観点から従来の研究をふりかえると、院・女院や摂関家の家政機関たる院・女院庁や政所の構成員が使者として派遣され、荘務に関与することが注目されてきた。すなわち、保立道久氏[9]は院・女院領荘園の荘務が院庁・女院庁に組織された下級官人の都鄙間交通によって実現されるという見通しを述べ、かれらを「荘務幹部」と名づけた。さらに井原今朝男氏[10]は、摂関家領・王家領に派遣される殿下御使・院使を網羅的に検討して、「職の体系」における預所―下司および公文（荘官）という系列とは別に、年貢収納や検注などの荘務が御使によって処理されていたとする。

保立氏と井原氏の研究は、それぞれ王家と摂関家を主たる分析対象として、院・女院や摂関家の家政機関に組

織された中央下級官人と具体的な荘務執行との関係を指摘しつつ、王家や摂関家による主体的な荘園設立とその編成原理、経営実態の追究をめざしたものであり、いくつかの論点の提起とともに批判的に継承すべき視角といえる。

ただし保立氏の議論においては、①都鄙間交通の国衙ルートと荘園ルートの重複関係が強調されながら荘園制成立期の分析は両者の並列的な二本立てであり、②文官型の類型を中心に「荘務幹部」を院・女院の家政機関に直接結びつける点など、疑問とすべき点も少なくない。そしてなにより、荘園制成立史の理論的枠組みとして維持されてきた「寄進地系荘園」概念や「職の体系」論の克服をめざしながら、それらとの研究史的な関係がみえにくくなっている。また、「職の体系」を前提に、それと御使論を安易に接合させようとする井原氏の見解にも大きな問題点がある。私見では、保立氏や井原氏のように「荘務幹部」や殿下御使の機能を強調する以前に、日常的な荘務執行では預所職を知行する貴族などと現地をつなぐ「沙汰人」がおり、この系列が荘務執行の一次的な関係として重視されなければならないと考える。その点をまず、荘務内容の中核に位置する年貢に関して具体的な史料から確認しておきたい。

【史料1】国立歴史民俗博物館所蔵高山寺文書（『中世の武家文書』）

兵庫御庄御年貢事、沙汰人申状折紙進覧之、損亡之条暗令申候、無謂候歟、仍可被下　院使之由、先日内々令申入候了、而不蒙分明仰候、可申驚之由相存候之処、大乗会料米事被仰下候、尤恐思給候、早御使可令沙汰下給候也、恐々謹言、

□月廿三日　　　　沙弥重蓮

文治元年（一一八五）から二年にかけて、八条院領の兵庫荘を知行する沙弥重蓮こと平頼盛が、年貢に関して

「沙汰人申状折紙」を副えて八条院庁に送った書状である。荘園の損亡を訴えてきた沙汰人の文書をもとに、預所職を知行する頼盛が院使の派遣をもとめており、女院庁は独自に御使を派遣しているのではない。また、兵庫荘では大乗会料米の賦課をめぐっても問題が生じていたようであるが、そうした一国平均役の賦課や納入に関する荘務について、鎌倉前期の事例であるがつぎの史料をみてみよう。

【史料2】「民経記」寛喜三年十月記紙背文書（大日本古記録『民経記』）

豊高庄事、相尋二條中納言候之処、沙汰人申状如此、以此旨可有御披露候、恐々謹言、

十二月九日　　少弁光俊

謹上　右中弁殿

承久二年（一二二〇）の大内裏再建時に伊賀国豊高荘へ賦課された造営費用に関して、行事所が預所職の知行者とみられる二條中納言に問い合わせたところ、その返答は「沙汰人申状」でなされてきた。一国平均役の賦課・納入でも預所—沙汰人の荘務組織が対処し、とくに沙汰人が実務を掌握していたことがわかる。なお、『民経記』紙背文書の承久二年大内裏造営関係文書には、折紙形式の沙汰人申状の原本が含まれている。

【史料3】「民経記」寛喜三年十月記紙背文書（大日本古記録『民経記』）

支子御庄沙汰人沙弥定西謹言上

被充催役夫工用途米未進九斗九升事

□件子細者、建永以後田数之減、

□町五段地頭給田分

□町地頭押領田下司名田也

五段半会賀福地兼佰姓仮彼号不進済
□町五段半河成
已上、無足分五斗六升也、今所残未済四斗三升者、建永之時所済以銭一百文二斗之代被納了、仍佰姓等守
其旨致沙汰之処、今度以銭□百文一斗之代被納云々、仍此分未済出来之間、如建永不能究済、早政所御使
庄家下給テ、□□□□
（折裏）地頭張行之間、私催一切不合期、此旨先度申上候之処、可被仰下関東、可進解状之由重被仰下、早可
進解状候者也、仍言上如件、

河内国支子荘は殿下渡領で、役夫工米の未進について詳細な事実関係を把握しているのは沙汰人（沙弥定西）であった。かれは建永の賦課時と異なる今回の未済理由を具体的に説明して、政所御使（殿下御使）の下向を要請している。ここでも預所―沙汰人から要請をうけてはじめて御使が下向することがわかる。

その御使派遣であるが、井原氏自身も史料に散見される「御使繁多」の語をふまえて指摘するように、院使や殿下御使の下向には供給雑事の負担が大きく、荘園現地ではむしろ敬遠されていた[11]。井原氏の掲げた御使の事例表に即していえば、王家領ではとくに御使の下向は立荘沙汰がほとんどで、ほかは史料1・3のように預所職を知行する領家が派遣依頼をした場合に限られている。院使や殿下御使の派遣は預所―沙汰人の荘務組織を補完する二次的なものといわざるを得ない。

中世荘園の沙汰人については、早く中田薫氏が荘務組織の検討を行うなかで、下司・公文・田所・惣追捕使などの荘官の異称として取り上げていた。近年はこの「荘官の異称」という単純な理解を脱して、久留島典子[12]・酒井紀美氏[13]が中世後期の荘園支配とそれに対する在地構造の分析において注目し、豊かな成果を生みだしてきた。

また久留島氏が課題として挙げていた中世前期の沙汰人についても、蔵持重裕氏[14]が鎌倉期の太良荘を舞台に在地秩序を体現する古老住人との重なりを指摘している。

たしかに院政期からの荘園関係史料には「御庄沙汰人」「沙汰人」が登場し、なかでも荘園現地との深い関係を示す「地下沙汰人」「在国沙汰人」「庄家沙汰人」などの表現が数多くみられる。ただし、阿波国名西河北荘では徳大寺左大臣家の「沙汰人通清」が二十年も在国し「時々雖上洛、無程又下向」していたり[15]、摂関家々司の大膳大夫平信業が駿河国の荘園知行で郎従を「沙汰者」として往来させているように[16]、荘園現地の住人ではなく都鄙間を往復する沙汰人もいる。さらに「在京沙汰人」という表現もあり、現地支配よりも荘園領主との関係性を重視すべき沙汰人の存在が想定できる。これまでにみてきた史料1〜3の沙汰人はいずれも、この「在京沙汰人」の範疇に属するものと考えられる。

そこで以下、おもに京都で活動し必要に応じて荘園現地とのあいだを往来する、この在京沙汰人と荘務との関係について論じることにしたい（在京沙汰人を単に沙汰人と表記する）。

第二節　沙汰人の荘務執行

院政期における王家領荘園の沙汰人については、六条院領伊賀国鞆田荘の立荘に尽力し預所職を得たと考えられる平正盛が、郎等の平家貞を「沙汰人」として荘務にあたらせた事例がよく知られている。田中文英氏[17]はこの預所—沙汰人という荘園支配の系列を当該期の一般例と評価したうえで、鞆田荘でそれが武士団の権力組織によって実現される点に特質をみいだしている。ただし、田中氏が「当時一般の」「荘園支配の機構」と評価するような預所―沙汰人の研究はこれまでになされているとはいいがたい。そこで、同じく院政期の王家領荘園における預所―沙汰人という荘務組織を典型的に示す事例をさがすと、つぎの史料が注目される。

【史料4】半井家本「医心方」紙背文書（『平安遺文』二一〇七号）

「不用也」

額田御庄寄人等解　申進申文事

依実注進御服綿・御地子米代八丈絹并雑事子細□

副進注文一通

右、御服綿・三斗米代八丈絹、雖有限進済期、前預所相模前司於御服等者、調儲可相待沙汰人下向□由、所被仰下也、随相待沙汰人下向之処、今亦有仰、仍相待沙汰人、御服年貢可令進済也、御庄所□并有様子細注別紙之所進上也、抑御庄立券当□於年貢御服者、可依本　院御庄例之由、雖被□下、預所相模前司非例有其数、為訴無裁許過□、於今者為蒙裁定、注子細、言上如件、以解、

大治二年八月廿八日　番頭等

三国豊□

江沼正□

紀　貞国

物部依□

足羽吉□

平　国時

江沼依□
平　助道
別　包任
大江公政
案主大江経□

大治二年（一一二七）に加賀国額田荘の寄人たちが年貢納入などをめぐって、留守所の目代に提出したと考えられる申状である。これによると、額田荘の年貢御服や八丈絹（三斗米のかわり）の収納は、預所の派遣する「沙汰人」が下向して行われることになっていた。

額田荘は白河院庁分の王家領荘園で、代々の知行国主・国守の側近が預所職を知行しており、この当時の預所は相模前司という国司クラスの中央貴族である。沙汰人はこの預所のもとで、京都と現地を往反して年貢の収納などにあたっていたことがわかる。そして、寄人たちが預所相模前司の「非例」を糾弾するために主張しているように、額田荘の年貢である御服の納入については、立荘当初から「本　院御庄例」に依拠することが指示されており、各地の「院御庄」（院御領）から院庁に年貢物等を納入する際の済例が確立していたことも知られる。沙汰人は当然にこの済例を熟知している人物であった。

では、摂関家領荘園の沙汰人についてはどうであろうか。注目したいのは、井原今朝男氏[18]によって摂関家領荘園の「預所」の職務を示すとされた、『行親記』紙背文書中のつぎの史料である。

【史料5】「行親記」紙背文書（『平安遺文』四七四四号）

大田御庄御年貢細美布且随到来、所令進上候也、経御覧麁悪布者可返給候也、定寛不知先例候、田堵等前々如此候之由、令申候者、今度以御教書之旨可仰下候也、又依先日仰、香色多々可染進之由、令下知候、今度人夫於途中相逢□云々、仍不進其請文候歟、遂参上之時、可令言上候也、且以此旨、可然之様御沙汰可候、恐々謹言、

七月三日　　僧定寛

【史料6】「行親記」紙背文書（『平安遺文』四七四五号）

謹請

仰事

右、大田御庄細美布、去々年於宇治殿経　御覧候之処、似(不脱カ)往年之所進、可(不脱カ)然之事、可改直之由、蒙御定候之間、去□依大洪水、麻苧之類皆悉流損候云々、仍及歳暮遅済、以所進□、先令□納候了、於今者無仰以前、作進京都、於□悪者、可返遣之由、兼所令下知□也、且以此旨、差脚力、可仰遣候、□意事、同承候了、定寛恐□謹言、

□月□日　　僧定寛

【史料7】「行親記」紙背文書（『平安遺文』四七四六号）

依先日之召、白布拾段謹進上之候、御懺法可勤之用途已尽、不副今十段候之条、尤遺恨候、今朝信濃御年貢可来之由、承之候、若延引候者、追可進上候也、謹言、

九月十日　　定寛上

『行親記』は摂関家々司の平信範が書写したとされ、その際に紙背を二次利用された文書は保延六年（一一四〇）～仁平二年（一一五二）ころまでのもの。井原今朝男氏は史料5～7が高陽院御倉町別当としての平信範に宛

てたものであり、信濃国大田荘の年貢が御倉沙汰として同別当の管轄下にあったことを確認したうえで、つぎの点を指摘する。すなわち、差出人の定寛は大田荘の「預所」で在京して年貢収納の請負者的職務に従事しており、荘務権を保持する摂関家＝「領家」と荘園現地とを媒介する職務に従事していた。この理解は佐藤健治氏の研究(19)にも継承され現在にいたっている。

しかし、井原氏が僧定寛を「預所」とするのは、「職の体系」論にもとづくものであって、そうした史料の分析方法自体が誤りである。その証拠に、井原氏はまったく同じ時期の同じ大田荘に関するつぎの史料にも着目しながら、右の一連の史料と整合した解釈を行うことができていない。

【史料8】『兵範記』仁平二年十二月八日条

八日戊辰、早旦参仁和寺勝功徳院、今日故宮御忌日、依女院仰、為奉行御仏事也、彼御堂作法毎事如去年、先有日来御懺法結願、（中略）晩頭事訖、有例時云々、非時八具、為大田・大嶋両庄所課、宗長調進之、

井原氏や佐藤氏も指摘するように、「非時八具」を信濃国大田荘・越後国大嶋荘の所課として、前下野守藤原宗長に調進させたことを示す記事である。宗長は大田荘と大嶋荘の預所職に補任されていたことがわかる。藤原宗長が大田荘の預所である以上、同時期の僧定寛は大田荘の預所ではありえない。僧定寛の素性は判然としないが、むしろかれは摂関家々司藤原宗長のような預所のもとで実際に荘務を執行する沙汰人であり、井原氏や佐藤氏が「預所の職務」とした前述の内容は沙汰人の職務と考えるべきであろう。

大田荘の預所―沙汰人についてこのようにみてくると、保元の乱の戦後処理と摂関家領荘園群の処置に関するつぎの史料が注目されてくる。

【史料9】『兵範記』保元元年七月十九日・二十日・二十三日条

十九日　佐保殿・方上庄可奉行由、被仰資長了、
二十日　自入道殿被渡献御庄領目録、本御処分近年変改所々并高陽院御庄々都及百余所、件御庄園依入道殿知行、混合左府所領可被没官、為遁其難、併被献云々、下官奉仰注申御庄々子細、又有奉行下知等事、本預人々多有改定云々、
二十三日　今日、御庄園奉行人多改定、被仰新沙汰人了、下官成賜政所下文了、

まず十九日条をみると、摂関家々司の藤原資長に佐保殿荘と方上荘を奉行すべきことが命じられている。摂関家領荘園では、預所職に補任された家司などを院政期から「奉行人」とも呼んでおり、たとえば仁安元年（一一六六）に三河国志貴荘下条を「可知行由」の連絡をうけた平信範は「下官当奉行」と表現して喜んでいるし[20]、元久元年（一二〇四）の九条兼実譲状[21]などにも「奉行人」の表現がみえる。したがって二十日条の「本預人々」と二十三日条の「御庄園奉行人」は同義であり、それとは区別される「沙汰人」の存在が二十三日条から確認できる[22]。平信範が預所＝奉行人の改定のみならず新たな「沙汰人」についてわざわざ日記に筆記したのも、御倉別当の職務から信濃国大田荘の沙汰人である定寛と年貢布の所課をめぐって直接やりとりしていたように、摂関家家政の中枢部を担う信範ならではの実務経験と興味関心にもとづくものといえよう。預所（その多くは摂関家々司）のもとで沙汰人が荘務を請け負うシステムは信濃国大田荘の特殊例ではなく、摂関家領荘園の一般的な存在として指摘できるのである。

以上、本節では王家領や摂関家領の中世荘園における沙汰人の荘務執行システムの存在を確認した。これをふまえて、次節では沙汰人の職務を担う人々の実態やかれらによる年貢請負について検討しよう。

第三節　沙汰人による年貢請負・立替システム

さきに中央官人との関係を示唆した沙汰人の実態を明確にするべく、備前国通生荘の事例からとりあげよう。[23]

通生荘は皇嘉門院領[24]で十二世紀末葉は摂関家々司の藤原忠親が知行していた。治承三年（一一七九）六月に厳島社を参詣する後白河院の一行が通生荘を通過することになり、忠親は同荘の「本庄沙汰人」造酒正祐安真人と「新庄沙汰人」九条院蔵人大夫光仲を現地に派遣して、雑事奉仕の指揮にあたらせている。[25]立荘形態に規定された通生荘の本庄・新庄という内部構造に即して沙汰人を起用していたことがわかる。

ところで、本庄沙汰人の造酒正祐安は大外記頼業の弟で、造酒正をながらくつとめるかたわら、兄頼業と蔵人頭藤原忠親の仲介・連絡役を主たる職務として忠親の家司を兼ねていた。[26]また、新庄沙汰人の九条院蔵人大夫光仲は大内記孝範の兄弟、同じく大内記光兼の父で、[27]『山槐記』治承三年二月八日条の記事に春日祭の前駆のひとりとして登場する。両者ともに文筆を家業とする中央下級官人で、権門に仕えながら受領への巡任を待つあいだに目代や国雑掌を歴任する目代層といえる。

沙汰人をつとめる下級官人の「家」という点では、勧修寺流の藤原経房が知行する出雲国園山荘の事例が興味深い。経房の日記『吉記』につぎのような記事がみえる。

【史料10】『吉記』寿永元年八月四日条

去月廿日前馬允以親下遣雲州園山庄、用海路、而於高砂逢悪風、継子童・所従四人死去、以親并所従五人纔存命之由、上脚力、未曾有事也、

経房は園山荘に前馬允以親を派遣したが、海路の途中で悪風にあい大変な被害をうけた。前馬允以親は中原以親で、かつて内膳典膳をつとめたこともある中央下級官人である。[28]以親には「童」のときから決まった「継子」がおり、少なくとも所従九人を抱える「家」を確立していたことが読みとれる。そして、園山荘の沙汰人としてまさに「家」をあげて荘務を請け負っていたと考えられる。

伊賀国鞆田荘の預所―沙汰人を構成した平正盛と平家貞のように、伊勢平氏＝軍事貴族が預所職を知行する場合は、沙汰人に郎等・家人など主従関係にある者を起用することがみられることはすでにふれた。しかし、『愚管抄』には大舎人允宗親が「頼盛入道ガモトニツカヒテ、駿河ノ大岡ノ牧ト云所ヲシラセケリ」とあり、同じ伊勢平氏でも頼盛の場合は下級官人を沙汰人としている。そして、これまでにみてきた一般貴族が預所職を知行する荘園の場合には、沙汰人をつとめる中央下級官人が預所の家政機関から相対的に独立した「家」として荘務を請け負っており、預所―沙汰人の関係は所領の寄進関係をも要件としていない。預所―沙汰人という荘務組織の性格を考えるうえで、これはきわめて重要であるが、さらにこの点を年貢未進が発生した場合で確認してみよう。

前節でふれた摂関家領の信濃国大田荘では、摂関家御倉別当との直接交渉を含めた沙汰人の年貢の請負・立替システムが確認できたが、この関係は王家領荘園についても検証することができる。院政期では丹波国六人部荘の事例がもっとも詳しい。

【史料11】九条家文書（『平安遺文』補三〇三号）

平資基解　申進上親父故散位平朝臣資孝私領屋地券文事

合屋地直能米参佰柒拾伍斛内

地壹戸主余拾玖丈肆尺参寸直二百卅五石

東西六丈五尺五寸　　南北十丈六尺

在左京七條二坊一町内西三行北七八門内

屋等直百五十石内

壹宇五間二面寝殿　　直八十石

壹宇三間二面廊　　直四十石

壹宇三間二面雑舎　　直十五石

壹宇三間一面車宿　　直十五石

右、件屋地元者、親父故資孝朝臣私領也、而資孝沙汰丹波国六人部御庄御米未進六十石・相模国御任時官物未進千五百九石并能米千伍佰陸拾玖石之内、以件屋地直三百七十五石・他物等直百九十二石、已上五百六十七石補弁進了、残仟弐石也、仍於本券相副新券文、限永年、所進上信濃守殿之如件、以解、

大治三年六月　日　　　平（花押）

平氏

後家内蔵

「しなの、かミの殿にやちたてまつりおわりぬ、おなし□□にたてまつり□□□、」

平資基が亡父平資孝の負債として信濃守に進上した京内家地の券文である。信濃守（もと相模守）は白河院の近臣として知られる藤原盛重で、「下総国目代之職」などを歴任した目代層の平資孝は、盛重の相模守任中に同国の目代となり、請け負っていた官物を完済できずに負債となった。この点はすでに飯沼賢司(29)・棚橋光男(30)・川端新(31)氏が指摘しているとおりである。ところが史料11にあるとおり、資孝の負債には六人部荘を「沙汰」したときの

「御米未進」もあった。これは、白河院から預所職に補任され六人部荘を知行していた盛重のもとで、やはり資孝が沙汰人として荘園年貢を請け負った結果と考える。預所の藤原盛重と沙汰人の平資孝の関係は、未進が発生すれば負物に転化する請負関係なのである。そして、平資孝のように国衙目代としての官物請負と中世荘園の年貢請負が同じ中央下級官人によって行われていたことも知られる。

中世前期を中心に中央下級官人の動向を詳細にあとづけた本郷恵子氏[32]は、かれらの金融業者的性格を指摘し、国衙の目代や国雑掌などの活動がその裏づけをなしたと述べる。しかし、国衙財政との関係を強調するのは一面的であって、中央官人たちの金融業者的活動は中世荘園の沙汰人としての年貢請負によっても支えられていたのである。そうした構造をよく示す具体例として、越前国榎富荘の事例をみてみよう。

【史料12】高野山安養院所蔵普賢延命法紙背文書（『鎌倉遺文』一六三九号）

進上　家地并領田等事

合

一、家地

参間参面屋弐宇内雑舎壹宇

敷地壹処

在醍醐越智陸町内伍段畠中敷地也

四至并丈尺見本文書等

一、田地弐町弐段参佰歩

在和泉国　券文参通

一通　田壹町参佰歩券文柒枚
　四至仟佰見文書等
一通　田壹町券文肆枚
　四至見文書等
一通　田弐段券文壹枚
　四至見文書等
右、件家地并私領田等、惟光年来之所領［　　　］
［榎富御庄等知行之間、依有未進、所蒙譴責□、仍相副本文書等、限永代進上如件、以解、
　建永元年九月廿五日　　　　　　　　藤原在判

榎富荘などの「知行」を通じて未進を累積し譴責をうけた藤原惟光が、建永元年（一二〇六）に負物代として醍醐の家地や和泉国内の所領田地の券文を進上したものである。この間の事実経過を詳しく綴った文書[33]によると、榎富荘は後白河院の女子である殷富門院の庁分荘園で、女院に仕える民部卿局が預所職を与えられ、さらに民部卿局の乳父である「外記入道」が荘務を預った。すなわち十二世紀末葉における榎富荘の荘務組織は、

本家（殷富門院）―預所（民部卿局）―沙汰人（外記入道）

となり、しかもこの組織は寄進の連鎖や荘園形成とは基本的に関係なくかたちづくられたものである。

沙汰人となった外記入道の本名は不詳だが、外記を歴任した中央官人の出身者とみてよかろう。かれは尾張国の所領に「常住」していたため、「家中」から相伝譜代の下人である藤原惟光を「定使」に任じ、榎富荘の荘務を託した。こうして沙汰人の職務を担うことになった惟光は、納所として荘園現地からの「国定千余石」という

年貢等を収納する一方、殷富門院庁や民部卿局の「御家中」の「御相折」にもとづく年貢・公事を沙汰し、膨大な中間利潤を得ていたという。さらに惟光は、同じく外記入道が沙汰人をつとめる鎮西住吉荘の「代官」や「伊賀御庄」の荘務にも関与し、これらの得分をあわせて借上を営んでいた。沙汰人による荘務の執行と年貢の請負が、複数の荘園にまたがるものであったことを確認しうるとともに、年貢の収納と立替の機能はもとより、それにともなう利潤を元手とした借上の経営も含めて、かれらがまさに金融業者的な活動を行っていたことがわかる。

右の史料12で進上された醍醐の家地や和泉の田地なども、そうした活動のなかで獲得されたものであった。前述した平資孝が京都の家地を所有した背景にも同様な状況が想定できよう。さらに資孝も惟光も未進の負物代として、これらの家地・所領の券文を進上する点まで共通しているが、惟光の場合は京都の家地を殷富門院庁の進物所別当に、醍醐の家地と和泉の所領を民部卿局に渡す結果となった。これは院庁と預所に対する沙汰人の請負関係を反映しており、沙汰人の外記入道（実際は下人の惟光）による荘務執行と年貢立替は、預所の家政として行われているのではなく、それとは相対的に独立した中央官人の家政が担うものであったことを明確に示している。外記入道は民部卿局の「乳父」ではあるが、かれの「家中」と女房の「御家中」が明確に区別されていることもそれを裏づけよう。

以上をまとめると、中世荘園における荘務執行の担い手たる沙汰人は中央下級官人であり、かれらによる年貢等の立替システムが機能していた。これを図式化すると、

本家（王家・摂関家）─預所職（貴族・女房・僧侶）─沙汰人（下級官人）

という荘務執行の組織、請負システムの存在が指摘できよう。職の領有者の系列で完結的に荘務が処理されると理解する「職の体系」論は、中世の荘園支配を論ずる際の分析概念としては不適当なのである。

では、王家領や摂関家領の中世荘園で中央下級官人が沙汰人（雑掌）となって荘務を請け負うのはなぜだろうか。

相当な文筆・計数能力が要求される年貢収納・立替だけでなく、すでに述べてきたように中世荘園には国領等が「加納余田」として包摂される複合的な荘域構成が一般的であり、国衙への官物弁済を請け負っているほか、国領当時の中央官司からの所課をそのまま継承している場合もある。(34) つまり中世荘園は、王家や摂関家に対する年貢・公事の納入に一本化された所領ではない。

したがって王家領や摂関家領の中世荘園における荘務権は、年貢賦課、検注、臨時課役（公事）賦課だけでなく、一国平均役の徴収、加納・余田における官物の徴収と国衙への弁済、中央官司からの所課物の徴収と納入などが含まれている。その実際の執行者には、荘園領主である王家や摂関家の済例はもとより、中央官司や国衙の財政にも通じていることがもとめられる。ここに、預所職に補任される一般の貴族や女房、僧侶などと知遇のある中央下級官人たちが沙汰人として、これらの荘務執行の請負関係を結ぶ理由があった。「大学寮は出たけれど」安定的な行政ポストを保証されない大量の中央官人の働き場は、国衙行政だけでなく、それと密接な関係にある中世荘園の荘務組織にも存在したのである。

近年、院政期から鎌倉期にかけての朝廷財政や国衙財政の実態を掘り下げる研究が急速に進められてきた。そのなかでとくに注目されているのは中央下級官人の活動であり、知行国支配や公事用途の調達等にかれらが目代・弁済使・国雑掌などとして重要な役割をはたすことが明らかにされている。(35) しかし中世の荘園制をどのように性格規定するかにも関わって、中央官人と荘園経営は並立的・対立的な関係として描かれることはあっても、両者の有機的な関わりを自覚的に問う研究視角は弱かったといわざるを得ない。

ただし過去の雑掌研究をふりかえると、国雑掌から荘雑掌へという流れを想定する指摘があったことも事実である。松崎英一・赤松俊秀氏は、荘園の雑掌が国雑掌の仮名である「成安」を仮名とした事例があることに注目し、両者の系譜関係に言及していた(36)。近年では網野善彦氏が、荘園では預所が雑掌となる例が多く、「公領における国雑掌と同様の役割を果たした」と述べているが(37)、残念ながらその具体的な分析はない。そこで松崎・赤松氏が注目した肥後国鹿子木荘雑掌成安の文書をみてみよう。

【史料13】僧綱申文紙背文書（『平安遺文』五〇七五号）

肥後国鹿子木御庄雑掌成安解　申請　勝功徳院政所裁□

請被殊蒙　恩裁免除、且為阿蘇神人濫行、且依菊池高□不運上年々御年貢米未□

右、当御庄者狭少第一之処、薄田無双之地也、而寺家所進□□貢者能米二百石・油六斗、為毎年勤之條、已超于傍例、喩如□□殆失治術、而去治承二年之比、依阿蘇神人濫行当庄東郷□□家荊取作田畢、依件訴庄官住人等各令上道、雖訴申寺□両年之間不令遂御裁定之刻、乍歎下向者也、仍彼治承二年□油三斗、同三年分卅石・油三斗未済所出来也、彼訴事前執行□定庄解等在公文所歟、又至于去年御年貢者、為菊池乱逆□畢、仍雖申下　宮庁御下文無承引之間、使者不帰京之□使貞能朝臣下向之刻、弥以騒動之故、使者失東西、不及沙□去年御年貢子細如此者、謂阿蘇神人濫行両年之分、謂□押取去年御年貢所積之未進、雑掌何為哉者、被寺□年々未済併被免除者、将仰正道之貴矣、以解、

養和元年十二月　日　　「雑掌成安」

鹿子木荘雑掌は「庄官住人」や「使者」ではなく、在京して荘園領主たる勝功徳院政所に年貢未済の免除をもとめている。これは雑掌が年貢を請け負っていたからで、まさにこれまで論じてきた沙汰人に重なる。鹿子木荘

では女院の女房が預所職を知行しており、[38]そうした一般の貴族や女房、僧侶が補任される中世荘園の預所は雑掌ではない。

むしろ鹿子木荘の雑掌が成安という仮名を用いたのは、かれが沙汰人と同じく国雑掌や目代をつとめる中央下級官人であったからで、国雑掌が国務沙汰人・国沙汰人とも呼ばれるように、[39]荘園の雑掌も沙汰人と同義である。たとえば、宝治元年（一二四七）から翌二年にかけて蓮華王院の修造が計画されたとき、それに関与した葉室定嗣は日記に、

次参蓮華王院、行事弁顕雅・主典代重俊等参儲、召出庄々雑掌、尋土木之勧否、其中地毗庄西林預所光広法師代官、有不法事、仍召籠寺家了、條々致沙汰、入夜退出、明日可奏聞也、

と記しており、[40]蓮華王院の修造費用を調達するために同院領荘園群の「雑掌」たちが招集されたこと、そのなかに「地毗庄西林預所光広法師」の「代官」がおり、在京する「雑掌」は「預所代官」であったこと、などが知られる。預所職を知行する中央貴族にかわって実際の荘務を処理する在京の代官＝雑掌は、まさに沙汰人そのものであった。そして、国雑掌や目代をつとめる中央下級官人が中世荘園の沙汰人・雑掌として荘務を請け負うのは、中世荘園が国領を包摂した複合的荘域構成をとって官物等を弁済したり、国領時代の中央官司等からの所課をそのまま継承しているからである。事実、鹿子木荘は「加納余田」を包摂して十二世紀後葉に国司から「庄内半分」を「収公」されている。[41]

中央下級官人を担い手とする沙汰人が十二世紀の院政期から登場するのは、そうした中世荘園の立荘がはじまり定着することに対応したものだったのである。

おわりに

以上、本章では立荘研究にもとづく荘務組織論を構築するための基礎作業として、預所職を知行する貴族層と沙汰人が荘務執行の請負関係を結び、そこで年貢立替システムが機能していたことを論じてきた。これまで南北朝・室町期における荘園制支配の特徴として注目されてきた代官請負の構造[42]は、「職の体系」から変質したものではなく、すでに院政期の立荘当初から組み込まれていたのである。ただし院政期はその担い手が商人・金融業者ではなく、中央下級官人であることに時代的な特質があり中世荘園の本質にねざしている。かれらの金融業者的活動の背景には、国衙行政だけでなく荘園支配への関与があり、しかも両者が並列的な別立てではなく有機的に関係していたことが重要である。ひとりの中央官人が双方を兼ねた平資孝などはその象徴的な事例といえよう。

なお、本章では在京沙汰人のみを論じて地下沙汰人にふれるところはなかったが、院政期におけるその担い手は、国衙の在庁官人層と重なる部分が大きいのではないか、という見通しをもっている。十二世紀の史料で在庁官人が「庄官」であったことを確認できるのは伊賀国黒田荘や五箇荘、丹波国大山荘などであり[43]、また播磨国鵤荘と片岡荘の下司職はいずれも在庁官人の桑原氏が掌握している[44]。中世荘園においては、永原慶二氏[45]が備後国大田荘を具体例として論じた、名に代表される国衙領段階の収取体系の継承や、私見で重視するような国衙への官物弁済や中央官司等への負担の存続がある以上、国衙領段階からの「済例」を熟知した実務担当者が現地での荘務沙汰を担うのが自然であろう。この点、沙汰人・雑掌と下司の関係を含めて今後の課題としたい。

註

（1）永原慶二「荘園制の歴史的位置」（同『日本封建制成立過程の研究』岩波書店、一九六一年。初出は一九六〇年）。
（2）註（1）所引永原慶二論文および同「荘園制における職の性格」（同『日本中世社会構造の研究』岩波書店、一九七三年。初出は一九六七年）。以下、永原氏の見解はとくにことわらないかぎりこれによる。
（3）川端新『荘園制成立史の研究』（思文閣出版、二〇〇〇年）、本書第二章。
（4）中田薫「王朝時代の庄園に関する研究」（同『法制史論集』第二巻、岩波書店、一九三八年。初出は一九〇六年）。以下、中田氏の見解はこれによる。
（5）槇道雄『院政時代史論集』（続群書類従完成会、一九九三年）。
（6）五味文彦「守護地頭制の展開と武士団」（『岩波講座日本歴史』中世1、一九七五年）。
（7）註（3）所引川端新著書。
（8）元暦元年五月日後白河院庁下文案（仁和寺文書、『平安遺文』五〇八八号）。
（9）保立道久「荘園制支配と都市・農村関係」（『歴史学研究別冊特集　世界史認識における民族と国家』青木書店、一九七八年）。以下、保立氏の見解はこれによる。
（10）井原今朝男「公家領の収取と領主経済」（同『日本中世の国政と家政』校倉書房、一九九五年。初出は一九九一年）。以下、とくにことわらないかぎり井原氏の見解はこれによる。
（11）たとえば、永万二年□月八日後白河院庁下文案（吉田黙氏所蔵文書、『平安遺文』三三八六号）に「去年院使下向之時、勤彼祇候雑事之間、已泥御年貢畢」とある。大山喬平「平安末期の但馬国温泉荘」（『兵庫県の歴史』四、一九七〇年）を参照。
（12）久留島典子「中世後期の「村請制」について」（『歴史評論』四八八、一九九〇年）。
（13）酒井紀美『日本中世の在地社会』（吉川弘文館、一九九九年）。
（14）蔵持重裕『日本中世村落社会史の研究』（校倉書房、一九九六年）。
（15）応保二年四月八日山村三子重申状（東大寺文書、『平安遺文』三二〇八号）。

(16)『玉葉』治承六年八月二日条。なお、源師時は「井於庄遣使雑色常季」わしている（『長秋記』大治五年三月四日条）。
(17) 田中文英『平氏政権の研究』（思文閣出版、一九九四年）。
(18) 井原今朝男「東国における摂関家領荘園の構造―平安末期の信濃国大田荘を中心に―」（註（10）所引井原今朝男著書。初出は一九七六年）。
(19) 佐藤健治『中世権門の成立と家政』（吉川弘文館、二〇〇〇年）。
(20)『兵範記』仁安元年九月二十七日条。
(21) 元久元年四月二十三日九条兼実置文（九条家文書、『鎌倉遺文』一四四八号）。
(22) 田中文英氏は註（17）所引著書でこの『兵範記』の記事をとりあげ、「奉行人」「沙汰人」を区別する見解を示している。
(23) 本書第二章を参照。
(24)『玉葉』寿永二年三月十七日条。
(25)『山槐記』治承三年六月二十二日条。
(26)『山槐記』仁安二年三月一日条など。中原俊章『中世公家と地下官人』（吉川弘文館、一九八七年）も参照。
(27)『尊卑分脈』による。
(28)『兵範記』保元二年十月二十七日条。
(29) 飯沼賢司「「職」とイエの成立」（『歴史学研究』五三四、一九八四年）。
(30) 棚橋光男『大系日本の歴史4王朝の社会』（小学館、一九八八年）。
(31) 川端新「中世初期の国衙と荘園」（報告要旨、『日本史研究』四五二、二〇〇〇年）。
(32) 本郷恵子『中世公家政権の研究』（東京大学出版会、一九九八年）。
(33) 某書状（高野山安養院所蔵普賢延命法紙背文書、『鎌倉遺文』一六四〇号）。なお、この文書の作成主体は民部卿局の「御家中」に属する人物と考えられる。
(34) 本書第四章を参照。

(35)　勝山清次「「弁済使」の成立について」（同『中世年貢制成立史の研究』塙書房、一九九五年。初出は一九七五年）、五味文彦『武士と文士の中世史』（東京大学出版会、一九九二年）、白川哲郎「鎌倉時代の国雑掌」（『待兼山論叢』二七史学篇、一九九三年）、井原今朝男「信濃国小河荘に賦課された国衙年貢について」（『市誌研究ながの』二、一九九五年）、同「院政期の地方国衙財政と民部省済事―諸国公文の作成主体―」（『三田中世史研究』三、一九九六年）、註（32）所引本郷恵子著書など。

(36)　松崎英一「国雑掌の研究」（『九州史学』三七・三八・三九合併号、一九六七年）、赤松俊秀「雑掌について」（『古文書研究』創刊号、一九六八年）。

(37)　網野善彦「日本王権の特質をめぐって」（『年報中世史研究』一八、一九九三年）。

(38)　治承四年三月日比丘尼清浄解状（僧綱申文紙背文書、『平安遺文』五〇六四号）。なお、鹿子木荘における雑掌は、むしろ長寛二年十二月二十七日中原親貞解状（東寺百合文書そ、『平安遺文』三三二二号）にみえる「地下預所職」（「検校職」ともいう）との関係を検討すべきであろう。

(39)　国雑掌を指す国務沙汰人・国沙汰人の表記は、『玉葉』建久元年十二月十一日条、『山槐記』治承三年正月二日条、『明月記』建仁元年十月十日条、『吾妻鏡』建久元年四月十九日条・六月二十九日条、文永六年九月二十五日興福寺大供目代下文（春日神社文書、『鎌倉遺文』一〇五〇一号）など。

(40)　「葉黄記」宝治二年九月三日条（『大日本史料』第五編之二十六）。

(41)　註（38）所引文書および建久六年四月日深賢申状（僧綱申文紙背文書、『新熊本市史』史料編第二巻古代中世）。

(42)　永原慶二「荘園制解体過程における南北朝内乱期の位置」（註（2）所引永原慶二著書。初出は一九六二年）、新田英治「室町時代の公家領における代官請負に関する一考察」（宝月圭吾先生還暦記念会編『日本社会経済史研究』中世篇、吉川弘文館、一九六七年）。

(43)　高橋昌明「平安末内乱期における権力と人民」（『日本史研究』一二四、一九七二年）。天養元年十月二十日鳥羽院庁下文案（狩野亨吉氏蒐集文書、『平安遺文』二五四一号）。高橋敏子「大山荘」（網野善彦他編『講座日本荘園史』8近畿地方の荘園Ⅲ、吉川弘文館、二〇〇一年）。

(44)　小林基伸「播磨国の開発領主に関する一考察―同国揖保郡の桑原氏をめぐって―」(兵庫県立歴史博物館紀要『塵界』創刊号、一九八九年)。本書第八章も参照。

(45)　永原慶二「荘園制支配と中世村落」(註(2)所引永原慶二著書。初出は一九六二年)。

第二部　荘園領有体系の変質と鎌倉幕府

第六章　鎌倉後期〜南北朝期における本家職の創出

はじめに

日本中世の荘園制にもっとも大きな比重をしめる荘園のタイプは、在地領主からの所領寄進を荘園成立の基点におく「寄進地系荘園」と規定されてきた。そして、この「寄進地系荘園」の成立過程を二種類の寄進の連鎖で説明する理解が、中田薫氏[1]の学説に出発点をもつことはよく知られている。

中田氏の説く二種類の寄進形式とは、「職権留保付領主権寄進」と「本家寄進」であるが、中田氏以後の研究は、おもに在地領主から中央貴族への「職権留保付領主権寄進」の再検討を軸に進められてきた。寄進対象を在地領主が職を通じて支配する郡や郷の国衙行政単位にもとめ、荘園領主権の国家的性格を論じた永原慶二氏[2]の研究はその典型である。これに対し、中田学説の「本家寄進」はさしたる吟味も加えられないまま、永原氏の提起する新たな「寄進地系荘園」の枠組みのなかに、より詮じ詰めるかたちで継承されることになった。

中田氏は「本家寄進」を「本家職寄進」とも表現し、その実態が「自己の所領を保全せんが為に、権門勢家に対して自己が有する所当の一部を寄進する」ことであると規定した。永原氏の研究は、この「本家職」の成立を十二世紀における中世荘園の確立要件として厳密に位置づけるとともに、それを頂点とする重層的な領有体系を「職の体系」と概念づけた。この「職の体系」は、下からの寄進だけでなく上からの補任によって成立する国家公権の分割形態と規定されており、その最上位にある「本家職」が国政の最高峰に君臨する王家や摂関家によって独占される点にこそ、国家的な保障体制下にある荘園制の本質がもとめられるとしている。十四世紀後半の南北朝内乱期に荘園制の解体をみる永原氏が、その根拠の第一にほかならぬ「本家職」の消滅を指摘した(3)のも当然のことであった。

永原氏の荘園制理解では、このように「本家職」の成立と存続がきわめて重要な位置をしめている。にもかかわらず、これまで「本家職」をめぐる議論はきわめて低調であり(4)、つぎのような上横手雅敬(5)氏の批判がある程度にすぎない。

上横手氏は「本家職」を国家公権の分割形態とせず、その出現を預所職や下司職から出発した職が得分権の性格を強めながら上下に身分的に波及した結果とみる。その背景には、職の本質を上からの補任と在地領主の世襲にもとめる立場に加え、「本家職」の語が十二世紀末まで史料上にあらわれないという事実認識があった。近年、川端新(6)氏が指摘するように、中世荘園の預所職を在地領主に固有の職とする理解にはしたがえないが、「本家職」の語が中世荘園の成立期にまったく史料上にみえない事実は、鎌倉後期以降に本家職が急増し室町期にも存続することとあいまって、永原氏の理論構成に実証面での整合性を欠く部分のあったことを浮き彫りにしている（以下、「職の体系」論における「本家職」と本章で論ずる本家職とを表記上、区別して用いる）。

本家職に関わる史料が鎌倉後期から増加し、南北朝期以降も存続するという現象をめぐっては、単なる史料残存の結果とみることもできるが、その一方で中世荘園の本家職は鎌倉期以降に一般化し、南北朝期以降も存続するとの想定も可能であろう。すなわち、「本家職」を荘園制の体制的な確立と存続のメルクマールとする永原氏とは異なり、本家職の一般的な成立と存続を鎌倉後期以降に特有の問題として新たに設定するのである。これは中世荘園の成立や領有体系を論ずる素材であるにとどまらず、かつて石井進氏が[7]「鹿子木庄事書」に即して中田薫氏の史料操作の問題点を鋭く衝いたように、荘園研究の方法論にまでおよぶきわめて重要な論点と考える。本章はこのような視角にもとづき、旧知の史料の再検討を中心に基礎的作業を行うことにしたい。

第一節　王家領荘園の本家職——最勝光院領の分析

南北朝内乱期における荘園制の解体過程を論じた永原慶二氏が、「本家職」消滅の具体的な分析素材としたのは東寺領荘園である。

鎌倉末期の東寺には、後宇多院や後醍醐天皇の勅命によって、最勝光院・宝荘厳院などの院・女院の御願寺領荘園が執務職とともに施入された。上島有氏[8]はこのうち最勝光院領をおもにとりあげ、その成立期の概観から東寺領としてわずかに存続し得た四荘園の所務状況までを論じた。永原氏はこの研究に依拠しつつ、十二世紀末葉の建立時に院御願寺へ寄進された「本家職」が鎌倉末期に東寺へ与えられたものの、その大半が有名無実となり南北朝期には消滅したと評価する。すなわち、十二世紀に成立した「本家職」が十四世紀前半までは存続していたと理解するのである。

永原氏のこうした見解に対し、網野善彦氏[9]は東寺領荘園の動向を独自に分析して、南北朝期以降も「本家職」以下の職はその得分と土地が結びつきながら存続するとし、単純に「本家職」の崩壊と評価することはできないと主張した。これは職の一円化を重視した議論で重要な論点を含むが、逆に網野氏は「寄進地系荘園」における「職の体系」がほぼ十二世紀に確立する点では永原説を踏襲している。さらに、十二世紀にいったん成立した

表　12世紀における最勝光院領荘園の形成

国名・荘園名	立荘年次	寄進所領・寄進者
近江国檜物荘	承安四年	
周防国島末荘	承安四年	国衙領カ　源雅通
越前国志比荘	承安四年	
信濃国塩田荘	承安四年	塩田郷　藤原成親
遠江国村櫛荘	承安四年カ	国衙領　備後守為行
近江国湯次荘	承安四年カ	藤原経房
肥前国松浦荘	治承二年	別符　若狭局政子
讃岐国志度荘	治承五年以前	西園寺家カ
備前国福岡荘	治承五年	国衙領　藤原邦綱
筑前国三原荘	寿永三年以前	平頼盛カ
備前国長田荘	寿永三年	冷泉局能子
播磨国揖保桑原荘	文治二年以前	
肥後国神倉荘	建久五年以前	
丹波国佐伯荘	建久八年	時武名　秦頼康
備中国新見荘		小槻隆職
周防国美和荘		国免荘カ　院尊カ

拙稿「院御願寺領の形成と展開」(『国立歴史民俗博物館研究報告』108集)より

「職の体系」が南北朝期まで安定的・固定的に存続するかのような永原説の理論構成を批判した石井進氏[10]にしても、荘園の形成を下からの寄進の連鎖にもとめる点では永原説の枠内にあり、根本的な批判となり得ていない。

「職の体系」論の批判を貫徹するためには、「本家職」を頂点とした重層的な「職の体系」を生み出すという、寄進の連鎖にもとづく荘園形成の理解を問い直し、新たな立荘の枠組みを提示しなければならない。そのうえで、「職の体系」とは異なる領有体系の動態的な変化を具体的にあとづける必要があろう。

まず前者の十二世紀における中世荘園の成立像について、永原氏があつかった最勝光院領に即して検証してみよう。

最勝光院は後白河院后の建春門院の御願寺として、承安四年(一一七四)に落慶供養された。最勝光院には後白河院および建春門院の院司である藤原経房が弁として配属されており、経房が院庁と寺家(執行)のパイプ役を含む実務を処理していた。そのような関係から、最勝光院の付属荘園を新立する事務手続きも経房が担当しており、そのやりとりが断片的ながら経房の日記『吉記』に登場する。その記事や他の信頼しうる史料から創建直後の最勝光院領荘園の立荘事情について整理したのが表である。

永原氏の「寄進地系荘園」概念では、中央貴族（領家）が領有する「公家領荘園」がまず存在し、そこからさらに王家や摂関家への「本家職寄進」が行われることによって、本家—領家以下の重層的な領有体系である「職の体系」が完成するという構図になっている。しかし、表に示した最勝光院領荘園の立荘過程をしめす同時代史料の分析からも明らかなように、中央貴族からの「寄進」所領の実態は免田や国衙領であって、既存の荘園などではない。中央貴族たちは、在地領主との関係を有する免田や国衙領を院御願寺領荘園の設立に結びつけ、そこではじめて中世荘園の立荘が実現するのである。こうした立荘にふさわしい領有体系の姿が、同時代の立荘史料から川端新氏[11]によって整理された、本家である王家や摂関家が貴族層を預所職に補任するというシンプルなものであった。

さらに、最勝光院領の周防国島末荘を例としてすでに述べたように[12]、実際に立荘された院御願寺領等の中世荘園は、公領などを包摂した複合的な荘域構成をもっており、寄進所領とは規模も内部構成も大きく異なるのが一般的である。「寄進地系荘園」概念で説明される「本家職寄進」=上分寄進が王家領や摂関家領の中世荘園を確立させるのではないことを、まず明確に認識すべきであろう。

つぎに後者の問題について、同じく最勝光院領荘園の本家職が最勝光院や東寺とは無関係に成立することを確認しておきたい。つぎの史料[13]を検討してみよう。

寄進

最勝光院領備前国長田庄本家職事

右件庄者、冷泉局能子寄進最勝光院、於庄務者、可令相伝領掌之由、寿永三年成賜院庁御下文之後、奉譲押小路内親王、自親王所被譲進于　式乾門院也、仍以此地一所、被宛置内親王并　式乾門院御菩提料所、於領主職者、邦繁一円不輸、可子孫相伝之旨、依被仰置、無片時狼唳、邦繁・繁高父子二代知行之処、去正安年中、　室町院御遺領御相承之刻、被混彼御領等、　亀山院無故被召放之間、雖申子細、就無御計、歎申関東之処、非　室町院御遺領、所見歴然之間、被吹挙申畢、然而猶依不被返付、於　公家・武家連々所歎申也、爰又、　後宇多院被寄置大覚寺大金剛院領、以乃貢被宛蓮花峰寺々用、菩提院太政法務御房可有御管領云々、然則、於今者止訴詔、以別儀、件庄於本家職者、奉寄進大金剛院畢、至領家職等者、繁成等任相伝、子々孫々可令知行領掌之旨、欲預御契状矣、且相伝之文書案文、封裏進置之上者、以彼被准正文、可被経御沙汰者也、次本家役者、蓮花峰寺寺用毎年銭貨参万疋加河内新山両村定、可致其沙汰、雖為一塵、有懈怠者、可被付所務於他人、又以云帯相伝証文、於公家・武家、更不可申子細、又最勝光院寺用、高野光台院供料已下、　式乾門院所被仰置之方々御仏事在之、若又以本家之号、懸仰臨時課役、寄事於左右、相綺所務、被致地下之違乱者、任本証文之旨、無本家之号、可致知行也、猶以有子細者、於公家・武家可訴申、凡件庄、　式乾門院無上而可相伝知行之由、被仰置之間、文書之道理、雖所存相貽、偏仰禅定仙院之御附属、為全蓮花峰寺寺用等、備進参万疋之鵝眼、将断未来際之牢籠而已、仍寄進之状如件、

嘉暦元年六月十八日　　前石見守繁成（花押）

最勝光院領備前国長田荘の本家職寄進状である。この寄進状は、長田荘の領有体系を平安末期の立荘時から鎌倉末期まで綴る興味深い史料だが、ほかの同時代史料[14]ともあわせて立荘以降の事実経過をつぎのように整理したい。

長田荘は、平氏西走後に後白河が院政を再開して備前国を院分国とした寿永三年（一一八四）、後白河院に仕える冷泉局能子（平教盛女子）の寄進所領をもとに立荘された。院分国での王家領立荘にふさわしく、荘域内には

建部郷・賀茂郷・紙工保などの国衙領が包摂されており、冷泉局はそうした複合的で広大な長田荘の荘務領掌を認める院庁下文を獲得した。

建久三年（一一九二）に後鳥羽天皇が最勝光院領を伝領すると、側近の卿二位兼子が「領家」として登場する。しかし承久の乱で長田荘も没収され、鎌倉幕府の擁立した後高倉院の息女たち（押小路内親王―式乾門院）に伝えられた。正中二年（一三二五）最勝光院領目録には、式乾門院の遺領を相続した室町院が長田荘の領家とみえる。この間、式乾門院の「仰置」いた旨により、平邦繁―繁高―繁成が「領主職」を相伝知行し、最勝光院の寺用や高野光台院への供料（両皇女の菩提料）を納入する義務を負っていた。

正安三年（一三〇一）に室町院遺領が鎌倉幕府の判断で大覚寺・持明院両統に折半されると、長田荘を得た亀山院は繁成を召し放ち、つづく後宇多院は大覚寺の大金剛院に同荘を寄進して、「乃貢」を蓮花峰寺の寺用に宛てるべく菩提院僧正信助の管領に付した。この間、平繁成は還補をもとめつづけたが、ついに本家職を大金剛院に寄進し、最勝光院寺用や高野光台院供料とは別に、「本家役」の三万疋を蓮花峰寺に納入する契状を取り交わして領家職の知行を得たのである。

長田荘では承久の乱後から年貢の収納と納入が地頭に掌握されており、立荘以来の最勝光院寺用と荘園現地からの年貢額が固定するなかで、貴族社会内部に複雑な権利関係が派生した。鎌倉末期にそれを荘園領主内部の職の重層構造として整理し直したのが〈本家職―領家職〉関係の構築である。新たに本家職を得た大金剛院に蓮花峰寺々用として進済される三万疋は、平繁成を改易して亀山―後宇多が得ていた「乃貢」に系譜するが、これは立荘以来の最勝光院寺用とは別の中間得分である。鎌倉末期の長田荘にはじめて出現した〈本家職―領家職〉関係は、この中間得分の再配分を行う契約にほかならない。

以上、最勝光院領荘園を素材に、その立荘から領有体系の変質過程を具体的にあとづけ、十二世紀に成立した「本家職」が東寺に伝領され消滅したという永原氏の説明が誤りであることを実証的に論じてきた。このようにみてくると、本家職が十三世紀後半以降の史料に頻出するという事実は、単なる史料残存の問題ではなく、鎌倉後期における荘園領有体系の変質と密接に関わっていると考えるべきである。従来の研究は、中世荘園の立荘時には存在せず十三世紀後半以降になって一般化した本家職を、十二世紀における中世荘園の立荘と無理に結びつけてきたのではなかろうか。

この考え方の妥当性を補強するために、次節以下ではいま少し王家領以外の荘園の本家職について検証することにしたい。

第二節　摂関家領荘園の本家職——近衛家領の分析

王家領荘園に即して分析した本家職の性格および出現時期について、ここでは南北朝・室町期に存続する摂関家領荘園の本家職から検証する。

摂関家領荘園においても、十五世紀中葉に本家職が存在していたことを確実な史料によって確認することができる。たとえば、『康富記』文安五年（一四四八）八月三日条につぎのような記事がみえる。

依召参鷹司殿、有一献、摂州細河庄本家職分、池田筑後守充政ニ有御契約之子細、被語仰之、有書進事等、予不可然之由頻雖申入之、無御承引、無勿体次第也、匡具朝臣申沙汰之、可云佞臣也、

記主の中原康富が家礼をつとめる鷹司家に呼ばれて聞いた話の内容から、摂津国細川荘の「本家職分」につい

て、守護細川氏被官池田充政とのあいだに請負の「御契約」が結ばれていたことがわかる。

細川荘は藤原忠実が十二世紀に立荘した摂関家領荘園で、国衙領を包摂する複合的な荘域構成を南北朝期まで存続させた典型的な中世荘園である。(15)すでに関連史料から整理されているように、(16)細川荘は忠実から忠通を通じて近衛家領となり、鎌倉前期には近衛家実の菩提寺ともいうべき金蓮華院領となって鷹司院長子（家実女子、後堀河中宮）に譲られ、鎌倉後期には近衛家庶流の鷹司家に伝領された。そして南北朝期には、近衛家から独立した鷹司家の庶流にあたる猪熊家に伝領されるが、同家はまもなく断絶してしまう。十五世紀に鷹司家が本家職との関係を有しているのは、そうした事態の結果であろう。

さて、このような伝領経路を従来の「職の体系」論にもとづいて解釈すると、藤原忠実から近衛家に相伝された「本家職」が鷹司院を経て鷹司家に移り、庶流の猪熊家に譲られたものの同家の断絶により再び鷹司家に戻されて十五世紀に存続した、ということになろう。しかし、この解釈はあくまで「職の体系」論にもとづくものであって、それによらないとすれば別の考え方も当然成り立つ。そもそも、これだけの複雑な相伝経路を「本家職」がただ単に移動していくような理解は大いに疑問とせざるを得ない。

そこで以下、摂関家領荘園の本家職について考えたいが、その際に手がかりとなるのは、建長五年（一二五三）の近衛家所領目録にみえる相続のあり方から領家職の出現を説いた川端新氏の研究である。川端氏は、摂関家領荘園における領家職の成立経緯を「本家からの創出」とみて、つぎの二タイプで説明した。

第一は、近衛家所領目録で「庄務無本所進退所々」として挙げられた荘園のように、近衛家が課役得分権を保持したまま荘務権の別相伝を同家の子女などに認める伝領のあり方である。この場合、近衛家領としての性格は存続するものの、預所職の補任権は近衛家から荘務権を譲られた人物が掌握するという。

図１　近衛家・鷹司家・猪熊家略系図

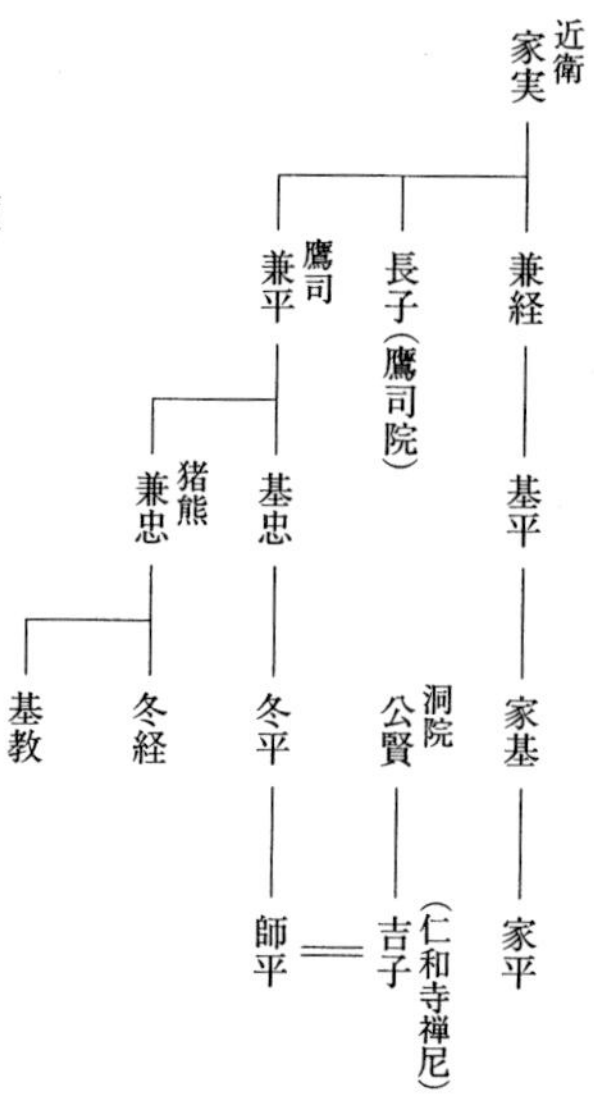

『尊卑文脈』および註16所引金井論文を参照して作成

第二は、近江国吉富荘の預所職に補任された藤原定家があらためて「本所領」を「給」わったように、預所職を知行する貴族が荘園領主から荘務権を譲与されるあり方である。この場合も荘園領主の課役得分権は維持されるが、荘務権は別相伝されることになる。

以上のうち、第二のタイプは領家職と表記される明証があり(17)、預所職と領家職が同義でもちいられる事例もこの形態から理解できる。しかし、第一のタイプが領家職に帰結することは論証されておらず、むしろそれが本家職の創出であると考える。その論拠となる典型的な事例として、播磨国高岡荘をとりあげたい。

近衛家所領目録によると、高岡荘は十三世紀半ばに近衛兼経から弟の鷹司兼平が相伝して近衛家を離れ、鷹司家領となった。ここで鷹司家は近衛家の権限を完全に引き継いだことになる。鷹司兼平は高岡荘を次子の兼忠に譲り、さらに兼忠から次子の基教に譲られて南北朝期をむかえるが、兼忠—基教の系統は鷹司家の庶流となり猪熊家を称した。この基教が貞和五年（一三四九）九月に認めた譲状(18)に、つぎのような記述がみえる。

一、播磨国高岡南庄者、一瞬之後可被管領之由、先年譲与仁和寺禅尼于時鷹司前博陸同宿畢、且其時前博陸被出許諾状於禅尼云々、但於領家職者、岡屋殿御代経光卿拝領以来、代々相続知行由緒異他、兼綱朝臣。令相伝知行、毎年々貢五十果之外、更不可有別課役、其子細委載譲禅尼状了、（後略）

猪熊基教は高岡荘を南北に分割し、数年前に同南荘を鷹司師平室の仁和寺禅尼へ譲ったところ、師平から「許諾状」が禅尼に発給されたという。師平は兼忠の兄基忠の嫡孫で鷹司家の嫡流にあたる。つまり、庶流の猪熊家から高岡南荘が譲与されるに際して、鷹司家の嫡流からそれを許可する文書が発給されているのである。これは川端氏が指摘した近衛家所領目録の「庄務無本所進退所々」における近衛家と庶子の関係と同じであり、高岡荘が鷹司家領としての性格を保持しながら、庶流の猪熊家に荘務権が相伝されていたことをしめす。

では、猪熊基教から仁和寺禅尼に譲られた権益はどのように表記されたのだろうか。同荘の領家職を相伝知行する勘解由小路兼綱の譲状(19)には、つぎのような記述がある。

一、播磨国高岡南庄領家職
子細見故円徳寺禅閣御譲状、但此地本家職仁和寺禅尼（故照光院関白殿北政所洞院故相国娘）先年被返進。御譲状於鷹司殿、仍永代
可相伝領知之由給御教書了、（後略）

猪熊基教から仁和寺禅尼に譲られた高岡南荘の権益は本家職と表現されている。そして禅尼がこの本家職を得た基教譲状を鷹司家嫡流に返進すると、鷹司家から勘解由小路兼綱に「永代相伝領知」を認める御教書が発給された。つまり、猪熊家は鷹司家嫡流を本所として高岡南荘の本家職を相伝する関係であったことがわかる。さきにふれた細川荘の本家職とそれをめぐる鷹司家と猪熊家の関係についても、この高岡南荘における鷹司家と猪熊家の本家職をめぐる関係と同様であったとみることができよう。

では、こうした本家職の存在は鷹司家に入らなかった近衛家領荘園でも確認しうるだろうか。鎌倉末期の近衛家領尾張国堀尾荘と長岡荘の境界相論に関わる文書群（案文）を書き継いだ「参軍要略抄下」紙背文書のなかに、つぎのような史料がある。(20)

近衛北政所御領尾張国堀尾庄雑掌良有謹重言上
　欲早被経御奏聞、且依証文理、且任先規、可被定堺旨蒙御裁許、被押領当庄内四分三於長岡庄方、無謂子
　細事
副進
　一巻　本所代々関東度々御下知御教書等案
　一通　院宣案元応二年九月廿五日先領家三条廊御方御知行御時、依繁自余略之
右、長岡庄庄官等打越堀尾庄往古四至堺、令押領四分三田畠荒野等之間、対于先領家三条廊御方亀山院祇候日野
前大納言家為御奉行就訴申之、度々被下院宣之処、於押妨之段者、依無所遁違背至極之後、雖捧雑掌国弘請
文、皆以承伏之間、此上者可蒙御裁許之由令言上最中、長岡庄本家職又如元返進近衛殿之間、元亨元五月日
重奉属同奉行、令言上子細之処、依御不沙汰于今延引不便也、所詮重被経御奏聞、且依証文理、且任旧例、
自長岡庄於所押領四分三堺田畠荒野等者、本所代々関東度々御下知御教書等分明之上者、如元可被付堀尾庄
之旨、預御裁許被停止自由之押領、全所務為被行件庄官於所当之罪科、重言上如件、
　　元亨二年正月　日

堀尾荘側が長岡荘の押領を不当として訴えた申状の案文だが、同じ案件の相論がすでに院の法廷で行われ、裁許の院宣が出される直前になって、長岡荘の本家職がもとのごとく近衛殿に返されたため、あらためて審理がやり直しになったという事実に注目したい。

この「長岡庄本家職また元の如く近衛殿に返進す」という記述を旧来の「寄進地系荘園」の理解にそって読むと、長岡荘の領有体系の頂点に立つ「本家職」が近衛家→某者→近衛家と動いただけ、というようになってしま

う。しかし、この理解は成り立たない。なぜなら、右と同じ堀尾荘側の発給文書として、九年前にあたる正和二年十月日堀尾庄地頭代光綱申状案には「凡云長岡庄云堀尾庄、共以本所雖為一所御領」とあり、その五ヶ月後に堀尾荘雑掌良有が出した重申状案にも「堀尾庄・長岡庄共以為近衛殿御領、而動自長岡庄方打越往古之堺、已令押領堀尾方四分三之時」とあるように、相論以前から堀尾荘も長岡荘も近衛家領であることにかわりはないと述べているのである。したがって、長岡荘は一貫して近衛家領であり、そこに設定された本家職とは、本所である近衛家が進止すべき所職の一種と考える。副進文書の割注などをみると、亀山院に祗候する「先領家三条廊御方」から領家が交代したとあり、このことと関わって本家職の進止権が本所近衛家に戻されたのであろう。

以上、近衛家領を素材にみてきたように、摂関家領荘園における本家職は本所（近衛家）から庶子家への相続（別相伝の形成）が進むなかで新たに形成された職の一種であり、決して十二世紀の立荘時に成立して安定的に存続したものではなかった。前節で述べた王家領と同様に、摂関家領においても本家職は荘園形成時に出現するのではなく、鎌倉期以降の領有体系の分節化にともなって生み出されてきたのである。

第三節　神社領荘園の本家職——上賀茂社領の分析

神社領荘園の研究では、一般に伊勢神宮領を対象とすることが多いが、ここでは「寄進地系荘園」概念とは異なる荘園形成のあり方が論じられてきた、上賀茂社（賀茂別雷社）領荘園をとりあげる。というのも、同社領の関係史料には本家職がいくつか確認され、そのなかには戦国期にいたる事例も散見されるからである。

中世の上賀茂社領荘園の形成については、寛治四年（一〇九〇）に朝廷が二十二ヶ所の荘園を寄進した、いわゆる「寛治寄進」がよく知られている。[21] この寛治寄進は、朝廷の政策転換にもとづく中央主導の立荘の出発点として評価されており、[22] 下からの所領寄進の積み上げが荘園形成を導いたのではない。つまり、下からの寄進の連鎖にもとづく「職の体系」をあてはめることができないにもかかわらず、上賀茂社領荘園には本家職が存在するのである。これは本家職の性格やその出現形態を検討するうえで、またとない素材といえよう。

さて、上賀茂社領の本家職が登場する早い事例としては、賀茂別雷神社『社務補任記』[23]（京都大学文学部所蔵「賀茂社旧記」三に所収）によると、元弘二年〜三年（一三三二〜三三）の神主惟久が近江国船木荘の本家職を氏人中に永代寄附したとある。また、応安元年〜三年（一三六八〜七〇）の神主為久は、同社の寄検非違使中原章世に対する「俸禄」を社家が沙汰していないため、勅裁を得て丹波国由良荘の本家職を章世に付したという。

応永三十五年（一四二八）に神主を辞した資久の事績までを載せる『社務補任記』の成立は、少なくとも十五世紀中葉以降であり、同社領の本家職が鎌倉末期に存在したか否かは確定できない。ただし、船木荘・由良荘いずれの記述も本家職が上賀茂社神主（社務）から「寄附」されるものである点は注目してよい。上賀茂社領荘園の本家職が同社への神役や神主（社家賀茂氏）の権益そのものではなく、むしろ後者との密接な関係が推測されるからである。

さらに由良荘については、応永元年（一三九四）十一月二十四日足利義満御判御教書[24]が「播磨国室・塩屋、丹波国由良庄本家職」の知行を安堵しており、これが本家職の確実な初見史料となる。室町幕府はこの御教書をうけて、播磨・丹波それぞれの守護に対して文書を発給している。由良荘の本家職に関する播磨守護宛ての文書[25]はつぎのとおりである。

丹波国由良庄本家職事、任安堵可被沙汰付片岡祢宜男平雑掌之状、依仰執達如件、

応永元年十一月廿六日　　　　左衛門佐（花押）

細河右京大夫殿

由良荘の本家職を片岡社（上賀茂社の末社）祢宜男平の雑掌に「沙汰付」けることが、播磨守護細川頼元[26]に命じられている。上賀茂社領荘園の本家職が室町将軍家により安堵され、その所在国の守護による沙汰付の対象となっている。これは同社領若狭国宮川荘でも確認でき、その淵源について詳細な事情を知ることができる。つぎの史料をみてみよう。

A

（花押）

一　賀茂社片岡祢宜富久与前神主資久相論若狭国宮川庄本家・領家・公文等三職事、富久光（先カ）祖行久与資久先祖相互契約之状在之、仍本家職者広久富久父、領家・公文職者資久、至去応永十六年知行畢、爰広久領家職事歎申間、資久無理之由被仰出、自　仙洞様一円被仰付広久訖、其後破契約之旨訴申之間、勝定院殿御代、以御教書又一円被下資久、于今知行云々、然者先度之訴訟雖為物忩、任契状、以別儀被返下本家職於富久訖焉、

永享二年十月十一日　　　　肥前守為種（花押）

大和守貞連（花押）

B

賀茂社領若狭国宮川庄本家職事、所返付片岡祢宜富久也、如元令領掌可専神役之状、如件、

永享二年十月十一日

右近衛大将源朝臣（花押）

C

賀茂社領若狭国宮河庄本家職事、早任還補御判之旨、可被沙汰付片岡祢宜富久代之由、所被仰下也、仍

執達如件、

永享二年十月廿日　　　　　　　　左兵衛佐（花押）

一色修理大夫殿

Aは「御前落居記録」[27]からの引用で、BとCは早稲田大学所蔵「上賀茂神社文書」の足利義教御判御教書と室町将軍家御教書である。[28]いずれも永享二年（一四三〇）十月に発給された、室町幕府における一連の相論に関わる文書である。

すでに相論の経過はこれらの史料などから須磨千穎[29]氏によって整理されている。ここではその成果によりつつ、須磨氏が残る課題とした本家職の成立について考えたいが、その際にまず注目すべきなのは、南北朝期ころに上賀茂社領宮川荘の本家職と領家職を社家賀茂氏の有力な二系統（広久と資久、図2参照）がそれぞれ知行する「契約」が成立した事実である（史料A）。しかも、その本家職を知行する人物は「神役」をつとめる義務があり（史料B）、荘園の領有体系では上賀茂社のすぐ下位にあって、その本家職の知行を実現するためには将軍の安堵と守護の施行を必要としていること（史料B・C）がわかる。

須磨氏は南北朝期の「契約」以前から宮川荘に「本家職」「領家職」が存在していたように推測するが、これは「職の体系」論を敷衍した結果であって、その裏づけとなる史料は存在しない。「寛治寄進」によって立荘され、国衙領の宮川保と入り組んだ複合的な荘域構成をとる宮川荘は、寄進の連鎖にもとづく荘園成立という「寄進地系荘園」概念や「職の体系」論では説明できず、鎌倉期に社家賀茂氏の知行対象となる「本家職」「領家職」がすでに存在していたとは考えにくい。事実、鎌倉期の史料にみられる宮川荘の所職は預所職と公文職であり、いずれも鎌倉末期には社家賀茂氏の知行対象となる。[30]そして同じ鎌倉末期の宮川荘に神主（社務）が得ていた地位をしめすのが、つぎの史料[31]である。

下　宮河御庄

可早守下知旨、宗金当知行不可有相違、為生寺別当職事

右別当職事、印弁雖申子細、依他所居住人之訴訟、難及改動歟、然者、宗金当知行、更不可有相違、殊可抽

堂舎修造之忠節之状、所仰如件、

文保元年四月廿九日

領家（花押）

宮川荘に立地する為生寺の別当職について、文保元年（一三一七）に同荘の領家が宗金なる人物の当知行を認めた下文である。問題はこの領家だが、その花押は図3のとおりであり、徳治三年（一三〇八）まで上賀茂社神主をつとめた賀茂経久の花押（図4）[32]と酷似していることから、経久の近親者とみてよい。そこで浮かび上がってくるのは、経久の嫡男で文保元年当時に上賀茂社神主をつとめた賀茂忠久である。残念ながら忠久の花押は知られていないが、右の下文を発給した上賀

図2　宮川荘本家・領家職の伝領に関する賀茂氏略系図

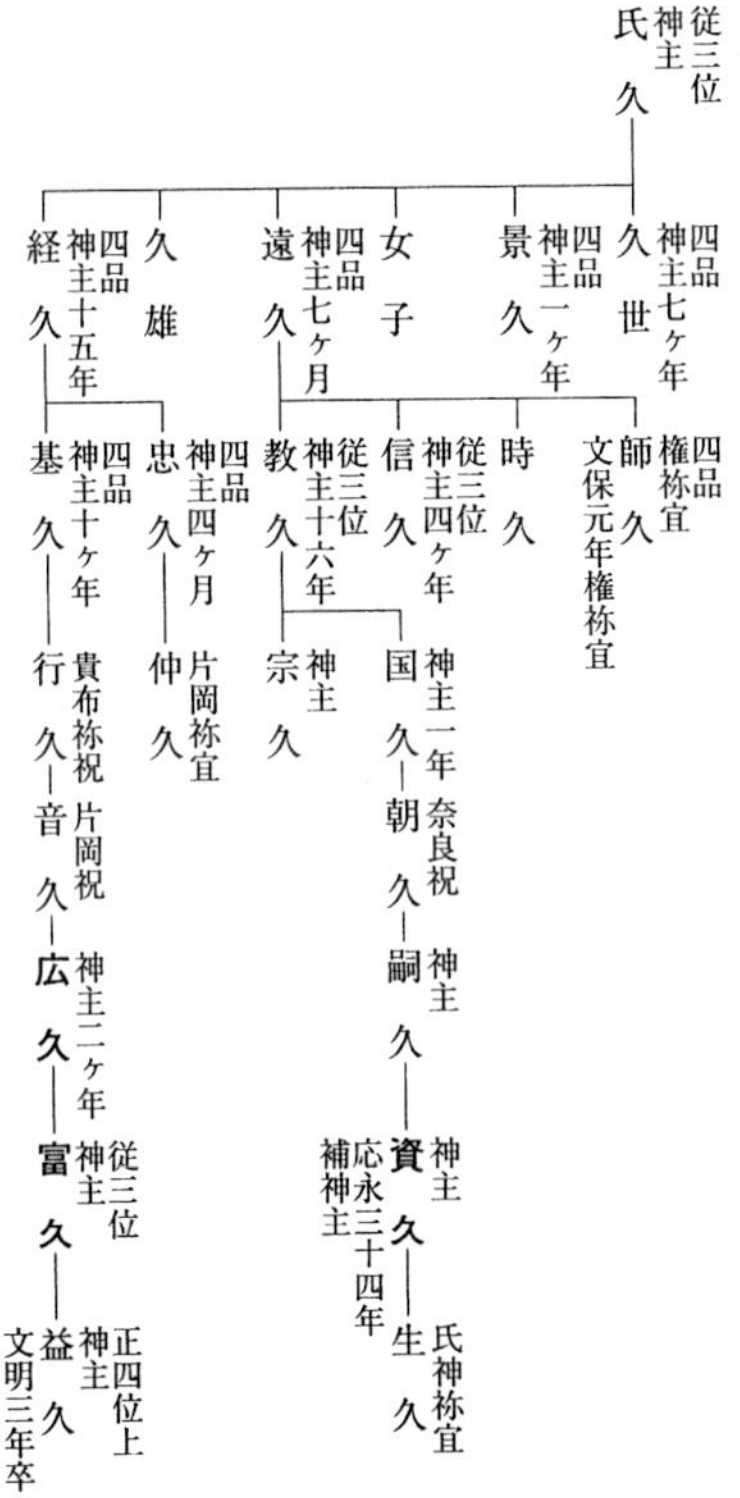

註29所引須磨論文掲載の系図より一部抜粋して作成

図３　文保元年の宮川荘領家の花押（註29所引書より）

図４　賀茂経久の花押
（『花押かがみ』四より）

茂社領宮川荘の領家は同社神主の忠久がふさわしいと考える。こうした領有関係は、たとえば興福寺領や法隆寺領の荘園でそれぞれの別当が領家の地位にある場合と同じであり、中世の寺社領において一般的な事例といえよう。

さて、鎌倉末期の宮川荘では、このように上賀茂社神主が領家の地位にあり、同じ社家の賀茂氏が預所職と公文職を知行していた。ところが前掲の史料Aによると、南北朝期には預所職が消えて公文職と本家職・領家職のセットがあらわれ、社家賀茂氏の有力な二つの系統が本家職と領家職をそれぞれ知行する「契約」が結ばれている。この前後を通じて、上賀茂社には従来どおりの年貢・公事（神役）が納入され、その神役勤仕を院宣[33]で安堵されているのも神主（社務）であることにかわりはない。したがって、南北朝期に社家賀茂氏の知行対象として登場した本家職と領家職は、それまでの領家や預所職にともなう職務や得分が再編成され、社家賀茂氏の知行する所職として本家職と領家職に分離したものと考えるべきである。これは第一節で鎌倉後期の王家領の分析から抽出した〈本家職—領家職〉の「契約」関係が、やはり十四世紀の神社領荘園にも形成されていたことをしめす事例と評価すべきであろう。

以上、上賀茂社領荘園における本家職の分析を通じて、それが鎌倉末期から南北朝期にかけて社家賀茂氏の知行する、新たな荘園所職として出現したことを確認した。王家領や摂関家領のみならず神社領の検討からもいえることは、中世荘園の本家職は鎌倉後期以降から一般的に出現し、それ以降も存続ないし再生産されている事実である。

これまでの王家領・摂関家領・神社領にわたる検討を総合すると、中世荘園の成立は本家職を生み出すものではなかったことははっきりしている。にもかかわらず、これまでの研究が中世荘園の成立を寄進の連鎖とそれにもとづく「本家職」以下の重層的な領有体系の確立として理解しつづけてきたのは、そうした言説によって荘園形成のメカニズムを説き、自己の権益擁護をはかろうとする者の作成した史料が鎌倉後期以降に蔓延し、これを後世の研究者が安易に利用してきた結果であると考える。次節では、この点を史料に即して明確にすることにしたい。

第四節　荘園領有体系の再編成論と本家職

鎌倉期以降に本家職が出現する契機としては、本所から別相伝の所職として創出されるにせよ、荘園知行者の職務・得分が寄進などを通じて分離するにせよ、鎌倉期以降に荘園の知行や相続の形態が多様化するなかでの現象という点では共通している。荘園領有体系の変質過程に本家職の出現を位置づける本章の主張はこのような意味からだが、では、そうした本家職の形成はいつまで遡るのだろうか。

これまでの研究で「本家職」の初見史料とされているのは、中田薫氏もとりあげた文治二年（一一八六）十月十六日の八条院庁下文案[34]である。

八條院庁下　丹後国大内郷吉園庄

可以女房弁局為預所職事
右庄者、為弁局相伝私領、於本家職者、為断後代牢籠、寄進八條院畢、有限御年貢備進之外、於預所職者、知行領掌不可相違、称有由緒、被成其煩者、更非寄進之限、依申請、可令子孫相伝之状、所仰如件、庄家宜承知、不可違失、故下、

文治二年十月十六日　　　　　　主典代散位大江朝臣在判
別当従三位藤原朝臣在御判
内蔵頭藤原朝臣判

丹後国の「大内郷吉圍庄」について、八条院に仕える弁局からの「本家職」寄進にもとづき、弁局に「預所職」の知行を認めた文書である。これには前段階があり、寿永三年（一一八四）の寄進状[35]において、平辰清から丹後国の「大内郷」が弁局に寄進され、その「地頭職」を辰清の子孫が相伝する条件が付されていた。つまり、平辰清を基点とする二回の所領寄進が「大内郷吉圍庄」を成立させ、とくに第二次寄進にあたる弁局から八条院への「本家職」寄進がこの荘園の確立にはたす役割が注目されてきたのである。

しかし断っておくが、右の八条院庁下文は立荘（立券）に関わるものではない。新たに立荘を命じて預所職の補任を明記した他の院庁下文などと比較すれば、それは一目瞭然である。「大内郷吉圍庄」の実態や鎌倉後期の史料にみえる「大内庄」との関係には不明瞭な部分が大きいが、少なくとも「大内郷吉圍庄」が八条院領の中世荘園として立荘されたものでないことは明らかで、中世荘園の成立と本家職の出現を直結させる根拠としては使用できない。それは、右の八条院庁下文を除くと、本家職の呼称が鎌倉後期までまったく登場せず、この下文がきわめて浮き立った存在である点からも首肯されよう。

さらに注意すべきことに、右の八条院庁下文や平辰清寄進状などは、建武四年（一三三七）に東寺への得分寄進に際して作成された一連の案文であり、槇道雄氏[36]が指摘するように、南北朝期に大内荘を伝領していた大覚寺統と対立する持明院統側の人物が作成したものである（「建武四年」という年号表記法に注意）。これらの文書群は南北朝期における訴訟文書ともいうことができ、しかも作成者には東寺への得分寄進にもとづく寄沙汰の意図が垣間見えることからしても、著名な「鹿子木庄事書」との類似性を思わずにはいられない。

以上の検討から判断すると、「大内郷吉園庄」は弁局に対して認められた国免荘レヴェルの所領と考えるべきで、弁局から得分の一部が「御勢を募らんがために」八条院へ寄進されたのは事実としても、それを本家職と呼称することが文治段階から一般化していたかは疑わしい。王家や摂関家によって立荘された中世荘園においても、貴族社会内部での「契約」にもとづく職務・得分の分離や寄進は十二世紀からあり、これを本家職を生み出す原理的な動きとみることにまちがいはないが、やはり国制上のタームとして史料表記の一般化をメルクマールと考えれば、本家職の体制的な成立時期は鎌倉後期とすべきである。

ところで、鎌倉後期以降の史料をみると、相続や寄進を通じて職務や得分を分割する場合に、「上」「下」という表現方法をとる事例も散見される。たとえば、すでに検討した最勝光院領長田荘の伝領過程において、

仍以此地一所、被宛置内親王幷　式乾門院御菩提料所、於領主職者、邦繁一円不輸、可子孫相伝之旨、依被仰置、

とか、

凡件庄、　式乾門院無上而可相伝知行之由、被仰置之間、

とあるように、式乾門院は置文で平邦繁に「上」の無いように領主職を「相伝知行すべきの由」を「仰置」いた。[37]

ここでは「上」と領主職が対句となっており、しかも後者を帯びる平邦繁に立荘以来の最勝光院寺用と「内親王并　式乾門院御菩提料」以外は「一円不輸」としていることから判断すると、この「上」とは「領主職」の上位に設定される得分収取権を指すと考えられる(38)。

さらに、この「上」に対する領主職を「下」と表記した事例がつぎの史料(39)である。

山田庄狼藉事、愚状献候□、忩々可令申沙汰給候、当庄者、曾祖父内大臣通親所領候、而建仁薨去之時、為
後鳥羽院　勅断、被成故承明門院御領候了、然而於下知行者、故内大臣、故大納言入道□□相続□行者、
剰定実知行之間、故承明門院被成□

『実躬卿記』の紙背に遺された鎌倉後期の源定実書状である。これによると十三世紀初頭の山田荘は曾祖父源通親が知行していたが、その死後、後鳥羽院の裁断により、通親の女子で皇后の承明門院に与えられることになった。ただし、「下」の「知行」においては通親から定通—顕定—定実へと相伝されてきたという。つまり後鳥羽院の荘園領主権のもとで源通親が山田荘に有していた職務や得分は、承明門院分の「上」と通親子孫分の「下」に分離されたことがわかる。そして、これと同様な「上」と「下」への分離を「上」と「下地」の対句で表記する同時期の史料(40)があることから、「下」は承明門院の得分を沙汰する下地知行権、まさに領主権を指すものと理解してよかろう。

王家や摂関家のもつ荘園領主権のもとで、知行者の職務や得分が相続や寄進などを通じて身分制的に分離し、それを「上」「下」と表現することをみてきたが、これは鎌倉後期以降に一般化する本家職の成立、あるいは〈本家職—領家職〉関係の「契約」締結とまったく同じ事態を指している。すなわち、「上」は上分を意味し相続者の家格に応じて本家職と呼ばれ、逆に「下」は下地の沙汰を含意して領主職（家格によっては美称の領家職）

の知行を指すと考えられるのである。

事実、「下」とほぼ同義の領主職や領家職の上位に立つ得分収取権＝「上」を「本家」と呼称した事例が存在する。亀山院宛ての正応五年（一二九二）九月五日大宮院譲状案[41]には、

と□はゐの入道のりやうと□ひめ宮の御あととて候しときに、相国にしもをハさたせよと申て候しかとも、いまはそのきも候ましけれハ、しも、一かうに御さた候へく候、ひめ宮もかひなき事にて候へハ、そのやうハゆめ〳〵候ましく候、

とあり、父西園寺実氏から数々の所領を譲得していた大宮院は、その譲与にあたって「相国」西園寺実兼に「しも（下）」を沙汰させようと考えたが、これをあらため「上」も「下」も亀山院に譲ることとした。しかし、額田荘については、嘉元四年（一三〇六）の大覚寺統所領目録[42]に「大宮院崩御之時、下ハ譲給于西園寺入道相国、本家ハ被譲于亀山院了」とあるように、やはり「下」は西園寺実兼に沙汰させ、それに対する「上」＝「本家」は亀山院に譲られたことが判明する。

金井静香氏[43]は右の事例を検討して、大宮院が父西園寺実氏から相伝した「実氏領荘園」＝中世荘園の「領家職」の上位に「本家職」を設定して、王家と西園寺家のあいだに「本家・領家関係」を新たに構築したと述べている。「職の体系」論を前提に、西園寺家から大宮院に進められた権益を「領家職」と規定し、そこから相続を介して王家のために「本家職」が割かれたという論旨であるが、これは矛盾した論理展開といわざるを得ない。なぜなら、「職の体系」論には、鎌倉末期の十四世紀初頭に「領家職」から新たに「本家職」が分離して設定され、それが存続したなどという事実認識も構想も存在しないからである。

西園寺家から大宮院に伝領された所職が「領家職」であったという未実証の理解はもとより、金井氏のいう

「本家・領家関係」の構築という指摘は、私見の鎌倉後期以降における〈本家職―領家職〉関係の「契約」（この場合は相続にともなう）と同じ実態を指しているようで根本的に異なる。金井氏の掘り起こした右の史料は、むしろ「職の体系」論を正面から批判しうる明確な事例として分析することで、真価を発揮することができよう。

以上、立荘後の相続ないし寄進を介した職務や得分の分離現象を確認し、これが鎌倉期以降の史料で「上」「下」あるいは〈本家職―領家職〉関係の「契約」として表記されることをみてきた。こうした荘園成立後の二次的な動きが鎌倉期以降に拡大する背景には、本所たる王家や摂関家の相続にともなう別相伝の創出に加え、訴訟や紛争への対処から、親王家領が主体的に治天の君に譲進されるような荘園領主層の動き、あるいは院政期に王家や摂関家の立荘により中世荘園の預所職を得た中・下級貴族や女房などが自己の得分を分かち、文字どおり権威を募って院や上級貴族や権門寺社に寄進する行為の増大、などが考えられる。[44]

鎌倉後期においては、公武間の戦争（たとえば承久の乱）を通じた広範な地頭請所の成立などにもとづき、荘園領主に納入される年貢額がほぼ固定しており、これを前提条件に荘園領主や所職知行者の内部での得分の再配分が行われる。とくに両統対立をはじめとする政治状況の複雑化に応じて、知行の保護を期待したり、貴族社会における人間関係の設定・強化のために、これまでみてきたような「上」「下」の分割譲与、あるいは〈本家職―領家職〉関係の「契約」という現象をとって再配分が進むのであり、この場合の上分（本家職の得分）は新たに在地から収取されるものではない。

中世荘園における本家職は、たとえそれを生み出すような原理的な動きが平安末期にはじまっていたとしても、以上のような歴史段階のもとで体制的に成立し、ひきつづき再生産されうるものである。したがって、鎌倉後期以降の史料で本家職の成立を遠く遡及させる記述があったとしても、それを歴史事実として鵜呑みにすることは許されない。にもかかわらず、従来の研究ではこの点の明確な認識が非常にルーズであった。その典型的な事例として、ここでは中田薫氏以来多くの研究で注目されてきた、鎌倉後期の大和国山口荘をめぐる相論にあらわれた本家職をとりあげ、最後に荘園研究の方法についても論及しておきたい。

延慶二年（一三〇九）の訴陳状等[45]が残るこの相論は、訴人俊覚僧都と論人大日姫宮・宮上﨟局（遊義門院女房）を両当事者とするもので、問題の発端は建暦二年（一二一二）に藤原氏（按察局）が北大路大納言家に山口荘を寄進したことにある。その寄進状は論人側が副進文書として案文を提出しており、つぎのような内容であったことが知られる。

寄進

所領壹処事

右大和国山野辺郡山口庄事

副進

有経寄文并祖父阿覚譲状案等

右、件庄者、散位大江朝臣有経相伝所領也、去永久比相論出来之時、被行仗儀、任諸卿定申、有経賜長者宣之後、寄附京極源大納言家、至于阿覚賜代々長者宣、知行年尚矣、但西金堂御年貢弐拾石毎年所進済也、然今祖父阿覚譲賜藤原氏者也、相伝四代知行敢雖無相違、為奉募御勢、所奉寄進大納言殿御領也、於領主職者、藤原氏子々孫々相続、不可有相違、仍所奉寄進如件、

建暦二年二月廿九日　　　藤原氏在判[46]

山口荘が藤原氏（京極局）に相伝される経緯を簡略に述べたうえで、御勢を募るために北大路大納言家へ寄進

し、領主職は藤原氏の子孫が相伝するとしている。延慶相論の基本的な構図でいうと、訴人はこの北大路大納言家の子孫から寄沙汰をうけた者であり、論人は藤原氏の権益を継承し現実に荘務を掌握していたようである。

延慶の相論では、この建暦寄進時に北大路大納言家へ寄進されたのが山口荘の本家職であり、藤原氏は領主職をもつことになったとする点で両当事者は一致している。ただし、右の建暦寄進状には本家職という表現はなく、訴状によれば北大路大納言家の権益が最初に本家職と表記されたのは鎌倉後期の藤氏長者宣まで下る。すでにみてきた事例と同様に、鎌倉後期にいたって、半世紀以上前の寄進対象をようやく本家職と呼称していることがわかる。

さらに注意すべきは、建暦寄進状にあるように、京極大納言（源雅俊）から藤原氏（京極局）にいたる山口荘の「知行」は藤氏長者宣で安堵されており、建暦寄進にあたっても「建暦勧学院政所御下文」の発給されたことが陳状などから知られる。そもそもこの延慶二年の相論自体、前年の摂政改替（九条師教→鷹司冬平）にともなう藤氏長者の代替わりを好機とみて訴人が提起したものであった。そして、訴人が藤氏長者宣を代々の公験とし、論人も「執柄家御領并南都□之所領相論之時、或蒙長者宣」るのが原則としているごとく、十二世紀から一貫して山口荘の領有体系の頂点に位置するのは、摂籙（執柄＝摂関）の職と結びついた藤氏長者であった。鎌倉後期に本家職と表記された北大路大納言家の地位および得分は、この藤氏長者から安堵される所職であり、しかも十三世紀に入って藤原氏（京極局）の職務と得分から分離したもの（〈本家職―領家職〉関係の「契約」）にすぎないのである。

では、藤氏長者が山口荘における領有体系の最高位にあり、鎌倉期を通じた〈本家職―領主職〉間の相論に裁許を下しうる権原はなにか。それは建暦寄進状にも「西金堂御年貢弐拾石毎年所進済也」とあるように、この山口荘が藤氏長者の管領下にある興福寺領[47]として中世荘園の歩みをはじめたこと、まさに「執柄家御領并南都□之所領」であることにもとめられると考える。

建暦寄進に端を発する鎌倉期の相論より以前の山口荘については、建暦寄進状の簡略な記載のほかに、十一世紀末葉の大江公仲譲状を中心とした別系統の史料にもとづき、村井康彦氏や安田次郎氏が整理している。[48]いまここで必要な事項を確認しておくと、大江公仲から養子の有経に譲られた「山口庄」は、公仲による悔い返しと女子への再譲与が原因で相論となり、結局は有経の知行が認められた。建暦寄進状で「永久比相論出来」として回顧されている事件である。こののち有経は山口荘を京極大納言（源雅俊）に「寄附」し、雅俊から孫の俊光（阿覚）、その孫の藤原氏（京極局）へと相伝されたが、有経およびその子孫が「寄附」後に何らかの権益を有したのかは不明である。

そこで注目したいのは、大江有経の段階から藤氏長者宣を賜り、かれの「寄附」をうけた源雅俊から毎年、興福寺西金堂への年貢二十石の進済が行われてきたとする建暦寄進状の記述である。有経の勝訴から建暦寄進状まで関連史料がまったく現存しないため、村井氏や安田氏は踏み込んでいないが、さきに述べた鎌倉期の相論から導かれる山口荘と藤氏長者の関係をふまえて判断するならば、山口荘は十一世紀からつづく「山口庄」（おそらくは免田段階）から脱皮して、公仲遺領相論を経た十二世紀前葉に、興福寺西金堂へ年貢を負担する領域性をもった中世荘園として確立したものと考えたい。そして繰り返しになるが、山口荘の本家職はこの段階で成立したのではなく、十三世紀の段階において藤氏長者を頂点とする領有体系の枠組みの内部で、新たに創出された荘園所職なのである。

従来の研究は、右に述べてきたような肝心の事実認識がまったく欠如したまま、山口荘の本家職について分析を行ってきたといわざるを得ない。とくに西谷正浩氏[49]は延慶相論の経過をふまえて、「かつて本家職といえば、所有権・領有権・荘務権を兼ね備えた包括的な所領支配権を意味した。ところが、十四世紀初頭にはもう往時の姿はなかった」と評価している。十二世紀を中心とする荘園成立時に生じた本来の「本家職」が鎌倉後期に変質し、単なる得分権の表示にすぎなくなったと主張するのである。

しかし、山口荘の相論をはじめ西谷氏がもっぱら分析にもちいた鎌倉後期の本家職とは異なる、氏のいう荘園成立時から存在する本来的な「本家職」の存在は独自に論証されておらず、あくまで「寄進地系荘園」概念に依拠した立論にすぎない。西谷氏が鎌倉後期の史料から抽出した、得分権的性格が濃厚な本家職こそが本来の本家職なのであり、それとは異質の「本家職」が歴史的に先行して存在したように考えること自体が誤りである。

永原慶二氏の再構成した「寄進地系荘園」概念に、中世荘園の確立を象徴するものとして「本家職寄進」が組み込まれたことは本章冒頭でも述べた。それは、中田学説において十世紀から中世を通じて存在するとされた「本家職寄進」を、十二世紀の特徴的な動きとして純化するものであったから、本家職を意図的に院政期の荘園成立と結びつける鎌倉後期の相論史料の言説を信じて疑わない、中田氏の史料操作の問題点をも、いわば濃縮して引き継ぐことにもなった。

永原氏は、中田学説が重視する寄進主体の権限の強さを在地領主については明確に否定するために、「鹿子木庄事書」は鎌倉幕府成立後の政治状況が一変した段階の史料だから、院政期の状況を抽出することは不適当とした。しかし、その一方ではまったく同じ史料で述べられている「本家職寄進」を踏襲した以上、中田氏の史料操作に対する批判が不徹底であったという誹りはまぬがれない。ここに永原説の落とし穴があった。

さまざまな領主のもつ所領文書＝券契が院や摂関家に近い中央貴族へ寄進され、さらにその貴族の手で院や摂関家に寄進される。このような券契文書の流れが存在することは否定しない。これらの券契文書の動きと実際の立荘とは明確に区別して考えるからである。そして「本家職寄進」の問題に即していえば、最初の寄進（第一次寄進）で中央貴族の荘園が成立し、さらに第二次の寄進によって中世荘園が確立するととらえ、後者の寄進を「本家職寄進」と概念化したのが誤りなのである。

中田薫氏が「本家職寄進」を論ずるために提示した数多くの史料は、本章でもいくつかとりあげたようにすべて鎌倉後期以降のものである。そこには本家職の成立を史料作成と同時代の鎌倉後期や南北朝期の事実とする史料もあれば、遠く数世紀もさかのぼった時点で「本家職寄進」が存在したかのように装う記述の史料もある。[50]もとより後者の内容をそのまま歴史的事実と認定し、十世紀から中世を通じて「本家職寄進」の存続と同質性を指摘した中田氏の史料分析法は誡められなければならない。そして本章の検討をふまえて、前者の分析から鎌倉後期以降に固有の荘園所職として本家職の本質を規定し直すことも必要である。中田学説の「本家職寄進」は、荘園領有体系の再編成論に位置づけることで、今後に継承することができるのである。[51]

おわりに

かつて大石直正氏[52]は、十三〜十四世紀の所領寄進に着目し、中田学説の根幹をささえる「鹿子木庄事書」が十三世紀末葉の寄沙汰に関わる史料であることをふまえ、その内容から抽出された「職権留保付領主権寄進」という所領寄進が同事書の作成された鎌倉後期にこそ存在したと述べている。本章はいわばこれと同様な視角から、本家職は荘園領有体系の頂点に立つものでもなければ、院政期に生まれて南北朝期に解体するものでもなく、まさに鎌倉後期の錯綜した権力構造のなかで体制的に成立した新しい職であることを主張した。本家職の成立（「本家職」の変質ではない）は、鎌倉後期以降の荘園支配やそれをとりまく国制、政治構造の分析にこそ生かされるべきなのである。

繰り返しになるが、中田薫氏のいう「本家職寄進」は歴史的事実として存在する。ただし、この「本家職寄進」は中世荘園の成立（立荘）とは基本的に関係がない。「本家職寄進」は「寄進地系荘園」概念のように荘園成立の問題として論じるのではなく、荘園成立後における相続や寄進などを通じた領有体系の変質、とりわけ新しい職の創出を象徴的にしめすものとして位置づけるべきである。近年活況を呈している鎌倉後期を中心とした王家領や摂関家領の再編成論が、そうした新たな視角のもとに論点を提起せず、まるで「職の体系」論を無二の前提であるかのように議論を組み立てているのは、いかにも残念でならない。立荘像の見直しと連動させた本章の史料分析が、真に「職の体系」論を克服するための問題提起となれば幸いである。

註

（1）中田薫「王朝時代の庄園に関する研究」（同『法制史論集』第二巻、岩波書店、一九三八年。初出は一九〇六年）。以下、中田氏の見解はこれによる。

（2）永原慶二「公家領荘園における領主権の構造」、同「荘園制の歴史的位置」（ともに同『日本封建制成立過程の研究』岩波書店、一九六一年。初出は順に、一九五八年、一九六〇年）、同「荘園制における職の性格」（同『日本中世社会構造の研究』岩波書店、一九七三年。初出は一九六七年）。

（3）永原慶二「荘園制解体過程における南北朝内乱期の位置」（註（2）所引永原慶二『日本中世社会構造の研究』。初出は一九六二年）。

（4）鈴木国弘「中世国家体制下における「郡」「郡司」「郡住人」―中世「国郡制」論序説―（『日本大学文理学部人文科学研究所研究紀要』六二、二〇〇一年）は、永原慶二氏の「職の体系」論が下からの寄進よりも上からの補任を重視する点を指摘したうえで、「職の体系」の頂点に位置づけられた「本家職」の補任主体を、永原氏が「国家高権」にもとめていたこと（もちろん補任文書はない）に注目し、それに関する議論がこれまでほとんど行われてこなかったと述べている。

（5）上横手雅敬「国衙領と職」（同『日本中世政治史研究』塙書房、一九七〇年）。

（6）川端新「荘園所職の成立と展開」（同『荘園制成立史の研究』思文閣出版、二〇〇〇年）。以下、とくに断らないかぎり川端氏の見解はこれによる。

（7）石井進「荘園寄進文書の史料批判をめぐって―『鹿子木荘事書』の成立」（同『中世史を考える―社会論・史料論・都市論』校倉書房、一九九一年。初出は一九七〇年）。

（8）上島有「東寺寺院経済に関する一考察　特に最勝光院領庄園について」（読史会編『国史論集』（一）、読史会、一九五九年）。

（9）網野善彦「荘園公領制の発展と転換」（同『日本中世土地制度史の研究』塙書房、一九九一年。初出は一九七四年）。

（10）石井進「中世社会論」（註（7）所引石井進著書。初出は一九七六年）。

（11）川端新「院政初期の立荘形態―寄進と立荘の間―」（註（6）所引川端新著書、初出は一九九六年）、註（6）所引川端新論文。

（12）本書第四章を参照。

（13）京都大学所蔵「古文書集」所収文書、『岡山県史』編年史料一三一〇号。

（14）弘安十年四月十九日関東下知状（神田孝平氏所蔵文書・早稲田大学図書館所蔵文書、瀬野精一郎編『鎌倉幕府裁許状集』上、一六一号・一六二号）、正中二年三月日最勝光院領荘園目録（宮内庁書陵部所蔵文書、『東寺とその庄園』東寺宝物館、一九九三年）など。

（15）拙稿「中世荘園の立荘と王家・摂関家」（元木泰雄編『日本の時代史』7、吉川弘文館、二〇〇二年）。

(16) 金井静香「近衛家所領目録とその後」(同『中世公家領の研究』思文閣出版、一九九九年。初出は一九九六年)。

(17) 類例は多いが摂関家領に即して挙げると、御堂御前宛ての元久元年八月二十三日九条兼実譲状(九条家文書、『鎌倉遺文』補四六六号)に「御調庄ハ故皇嘉門院御領、小僧伝之、為領主預所故花山左府也、即処分女子了、小僧又依為有便宜領家之方処分了、仍領家□ニハ為一所沙汰也」とあり、預所職の相伝後にあらためて「領家之方」が譲られている。

(18) 貞和五年九月二十五日沙弥理翁(猪熊基教)譲状(国立歴史民俗博物館所蔵「廣橋家旧蔵記録文書典籍類」四一六)。この文書をはじめて紹介し、次註所引文書とあわせて事実関係を整理したものに、金井静香「広橋家領の構成と相続」(註(16)所引金井静香著書。初出は一九九七年)がある。

(19) 応永四年三月六日勘解由小路兼綱譲状土代(国立歴史民俗博物館所蔵「廣橋家旧蔵記録文書典籍類」三七二、『大日本史料』第六編之三十三)。

(20) 飯倉晴武「尾張国堀尾・長岡両庄堺相論文書―書陵部所蔵「参軍要略抄下」紙背」(『古文書研究』三、一九七〇年)。この相論に関わる文書の引用はすべてこれによる。

(21) 坂本賞三「都宇・竹原荘の成立」(同『日本王朝国家体制論』東京大学出版会、一九七二年。初出は一九六三年)。

(22) 註(11)所引川端新論文。

(23) 須磨千穎「賀茂別雷神社「社務補任記」」(『賀茂文化研究』二、一九九三年)。

(24) 賀茂別雷神社文書、史料纂集『賀茂別雷神社文書』第一、一六号。

(25) 応永元年十一月二十六日室町将軍家御教書(早稲田大学所蔵「上賀茂神社文書」四九。『早稲田大学蔵資料影印叢書』第十四巻による)。

(26) 佐藤進一『室町幕府守護制度の研究』下(東京大学出版会、一九八八年)は、明徳三年一月以降の丹波守護を細川頼元としている。

(27) 桑山浩然校訂『室町幕府引付史料集成』上巻(近藤出版社、一九八〇年)。

(28) 早稲田大学所蔵「上賀茂神社文書」五二・五三。『早稲田大学蔵資料影印叢書』第十四巻による。

(29) 須磨千穎「中世の宮川」(わかさ宮川の歴史編纂委員会編『わかさ宮川の歴史』宮川公民館、一九八八年)。
(30) 正和元年三月二十九日伏見上皇院宣(座田文書、『鎌倉遺文』二四五八四号)、(正慶二年)十一月六日平惟継御教書(賀茂別雷神社文書、『鎌倉遺文』三二六六六号)。
(31)『福井県史』資料編9中・近世七、「前野治良太夫家文書」一号。
(32) 東京大学史料編纂所編『花押かがみ』四による。
(33) 十月二十二日某院宣(『福井県史』資料編2中世、「尊経閣文庫文書」一一号)。
(34) 東寺百合文書ホ、『鎌倉遺文』一八五号。
(35) 寿永三年四月十六日平辰清所領寄進状案(東寺百合文書ホ、『平安遺文』四一五四号)。
(36) 槇道雄「荘園群編成とその経営形態―荘園領主経済の実態分析」(同『院近臣の研究』続群書類従完成会、二〇〇一年)。
(37) 長田荘と同じ伝領経路をたどった丹波国井原下荘の関係史料(丹波国井原下荘等事書、『兵庫県史』中世七「鹿王院文書」四八号)にも「丹波国井原下庄事、同自式乾門院御時、被仰置子細有之」とあり、同様な内容が「仰置」かれたとみられる。本書第七章を参照。
(38) なお、『経俊卿記』康元二年(一二五六)閏三月一日条には、つぎのような記事がみられる。

一　藤原氏与道融法印相論、備後国地毗庄事
人々申云、藤原氏所進之御匣局譲状旨趣不詳、道融法印所帯証文云、本家之預所職宮僧正相伝之条、庁御下文已下分明歟、道融所申叶道理歟、但道融所進文書内、御匣局譲宮僧正状云、於上者進姫宮之由載之、非無不審、可被尋究歟、

蓮華王院領備後国地毗荘の「本家之預所職」について、御匣局(後嵯峨院後宮、三条公房女子カ)がその相伝を宮僧正(道尊、安井宮)に譲与した譲状には、「上」を「姫宮」に「進」めるべきことが指示されたという。真偽の判定は持ち越されているが、中世荘園の預所職が相続時に「上」と「下」に分離して知行されうることをしめす事例である。
(39) 某(源定実カ)書状(『実躬卿記』乾元二年六月巻紙背文書、『鎌倉遺文』一八九二〇号)。
(40)「京都御所東山御文庫記録」乙二十二に所収される広義門院譲状(『大日本史料』第六編之二十)に、

件彼御領等、後西園寺入道相国可付家門之由、一事ヲ申出て、重々雖有其沙汰、上者被任御相伝、下地ハ不可離家門之由一義
落居了、

とある。

(41) 宮内庁書陵部所蔵文書。金井静香「中世における后妃女院領の形成と領有構造—西園寺家出身の女院を中心に—」（註(16)所引金井静香著書）による。

(42) 竹内文平氏所蔵文書、『鎌倉遺文』二二六六一号。

(43) 註(41)所引金井静香論文。

(44) 七条院領に系譜する四辻親王家領をとりあげた、布谷陽子「七条院領の伝領と四辻親王家—中世王家領伝領の一形態—」（『日本史研究』四六一、二〇〇一年）など。

(45)「古簡雑纂」七関白宣下拝賀記裏書による以下の史料。延慶二年四月日大和国山口荘雑掌陳状案（『鎌倉遺文』二三六八〇号）、大和国山口荘相伝系図（『鎌倉遺文』二三六八一号）、（延慶二年カ）六月二十一日俊覚書状案（『鎌倉遺文』二三七一六号）、延慶二年六月二十一日俊覚訴状案（『鎌倉遺文』二三七一七号）。

(46)「古簡雑纂」七関白宣下拝賀記裏書、『鎌倉遺文』一九一一八号。

(47) 藤氏長者による興福寺の統制とそれにはたす勧学院弁別当の役割などについては、川端新「摂関家の南都統制について—勧学院弁別当を中心に—」（註(6)所引川端新著書）。

(48) 村井康彦「公家領荘園の形成」（同『古代国家解体過程の研究』岩波書店、一九六五年。初出は一九六二年）、安田次郎「大和国」（網野善彦他編『講座日本荘園史』7、吉川弘文館、一九九五年）。

(49) 西谷正浩「荘園所職の性格とその変容」（『鎌倉遺文研究』九、二〇〇二年）。

(50) このような史料操作の問題点は、すでに石井進氏が批判の対象とした「鹿子木庄事書」にとどまらず、中田薫氏の研究の随所にみられる。たとえば中田氏は、良峯系図に尾張国小弓荘の来歴が「正暦年中始寄進本家於法性寺」と記述されていることに依拠して、十世紀中葉には「本家職寄進」が成立していたと述べている。しかし、実際は中世後期に成立した良峯系図の

記載をもって十世紀の史実を語らせるわけにはいかない。

(51) あらためて断っておくが、私は決して「本家職寄進」に関して中田学説にそのまま回帰せよ、と主張しているのではない。さらにもっとも根本的な荘園成立の理解について、中田氏が荘園を「一個人の私有地」と規定する点、さらにそうした荘園の成立を所与の前提とする論述の進め方には、したがうことはできない。

(52) 大石直正「荘園公領制の展開」(『講座日本歴史』3中世1、東京大学出版会、一九八四年)。

第七章　重層的領有体系の成立と鎌倉幕府

——本家職の成立をめぐって

はじめに

王家や摂関家による立荘は「職の体系」の成立を導かず、本家職や領家職は立荘後に創出される。とくに本家職は、従来の「寄進地系荘園」で説かれてきたように荘園領有体系の頂点でもなければ、荘園制崩壊の指標ともなり得ず、むしろ鎌倉後期における荘園領有体系の変質（職の得分化と分節化）を象徴する新たな所職である。前章では研究史の整理と私見の対置を中心に、概ね以上のようなことを主張した。本章は、そうした前提作業のうえに立って、本家職の創出とその存続に焦点をあわせながら、鎌倉期における荘園領有体系の性格と鎌倉幕府との関係を論じる。具体的には、本家職の創出につながる別相伝や所領相続の改変を生み出した要因を鎌倉期の政治関係から分析し、そこに鎌倉幕府権力を位置づけることにしたい。

第一節　本家職の創出とその契機

鎌倉期の史料を通覧すると、本家職の表記は鎌倉後期に偏在する(1)のに対し、領家職は十二世紀末葉に初見する

「領家之職」[2]から増加の一途をたどっている。すでに前章でふれたように川端新氏[3]が領家職の成立経緯を「本家からの創出」とみて説明した二つのパターンのうち、鎌倉中期の近衛家所領目録で「庄務無本所進退所々」として挙げられた荘園のように、近衛家＝「本所」が課役得分権を保持したまま荘務権を同家の子女などに譲与し、その別相伝を認める伝領のあり方は、むしろ本家職を生み出すものであった。この点を同じ時期の九条家における所領処分のあり方をしめす建長二年（一二五〇）十一月日九条道家惣処分状[4]（以下、惣処分状と略す）の分析を通じて確認し、加えて本家職創出の歴史的背景についても手がかりを得ることにしよう。

最初に惣処分状の体裁を確認しておくと、記載内容は「寺院」と「家地文書庄薗事」に大きく区分される。前者では東福寺・最勝金剛院・報恩院・光明峯寺などの堂舎や寺領をそれぞれ書き上げ、後者では道家の子女や孫にあたる、宣仁門院（彦子）・近衛北政所（仁子）・九条禅尼・尚侍殿（佺子）・前摂政（一条実経）・右大臣（九条忠家）・姫君の順に所領名を列挙する。前者と後者とで数多くの荘園名が重複するが、前者の各寺院（堂舎・寺領）は「家之長者（棟梁）」の管領に付すことが別に定められているから[5]、後者の子女たちに対する個別の荘園譲与は、この九条家の家督継承者との関係を前提に成り立っていることがわかる。

その具体的なあり方を、道家の建立した光明

図1　摂関家九条流略系図

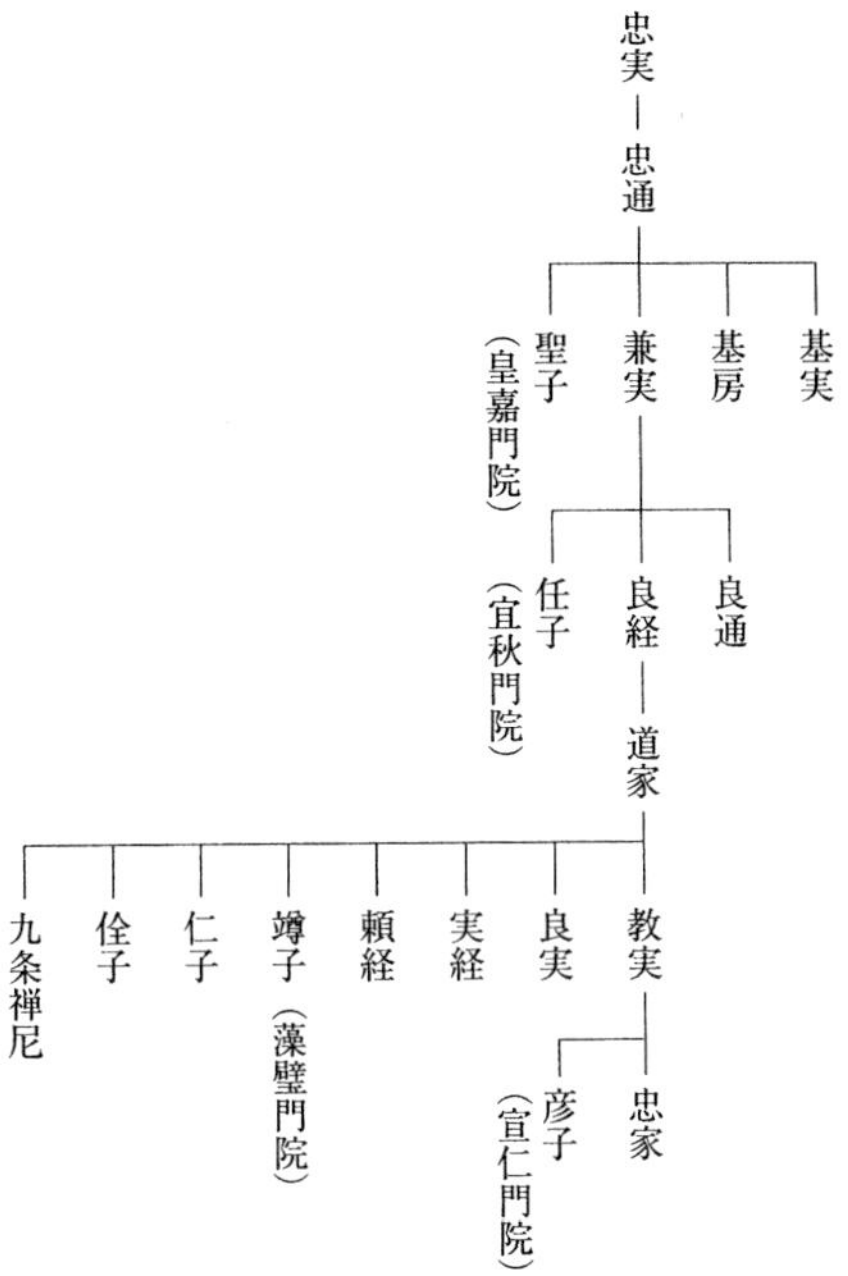

峯寺の寺領で検討したい。道家は同寺を九条家の家督が管領すべきことを定め、実経から忠家への相伝を指示している。これを前提に光明峯寺の寺領部分をみてみよう。

　山城国小塩庄可宛寺用相折并護摩供料
　播磨国千草村本家右大臣、以年貢宛寺用不足《修理料》
　備後国奴可東條本家尚侍殿、以年貢可充寺用不足
　以小塩庄、一向於寺家進止、不可有本家之儀、不可宛臨時恒例課役事也、
　千草・奴可両庄者、以本家譲与、尚侍・右府以年貢上分、可充寺用不足并修理料、若有余残者、可済本所歟、但損亡之年、以寺用為先、於本所年貢者、可被免除之、本所《恒例》役可勤本所、於臨時者、為令全寺用、輙不可被充也、努々不可違失、

　千草村と奴可東條の「本家譲与」をうけた九条忠家と佺子は、「年貢上分」を「寺用不足并修理料」に宛て、余剰分は「本所」に進済するよう命じられた。これは「本所年貢」ともいわれ、さらに「本所」からは恒例・臨時の課役が賦課される。従来の研究では、この「本所」を「本家」の忠家と佺子にあてるが、それでは意味が通じない。「本家」となった忠家や佺子の上に立つ「本所」は、道家から光明峯寺の管領を譲られ九条家の家督を嗣ぐことになる実経のほかにあり得ない。

　このような「本家」の存在形態は、他の寺院領にもあてはまる。最勝金剛院を例にとると、惣処分状の該当部分では山城国久世荘以下の院領九ヶ所を挙げ、「上件庄々以年貢可宛寺用、於本家職者、相分付属諸子、任先例可有沙汰也」と結んでいる。一方、その本家職を与えられた「諸子」たちの部分では、いずれも「以年貢上分有充置仏事等、更不可有懈怠」ことが規定された。本家職の「年貢上分」が寺用に宛てられる構造は、光明峯寺の

場合とまったく同じである。そして、最勝金剛院領荘園の本家職を得た子女たちも、「本所」である九条家の家督から恒例・臨時の課役を賦課されたと考えなければならない。

従来の「寄進地系荘園」や「職の体系」の説明(6)によると、王家や摂関家の荘園における「本家職」は、荘園成立時からつねに領有体系の最高位であって、もっぱら下位の職から年貢や課役を受け取る立場とされていた。しかし、摂関家領の半数近くをしめる九条家領荘園の本家職は、鎌倉中期にはじめてあらわれ、その譲得者は「本所」である同家の家督に課役を負担し、同じく家督が管領する寺院の用途を、年貢の上分として進済する義務を負っている。本家職の形成は荘園成立とは関係なく、しかも課役負担をともなう新たな職の創出であることが確認できよう。

周知のように、九条家領荘園は十二世紀に立荘された皇嘉門院領を母体とし、その大半を譲得した九条兼実から女子の宜秋門院、そして嫡孫の道家へと伝領されてきた。この間の処分状としては、宜秋門院（一期分）の遺誡を除く三者分が現存しており、各荘園の動きを概ね把握できるが、「本家譲与」や「本家職」の表現は、道家の惣処分状が最初である。これは兼実につぐ九条家の家督の地位が、道家の成長をまって安定したことと深く関係する。

兼実は元久元年（一二〇四）の所領処分に際して、そのほとんどを与えた宜秋門院に、一期分の指定はもとより、各荘園の訴訟や預所職の進退など「万事」を兄で摂政の良経と「仰合」せることを命じ(7)、みずからも二年後の死去まで預所職の補任権を行使した(8)。ところが良経の急死により、兼実の意図した家督の領主権を前提とする、子女への荘園譲与は道家の段階でようやく確立し、「本所」のもとで本家職が創出されることになったと考えられる。

ただし、この本家職を九条家における伝領関係の展開のみで説明することは難しい。なぜなら、九条道家の所領処分は、立荘時から温存してきた荘園領主権の分割という単純な図式で理解することができないからである。惣処分状に明記されるように、道家が子女に本家職を与えた所領の半数近くは、同家領以外から流入した「新御領」であり、すでに九条家が各荘園に保持する権益は不均質になっていた。たとえば、摂津国松山荘は十二世紀中葉に摂関家領として初見するが、養和元年（一一八一）十月に九条兼実の家司橘以政から「院御領」に寄進され(9)、惣処分状では「新御領」に属している。道家の獲得した権益が十二世紀の摂関家から直結しないことは明らかである。

さらに惣処分状の「新御領」の性格に着目するならば、そこに鎌倉幕府からの「伝領地」が含まれていたことは、本家職の性格を考えるうえできわめて示唆に富む。

道家は惣処分状の末尾に「抑此家領内、自関東有伝領地、附属子孫、尤可請彼処分歟、仍所請証判也」と記した。これは「関東伝領地」の譲与に鎌倉幕府の「証判」を要件としたことをしめす。じつは四年前の宮騒動により、道家の子息頼経は鎌倉から京都に送還され、道家や兄の実経も失脚して、九条家は鎌倉幕府との関係悪化から政治的地歩を大きく後退させていた(10)。道家はこのような環境のもとで惣処分状を書いたことになる。

九条家領における鎌倉幕府からの「伝領地」(11)とは、荘園に関する全権益の獲得を意味せず、いわば幕府から得分収取権を給与されている状態を指す。その譲与に際して幕府の承認が必要なのは当然であり、反対に幕府から得分収取権を停止される荘園すら存在した。兼実の家領処分時に、治天の君による承認を取り付けた事実を含め(12)、すでに九条家は、荘園の領有体系からみると権門の自立性を喪失していたともいえるわけで(13)、本家職という新たな職の出現は、その反映とみることも可能であろう。

そこで、院政期までは院や女院が独自に立荘と荘園経営を行っていた王家領[14]を含めて、鎌倉幕府が荘園領主の領有体系や伝領関係に介入した荘園に本家職の出現した事例をさがすと、豊後国津守荘と備前国長田荘を挙げることができる。前者に関して、『兼仲卿記』弘安六年八月二日条の一部をみてみよう。

向西隣都督第、家領津守庄事、一円可知行之由申仙洞、其間事被問答、本家職自故仲川禅尼被進仙洞、領家職事、予自祖母手伝領之、所令知行也、

この日、藤原兼仲は家領の豊後国津守荘を一円知行したい旨を亀山院に申し入れた。兼仲の説明によると、津守荘は祖母の仲川禅尼が本家職を亀山院に寄進し、領家職を兼仲に伝えたというが、この津守荘はほんらい王家領ではなく、十二世紀に皇嘉門院領として立荘された九条家領荘園であった。

注目すべきは仲川禅尼の立場であるが、彼女は十二世紀中葉に皇嘉門院領を形成した藤原忠通の家司源季兼の曾孫にあたり、季兼が津守荘の立荘に貢献することで獲得した権益の継承者と推測されている[15]。とすれば、季兼が津守荘の立荘で得たのは、能登国若山荘に明証[16]がある領家（領主）の地位と預所職であり、これが仲川禅尼に伝えられたのであろう。つまり九条家領津守荘は、鎌倉後期の領家による本家職寄進で王家領荘園となり、新たに〈本家職―領家職〉関係が築かれたのである。その背景はつぎのように復元できる。

津守荘は、皇嘉門院から九条兼実を経て、良経後家の御堂御前に一期分（死後は道家へ）として譲与された所領に含まれる[17]。御前の死後、その所領は道家から姉妹の真恵房に与えられたが[18]、前述した宮騒動につづいて、建長三年の謀叛騒動で九条家が鎌倉幕府から排斥されると、道家から義絶されていた二条良実が幕府の処置でこの所領を含む九条家領の一部荘園を獲得した[19]。津守荘もここで九条家の領主権を否定されたとみてよい。さらに文永七年（一二七〇）の二条良実の死去に乗じて、亀山院が加賀国小坂荘などを接収すると[20]、仲川禅尼は亀山院に

図２　鎌倉期の王家略系図

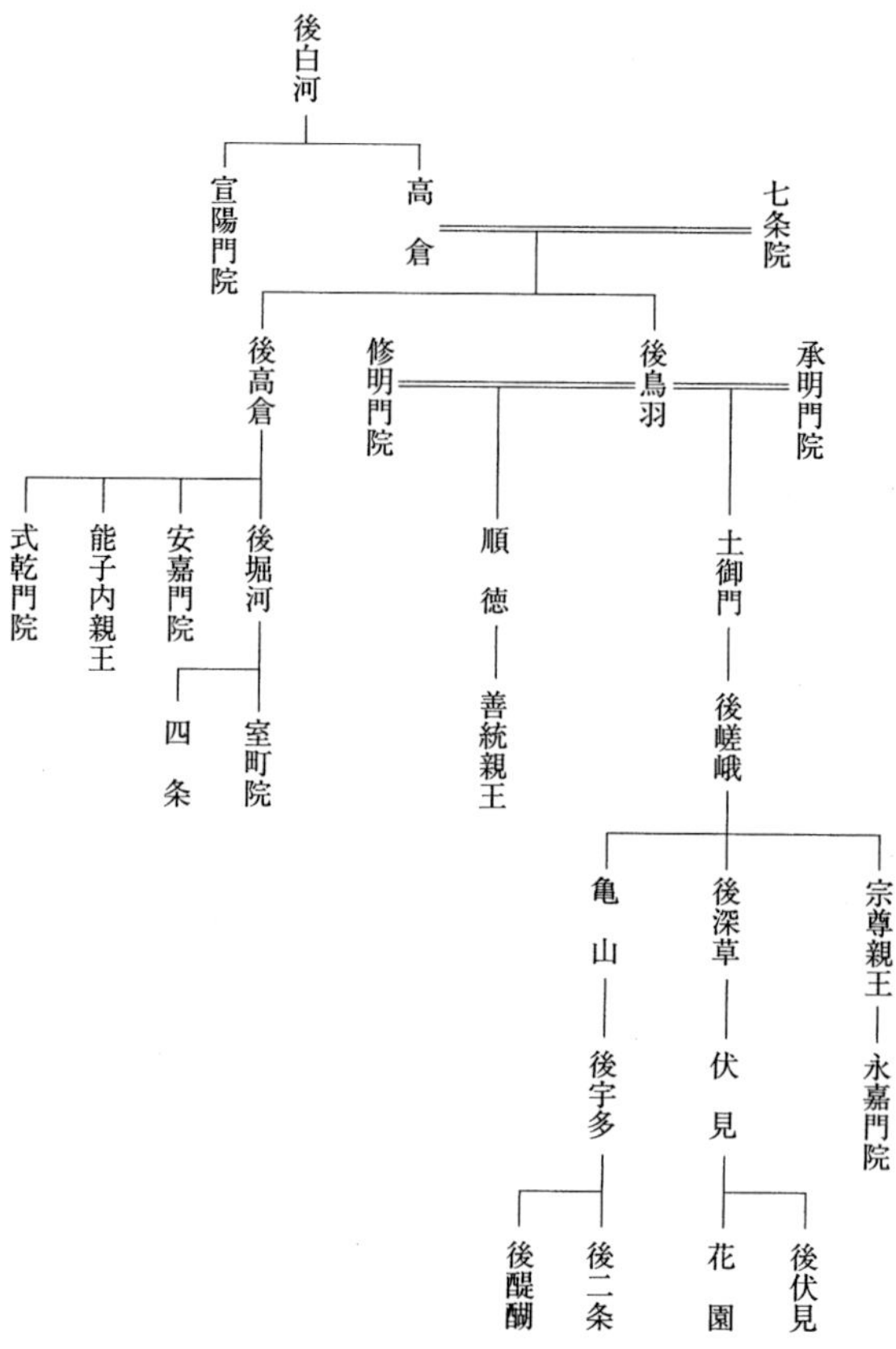

津守荘の本家職を寄進し、みずからは領家職を確保したのである。

このように鎌倉後期の津守荘における本家職の出現は、荘園領主権の相伝が鎌倉幕府の介入により大きく改変されることでもたらされた。しかも、それは下位者からの寄進にもとづき、新たに〈本家職—領家職〉という職の重層関係を導いている。こうした事態は津守荘だけの特殊例ではなく、前章で詳しく検討した王家領の備前国長田荘でも確認することができ、鎌倉後・末期の両荘でそれぞれ設定された〈本家職—領家職〉は基本的に同質な関係と判断しうる。(21)そして、両荘に本家職が創出される過程は、建長三年の九条家排斥事件や承久の乱により、鎌倉幕府の没収を通じて立荘時の本家—預所職（領家）という上位者優位の構造がくずれ、幕府も絡んだ伝領関係の混迷から下位者の本家職寄進に帰結したことで一致している。その過程に亀山院が深く関わることも共通点だが、長田荘と同じ伝領経路をたどった丹

波国井原下荘の関係史料[22]には、

丹波国井原下庄事、同自式乾門院御時、被仰置子細有之、然而、不慮　亀山院御代、被付所務於作人之間、同於関東、所被申也、安堵之時、益乙丸知行又不可有相違者也、

とあり、前章でふれた長田荘の平繁成と同様に、亀山院から「所務」を召し放たれた園右衛門督入道基顕[23]が、鎌倉幕府の「安堵」を受けている。亀山院による所職改易の頻発や、その処置をめぐる訴訟が鎌倉に持ち込まれた事例は、これまでも個別に指摘されているが、これらの事実を鎌倉幕府との関係にもとづく亀山院の荘園領有の一般的な問題として論じた研究はみられない。鎌倉後期における本家職の創出（〈本家職―領家職〉関係の構築）は、このような鎌倉幕府権力を組み込んだ荘園領有体系の再編成を軸として理解すべきであり、次節ではその前提条件をつくりだした鎌倉前期の状況から、詳しく検証することにしたい。

第二節　鎌倉幕府による王家領荘園の没収と返付

十二世紀末葉の治承・寿永の内乱は、全国を戦乱に巻き込みながら鎌倉幕府を生み出した。それは、鳥羽院政期の院近臣の手法を継承した、平氏を主導役とする新たな立荘を一気に終息に向かわせたばかりか、その平氏が知行していた中世荘園の領有体系に「平家没官領」という概念を持ち込んだ[24]。戦争を通じて形成された鎌倉幕府権力は、その出発当初から立荘時の荘園領有体系が変質していく過程に組み込まれたともいえる。

謀叛人跡に含まれる平家没官領は、地頭職の設置が可能になるとともに、鎌倉幕府の直轄領たる関東御領の基盤になったと考えられている[25]。ただし、平家没官領は王家領荘園などで平氏の知行した職や権益が、後白河院か

ら源頼朝に「給預」される法形式をとっており、[26]後白河院や八条院などの荘園領主権が維持されたことは重要である。事実、後白河院や八条院などの所領処分に鎌倉幕府が介入した形跡はない。

ところが、承久三年（一二二一）に勃発した承久の乱では、鎌倉幕府が後鳥羽院などの領有する膨大な王家領荘園を没収し、後鳥羽自身も追放するという未曾有の処置が行われた。これまでの研究は、『吾妻鏡』に記される、（α）叛逆張本の公卿から名主におよぶ三千余ヶ所の「承久没収地」とそれに対する新補地頭の設置が議論の中心であったが、[27]後掲する鎌倉後期の史料をみても、「承久没収地」には、（β）後鳥羽院などの荘園領主権の没収も含意されているのである。この意味で、承久の乱が中世荘園の領有体系に与えた影響は、治承・寿永の内乱と質的に異なっている。

もとより同一の所領で（α）と（β）は重なっている場合も多いのだが、それらを整合的に説明した研究は存在せず、いまの私にも準備はない。しかし、その前提作業という意味からも、これまで等閑視されてきた、（β）の「承久没収地」（以下、この意味でもちいる）について、膨大な王家領荘園がここで立荘時以来の領有体系を失い、鎌倉幕府との関係からその後の新たな領有体系がどのように準備されたか、という視角から分析する必要がある。この問題を論ずるにあたり、従来の研究史との関わりから最初に言及したいのは、つぎの『武家年代記』承久三年裏書の内容である。

以先院御領所々悉進高倉院、但武家要用之時者、可返給之由、以義村朝臣被申入了、則被許云々、

文中の「高倉院」は承久の乱後に鎌倉幕府が擁立した「後高倉院」の誤りとみてよい。鎌倉幕府と後高倉院は後鳥羽院領の返進について、幕府の要求があれば「返給」することで合意したという。鎌倉幕府が没収した王家領荘園のうち、後鳥羽院の領有していた荘園群の中心は旧八条院領二百ヶ所余であり、後高倉院に返進した際の

目録が抄録のかたちで何点か伝来している。[28]牧健二氏以降の研究[29]はこれをふまえて、右の内容を鎌倉幕府による「進止権」「進退権」の留保と解釈しているが、その具体的な内容はまったく明らかにされていない。

後高倉院に後鳥羽院からの没収領が返進されたのは事実としても、鎌倉幕府による付帯条件の設定は、『武家年代記』の史料的性格に照らして不安が残る。ただし、『師守記』康永三年（一三四四）五月六日条には、中院通冬が局務家に「承久没収本所領、貞応年中返進公家候歟、彼時関東事書案被所持候者、一本写給候哉」と依頼したことが記されており、鎌倉幕府が「承久没収本所領」の返進に際して、後高倉院と何らかの交渉を行い、幕府から「事書」により申し入れが行われたことは事実とみてよい。

では、『武家年代記』の伝えるような荘園領主の罪科による中世荘園の没収と返付の形態は、現実にあり得るのだろうか。この点を考えるうえで参考になるのは、保元の乱である。

局所的ながら実際の戦闘を交えた政争の事後処理として、敗死した藤原頼長の家領荘園を後白河天皇が没収し、後院領に編入した経過などは『兵範記』に詳しい。このうち没収領の預所職に関する保元元年（一一五六）七月十七日条によると、公卿が預所の場合は改易せず、それ以外の場合は国司の沙汰としている。後白河は個々の知行者と乱の関係とは別次元に預所職の安堵・改易を行ったことがわかる。[30]

さらに、これまで注目されてはいないが、『平戸記』寛元二年（一二四四）八月二十八日条からは、後白河が下野国佐野荘を頼長の子息に返付した際の事情が知られる。それによると、後院庁分に編入された佐野荘は、後白河の譲位後、同院庁への年貢進済を命じる院庁下文によって頼長子息の師長に「返預」けられた。鎌倉中期の貴族たちは、この後白河院庁の立場を「本家」と規定し、かつて立荘に関わった所領寄進者の子孫が師長から得た「契状」をもとに行った、近衛家良への再寄進を無効とした。近衛家良が要求した「領家」の地位と預所職は、師長の菩提寺である妙音院の院務相承者に認められたのである。

保元の乱後の頼長家領没収に関する『兵範記』『平戸記』の検討を整理すると、①荘園領主の罪科にもとづく中世荘園の没収には預所職の安堵・改易（補任）権も含まれ、②没収領の返付は「預」ける関係に近く年貢賦課や譲与安堵をともなうことが判明した。

これらの点を指標に承久の乱後の史料をみると、まず確認できるのは①に適合する事例である。たとえば、後鳥羽院が他人を改易して村上源氏の源通資に与えた遠江国初倉荘の知行は、承久三年（一二二一）に「是非沙汰なく」、通資の子息である通時に「返給」されたという。[31]また、嘉禄二年（一二二六）に幕府は九条教家（前年に出家）の申請に応じて、越後国白鳥荘の「相伝」を認めている。[32]かれらはいずれも承久の乱とは無関係であることから、両荘を含む旧八条院領荘園群は鎌倉幕府が没収して後高倉院に返進される際、預所職についても幕府の承認をうけたことがわかる。

さらに、鎌倉幕府から預所職などの知行を認められたなかには、乱以前に後鳥羽院から正当な理由なしに改易された人々への返付例も含まれていた。

後鳥羽院が恣意的に人事権を行使していた実態は、遠江国初倉荘の事例や『明月記』に述懐される藤原定家領の事例からもうかがわれるが、[33]後鳥羽院は旧八条院領や最勝光院領などで預所職や領家職を改易しては、愛妾の亀菊や近臣の藤原秀康などに与えていた。たとえば、備前国福岡荘の領家職を後鳥羽院から改易された一乗院僧正は、承久の乱後に鎌倉の北条義時と交渉して、「如元彼僧都御房御領之由将軍家成敗状」を獲得したという。[34]また、上総国橘木社の預所職を相伝しながら後鳥羽院に奪われた人物は、承久の乱直後に認めた置文で、[35]つぎのように述べている。

かやうにゆへなくめされたるところは、みなもとのやうにかへし給はりあひたるとこそは、きこへ候へは、これもとく〳〵かまくらへ申させ給ひてさたあるへき也、

後鳥羽院が恣意的に預所職などを改易した所領は、被害にあった相伝知行者に返付されると聞いたから、すぐさま鎌倉幕府に訴えるように、とある。すでに治承・寿永の内乱時にも、平氏西走をうけて源頼朝は、後白河院に平氏押領荘園の返付を申し入れているが⁽³⁶⁾、承久の乱後の鎌倉幕府は、後鳥羽院の所職改易にあった中央貴族たちに徳政的な政策を実施し、貴族社会の側もこれを積極的に受け入れているのである。

このような承久の乱後の処理がおさまり平静を取り戻してくると、鎌倉幕府は中央貴族の所職問題に慎重な姿勢をみせるようになる。

三宮御息所令申給備中国園庄事、即御文被進上候、地頭之外、如此領家職事、雖不及関東之口入候、所被触申、不便次第候之間、被執申候也、任道理、御計候哉之由、可有御披露之旨所候也、恐惶謹言、

寛喜元年
十二月十七日　　　　　　　　武蔵守平泰時

　　　　　　　　　　　　　　相模守平時房

進上　右兵衛督殿⁽³⁷⁾

寛喜元年（一二二九）の十二月十七日関東御教書案である。旧八条院領の備中国園荘の領家職について、惟明親王（後高倉院弟）の御息所から訴えがあり、幕府は地頭以外は「関東之口入」を控えるべきとしながらも、協力を約束している。幕府の慎重な姿勢とは裏腹に、貴族社会の側から、承久没収荘園の預所職などの相論に対する「口入」をもとめられたことがわかる。すでに旧八条院領は、後高倉院から安嘉門院に譲られていたが、鎌倉中期の同院領では幕府の介入が度々もとめられている。たとえば、『明月記』天福元年（一二三三）八月九日条に

は、

　中務云、宗行卿後家〈宗氏等〉、所憑周防乃宇美庄、資経卿忽申給、宗氏失世途、母尼不廻時刻馳下関東、

とある。乱首謀者のひとりとして斬首された中御門宗行の後家尼と猶子の宗氏は、安嘉門院領能美荘を知行していた。その所職は預所職と考えてよい。ところが女院は、宗氏を改易して院司の藤原資経に与えたため、母尼は急いで鎌倉に馳せ下ったという。承久の乱後、鎌倉幕府の推挙で近衛家に出仕した宗氏[38]や母尼は、この能美荘が幕府から後高倉院に返進された旧八条院領である事実をふまえ、安嘉門院の処置を幕府が否定できると認識していたのである。

　さらに安嘉門院領荘園の知行をめぐる類似の相論で、幕府が裁許を下した明証もある。[39]

A　備前国小豆□
　丹波国多□
　被仰遣六□
　恐惶謹言、
　　「文永二年」
　　九月□

B　備前国小豆嶋・常陸国□□(村)(田)庄・丹波国多紀北庄預□(所)職事、去九月廿日関東□□(御)(教)書如此候、以此旨、可□
□□給候、恐惶謹言、
　十一月十九日　　散□
　　　　　　　　左近□
進上　上総前司殿

C　丹波国多紀北庄□□(預所)職事、任関東□□令三位局知行、兼□□本寺本所年貢□□、任先例可令致其□□者、
院宣如此、以此旨可□□申給、仍執達如件、
文永二年
十二月廿四日　□
蔵人中宮大進殿

Aは書止文言や付年号の特徴から、公家側に出された関東御教書とわかる。[40]断簡ながら、幸いにもその要旨は他の史料から知ることができる(後述)。ほんらいはこのA以外にも、裁許内容を記す「関東事書」と六波羅探題宛ての関東御教書が作成されていたはずだが、[41]残念ながらこれらは現存していない。A以下は六波羅探題へ送られ、さらにBと一緒に後嵯峨院のもとへ届けられて、Cの院宣が発給された。

後述するように、この一連の裁許文書は「安嘉門院与九条三位局御相論」に関するものであり、備前国小豆島・常陸国村田荘・丹波国多紀北荘はいずれも旧八条院領で、当時は安嘉門院が領有していた。三位局はそれらの預所職を安嘉門院から改易されたらしく、後嵯峨院のもとで両者の訴訟となったが、裁許は鎌倉幕府の判断に委ねられ、三位局の知行が認められた。この場合も裁許の主体は鎌倉幕府にあり、後嵯峨院の院宣はそれを施行したにすぎないことがわかる。

以上の検討から明らかなように、鎌倉幕府は承久の乱で没収した王家領荘園を後高倉院に返進する際、預所職の安堵や返付を行い、その後も預所職に関する口入権を、具体的な訴訟を通じて行使していた。こうした鎌倉幕府による貴族の荘園所職への介入については、平頼盛遺領の相続に対する鎌倉幕府の「安堵」という事実を出発点にして、最近ようやく関心がむけられるようになった。[42]しかし右にみてきたように、鎌倉幕府が承久の乱後に、膨大な王家領荘園の預所職などに関して広く安堵を行ったり、訴訟で実質的な裁許を下すようになったことは、

鎌倉期の荘園領有体系を考えるうえで、決定的に重要な点である。

また、この問題はつぎの点でも研究史的に大きな意味をもっている。近年、西谷正浩氏[43]は、「職の体系」の変質を論じる立場から、上位者優位の原則がくずれ下位者の権限強化がすすむ契機を、鎌倉中期の公家徳政にもとめる見解を提起している。この公家徳政は、後嵯峨院政下に始まる「本主」興行（立荘に関与して預所職を得た者の子孫に対する所職の返付）で、公武一致の政策と西谷氏は表現するが、その事例分析は貴族社会内部に終始しており、鎌倉期における荘園領有体系の再編成が、基本的に貴族社会の自己運動として説明されている。しかし、本章で具体的に検討してきたことからも明らかなように、この西谷氏の論理構成や実態認識には賛同することはできない。

西谷氏が鎌倉中期の公家徳政に始まるとした「本主」興行は、少なくとも承久の乱直後に、鎌倉幕府が膨大な王家領荘園に関して明確に打ち出し、貴族社会からも認知されている。私は「職の体系」は採らないが、立荘構造に規定された上位者優位の領有体系がくずれ、預所職などを知行する貴族たちの立場が強化されていくのは事実であろう。しかし、それは鎌倉中期からの公家徳政のみに立脚したものではなく、むしろ治天の訴訟を相対化しうる鎌倉幕府への提訴、そして幕府による裁許や、治天への「口入」を重視すべきではなかろうか。

そのもっとも典型的な事例と思われる、近江国下坂荘の所職をめぐる三条実躬と室町院の相論をみてみよう。『実躬卿記』の永仁二年（一二九四）三月から翌三年初めにかけて散見される相論の経過[44]によると、すでに出されていた「勅答」によっても事態は進展せず、実躬は関東申次の西園寺公衡に相談したり、室町院に直接かけあったりしていたが、永仁二年四月に鎌倉から東使が上洛した機会をとらえて、五月にはつぎのような手段に打って出た。

入夜東使出羽前司行藤亭へ行向、此條太不可然事歟、然而近代法、昇卿相権勢等皆以如此、況於如肖《(不)》之雲客哉、以対面為面目者哉、比興々々、江州間事示合了、件金剛勝院、為承久没収之地、進後高倉院歟、然者、関東御口入傍例多之由、相語者也、

実躬は東使二階堂行藤による「承久没収之地」のアドバイスをうけて、同年冬に使者を鎌倉に下向させて訴訟を提起した。翌年正月には鎌倉からの飛脚が「江州間事、自去年於関東訴申之処、旧冬同迫可在聖断之由、被出御返事」という内容を伝え、実躬はさっそく翌日に「関東御返事」を奏聞している。

この「可在聖断」という鎌倉幕府の回答は、実躬が「幸甚々々」「日比所存此事歟」「殊所祝著也」と歓喜したように、幕府が単に裁許を放棄したものではない。「承久没収地」となった大炊寮領をめぐる訴訟で、寮家（局務家）が「関東御口入地、雖仰　聖断、御沙汰依違之時者、歎申武家之条、□□例歟」と主張した[45]ように、「聖断」の内容によっては鎌倉幕府に訴訟が再提起され、治天の裁許が覆されるという屈辱の事態もあり得た。幕府の「可在聖断」とする「御返事」は、治天を頂点とする公家政権の体面を保ちつつ、暗に「口入」をほのめかしながら道理にもとづく早急な裁許[46]を治天にせまるものと考えるべきである。

後高倉院に返進された「承久没収地」の所職相論に関する「関東御口入」と、その数多くの「傍例」は、貴族間に鎌倉幕府への提訴を所職の防衛手段の切り札ととらえる意識を芽生えさせ、「承久没収地」に対する鎌倉幕府の進退権を顕在化させていくことになった。とくに大覚寺統と持明院統の両皇統が並立するなかで、治天と荘園領主の不一致が生じて訴訟の行方が不透明になると、ますます幕府への依存度は高まることになる。

同じ金剛勝院領の備中国園荘で鎌倉末期に再燃した訴訟をみると、その特徴がはっきりと浮かび上がる。『花園天皇日記』元亨元年（一三二一）四月十五日条をみてみよう。

経顕参奏雑事、故室町院御遺領内備中国園庄、生田禅尼依訴申、被遣院宣於関東云々、是偏可為本所之進止、豈依政務可有此沙汰乎、仍遣院宣於関東、可仰披之趣仰合定資卿也、近日政道多如此歟、

園荘は、鎌倉幕府の裁許による室町院遺領の折半で持明院統が獲得し、この時期は花園院が領有していた。しかし、生田禅尼はこれを無視して、治天の後宇多院を介して鎌倉幕府に訴訟を持ち込んだ。同様の事例が多いことに花園院は憤慨し、「偏可為本所之進止」ことを院宣で幕府に申し入れるとしている。前述した同じ園荘の寛喜年間における領家職訴訟にくらべると、鎌倉での訴訟をもとめる所職知行者と、それに呼応する治天の態度がよりシステム化されていることに気づく。そして、治天の後宇多院によるこうした「政道」に対し、あくまで「本所之進止」にこだわる花園院の態度はきわめて対照的であり、ここに皇統間の認識差を読みとることも可能であろう。

この点の背景を含めて、さきに保元の乱後の事例検討から得られた指標の②と関わらせながら、承久の乱後の荘園領有体系にしめる鎌倉幕府の存在が、王家の内部を重く律していた状況を乱後から簡単に整理しておきたい。旧八条院領を後高倉院から譲られた安嘉門院は、この伝領関係に八条院以来の連続面ではなく、父後高倉院で前後を画する断絶面を意識していた。建長八年（一二五六）九月、安嘉門院は一条実経の申し出をうけて、旧八条院領加賀国熊坂荘を法華堂領とする際、「為後高倉院譲状内御領之間、被申関東」たという。(47)翌年九月、後嵯峨院はこれを認めて、「可為法華堂領之由」の院宣が下されたが、(48)この院宣発給よりも鎌倉幕府への承認申請を安嘉門院が優先していたことは重要である。安嘉門院は自領の由緒が幕府による承久没収と父後高倉院への返進に根本をもつことを認識していたからこそ、その荘園の領有体系の変更に幕府の許諾を要件としたのである。

このような安嘉門院の態度は、所領処分にも投影されている。安嘉門院は、亀山院への譲与を前提として、室

町院の一期知行を認める譲状を三度も認めているが[49]、その最後にあたる弘安五年（一二八二）の譲状では、「わつらひも候ハヽ、かまくらへおほせあハせられ候へ、たうりにまかせて、こたかくらの院の御あとうしなハぬやうにはからひ申候ハんすらん」と結び、後高倉院遺領の相続が、鎌倉幕府の保障下にあることを明確に伝えている。

亀山院はこの後高倉院遺領がもつ性格を逆手にとって、弘安六年末には鎌倉幕府との交渉により、安嘉門院の指定した室町院の一期分を否定して、安嘉門院領（旧八条院領）の領有を前倒しすることに成功している[50]。その直後、播磨国矢野荘例名では「弘安七年、自関東就計申之旨、新御年貢三千疋被相宛」たといい[51]、亀山院の領有開始にあたって、年貢額が幕府との交渉により改定されたことが知られる。これは「承久没収地」の伝領と鎌倉幕府との関係に、年貢の問題が絡んでいることを示唆しており、のちにふれることにしたい。

一方、前章でとりあげた備前国長田荘などのように、旧八条院領に加えて後高倉院から息女の式乾門院に譲られた所領も、室町院の知行を経て亀山院と後深草院に折半される運命をたどるが、それを「計申」したのも鎌倉幕府であった。この後、式乾門院から最終的な譲与先に指定されていた宗尊親王の権利をつぐ永嘉門院が加わり、室町院領をめぐる三つ巴の訴訟が鎌倉末期に展開するが、その審理と裁許もすべて鎌倉幕府に委ねられた[52]。同様のケースは、やはり承久の乱後に幕府から没収・返進された由緒をもつ七条院（後鳥羽院生母）や承明門院（後鳥羽院后）の遺領でも確認でき[53]、鎌倉後期の幕府が承久の戦後処理を根底にもつ王家の所領問題に、不可避的に巻き込まれていったことがわかる。

このようにみてくると、亀山院に始まる大覚寺統の経済基盤は、承久の乱後の幕府による没収・返進から伝領の由緒を説き始める荘園群がしめていることに気づく。むしろ亀山院は、承久没収の由緒を利用し、幕府から有利な判断を導き出して、積極的に所領集積をはかったというべきであろう。その一方で、亀山院は室町院遺領での所職改易を同じ幕府の裁許で否定されたり、「本領主等得替之由面々申云々、於相伝知行分者、任　室町院御時之例可有御沙汰」との幕府の申し入れ[54]をうけて、荘園領有体系における下位者の立場強化をも受け入れざるを得ず、ある種の自己矛盾に陥っていた。

鎌倉幕府は承久の乱後も王家を身分的に超越することはできず、保元の乱後の後白河天皇と藤原頼長家領にみられるような法的関係を「承久没収地」に構築することはない。しかし、鎌倉幕府は保元の乱後の②に該当する事実上の譲与安堵や年貢額の再設定、それに鎌倉後期に頻発する訴訟への具体的な対応を通じて、大覚寺統を中心に王家の荘園領有体系を大きく規制していた。次節では、この王家と鎌倉幕府の倒錯した関係を基本線とする鎌倉後期の荘園領有体系に、本家職の問題を位置づけてみることにしたい。

第三節　本家職の政治的性格

鎌倉幕府から後高倉院に返進された王家領荘園の領有体系と本家職の関係については、鎌倉末期の播磨国矢野荘（例名）をめぐる訴訟が興味深い論点を提示してくれる。相論の発端は、正和二年（一三一三）十二月七日後宇多院施入状により、矢野荘の例名が東寺に寄進されたことで、預所職を後宇多院から召し放たれた藤原冬綱（寂願）がその返付をもとめて東寺と対決した。多岐にわたる論点のうち、注目すべきはつぎに引用する冬綱の主張である。

文永二年九月　日関東状云、承久之時被進　後高倉院者、本家職也、於預所職者、不被進之、而寄事於承久没収、被収公領家職之間、三位家所被申、非無其謂歟云々、[55]

藤原冬綱は、文永二年（一二六五）九月に鎌倉幕府が公家側に申し入れた「関東状」を傍例としている。その内容は、幕府が後高倉院に本家職を返進して預所職を留保したことを根拠に、承久没収に乗じて収公された領家職の返付をもとめる「三位家」の訴えを幕府が認めたものである。これに対して東寺側は、

此条大姧曲也、承久被進　後高倉院関東状者、小豆嶋・村田庄・□(多)紀北庄三ヶ所、安嘉門院与九条三位局御相論事也、以他庄事、備当庄相伝之潤色之条、姧謀之至[56]、

と述べ、問題の「関東状」は備前国小豆島・常陸国村田荘・丹波国多紀北荘をめぐる、安嘉門院と九条三位局の相論について出されたもので、このケースを矢野荘の相論にあてはめることは不適当と反論したが、「関東状」の内容自体は否定していない。

それもそのはずで、文永二年の小豆島以下をめぐる安嘉門院と三位局の相論とは、前節で引用した史料ＡＢＣの相論のことであり、文永二年九月の「関東状」はＡそのもので、事実上の「判決」文書であった。小豆島以下と同じ旧八条院領である矢野荘の所職回復を訴える冬綱は、まさに「承久没収地」の預所職訴訟に関する「関東御口入傍例」を持ち出し、訴訟の有利な展開をもくろんだのである。

このようにみてくると、文永二年九月「関東状」の「承久之時被進　後高倉院者、本家職也、於預所職者、不被進之」という内容も、肯定的に検討する必要が生じてくる。鎌倉幕府は、乱直後に没収した王家領荘園における預所職などの実質的な安堵や返付を行い、それ以後も貴族側からの要求により訴訟に介入していた状況は、すでにみたとおりである。「関東状」にある「於預所職者、不被進之」という表現も、これと矛盾しない。では、幕府から後高倉院に本家職が返進されたという記述は、さきに整理した王家による「承久没収地」の伝領と鎌倉幕府との関係からどのように考えたらよいであろうか。

まず、『兼仲卿記』永仁二年暦記紙背にある、つぎの文書[57]によれば、鎌倉幕府が後高倉院に宛てた「関東事書」には、「本家職」という明確な表現はなかったと判断される。

（前欠）

何古之法哉云云、是則漢杜園之名言也、載而在令□記以当代□制可准律令□不可依古法之謂也、難被改動之趣、可相叶□哉、次本家職事、春日姫宮令帯室町院御譲状給之條、雖□

（間欠）

□然之証、如四條相公所進同御書者、入道前大納言家都督之時、有違乱之疑、被譲進之趣歟、尋来御本意條條、所謂、□与不□之色是也、随又故姫宮不被貽御譲之上、如後高倉院庁符者、本家之号無所見歟、此上事用捨、可在時宜哉、仍言上如件□、如勘状者、不可有本家之号、然以室町院為本家、備五十□年貢之間、今以姫宮為本家、可令備進件年貢由、重被下院宣畢、於預所職者、親教曾孫深恵、以年貢参佰石為領□得分、当時進済之上者、云年貢之旨数、云預所職、永代不可有□違者也、望請天恩、因准先例、守文殿勘状、停止方方非論、当□子子孫孫領掌不可有相違之由、被下庁符、欲備後代亀鏡者、早任申請、且守文殿勘　奏、且任裁許　院宣、永以□権大納言藤原卿子子孫孫、令相伝領掌、於預所職者、以親教□孫深恵、不可有相違、将又本家姫宮年貢、追年無懈怠、可進□

（間欠）

行□□之状、所仰□□沙汰人百姓等宜承□

　　正応二年八月　日　　　　主典代中宮大属安倍朝臣判

別当大納言兼右近衛大将藤原朝臣判　　判官代左兵衛佐兼中宮権大進藤原朝臣

右衛門権佐兼春宮大進藤原朝臣

防鴨河□

前権大納言源朝臣判

大宰権帥藤原朝臣判

院司の構成などから、正応二年（一二八九）八月の後深草院庁下文の案文とわかる。当時は伏見天皇の父後深草院が治天の君である。前欠で具体的な荘園名は確定できないが、文中の「後高倉院庁符」「室町院御譲状」から判断すると、後高倉院から式乾門院に譲られ室町院に伝領した、つまり前述した長田荘や井原下荘と基本的には同じ伝領経路をたどった所領と考えてよい。院庁下文を申請した「四條相公」は四条隆康で、目的は「裁許院宣」にまかせて、父隆行の「子子孫孫」がこの荘園を「相伝領掌」することを安堵してもらうためであった(58)。四条隆行の邸宅は春日万里小路にあり、文中の「春日姫宮」は、室町院と関係が深く隆行が養育していた皇女と推測されるが、確定できない。

さて、注目すべきは「本家職事」以下の内容であるが、四条隆康が所進した「同御書」を前後の文脈から室町院のものと判断したうえで、つぎのように解釈する。

室町院は、隆康の父隆行が大宰権帥を兼ねていた正元元年～弘長三年（一二五九～六三）に、隆行に後見を託してこの荘園を春日姫宮に譲ったが、「故姫宮」（押小路内親王カ）の「御譲」がないうえ、「後高倉院庁符」には「本家之号」の所見がないため、裁定は「時宜」を仰ぐとした。これをうけて院文殿が提出した勘状では、「本家之号」はあるべきでないが、室町院を「本家」として年貢五十石を進済していたので、やはり春日姫宮を「本家」として年貢の進済を認める院宣を下したとある。これをふまえて四条隆康は、年貢三百石を領家得分として進済する深恵の預所職も含め、この荘園における自家の地位と権益を、荘園現地（沙汰人・百姓）に宛てた院庁下文で明確に認めてもらったのである。

以上から指摘したいのは、つぎの二点である。第一に、後高倉院が息女たちに所領を譲った段階では本家職という明確な認識はなく、むしろこの院庁下文が発給された十三世紀後葉の段階で、春日姫宮の地位と得分を表現する新たな職として本家職が確定されている。春日姫宮にいたる伝領経路をたどれば後高倉院にたどりつくが、本家職はその当時から自律的に存在していたのではない。したがって、文永二年九月の「関東状」にある「承久之時被進　後高倉院者、本家職也」という記述は、鎌倉後期の現状認識を承久の乱後に遡及させて表現したものと考えるべきである。

第二に、鎌倉後期の貴族社会がそうした本家職を自覚的に生み出す動きは、やはり下位者の立場や権益が強化されてくる事態とパラレルな関係にある。それはすでに述べてきたように、立荘時に構築された上位者優位の領有体系が承久没収などを通じて断絶し、王家や貴族も鎌倉幕府との関係から荘園の領有や知行が最終的に担保されるという状況にもとづいている。右の院庁下文でも明らかなように、この荘園の本家職は「領家得分」を得ることになった四条家との関係に立脚する、新しい〈本家職—領家職〉関係の設定とともに登場し、それを預所職の深恵が全面的にささえる構造をとっている。この深恵は、そうした当該期の荘園領有体系を成り立たせる力量を備えた、中・下級貴族の典型例ともいうべき人物であった。

深恵は本名を藤原家賢といい、摂家将軍の排斥に続いて、鎌倉に迎えられた宗尊親王の近臣である。深恵の父親家は宗尊親王の御所奉行をつとめて京都と鎌倉を往復し(59)、深恵も宗尊親王から加賀国横江荘地頭職を与えられたりしている(60)。右の院庁下文に登場する某荘のほかに、近江国羽田荘の預所職を兼帯する深恵は、近江守護代と結んで得珍保に乱入するなど(61)現地支配にも関わっているが、この両荘はいずれも室町院領であった。もともと室町院領の未来領主はほかならぬ宗尊親王であったから、某荘や羽田荘の荘園領主と現地を結ぶ支配は、公武権力の双方に足場をもつ深恵を通じて、成り立っていたことがわかる。

このような室町院領は、のちに鎌倉幕府の裁許で両皇統に折半されるが、それは承久以来の室町院領の由緒に加えて、某荘や羽田荘で確認される支配構造に規定されていたのではなかろうか。

山城国物集女荘をめぐる能茂法師と室町院の訴訟は、そうした構図を明確にしめしている。

「関東進　室町院状案」
山城国物集女庄事、可為　聖断之由令申候之処、如綸旨者、根本為没収之地猶可被申関東云々、就　後鳥羽院勅書、雖被許能茂法師知行、為承久没収之地被進後高倉院御領内也、早可有御領知之由可申之旨候也、以此趣可令披露給候、恐惶謹言、
「永仁元」
十月卅日
陸奥守判
相模守判(62)

伏見天皇は「可為　聖断」との「関東御返事」を辞退し、「根本没収之地、猶被申関東候之条可宜候歟之由」の綸旨を出して、幕府の直接的な判断を仰ぐ姿勢を貫いた。それをうけて幕府の下した裁許が、右の関東御教書にしめされている。幕府は「承久没収地」で後高倉院に返進した由緒をもちろん優先し、室町院の「御領知」を認めたのであるが、じつはこの物集女荘の支配は、康永元年（一三四二）七月十七日室町幕府裁許下知状案(63)で「於惣庄下地者、承久以後武家進止之間、或相分庄内田畠寄鎌倉雪下新宮、或補任各別地頭訖」と認定されているように、承久の乱後から鎌倉幕府が下地と荘務権を掌握する請所となっていた。伏見天皇や室町院が、幕府の意向にしたがわざるを得ないのは当然といえよう。

後鳥羽院などから没収された所領において、鎌倉幕府が地頭の補任を通じて荘務権を保持していたのは、室町

院に伝領される荘園にとどまらない。たとえば、肥前国神崎荘を没収した幕府は、宝治元年（一二四七）にようやく「承久補地頭、大略没収、纔進少年貢、今止地頭、一向可為院御領」「今止地頭一向可有荘務」ことを後嵯峨院に申し入れている。(64) 神崎荘は備前国豊原荘とならんで、代々の治天に伝領される王家領の象徴的な荘園だが、その神崎荘でさえ幕府が地頭を通じて荘務権を進止し、院には「少年貢」を納入するだけであった。幕府は神崎荘の性格を考慮して地頭を停止したのであろうが、同じく後鳥羽院から没収して後高倉院に返進された他の一般荘園の状況は推して知るべきであろう。

鎌倉幕府が没収地などに設定した地頭請所は、「関東御口入之請所」といわれる。国衙領の事例だが、後鳥羽院の知行国支配との関係から承久の乱後に没収された備中国原郷は、「当郷者、自承久貞応之比、為関東御口入、地頭請所曾以無相違」ことが主張され、「彼年貢為関東御口入、承久以後色代銭百二十貫弁来事」を国目代も認めている。(65) 承久没収時に設定された「関東御口入之請所」では、幕府の主導下に年貢額が決定され、荘園領主側はその定額の年貢を受け取るだけの関係になっていることがわかる。

幕府はこうした請所を手放そうとはせず、永仁七年（一二九九）二月の幕府追加法(66)でも、

寛元以前請所者、不可顛倒之由、先度雖被定下、御口入地之外、於承久以後請所者、自今以後、可為本所進止、

と規定し、従来の地頭請所保護立法を緩和する姿勢をみせつつ、あくまで「承久以後の請所」で「御口入地」は「本所進止」にならないことを強調しているのである。

弘安七年（一二八四）に亀山院が幕府に働きかけて旧八条院領を手中にしたとき、幕府との交渉により「新年貢」が定められたことは前述したが、これも承久没収による旧八条院領の「関東御口入之請所」化を背景とした

操作の結果と考えられる。鎌倉幕府がこうした領有構造を基本的に維持するなかでは、室町院領の某荘や羽田荘で預所職を兼帯した深恵（藤原家賢）のような、公武権力の双方に通じた人物が必要とされることになり、その立場はおのずから強化されていった。鎌倉後期の院・女院や貴族は、この枠組みのなかで固定された年貢額を再配分する必要にせまられ、その契約関係を新たに〈本家職―領家職〉として表現したのであった。

承久の乱後における王家領荘園の没収と返付は、このような関係にもとづく新しい所職としての本家職が創出される出発点になったと評価すべきである。実際には、鎌倉後期にそのほとんどが新たに創出される本家職を、乱後の幕府から後高倉院への返進時に遡及させる言説が生み出されるのも、このためである。

清浄光院法印坊房玄雑掌成心謹言上
　欲早以仏陀施入寺領被成政所料所条、依為不便次第、直可令申武家由、本家大覚寺二品親王家被成令旨上、当庄依為承久没収領、自元為武家御成敗地条炳焉上者、且任先規且依厳法、且就為本知行領主、如元被返付当庄、不日被沙汰雑掌於下地、全寺用、仏名院領摂津国野鞍庄間事、

副進
一通　本家大覚寺二品親王家令旨
一通　大覚寺二代門主令旨并関東御下知状、武家度々御奉書案
一通　承久没収領支証等

右当庄於本家職者、為庁分御領専一之間、為承久没収領、関東被進　後高倉院、自爾以降　北白河院　安嘉門院　亀山院　後宇多院五代所有各別御相伝也、然間、後宇多院御代被寄附大覚寺畢、至于院務職并当庄者、法印坊房玄所被数代相伝也、所詮、当庄為承久没収領、就為武家御成敗之地、去元徳三年於関東、番于三方

相論、被奇《棄》捐香隆寺僧正有助・菩提院僧正信助之濫訴、預武家御裁許、依被成進御下知状於本家大覚寺殿、

（中略）仍言上如件、

観応二年六月　日[67]

旧八条院領に属する普成仏院（仏名院）と摂津国野鞍荘の伝領をめぐっては、鎌倉中期から複雑な相論が展開し[68]、鎌倉幕府は右の文書にも登場する大覚寺宮（性円）の本家職と房玄の同荘知行を裁許していた。ところが幕府倒壊後、かれらの対立勢力は北朝・室町幕府と近い醍醐寺三宝院の賢俊と結び、貞和五年（一三四九）には普成仏院と野鞍荘の相承が光厳院の院宣で賢俊に安堵されただけでなく、室町幕府の「政所料所」にも設定されてしまった。そこで房玄は大覚寺宮（寛尊）と連携して、野鞍荘の本家職が「承久没収領」として、鎌倉幕府から後高倉院に返進されたところから説き起こし、室町幕府に野鞍荘の返付をもとめたのである。

野鞍荘の本家職が初見するのは、鎌倉末期に後宇多から大覚寺に同荘が寄進されたあとのことである。このときに大覚寺宮と房玄とのあいだで、新しい〈本家職―領家職〉関係が契約されたものと考えられ、すでにみてきた事例との共通性が確認できる。

さらにここで注意したいのは、本家職を生み出す枠組みをつくった「承久没収地」が、「武家成敗地」に結びつけられていることである。鎌倉後期における貴族社会の構成員たちは、みずからが領有もしくは知行する荘園が、「承久没収地」の「関東御口入之地」であることを積極的に押し立てて、治天の君を頂点とする公家訴訟を相対化するべく、鎌倉幕府の訴訟ルートに乗せる努力を憚らなかった。鎌倉幕府の倒壊後、同じ「承久没収地」は武家政権の継承者たる室町幕府の裁許を得るための論理、すなわち「武家成敗地」にスライドしており、同様の論理を主張して室町幕府に持ち込まれた訴訟の類例は少なくない[69]。本家職の「安堵」主体はもとより荘園領有

体系の軸線が室町幕府へと収斂していく道筋[70]を、ここに素描することができよう。

おわりに

中世荘園の本家職は、鎌倉期以降とくに鎌倉後期に創出される新たな所職である。その政治的背景を、本章で中心的に論じた王家領荘園を例にまとめると、以下のようになる。十二世紀に立荘された中世荘園では、治承・寿永の内乱を経て、承久の乱後にそのほとんどが鎌倉幕府の没収をうけて、領有体系の変動を余儀なくされた。これ以後、その再編成が模索されるなかで、幕府権力を巻き込みつつ、新たに生み出されたのが本家職である。それは、幕府との関係から格段に権限を強化した下位者に対する所当徴収権ともいうべきものであって、その伝領自体にも幕府の承認が必要であった。ただし、これは幕府が自主的に推し進めた政策の結果ではなく、貴族社会側の動きが顕在化させた側面[71]をも重視しなければならない。

鎌倉幕府による王家領や貴族の家領の具体的な訴訟を通じた裁許や「安堵」の問題は、これからの研究においても荘園領有体系との関係を問いつづけ、所職の変質を公武権力の絡み合いのなかから、具体的に分析することが必要である。その意味で、従来の御家人間相論や本所・御家人（地頭）間相論だけでなく、王家や貴族たちの荘園領有・知行の体系をも現実的に方向づける、鎌倉幕府の発給文書や訴訟システムの実態が、あらためてクローズアップされてくることになろう。

註

（1）「本家職」の初見は、中田薫氏も引く文治二年十月十六日八条院庁下文案（東寺百合文書ホ、『鎌倉遺文』一八五号）だが、これは「本家職」の寄進であって立荘ではない。しかも本史料は十四世紀後半に作成された案文であって、内容上の変更がないとは否定できない。本書第六章を参照。

（2）「領家之職」は『玉葉』元暦二年九月二十五日条と寿永元年七月八日藤原泰通寄進状（神護寺文書、『平安遺文』四〇三六号）。

（3）川端新「荘園所職の成立と展開」（同『荘園制成立史の研究』思文閣出版、二〇〇〇年）。

（4）『図書寮叢刊』九条家文書五号（1）。同文書に関するおもな先行研究は、竹内理三「講座　日本荘園史」（同『竹内理三著作集』第七巻、一九九八年。該当部分の初出は一九六一年）、飯倉晴武「九条家領の成立と道家惣処分状について」（日本古文書学会編『日本古文書学論集』9中世Ⅴ、吉川弘文館、一九八七年。初出は一九七七年）、野村育世「家領の相続に見る九条家」（『日本歴史』四八一、一九八八年）、三田武繁「九条道家領の一相続人」（『日本歴史』六三一、二〇〇〇年）。

（5）惣処分状のほか建長四年二月十九日九条道家第二度処分状抄（『図書寮叢刊』九条家文書八号（2））なども参照。

（6）永原慶二「公家領荘園における領主権の構造」・同「荘園制の歴史的位置」（同『日本封建制成立過程の研究』岩波書店、一九六一年。初出は順に一九五八年・一九六〇年）、同「荘園制における職の性格」（同『日本中世社会構造の研究』岩波書店、一九七三年。初出は一九六七年）。

（7）元久元年四月二十三日九条兼実置文（九条家文書、『鎌倉遺文』一四四八号）。

（8）『仲資王記』建永元年十二月三日・八日条、『三長記』元久三年四月二十四日条など。

（9）『玉葉』養和元年十月十九日条。

（10）後述する建長三年の事件を含めて、鎌倉幕府による九条家の排斥については、佐藤進一『日本の中世国家』（岩波書店、一九八三年）、本郷和人『中世朝廷訴訟の研究』（東京大学出版会、一九九五年）。

（11）「関東伝領地」の性格については筧雅博「続・関東御領考」（石井進編『中世の人と政治』吉川弘文館、一九八八年）で播磨国佐用荘の事例が分析されており、本章の記述もこれを参考にしている。なお、九条忠家遺誡草案（『図書寮叢刊』九条家文書一三号）も参照。
(12) 皇嘉門院惣処分状、『頭朝卿記』建長四年二月四日条（天理大学附属天理図書館所蔵九条家文書、田中克行遺稿集編集委員会編『虹の記憶―田中克行遺稿集―』一九九七年の翻刻による）、註（7）所引史料。
(13) とくに、近衛家と九条家への分裂と各「家領」の分別が後白河院と源頼朝との交渉で決定された「文治相論」については、川端新「摂関家領荘園群の形成と伝領―近衛家領の成立―」（註（3）所引川端新著書。初出は一九九四年）に詳しい。
(14) 伴瀬明美「院政期～鎌倉期における女院領について―中世前期の王家の在り方とその変化―」（『日本史研究』三七四、一九九三年）。
(15) 角川地名辞典『大分県』の「津守荘」、『日本荘園大辞典』（東京堂出版、一九九七年）の「豊後国津守荘」の項。仲川禅尼による「本家職」寄進までの伝領関係については、金井静香「再編期王家領荘園群の存在形態―鎌倉後期から南北朝期まで―」（同『中世公家領の研究』思文閣出版、一九九九年）に整理がある。
(16) 康治二年十月四日源季兼寄進状（『図書寮叢刊』九条家文書二九四号）。
(17) 元久元年八月二十三日九条兼実譲状（九条家文書、『鎌倉遺文』補四六六号）。
(18) 元久元年四月二十三日九条兼実譲状抄の「御堂御前領相伝次第」（『図書寮叢刊』九条家文書一号（1））。
(19) 金沢正大「二条摂関家の成立と幕府」（『政治経済史学』二一五、一九八四年）。ただし、金沢氏は御堂御前領の一部が二条家領となったことはふれていない。
(20) 嘉暦二年八月二十五日関東下知状（海老名文書、瀬野精一郎編『鎌倉幕府裁許状集』上、三二二号）。註（18）所引の「相伝次第」では、真恵房につぐ津守荘の知行者として「嵯峨禅尼」を記すが、注記等は一切なく素性不明。また、同じ御堂御前領の近江国田河荘は、鎌倉幕府との関係から西園寺実兼が領有したことがわかる（年月日欠後宇多院置文抜書〔大覚寺聖教・文書研究会「大覚寺聖教函伝来文書」『古文書研究』四一・四二、一九九五年〕）。
(21) 弘安三年七月日津守荘雑掌重言上状案（『兼仲卿記』弘安六年十一・十二月巻紙背文書）。これは津守荘が、兄兼頼から弟兼仲に伝領された時期の状況を伝えるものである。『鎌倉遺文』の釈文（一四〇三六号）を、国立歴史民俗博物館所蔵の原本により補訂して以下に掲げる。

津守御庄領家代々御相伝としひさしく□□預所としての公事課役相違なきあひた、□□上もおさまり、しもゝみたれさるところ□□近年御年貢不法かきりなし、就中この六□□全分そのさたをいたさゝるあひた、故頭弁兼頼□□存日之時、種々御問答、中分をさるへきよし御□□へられてのち、領状のう□□を□い□□しな□□たりに後日ニとかく子細を申によりて、庄家□□す積悪のつもり、憲法ならすして頭弁早□□いま又治部少輔兼仲相伝の由を申といへ□□年貢のさたにをよハす、前車のいましめを□□れさるうへハ、本家一向御進止あるへしといへ□□寄進の本意をうしなハるへからさる間、□□子細をおほせてくたされをハりぬ、しかれとも、とし□□年貢未済分六年にをよふ庄家狼藉の次□□御年□□年序をへをハりぬ、相伝知行の道理由緒□□しなうへきものをや、この上ハはやく　院宣□□て年々の未進にをきてハ、本家の御つかひ庄□□たをいたすへし、今□もし仰下さるゝむ□□西収の期はせすくへし、本家御相伝の御領□□ほきてハ、下剋上のさた勿論たるへきか□□なけきの中のなけき、うれへの中のいた□□うれへなるへし、仍おそれ重言□

弘安三年七月　日　　津守雑掌□

津守荘の領家は、預所としての公事課役を進済してきたが、ここ六年は年貢未進を繰り返している。そこで本家（亀山院）は兼頼との問答により、中分を提案したものの兼頼が死去し、同じく相伝を主張した兼仲も年貢の沙汰におよばないため、「本家一向御進止」あるべきところを「寄進の本意」によって子細を仰せ下すにとどめた。ただし、六年間の年貢未進分は院宣を発給して、本家御使が荘家に下向し沙汰すべきである。以上が大意である。

(22)　丹波国井原下荘事書（鹿王院文書研究会編『鹿王院文書の研究』文書篇四九五号）。

(23)　所領改変荘園目録（東寺百合文書ル、『兵庫県史』中世六「東寺文書その他所領関係等」一〇四号）に、「一、丹波国井原庄」として、「室町女院譲賜園右衛門督入道基顕、然　亀山院以来御管領、当時有光卿禅林寺宰相拝領云々」とある。室町院は式乾門院の誤りで、式乾門院から園基顕に認められた別相伝は、亀山院が同荘を管領すると否定され、有光卿に給与されたことがわかる。

(24)　平家没官領に関する研究史は、石井進「平家没官領と鎌倉幕府」(『論集中世の窓』吉川弘文館、一九七七年)、中野栄夫「平家没官領の解釈をめぐって」(『歴史公論』六五、一九八一年)を参照。

(25)　石井進「関東御領研究ノート」(『金沢文庫研究』二六七、一九八一年)、同「関東御領覚え書」(『神奈川県史研究』五〇、一九八三年)。

(26)　この点は、安田元久「『平家没官領』について」(同『日本初期封建制の基礎研究』山川出版社、一九七六年。初出は一九六四年)で示唆されている。

(27)　渡辺澄夫「公武権力と荘園制」(岩波講座『日本歴史』5中世1、岩波書店、一九六二年)。

(28)　『大日本古文書』醍醐寺文書二、四七六号(九)。東寺観智院金剛蔵聖教（伴瀬明美「鎌倉期の女院領に関する新史料―『東寺観智院金剛蔵聖教』第二八〇箱二一号文書について―」『史学雑誌』一〇九編一号、二〇〇〇年)。

(29)　牧健二『日本封建制度成立史』(弘文堂書房、一九三五年)、大山喬平『鎌倉幕府』(小学館、一九七四年)、杉橋隆夫「承久の乱」・田中稔「承久没収地」(『国史大辞典』7、吉川弘文館、一九八六年)など。ただし、石井進「一四世紀初頭における在地領主法の一形態―「正和二年宗像社事書条々」おぼえがき―」(同『日本中世国家史の研究』岩波書店、一九七〇年。初出は一九五六年)は旧八条院領の宗像社の伝領に即して言及している。

なお、川合康「武家の天皇観」(永原慶二他編『講座前近代の天皇』4、青木書店、一九九五年)は、承久の乱における幕府の「没官」行為を国家の「叛逆者」として出発した幕府権力の本質と関連づけるとともに、承久の乱の戦後処理とその影響を鎌倉末期にいたる長いスパンで検証しており、本章の叙述にあたっても大きな示唆をうけた。

(30)　五味文彦「儒者・武者及び悪僧」(同『院政期社会の研究』山川出版社、一九八四年。初出は一九八一年)は、後白河院が大和国藤井荘の預所職を進退していた状況を指摘している。

(31)　『明月記』嘉禄元年五月五日条。なお、源通時はいわゆる関東祗候廷臣で、その妻は北条義時の女子である。湯山学「関東祗候の廷臣―宮将軍家近臣層に関する覚書―」(同『相模国の中世史』上、私家版、一九八八年)を参照。

(32)（嘉禄二年）四月十九日関東御教書案（随心院文書、『鎌倉遺文』三四七九号）。

(33) 註（6）所引永原慶二「公家領荘園における領主権の構造」を参照。

(34)「簡要類聚鈔」第一（『京都大学国史研究室蔵一乗院文書（抄）』京都大学文学部国史研究室、一九八一年）。亀菊は乱勃発の引き金になったとされる、摂津国長江荘・倉橋荘の地頭停止問題に「領家」として登場する。

(35) 某尼置文（橘神社文書、『千葉県史料』中世篇諸家文書二七九号）。

(36) 平氏西走直後に源頼朝が後白河に申し入れた三ヶ条の内容が『玉葉』寿永二年十月四日条に記されている。その第一条は「一、諸院宮博陸以下領、如元可被返付本所事」として、「右、王侯卿相御領、平家一門押領数所、然間、領家忘其沙汰、不能堪忍、早降聖日之明詔、可拂愁雲之余気、攘灾招福之計、何事如之哉、頼朝尚領彼領等者、人之歎相同平家候歟、宜任道理有御沙汰者」とある。なお、この申し入れについては、註（10）所引佐藤進一著書を参照。

(37) 長福寺文書、『鎌倉遺文』三九一一号。なお、註（10）所引本郷和人著書にこの史料の政治的背景についての論及があり、参考にした。

(38)『民経記』嘉禄二年六月七日条。

(39) 九条家文書。Aは『鎌倉遺文』九三五二号、BとCは『図書寮叢刊』九条家文書一四一四号・一四一五号。田中健二「備前国小豆島庄の本家と領家」（『香川の歴史』一〇、一九九〇年）は、小豆島の伝領関係を丹念に追い、その旧八条院領としての性格に注目している。遠城悦子「九条家領丹波国多紀北庄の所職について」（『ソーシアル・リサーチ』二八、二〇〇三年）も、多紀北庄の伝領過程をたどり幕府の影響力に注目している。

なお、九条家文書には備前国小豆島とみられる所領の寛喜四年正月安嘉門院庁下文（九条家文書、『鎌倉遺文』補一〇五四号）が伝来している。それによると、小豆島は藤原宗頼から「嫡女□□局」へ譲られたが、九条道家に小豆島などを「譲進」している「別当三位」は宗頼の妻室で嫡子宗方の母であることから、宗頼の譲与時に別当三位局と嫡女某局とのあいだで、権益が分離したことがわかる。Cの宛所の「蔵人中宮大進」は、宗頼の曾孫季頼の子息頼親である。

(40) 公家側に宛てられた関東御教書については本書第九章を参照。

(41)　このような関東事書や関東御教書などのセットについては、森茂暁「六波羅探題の「西国成敗」」（同『鎌倉時代の朝幕関係』思文閣出版、一九九一年。初出は一九八七年）が実例を収集し分析を加えている。
(42)　本郷恵子「公家政権の経済的変質」（同『中世公家政権の研究』東京大学出版会、一九九八年）、同「公家と武家」（岩波講座『天皇と王権を考える』2、岩波書店、二〇〇二年）、岡野友彦「池大納言家領の伝領と関東祗候廷臣」（同『中世久我家と久我家領荘園』続群書類従完成会、二〇〇二年。初出は一九九九年）。なお、本郷氏も注目するように、榎原雅治「本所所蔵「文殿訴訟関係文書写」」（『東京大学史料編纂所研究紀要』七、一九九七年）で紹介された新出史料のなかに、平頼盛遺領の相続に対する北条氏得宗の「安堵」を明示する史料がある。
(43)　西谷正浩「「鹿子木荘事書」成立の背景―徳政と「職の体系」の変質―」（『熊本史学』六八・六九、一九九二年）、同「鎌倉期における貴族の家と荘園」（『日本史研究』四二八、一九九八年）。なお、市沢哲「鎌倉後期の公家政権の構造と展開―建武新政への一展望―」（『日本史研究』三五五、一九九二年）は、鎌倉後期を貴族の分家のピークと絶対的な所領不足によって所領相論が頻発した時期ととらえ、「内部の所領秩序の再建の過程で、職の体系や権門の枠にとらわれずに職・所領の個別安堵を行う、従来の権力とは異質な治天の君権力を生み出すことになった」と述べている。この「治天の君権力」が「従来の権力とは異質」である点に、本章の強調する、鎌倉幕府との構造的な関係を組み込むことが必要であろう。
(44)　『実躬卿記』永仁二年三月三日・八日・十六日・四月十日・十七日・二十四日・二十九日・五月十七日・永仁三年正月一日・五日・六日・七日・十八日の各条。本章とは分析視角が異なるが、この事件については、菊地大樹「「実躬卿記」紙背文書と鎌倉時代の羽林家」（鎌倉遺文研究会編『鎌倉期社会と史料論』東京堂出版、二〇〇二年）がすでに着目し、相論の対象を下坂荘十条・十一条と推測している。
(45)　殿上熟食米料所備中国隼嶋保の年貢未進をめぐる鎌倉末期の某申状（壬生家文書、『岡山県史』編年史料一三〇六）。
(46)　正応二年と推測される十二月十二日関東御教書案（竹内文平氏所蔵文書、『鎌倉遺文』九一九三号）にも「修明門院御遺領事、可為聖断之旨、先日言上候畢、所詮、任道理、可被経御沙汰」とある。なお、布谷陽子「七条院領の伝領と四辻親王家―中世王家領伝領の一形態―」（『日本史研究』四六一、二〇〇一年）も参照。

(47)『経俊卿記』建長八年九月十六日・十七日条。後高倉院が安嘉門院に「御処分状」を渡していたことは、貞応二年五月三日後高倉院庁符（東寺百合文書へ・ウ、『鎌倉遺文』三〇九五号・三〇九六号）にもみえる。

(48)『経俊卿記』正嘉元年九月七日条。

(49) 各譲状の日付は文永六年八月十一日・文永七年十二月二十三日・弘安五年二月二十二日で、註(28)所引伴瀬明美史料紹介に全文の翻刻がある。

(50)『兼仲卿記』弘安六年十一月二十一日条、亀山上皇事書案・関東事書案（註(28)所引伴瀬明美史料紹介の翻刻による）。

(51) 藤原冬綱（寂願）訴状案（東寺百合文書み、『相生市史』第七巻編年文書八一号）。

(52) 伴瀬明美「東寺に伝来した室町院遺領相論関連文書について」（『史学雑誌』一〇八編三号、一九九九年）。室町院遺領をめぐる鎌倉幕府での訴訟のあり方などについては別の機会に論じたい。

(53) 七条院遺領（のちに修明門院領、四辻宮家領）と鎌倉幕府との関係は、『葉黄記』宝治元年三月二十一日・八月十八日条、註(46)所引史料、『吉続記』文永八年正月八日条、嘉暦四年関東執奏事書案（東寺百合文書ほ、『鎌倉遺文』三〇七一二号）など。承明門院遺領に関しては、応永三十年五月日柳原宮雑掌定勝申状案（山科家古文書、『大社町史』史料編古代・中世六五〇号）に、永嘉門院が「承明門院遺領之専一」である出雲国杵築大社領を相伝した際、元亨三年七月二十七日の「関東執　奏状」をうけて同年八月十四日の「安堵　綸旨」が出されたとあり、幕府の承認後に後醍醐天皇の綸旨が出されていることがわかる。

(54)（正安四年）関東事書案（註(28)所引伴瀬明美史料紹介の翻刻による）。

(55) 註(51)所引史料。

(56) 東寺陳状案（東寺百合文書ケ、『相生市史』第七巻編年文書八四号）。ただし国立歴史民俗博物館架蔵の写真帳により文字を訂正した。

(57) 一部は『鎌倉遺文』に一八一五七号として翻刻されているが、国立歴史民俗博物館所蔵の原本により字句をあらためた。

(58) 正応二年段階で「入道前大納言家都督之時」「□権大納言藤原卿」という記述に該当するのは、正元元年～弘長三年（一二五九～六三）に大宰権帥を兼帯し、弘安八年（一二八五）に権大納言を辞して出家した四条隆行だけである（『公卿補任』ほか）。「四條相公」が子息の隆康であることとも整合する。

(59)『吾妻鏡』正嘉元年七月十二日条、文応元年六月三十日条、弘長元年七月三十日条、文永三年三月六日条、文永三年五月五日条。また二月二十五日藤原茂範啓状（金沢蠶残篇坤、『鎌倉遺文』一七一四三号）には、親家が武蔵と相模に所領を給与されたことがみえる。

(60) 応安七年六月一日藤原家明寄進状案（天龍寺文書、『加能史料』南北朝Ⅱ）に「加賀国横江庄地頭職事」として、「右、当庄者、自文永中書王被譲下曾祖父深恵以降、至家代々相伝当知行無相違地也、而任御遺戒、為奉訪後嵯峨院并彼中書御菩提於所奉寄附当寺也」とある。なお 建治二年に推定されている七月八日付の某書状（『兼仲卿記』弘安元年冬巻紙背文書、『鎌倉遺文』一二四〇〇号）にみえる「故中書王御遺跡祇候人□家方入道」も、この藤原家賢（法名深恵）であろう。

(61) 正安三年十二月日延暦寺東塔仏頂尾衆徒申状案（今堀日吉神社文書、『鎌倉遺文』二〇九四四号）。

(62) 註（28）所引伴瀬明美史料紹介の翻刻による。

(63)『図書寮叢刊』九条家文書二〇四六号（2）。

(64)『葉黄記』宝治元年八月十八日・二十七日条（『大日本史料』第五編之二十二）。

(65) 正安元年十二月二十三日六波羅下知状案（『図書寮叢刊』九条家文書一六三四号）。なお、承久の乱直前の備中国は後鳥羽院の后である修明門院の院分国で、郷・保などの国衙単位所領は、後鳥羽院が近臣や女房たちに知行させていた（『後鳥羽天皇日記』建保二年四月三日条）。乱直後の承久三年十月二十九日官宣旨案（『東大寺要録』二、『鎌倉遺文』二八五五号）により備前・備中両国が幕府に与えられ、幕府は寛喜三年八月まで備中国の国務と国衙領を掌握している（『明月記』寛喜三年八月二十三日条）。

(66) 佐藤進一・池内義資編『中世法制史料集』第一巻鎌倉幕府法、追加法六八三。

(67) 醍醐寺文書、『兵庫県史』史料編中世七「醍醐寺文書」四八号。

(68) 普成仏院の院主職と野鞍荘の伝領については、高橋慎一朗「仏名院と醍醐寺三宝院」（『東京大学史料編纂所研究紀要』六、

一九九六年）、長田郁子「鎌倉期の八条院領と天皇家」（『古文書研究』五一、二〇〇〇年）。
(69) 暦応二年十月日教王護国寺僧綱大法師等申状案（東寺百合文書ト、上島有編『山城国上桂庄史料集』上巻一〇一号）、大覚寺宮庁陳状案（国立歴史民俗博物館所蔵文書、拙稿「南北朝初期の大覚寺宮関係文書二通」『国立歴史民俗博物館研究報告』九七、二〇〇二年）など。
(70) もとより鎌倉幕府と室町幕府のあいだに位置する建武政権の位置を無視するつもりはないが、少なくとも荘園領有体系に対して、この三者が保持した権限の異同とその推移については、後日の課題とせざるを得ない。
(71) 註(42)所引本郷恵子論文。

第八章　畿内近国における鎌倉幕府の寺領荘園支配

——法隆寺領播磨国鵤荘

はじめに

鎌倉幕府による所領支配の方式には「公領」と「私領」の区別があり、それぞれに対する賦課物の性格にも違いがあるといわれている[1]。御家人による地頭職などの相伝が認められた「私領」に対し、「公領」は没官などを通じて幕府が任意に地頭職などを改替できる所領であり、後者においては幕府内の特定ポストに付随して知行させる料所方式が多く採用されたと考えられる。しかし従来の研究では、この問題があまり自覚的に追究されておらず、これまで「六波羅料所」や対蒙古戦争時における鎮西の「兵粮料所」などの存在が指摘されている[2]にすぎない。さらに「兵粮料所」にしても、地頭職の設定された所領が設置の対象であって、地頭職の設定されていない所領と鎌倉幕府との関係を論じた研究は少ない[3]。本章では、法隆寺領播磨国鵤荘を具体例にこの問題を論じ、「寺家一円所務」型とされてきた畿内近国の寺領荘園に対する鎌倉幕府権力の支配構造を、料所経営の観点から分析することにしたい。

鎌倉期の鵤荘については、『播磨国鵤荘資料』の編者のひとりである太田順三氏の先駆的な研究[4]がある。太田氏は鎌倉期の鵤荘をめぐる政治過程を整理し、法隆寺による支配構造や名主百姓の存在形態まで幅広く論じたが、そのなかで鵤荘は、二度の地頭設置を切り抜けた「寺家一円所務」型荘園の典型と位置づけられた。しかし、のちに詳しく述べるように鎌倉中期以降の鵤荘は、地頭職の有無にかかわらず鎌倉幕府権力の支配下にあった。太田氏はこれを法隆寺による荘園支配の「退転」と表現するのみで、幕府側の鵤荘支配の実態をまったく究明していない。

この問題を正面からとりあげるにあたり、鵤荘の先行研究で重視したいのは小林基伸氏の一連の論文[5]である。小林氏は、考古学の成果や現地景観の調査結果をふまえ、平安末期以来の鵤荘周辺の開発状況を復元し、その担い手として在庁官人桑原氏の存在を浮かび上がらせた。この桑原氏の帰趨が、のちに鎌倉幕府権力を鵤荘の支配構造に組み込む大きな要因となる。ゆえに、中世荘園としての鵤荘が確立する過程を、桑原氏との関係に即して概観することから、本章の考察を始めたい。

第一節　鵤荘の成立

播磨国における中世的所領の形成は、十世紀前半の「和名類聚抄」にみえる郷名を継承した、いわゆる和名抄郷を基本とする[6]。律令制下の揖保郡が東西に分割された揖東・揖西両郡においても、基本単位は和名抄郷である。そのうちの広山（弘山）郷のなかに、中世荘園としての法隆寺領鵤荘が成立した。

中世を通じて存続する鵤荘は、広山郷のなかでもっとも開発条件にめぐまれた中央部の範域に成立し、それ以外の残された郷域が弘山荘になった[7]。もともと広山郷の周辺には、推古天皇の勅施入地に系譜し、十一世紀半ばの寛徳前後に官省符を得た法隆寺領の荘田が散在していた[8]。ところが仁平二年（一一五二）八月二十日付の法隆寺宛て官宣旨によると、このとき鵤荘は造内裏役などの一国平均役を免除されている[9]。これは法隆寺の申請にもとづき、鵤荘の領域化が認められた直後のことではなかろうか。法隆寺は朝廷の許可を得て、散在の荘田を広山郷の中央部に集中させ、鵤荘の明確な荘域を画定したうえで、一国平均役の免除と国使入部の停止を官宣旨で獲得したと考えられるのである。したがって、十四世紀の絵図に描かれる中世鵤荘の成立は、この仁平二年の直前とみておきたい。

広山郷には、鵤荘と弘山荘のほかに片岡荘と呼ばれる小荘園があった。のちに鵤荘に包摂されてしまう片岡荘は、十二世紀半ばまでは独立した荘園であった。平治元年（一一五九）の史料[10]によると、桑原氏はこの片岡荘の荘司と隣接する鵤荘の下司職を兼帯していた。桑原氏が鵤荘の下司として史料上に初見するのは、嘉応二年（一一七〇）の桑原貞親であるが、貞親は「鵤原新大夫」と称しており、父の「鵤原大夫」貞仲から鵤荘下司職を相伝したと考えたい[11]。

十二世紀半ばの桑原氏は、広山郷域に立地する二荘園の荘官となっていた。これは桑原氏のどのような地位に由来するのであろうか。広山郷に関わる桑原氏の初見史料は、保延四年（一一三八）に行われた大般若経の一日頓写事業である。広山郷北部の丘陵に所在する松尾寺で実施されたこの写経事業は、播磨国衙の在庁官人で「揖東郡住人」の桑原貞助が願主となっていた[12]。国衙領段階の広山郷と桑原氏の密接な関係がここで確認できる。

広山郷の郷域を分割した中世の鵤荘（片岡荘を含む）と弘山荘の荘域には、散在田畠を集積した吉永名と呼ばれる単位がまたがって存在した[13]。これは鵤荘や弘山荘の成立以前、つまり国衙領段階の広山郷に吉永名が存在していたことを示す。小林基伸氏は、この吉永名が在庁官人桑原氏の領有する別名であったと推測している[14]。吉永名のほとんどは一色田からなっており、国衙に対して官物一色の弁済義務を負う在庁別名の性格をそのまま継承したのであろう。

では、桑原氏は吉永名をどのように形成したのであろうか。小林氏は、国衙権力を背後にもつ桑原氏の開発（用水体系の整備）と結びつけている。[15] むろん、このような側面も重要であろうが、私は吉永名の形成要因を広山郷司の地位とむすびつけて考えたい。安芸国高田郡三田郷の郷司職をもつ藤原氏の別符重行名[16]がそうであったように、在庁官人の桑原氏は広山郷の郷司職を兼帯し、郷内の徴税活動にたずさわる過程で、負累物代としての所領没収や買得を通じて田畠を集積し、みずからの領有する別名の吉永名に組み込んでいったのではなかろうか。小林氏の指摘した開発の問題や松尾寺との関係も、この地域が在庁官人桑原氏の勢力圏であるという抽象的な表現でなく、広山郷の郷司職との関わりでとらえたほうが、より理解しやすいように思われる。

播磨国衙の有勢在庁である桑原氏は、郷司として広山郷を支配するとともに、その職務を通じて郷域に別名の吉永名を形成した。十二世紀半ばまでに成立した片岡荘と鵤荘の荘官が桑原氏であったのも、そうした桑原氏の政治的立場から説明されるべきであろう。すなわち、鵤荘の場合に即していえば、古代以来この地域に寺田を有してきた法隆寺は、既存の吉永名を構成する田畠の一部を丸呑みにして確立した、中世荘園＝鵤荘を支配するにあたり、広山郷司で吉永名を領有する桑原氏を下司に据えざるを得なかった。中世の鵤荘が収取単位（名）に代表される国衙領段階からの枠組みをそのまま内包している以上、現地の支配系統も旧来のそれに依存するのが最善の方策だったと考えられる。

桑原氏がこうして鵤荘の下司となった時点で、鵤荘の吉永名は下司名として機能したであろう。[17] そして、現地の経営を下司の桑原氏に依存した法隆寺が、これを直接に把握することは不可能であった。播磨国衙につながる桑原氏の領主支配を構造的に組み込んで出発した中世鵤荘支配のあり方は、その後の鵤荘の歴史に決定的な影響を与えることになる。

第二節　鵤荘をめぐる公武のネットワーク

十二世紀末葉に各地を戦乱に巻き込んだ治承・寿永の内乱は、最終的に東国を基盤とする鎌倉幕府を生み出した。と同時に、内乱の過程で戦場となった西国の荘園や国衙領などでは、謀叛人跡の所領を没収した鎌倉方の武士たちが地頭職を獲得する一方、源頼朝の御家人となって本領を安堵される在地の武士たちもいた。

播磨国の鵤荘においても、「行重」の嫡女という公文が文治三年（一一八七）七月に源頼朝の下文をもらい、御家人となって公文職を安堵されたという。[18] これに先立つ文治二年には、鵤荘地頭の金子家忠（本貫地は武蔵）が現地に派遣した代官の非法を停止する院宣が発給されており、[19] 東国御家人の地頭がすでにあらわれていたことがわかる。

このように治承・寿永の内乱は、鵤荘にも鎌倉権力の進出をもたらしたが、頼朝は帰依する聖徳太子と法隆寺領鵤荘との関係に配慮して、公文職はもちろん、地頭職についても法隆寺（別当）の進止下におくことにした。[20] そして、ほどなく地頭職自体が停廃されたようである。承久の乱後にも、荘域内の久岡名々主跡に地頭職がおかれたが、法隆寺の訴訟により、幕府はこれを安貞元年（一二二七）に停廃した。[21] また、嘉禎三年（一二三七）十月には、鵤荘に対する守護使の入部が停止されている。[22] この段階の法隆寺による鵤荘支配の阻害要因は、幕府自身の手で取り除かれていったのである。

幕府側のそうした政治的態度とは裏腹に、鵤荘の現地には幕府勢力が確実に浸透し始めていた。十三世紀半ばの寛元年間に鵤荘公文職をめぐる相論がおこり、関白二条良実邸での殿下評定に訴訟が持ち込まれた。(23) 興福寺の僧侶による法隆寺別当の独占と寺務の掌握といった事情により、この相論は摂関家の家政問題に準じて処理され、寛元二年（一二四四）九月に裁許が下りた。勝訴したのは、かつて頼朝下文を得た行重息女の後継者と思われる源氏女であったが、相論の提起から判決にいたるまで、源氏女には六波羅探題の有力者、長井泰重が口入しており、公文職の相伝を認める勧学院政所下文も泰重に手渡された。

長井泰重は六波羅評定衆をつとめ、のちに備前・備後守護となる有力御家人であるとともに、前関白近衛兼経と主従関係を結び、摂津国垂水東牧中条の年預に補任されていた。(24) 泰重は、同じく兼経に仕えた民部卿平経高を通じて、殿下評定に鵤荘公文職の相論を提起し、源氏女を勝訴に導いたのである。こうした長井氏と公文の関係にみられるように、鵤荘は公武権力の双方に連なる人的ネットワークで結ばれていたのである。

鵤荘の在地勢力と幕府人脈の癒着は他の方向からも進んでいた。建長五年（一二五三）八月、法隆寺は興福寺に牒状を送り、幕府が新たに補任した鵤荘下司の解任訴訟に同心してくれるようにもとめた。(25) 牒状の内容によると、下司桑原氏の内紛により下司職が平新左衛門尉盛時に譲渡され、幕府側が任命の文書を発給した。北条得宗家の有力被官である平盛時に下司職を奪われた法隆寺では、さっそく僧侶数名を鎌倉に送り、撤回をもとめたが容れられず、ために興福寺を介して朝廷側に訴訟を提起したのである。

鵤荘下司職が得宗被官の手に落ちた直接の契機は、前下司桑原貞久の妻浄心と息男貞保との不和であったという。これに酷似した事件は、ほぼ同時期の興福寺領近江国鯰江荘でもおきており、下司一族の内紛によって、同荘下司職が守護の佐々木氏に譲与された。佐々木氏は内紛の一方当事者の「養君」となり、下司職の譲渡をうけたという。(26) 鵤荘の場合、平盛時の仕える北条泰時は、承久の乱後、六波羅探題として元仁元年（一二二四）まで在京し、鎌倉に帰還後も公武関係の重要な局面に盛時を使者として京都に派遣していた[27]。さらに、桑原氏と平盛時のつながりを考える際に重要なのは、播磨国衙と幕府との関係である。

鎌倉幕府の国衙支配を論じた石井進氏[28]は、その具体例として播磨国の状況に言及している。それによると、播磨では鎌倉前期から国衙の検断権が守護に吸収され、在庁官人の御家人化が進んでいた。十二世紀段階には在庁兄部であり、十三世紀前半の播磨国衙でも一定の地位をしめていたであろう桑原氏が、幕府人脈に接近するのは自然のなりゆきであった。とくに承久の乱後、国衙庁直の中原氏が北条泰時の所職安堵をうけている事実[29]は、泰時およびその被官と播磨国衙との関係を考えるうえで、注意しておく必要がある。

さらに鵤荘の周辺地域に即してもうひとつ注目すべき点は、鵤荘に隣接する神護寺領福井荘の支配に平盛阿（盛綱）が関わっていたことである。

平盛時と同様に北条泰時の有力被官である盛阿は、福井荘の雑掌と地頭の相論に「関東御使」として介入し、寛喜元年（一二二九）に文書を発給している[30]。守護代でもない平盛阿が福井荘に派遣されたのは、福井荘以下の神護寺領荘園が承久の乱後に後鳥羽院から幕府が没収して、神護寺に返付したことに関係があると考えられる[31]。あるいは承久の乱後に、戦後処理のために幕府から播磨に派遣された「御使」[32]が平盛阿であった可能性もある。盛阿は、貞応二年（一二二三）には安芸国巡検使として安芸国衙に下向し、都宇竹原荘の公文職など承久没収地の認定作業に関わっている[33]。また建長当時、盛阿は美作国大原保（幕府と関係の深い金剛三昧院領で承久没収地）の相論にも裁許の文書を発給しており[34]、十三世紀前半の播磨・美作・安芸＝山陽道の諸国に、足跡を色濃く残している。このことは、盛阿の一族である盛時に、鵤荘下司職が譲渡されるにいたる政治的背景とみてよかろう。

さて、鵤荘における荘園領主権の形骸化に直結しかねない事態をうけて、法隆寺は積極的に訴訟を展開するが、その結末をものがたる史料は残されていない。しかし、結果的に法隆寺の鵤荘支配は、さらに大きく後退することを余儀なくされた。建長年間に下司善寂のおこした殺害事件によって、鎌倉幕府が下司職を没収したからである[35]。この事件は不明な点が多く、同時期の平盛時に対する下司職譲渡との関係も判然としないが、これを契機に桑原氏は鵤荘での存立基盤を失い、吉永名も同時に没収されてしまったと考えられる。約一世紀にわたり、鵤荘の現地支配を担ってきた桑原氏の下司職と、荘域内の膨大な田畠からなる吉永名は、ここに鎌倉幕府権力の手中に帰したのである。

第三節　「六波羅料所」

鎌倉期以降、殺害人・謀叛事などの重犯罪者の追捕は、守護の職務であった。建長年間に殺害事件をおこした鵤荘の下司善寂も、播磨守護が逮捕にあたったと考えられる。そして、守護は下司職を没収して六波羅探題に注進し、これを載せた「闕所注文[36]」が鎌倉に送られたであろう。鎌倉でどのような沙汰が行われたのかは不明だが、この鵤荘下司職の場合は「六波羅料所」、つまり六波羅探題の在職者が知行する所領となった[37]。六波羅探題の北方は播磨守護を兼補するから[38]、鵤荘を知行したのは、この六波羅北方にして播磨守護を兼ねる北条氏であったと考えられる。鵤荘は「六波羅料所」であると同時に、播磨の守護領としても機能したのである。

鵤荘以外に「六波羅料所」となった所領をさがすと、加賀国得橋郷地頭職や出雲国赤江保などが挙げられる[39]。とくに後者は「南方料所」として探題南方に付属する所領であった。鎌倉後期のある時点で、この赤江保はときの六波羅南方（北条氏）から被官に「御恩」として給与されることになったが、赤江保の「本主」への所職返還が決まったため、被官には別の所領が給与されることになった。この事例から、「六波羅料所」には探題の管国内に所在する荘園や国衙領をさまざまな契機で没収したものが含まれ、それを六波羅探題北方・南方それぞれに在職する北条氏が知行するにあたり、みずからの被官を代官（給主）に宛てていたことが判明する。したがって同じく「六波羅料所」となった鵤荘についても、代々の六波羅探題北方＝播磨守護の北条氏が下司職を知行し、それぞれの被官を下司代官（給主）に補任していたと考えられよう。

十三世紀半ば以降、鵤荘は六波羅探題の直轄地と化したとはいえ、その荘園領主があくまで法隆寺であることにかわりはない。しかし、鵤荘の現地支配を委ねてきた下司が没落して、下司職を幕府側が掌握し、さらに荘務関係の「地下文書」を「毎年調進」する公文が御家人となり[40]六波羅の有力者を後見にもつ事態を眼前にして、法隆寺側は既得権の確保と「六波羅料所」の解除をもとめる訴訟を繰り返すしか方途はなかった。

文永三年（一二六六）五月十三日付の鎌倉幕府裁許状によると、鵤荘東方雑掌と鵤左衛門入道真蓮らの相論がおき、久岡名を雑掌の進止とする裁許が下された[41]。「鵤」姓を名乗る真蓮らは、荘域内に基盤をもつ名主クラスの武士と推測され、おそらくはかれらの押領行為が相論の発端であろう。この久岡名は、承久の乱で京方に参じた名主の跡に地頭職が補任されたものの、法隆寺の要求により地頭職は停廃され、寺家側の進止下におかれていた。文永三年の幕府裁許はこの経緯をふまえたものだが、ここで確認しておきたい点は、法隆寺による東方・西方雑掌を通じての鵤荘支配の限界である。つぎの史料をみてみよう。

鵤御庄東北・東南条領家御方正和五年御米散□

注進

合
御米佰参斛弐斗捌升
預所殿御得分参拾壱斛捌斗参升弐□
都合□参佰参拾伍斛壱斗四升弐合
除六石二斗一升
(中略)
□御米佰廿八石九斗□合
□年損米六十九石九斗□升九夕
(後欠)

「法隆寺田畠宛配日記」の紙背文書であるこの史料は、『太子町史』第四巻史料編Ⅰで初めて紹介・翻刻された。日付・署判者の部分を欠いているが、法隆寺側の雑掌(東方)が作成した散用状と考えてよかろう。同じ紙背文書中に、雑掌が注進した元亨元年(一三二一)の会米散用状があることもそれを補強する。

さて、右掲史料で注目したいのは、鵤荘における東北・東南条の「領家御方」という表現である。これは、後述する「下司御方」に対応するものであり、東北・東南条のなかで領家＝法隆寺別当が有する権益を、他と区別した表現と考えられる。つまり鵤荘の荘域内では、雑掌を通じて法隆寺に年貢米を直納する田地のほかに、法隆寺側が直接に年貢米などを収納しない、たとえば下司の進止下におかれた田地＝吉永名の名田などが存在し、それぞれが独立した収取単位となっていたことが読みとれるのである。

このような収取単位の区分は、稲葉継陽氏がおもに戦国期の史料から解明した、鵤荘の「領家」「吉永名」「点定名」の区分[42]に直接つながるものと考える。戦国期の「領家」は均等に編成された百姓名であり、また「点定名」は法隆寺が差し押さえて直轄地に設定した既存の名である。後者は吉永名と同様に一色田としての性格が色濃く、その初見事例が承久没収地として法隆寺の進止となった久岡名であることからみても、かつての広山郷＝国衙領段階から存在する別名（領主名）であった可能性が高い。とすれば、十二世紀半ばに領域を画定した当初の鵤荘には、

①広山郷に直属した郷分田

②桑原氏の巨大な別名である吉永名（の一部）

③久岡名以下の比較的小規模な領主名

などが存在し、法隆寺はこの区分を温存したまま、荘園支配を出発させたことになる。そして、荘域の国衙領主権を継承した法隆寺の権益は、直属田となった①からは官物・雑役の両方を取得できるが、別名に系譜する②と③は、それぞれの名主から官物一色を納入されるにとどまったはずである。[43]こうした複雑な収取関係に規定され、法隆寺は郷司の桑原氏を下司に起用せざるを得ず、そのまま十三世紀半ばの鎌倉中期にいたったのである。

このの ち桑原氏の下司職と巨大な吉永名が幕府側に没収され、鵤荘が「六波羅料所」となったことは前述したとおりである。法隆寺は東方・西方雑掌を通じて、懸命に既得権益の確保をはかったのであろうが、なにぶんこの雑掌が下司支配と競合しながら荘務に介入しうる範域は限られていた。荘園領主法隆寺に直属する「領家（御方）」の百姓名と、久岡名のような寺家進止の名＝「点定名」がそれである。しかし、これらとて雑掌が現地支配を容易に確立し得なかったことは、幕府が寺家進止を認めた久岡名でさえも、在地勢力に押領されてしまう事態がものがたっている。

では、鵤荘下司職を掌握した六波羅探題の経営は、どのようなものだったのであろうか。前出の東南条に設定された法隆寺講堂浮免の所当未進等をめぐり、文永七年（一二七〇）から翌年にかけて争われた相論の経過(44)でそれを検証してみよう。講堂夏衆を代表する諸進定舜を訴人に、東保条百姓の桑原清重・友連を論人としたこの相論は、鵤荘の「六波羅料所」化のもとで進められた。双方の主張内容は多岐にわたるが、そこからはつぎのような注目すべき事実が浮かび上がってくる。

論人の桑原清重・友連は、その姓からみて、旧下司桑原氏の系譜につながる者であることは間違いない。文応元年（一二六〇）から約十年にわたり、浮免田の作人職を維持してきた清重と友連は、文永七年に作人職を改替された。しかし、この年春に同職をめぐって他の百姓同士が争い、浮免田が荒れたと称して、清重たちは耕作を強行した。これを狼藉として非難する法隆寺側に対し、清重らは「下司御方」の強要を拒否できなかったと反論している。ここで尊称を付された下司の実体は六波羅探題の北条氏、現地で浮免田の耕作を命じたのは給主の北条氏被官であろう。

また清重の陳答によると、下司側からは「速やかに耕作を遂げ、内検を相待つべし」とせまられたという。内検とは、毎年の所当を確定するために見作田・損田・得田を調査する検注である。「六波羅料所」となった鵤荘において、この内検を実施する主体は下司＝六波羅南方の北条氏以外には考えられず、その作業を現地で支えるのが、六波羅と通じた公文である。鵤荘の現地においては、これらの幕府権力が春期の勧農から検注までを掌握していたのである。この点、若狭国太良荘地頭職を獲得した北条得宗家が、給主（得宗被官）を通じて下地支配を行い、検注（内検）から勧農までを得宗勢力が掌握していたこと、また領家方の公文を勢力下においていたこ(45)となどとの共通性が注目されよう。

訴訟の過程で桑原清重らは、作人職改替後の浮免田耕作に関する主張内容の正当性を、下司の命令にもとめている。これに対して、法隆寺側はまったく反論していない。結果的に浮免田の不作を回避した下司や自分たちには、「忠こそあれ咎はない」といってのける清重らの論理もさりながら、むしろ法隆寺側が沈黙した理由は、この訴訟が鵤荘の「六波羅料所」化を前提に審理されているという点に留意する必要があろう。六波羅勢力を中核とした公武のネットワークがはりめぐらされた鵤荘の訴訟が審理されているなかで、論敵の背後にいる下司＝六波羅探題北方とその被官に反駁を加えることは、法隆寺の荘園経営をますます圧迫することになるからである。

清重と友連はこれを承知のうえで、下司の威光を前面に押し出すとともに、審理の場にはまったく姿をみせなかった。最終的に法隆寺側の攻撃はこの点に集中し、清重たちを参洛させるように再三要求した。しかし、ようやく発給された召文御教書にもかれらは動かず、「まだ御不審があるのなら、農閑期に参洛しましょう」と三答状の末尾に書き添えるのみであった。訴訟の行く末を見透かしたかのような態度である。この訴訟に対する裁許状は現存しないが、おそらく法隆寺が勝訴者となってそれを受け取ることはなかったであろう。

同じような経過をたどった訴訟は、この後も散見される。たとえば乾元二年（一三〇三）閏四月の法隆寺牒写(46)によると、鵤荘の「西三箇下司」が武威をかざして数々の非法におよんだため、法隆寺は六波羅探題にそれへの対処を訴えた。しかし訴訟は遅々として進まず、挙げ句の果てには、六波羅があからさまに敵方に肩入れする始末であったという。訴えられた西三箇条の「下司」は探題被官（給主）と推測され、六波羅法廷がこの論人に引汲するのはむしろ当然のことであろう。法隆寺は事態の打開をはかるべく、興福寺などに合力を要請する一方で、嘉禄の訴訟（久岡名地頭職の停廃要求か）と同様に、聖徳太子の「御影」を持ち込んだらしい。しかし、期待された「太子御影」入洛の成果を伝える史料は、法隆寺側にまったく残されていない。

第四節　鵤荘の返付と「一円化」

法隆寺は鵤荘を支配するにあたり、荘域内の「条」と呼ばれる区画を基本単位にしていた。東方・西方それぞれに三つの条があり、鵤荘全体で六箇条になる。西方は三箇条をまとめて西方条と把握されるのに対し、東方の三箇条はすでにみた東北（東保）条・東南条と平方条から構成され、それぞれの独立性が強い。

十三世紀半ばに鵤荘が「六波羅料所」となった後も、法隆寺側はこの体制を維持していた。幕府側も同様で、条を単位に下司職の権限を分割したらしく、乾元の訴訟で訴えられた「西三箇下司」や、弘安三年（一二八〇）の平方条実検目録および鎌倉末期の史料に「平方条下司職」などがあらわれる。(47)そして、幕府側は各条の下司職に付帯する得分を、第三者に知行させていたふしがある。

その一例として、東南条をみてみよう。嘉暦三年（一三二八）九月に作成された、五辻宮守良親王の所領目録(48)（以下、「家領注文」と略称する）のうち、鵤荘東南条を含む所領の部分をつぎに摘記する。

備前国草部郷南方北方
播磨国鵤庄東南条
丹波国六人部庄内大内村
　　宮村
　　生野村各皆除春富名
同新庄内私市村

行枝名

亀山院の皇子で後宇多院の実弟にあたる親王家の所領にしては、あまりに細分化された規模である。守良親王が、これらの所領を王家内の相続によって獲得したのでないことは、つぎの史料から明らかであろう。

備前国草部郷・出雲国大田庄・長門国牛牧庄等地頭職、如元御管領不可有相違者、

天気如此、以此旨、可令申入五辻宮給、仍執達如件、

元弘三年八月四日　　式部少輔判

進上　前右兵衛佐殿(49)

幕府倒壊直後に、後醍醐天皇が守良親王の所領を安堵した綸旨である。「元の如く」とあるように、これらの所領は守良親王に返付されたものであり、しかもその内容は荘郷の地頭職であった（おそらく元弘没収地）。さきの「家領注文」と比較すると、備前国草部郷のほかは異同があるものの、出雲国大田荘は鵤荘東南条のかわり（後述）であるから、かつて守良親王が鵤荘東南条に有していた権益は、荘園領主のそれではなく、大田荘地頭職にみあうような所職の得分権であったことがわかる。また、長門国牛牧荘にさしかえられた丹波国六人部荘は平家没官領に含まれ、源頼朝から平頼盛への返付後(50)は、その相続時に幕府の安堵を必要とする関東御領であった。守良親王にこれらの所職を給与し、嘉暦三年以前にその知行を奪った主体は、鎌倉幕府以外には考えられない。

こうした「家領注文」の各所領と幕府との関係は、つぎの史料が裏づけてくれる。

備前国草部郷・丹波国六人部庄内大内・宮村・生野三ヶ村各皆除春富名・同新庄内私市村行枝名・出雲国大田庄播磨国鵤庄東南条替并五辻殿事、任去嘉暦三年九月廿一日御譲状、可有御領掌之由、可被申入一宮御方之旨候也、恐々謹言、

元徳元年九月廿日　　相模守判

謹上　弁入道殿[51]

嘉暦四年は八月に改元して元徳元年となった。その直後に発給された右の史料は、嘉暦三年九月の「家領注文」から一年を経過している。内容をみると、鵤荘東南条を出雲国大田荘にさしかえたほかは、「家領注文」と同じ所領が「一宮御方」の領掌に付されている。当時の幕府執権北条守時を差出者とする、この「鎌倉幕府安堵状」ともいうべき文書が発給される前提には、「一宮御方」の先考が認めたとおぼしき「嘉暦三年九月廿一日御譲状」が存在した。備前国草部郷以下の譲与を要旨とするその譲状の記主は、かつて鎌倉幕府将軍の座にあった久明親王であり、「一宮」はその子息にほかならない。

久明親王は幕府の給与により守良親王が知行していた備前国草部郷以下の所領を獲得し、それを子息に与える譲状を作成したうえで、嘉暦三年十月に死去した[52]。そして、これらの所領は、幕府進止下の関東御領であったがゆえに、ほどなく幕府倒壊とともに後醍醐政権に没収され、「本主」である守良親王に返付されたと考えられよう。

ところで、嘉暦三年十月の久明親王譲状に含まれていたはずの鵤荘東南条は、翌年九月の幕府安堵では出雲国大田荘にさしかえられている。この間、幕府と鵤荘の関係に、何らかの変化を生じたことが推測されるが、じつは嘉暦四年春に鵤荘は法隆寺に返付されていた。すなわち、三月十四日に東使の二階堂道蘊が「嘉暦四年二月廿七日関東寄進状」を法隆寺にもたらし、これにもとづき六波羅探題も施行状を発給した[53]。ここに「六波羅料所」としての鵤荘の歴史は幕を閉じたことになる。

御教書形式をとった「関東寄進状」には、「奉寄法隆寺播磨国鵤庄事、右為寺領、任先例、可致其沙汰[54]」とあり、幕府から法隆寺に寄進する形式になっている。根本寺領ともいうべき鵤荘が「寄進」されるというのは一見わかりにくいが、もともと下司の殺害事件により幕府側が没収したのは法隆寺の荘園領主権ではなく、平安末期以来、桑原氏が相伝してきた下司職と、それに付帯する巨大な吉永名などの権益であった。むしろ法隆寺は、幕府の手を介して、これらの所職・権益と下地進止権を、一円に把握する態勢を整えたことになる。法隆寺側がもとめたらしい「奉寄」の表現は、正鵠を射たものといえよう。

十三世紀半ばに「六波羅料所」となって以降、法隆寺は鵤荘の返付要求を繰り返し、正中二年（一三二五）ころには聖徳太子の御物を関東に下向させ幕府側に圧力をかけた。[55]法隆寺側の記録では、これらの努力が実を結び、ついに鵤荘の一円返付にこぎつけたという記述がなされている。しかし、そうした言説を鵜呑みにするのは危険であろう。半世紀以上にもわたる鵤荘の返付要求に応えなかった幕府が、嘉暦四年春という時期に突如として返付を決断するにいたった背景には、おそらく高度な政治交渉が存在していたに違いない。[56]

さて、「関東寄進状」を手にした法隆寺側の対応に目をもどすと、寺僧たちは返付の直後に、下司職をめぐる訴訟を六波羅探題に提起している。しかし、少なくとも平方条では、「六波羅料所」以来の「下司」（もと給主か）＝義光なる人物をそのまま下司職に補任し、「不可背寺命之由」の請文をとることで訴訟は終結した。[57]また、西方条の公文山本氏も御家人のまま荘域内に存続しており、公文職の寺家進止が最終的に確定するのは、康永三年（一三四四）以降である。[58]鵤荘返付が法隆寺による一円支配の確立とイコールでないのは、きわめて政治色の濃い返付決定の経緯からしても当然のことであろう。

しかし鵤荘の「六波羅料所」化は、法隆寺に負の遺産のみを残したともいいきれない。豪族的領主であった下司桑原氏の没落と表裏の関係にある「六波羅料所」の存続は、それが代々の探題在職者に遷替される支配形態であるがゆえに、特定の武家が下司職の掌握・相伝にもとづいて在地支配を深化させることを阻んだ。鵤荘に有力な在地領主が育たなかった事実も、おそらくこの点と関係しよう。それだけでなく、荘域内最大の収取単位である桑原氏旧領の吉永名は温存され、ついには法隆寺の手中にもたらされたのである。

かつて源頼朝が尊崇したという聖徳太子の「御起請地」鵤荘は、鎌倉末期にいたってようやく、法隆寺による一円支配の道程を歩み始めた。鎌倉幕府による鵤荘支配は、意外にも、この荘園が戦国期まで法隆寺領として存続していくうえで重要な要素になったと考えられる。

おわりに

「寺家一円所務」型荘園の典型とされてきた法隆寺領鵤荘は、たしかに法的には法隆寺領として存続し、地頭職もすぐに停廃されて存在しなかった。しかし、鎌倉中期からのこの荘園の現地支配は、下司職を手中にした鎌倉幕府権力が、御家人の公文による文書調進も含めて「六波羅料所」として掌握していた。その実効性を担保したのは、そもそもこの鵤荘が十二世紀中葉に中世荘園として成立した当初の内部構造と支配形態であった。

畿内近国や西国への鎌倉幕府権力の浸透は、承久の乱を契機としたいわゆる「新補地頭」の設置が重要視されてきた。しかし、鎌倉幕府権力は新たに地頭職を設定せずとも、鵤荘でみられるように、院政期以来の支配形態を利用して荘園支配を進めており、この鵤荘はもとより、「寺家一円所務」型荘園といわれてきた他の荘園についても、鎌倉幕府権力との関係を丹念に検証していくことが必要である。

また、この点と関わって、鵤荘は地頭のいない畿内近国の寺領荘園でありながら、鎌倉期を通じて膨大な訴訟が公家政権のみならず鎌倉幕府にも提起されており、その過程では公武の双方に足場をもつ六波羅評定衆の興味深い動きも浮かび上がってきた。紀伊国阿弖河荘では、荘園領主の開く裁判に六波羅奉行人が法律顧問的存在として関与していた事実も報告されており、[59]畿内近国の膝下荘園をめぐる訴訟に、六波羅を中心とした幕府吏僚がはたす役割はきわめて大きいものがあったといえよう。地頭とは無関係の訴訟（所務沙汰）が、本所側から鎌倉幕府に提起される際の手続内容や審理過程のあり方なども、これから追究しなければならない重要な課題である。

註

（1）筧雅博「鎌倉幕府掌論」（『三浦古文化』五〇、一九九二年）、同『蒙古襲来と徳政令』（講談社、二〇〇一年）。
（2）筧雅博「続・関東御領考」（石井進編『中世の人と政治』吉川弘文館、一九八八年）。
（3）この点、島田次郎「下司と地頭」（同『荘園制と中世村落』吉川弘文館、二〇〇一年。初出は一九九一年）が鎌倉幕府補任の下司職について論じているのが特筆される。
（4）太田順三「鎌倉期の荘園と勧農―「寺家一円所務」型と地頭設置型荘園の場合―」（『歴史学研究』三七六・三七七、一九七一年）。
（5）本章で引用する小林氏のおもな論文は、「播磨国の開発領主に関する一考察―同国揖東郡の桑原氏をめぐって―」（兵庫県立歴史博物館紀要『塵界』創刊号、一九八九年。以下、A論文とする）、「播磨国鵤荘」（石井進編『中世のムラ―景観は語りかける』東京大学出版会、一九九五年。以下、B論文とする）、「「鵤荘・弘山荘・小宅荘復原図」について」（『太子町史』第一巻、一九九六年。以下、C論文とする）。
（6）註（5）所引小林基伸A論文。
（7）註（5）所引小林基伸C論文。
（8）徴古雑抄所収、天平十九年二月十一日法隆寺伽藍縁起并流記資財帳（『大日本古文書』編年二）および「法隆寺別当次第」（『続群書類従』第四輯下）親誉の項。なお、延元元年卯月日法隆寺流記文案（法隆寺文書、『太子町史』第四巻第二章四六号）

には、「推古天皇勅施入分五十万代者、大田　大内　小宅　弘山」とあり、かつての勅施入地に系譜する荘田が弘山郷を含めた周辺の公郷に散在していたことを推測しうる。

（9）康永三年七月七日足利直義下知状案（法隆寺文書、「斑鳩旧記類集」）。
（10）平治元年七月三十日播磨国片岡荘夏畠内検帳（股野文書、『太子町史』第四巻第一章二二六号）。
（11）「吉祥御願御行旧記」（法隆寺文書、『太子町史』第四巻第二章二一二号）。なお、註（5）所引小林基伸B論文を参照。
（12）小林基伸「播磨国在庁官人桑原貞助発願一日頓写大般若経」（兵庫県立歴史博物館研究ノート『わたりやぐら』四、一九八七年）、註（5）所引小林基伸A論文。
（13）服部英雄「播磨国鵤庄の嘉暦絵図と小地名」（同『景観にさぐる中世―変貌する村の姿と荘園史研究―』新人物往来社、一九九五年。初出は一九八一年）、註（5）所引小林基伸A論文。
（14）註（5）所引小林基伸A論文。
（15）前註に同じ。
（16）坂上康俊「安芸国高田郡司藤原氏の所領集積と伝領」（『史学雑誌』九一編九号、一九八二年）。
（17）弘安四年七月十日下司代仏阿寄進状（法隆寺文書、『太子町史』第四巻第二章四二号）によると、このとき下司代の仏阿（実名不詳）は「吉永名」に属する西方条内の田一段を斑鳩寺に寄進している。なお、この文書は「吉永名」の初見史料でもある。
（18）註（9）所引史料。
（19）『吾妻鏡』文治三年三月十九日条。
（20）註（9）（19）所引史料。とくに地頭に対しては、文治三年三月の頼朝下文が重ねて家忠代官の押領行為をとどめ、法隆寺別当の所勘にしたがうよう命じた。
（21）『吾妻鏡』安貞元年五月二十三日条。
（22）註（9）所引史料。

(23)『平戸記』仁治三年十二月十一日・十二月二十一日、寛元二年六月六日・六月十二日・九月九日の各条。なお、岡田智行「院評定制の成立―殿下評定試論―」(『年報中世史研究』一一、一九八六年)も参照。
(24)森幸夫「六波羅評定衆考」(小川信先生の古希記念論集を刊行する会編『日本中世政治社会の研究』続群書類従完成会、一九九一年)。
(25)建長五年八月三日法隆寺牒(春日神社文書、『太子町史』第四巻第二章二三七号)。この牒状をうけた興福寺が平盛時の鵤荘下司職知行の停止をもとめた言上状の案文(断簡)が福智院家文書のなかから発見された(川端新氏の御教示による)。「法隆寺別当次第」によると、建長当時は興福寺の覚遍が別当であり、そのあとをついだ興福寺の良盛の任中に鵤荘関係の訴訟で院宣や六波羅探題の文書があいついで発給されていることから、法隆寺は興福寺を通じて院に提訴したものとみられる。なお、この建長五年の牒状にある「当庄支万方至下司職者桑原貞久」という記述をもって、大田順三氏は桑原氏＝「平方条下司職」と解釈し、小林基伸氏は桑原氏＝「支万方下司職」と理解しているが、この「支万方」は荘域内の地域表示ではなく、文脈からみても「万方を支える」という慣用句である。法隆寺牒の他の部分でも桑原氏＝鵤荘下司職とあることから、桑原氏は鵤荘全体の下司であったと考える。
(26)文永五年正月日近江国鯰江荘由来記(春日神社文書、『鎌倉遺文』九八四九号)。
(27)『吾妻鏡』延応元年五月二十四日、寛元二年四月二十一日、五月五日の各条。
(28)石井進『日本中世国家史の研究』(岩波書店、一九七〇年)。
(29)承久四年二月八日北条泰時安堵状写(壬生家文書、『鎌倉遺文』二九二五号)。
(30)応長二年三月日福井荘東保宿院村地頭代澄心重陳状(神護寺文書、『鎌倉遺文』二四五五〇号)。
(31)承久四年二月十日後高倉上皇院宣(神護寺文書、『鎌倉遺文』二九二六号)、文永七年三月二十四日秦守高注進状(秦文書、『鎌倉遺文』一〇六〇七号)。
(32)貞応元年四月に制定された「国々守護人并新地頭非法禁制御成敗條々事」と題する幕府法令のなかに「未被補地頭没収所々、為御使沙汰、可注進事」とある(池内義資・佐藤進一編『中世法制史料集』第一巻鎌倉幕府法、追加法六)。なお、石井進氏は、つぎに述べる安芸国巡検使の事例を参考にして、他国の場合も「承久の乱後に「御使」として北条氏被官の有力者が選任され、かれらが直接国衙に下っ」たと推測している（註（28）所引石井進著書）。
（33）安芸国巡検使平盛綱の役割については、川合康「鎌倉幕府荘郷地頭職の展開に関する一考察」（『日本史研究』二七二、一九八五年）を参照。
（34）建治二年八月二日関東下知状案（金剛三昧院文書、『鎌倉遺文』一二四三七号）。
（35）註（9）所引史料、『古今一陽集』（阿部猛・太田順三編『播磨国鵤荘資料』）。
（36）年月日欠金沢貞顕書状（金沢文庫文書、『金沢文庫古文書』三三三五号）。
（37）註（9）所引史料、応安五年十月十四日法隆寺学侶評定事書（法隆寺文書、『太子町史』第四巻第二章五一号）。なお、本章での「六波羅料所」の支配方式に関する分析は、註（2）所引筧雅博論文が播磨国佐用荘を例に、「六波羅料所」に関して示唆したいくつかの論点をふまえている。
（38）佐藤進一『増訂鎌倉幕府守護制度の研究』（東京大学出版会、一九七一年）。
（39）徳治三年五月二日六波羅下知状（南禅寺文書、『鎌倉遺文』二三二四九号）。加賀国得橋郷は「六波羅代々料所」であったが、南禅寺領宗像社のかわりとして関東から去り進められたことがわかる。一方、出雲国赤江保については、九月二十六日長井貞秀書状（金沢文庫文書、『金沢文庫古文書』六三九号）。
（40）註（9）所引史料。
（41）註（9）所引史料。なお、「法隆寺寺要記」（『播磨国鵤荘資料』）によると、文永七年に別当玄雅が真蓮法師を久岡名々主職に補任したところ、寺僧が「寺之怨敵」である真蓮の改易を要求し、別当もそれを認めたことが知られる。文永三年の久岡名相論の原因をうかがわせる事件である。
（42）稲葉継陽「中世社会の年貢収納枡」（同『戦国時代の荘園制と村落』校倉書房、一九九八年。初出は一九九三年）。
（43）恒久名の名田（西方条内の田五段）の雑役免を認めた正安二年五月日鵤荘名田雑役免除状（東大寺文書、『太子町史』第四巻第二章二四〇号）など。

(44)　尊経閣文庫所蔵「鵤荘講堂浮免相論引付」。ここでは『播磨国鵤荘現況調査報告Ⅲ』(太子町教育委員会、一九九〇年)の翻刻による。なお、この報告書には同史料を分析した小林基伸「鵤荘東南条講堂浮免をめぐる相論」が収録されており、小林氏は当該相論が法隆寺別当のもとで審理されたと述べている。しかし、訴人定舜は論人の桑原清重たちの「参洛」(京都への出頭)をもとめていること、清重たちが定舜の訴状を「法隆寺訴状三通」と表現していること、当時の法隆寺別当は興福寺中南院の玄雅であることなどから、小林氏の見解には再検討の余地がある。ただし、この講堂浮免が「講堂安居供之料田」であって、浮免とはいうものの坪付が決まっていたことや、浮免田の請作に関する在地の情勢などは小林氏の指摘にしたがいたい。

(45)　山本隆志『荘園制の展開と地域社会』(刀水書房、一九九四年)を参照。

(46)　乾元二年閏四月三日法隆寺牒写(法隆寺文書、『播磨国鵤荘資料』鵤荘関係史料(二)七号)。なお、乾元段階においても鵤荘が六波羅探題北方(播磨守護)の管領下におかれていたことは、六波羅探題北方の北条基時が乾元二年三月ころに鵤荘へ代官二名を派遣して、西方条公文山本盛康の訴える公文名などの当知行を調査していることから確認できる(註(9)所引史料)。

(47)　鵤荘平方条実検目録(法隆寺文書、『太子町史』第四巻第二章三八~四一号)、註(9)所引史料。

(48)　嘉暦三年九月二十七日五辻宮家領注文(海蔵院文書、『太子町史』第四巻第二章二四二号)。

(49)　元弘三年八月四日後醍醐天皇綸旨(海蔵院文書、『岡山県史』編年史料一三四一号)。

(50)　寿永三年四月六日源頼朝下文案(久我家文書、国学院大学『久我家文書』一、二八号(二))。

(51)　元徳元年九月二十日関東御教書案(海蔵院文書、『太子町史』第四巻第二章二四三号)。

(52)　『鎌倉年代記』裏書嘉暦三年条。年月日欠金沢貞顕書状(金沢文庫文書、『金沢文庫古文書』三五〇号)。

(53)　註(9)所引史料。

(54)　註(9)所引史料。なお、『大日本仏教全書』寺誌叢書第一所収「斑鳩寺雑記」の同文書では、「関東寄進状」関係の部分が脱落している。『大日本仏教全書』から同文書を収録した『播磨国鵤荘資料』『太子町史』でも同様であるため、本章では法隆寺所蔵「斑鳩旧記類集」から引用した。

(55)「嘉元記」正中二年九月二十八日条（『太子町史』第四巻第二章二一五号）。
(56) 二階堂道蘊の東使としての本来の上洛理由とその政治的背景については、高梨みどり「二階堂道蘊の元徳元年上洛」（『歴史教育』一六巻一二号、一九六八年）、筧雅博「道蘊・浄仙・城入道」（『三浦古文化』三八、一九八五年）。
(57) 註（9）所引史料。
(58) 註（9）所引史料
(59) 黒田弘子「百姓申状と本所裁判―紀伊国阿弖河庄―」（鎌倉遺文研究会編『鎌倉時代の政治と経済』東京堂出版、一九九九年）。

第九章　関東御教書の様式にみる公武関係

はじめに

鎌倉幕府の発給文書は、まず形式上から下文、御教書・奉書、下知状に大別され、これに機能や発給機関の別を加味して分類が行われてきた。相田二郎『日本の古文書』[1]はそれを典型的な文書の例挙によって体系化した最初の研究である。これ以後、下文と下知状については事例集成を含めて研究が進み、鎌倉幕府の権力構造を分析する際のメルクマールとして重視されてきたが、御教書・奉書に関する研究はほとんど進展していない。安堵や裁許といった権利付与文書である下文や下知状に比べ、時限的な意志伝達文書という性格づけもあって、御教書・奉書の研究は軽視されてきたといえよう。

ところで、一般に鎌倉幕府の御教書・奉書というと、執権と連署の北条氏が連署して「依仰執達如件」「仍執達如件」の書止文言で結ぶ関東御教書がすぐに想起される。同じ様式の文書は六波羅探題や鎮西探題も発給し、それぞれ六波羅御教書・鎮西御教書などと呼ばれるが、北条義時執権期以降の関東御教書に絞って『鎌倉遺文』等を検索すると、書止文言などの書様を異にする事例がいくつか伝来していることに気づく。そして、『鎌倉遺文』ではこれらの文書に、「関東御教書」と「関東請文」という名称を混用している。

すでに橋本初子氏は、鎌倉期の院宣や藤氏長者宣の形態分類から、宛所によって異なる書止文言と伝達経路の違いをみいだし、それが文書の相互関係にあらわれていることを指摘している(2)。本章はこの研究を参考にしながら、院宣や藤氏長者宣と同じ奉書形式の関東御教書の書止文言や様式の相違に注目し、これまでとりあげられることのなかった公家側に宛てられる関東御教書を論じるものである。

第一節　関東御教書における様式の使い分け

相田二郎『日本の古文書』は、「関東御教書」として七例の文書を挙げている。このうち執権（のちに執権・連署）が奉者となって「依仰執達如件」の書止をもつ様式が確立した北条義時執権期以降においても、それとは異なる書止文言をもつ「関東御教書」が例示されている。

【史料1】大物忌神社文書（『鎌倉遺文』二六八一号）

出羽国両所宮修造事、不終其功之由、神主久永訴申之間、去建保六年十二月、為催促雖被差遣雑色正家、故右大臣殿大事出来之間、正家不遂其節帰参、然而有限修造、依不可黙止、為催促所被差遣雑色真光也、無僻怠可終其功之状、依陸奥守殿御奉行、執達如件、

承久二年十二月三日

散位藤原（花押）奉

散位三善（花押）

北目地頭新留守殿

相田氏は史料1の書止文言と奉者に注目して、鎌倉幕府が宛所によって関東御教書を二つのランクに使い分けていたと述べた。これに関して湯山賢一氏は、同じ様式の鎌倉幕府発給文書として、承久三年十二月十一日付

（『鎌倉遺文』二八九四号）から貞応二年八月二十九日付（『鎌倉遺文』三一四九号）までの四点を補いつつ、これらの文書を「鎌倉幕府政所奉行人奉書」と名づけるべきとした(3)。

湯山氏はその理由として、（一）史料1以下の五通が発給された承久元年（一二一九）以降の義時執権時代は鎌倉殿が不在で、「正式な意味での鎌倉殿御教書は発給出来ない状況であった」こと、（二）御教書は「三位以上の公卿の家司が主人の命を奉じて出した奉書形式の文書」であり、鎌倉幕府の文書も「朝廷に倣い、極めて形式を整えている点に特徴がみられる」のだから、史料1などは「関東御教書」にあたらないこと、を挙げている。

こうした湯山氏の主張に対し、五味文彦氏は当該期で「仰」の文言をもつ関東御教書の発給例を提示して（一）を否定するとともに、（二）については「依〇〇〇殿御奉行」という文言をもつ院宣の実例を挙げ、史料1以下の五通は「朝廷で使われている御教書の形式を導入した」とみて、相田氏のいう宛所による二つのランク分けを認めている(4)。

五味氏の指摘で重要なのは、承久元年～嘉禄二年（一二二六）の将軍不在期に発給された関東御教書に二つの様式が併存し、とくに史料1の様式は京都から将軍の後継者を迎え入れたことを契機に、鎌倉幕府が院庁の文書発給システムを導入したと考える点である。ただ、当該期に執権を奉者として「依仰執達如件」の文言で結ぶ奉書が「関東御教書」として認識され、機能したかどうかは別個に証明しなければならない。また、様式の区分が「二つのランク」のみであったのかどうかも検討の余地が残る。

さらに、史料1の様式云々とは別に、湯山氏の強調する御教書の規定にもあらためて留意しなければならない。将軍不在期だけでなく、執権・連署が奉じた文書を一律に「関東御教書」と呼んできたことの当否は問い直されるべきであろう。

	遺文番号	日付	書止	署判	宛所
a	二四八二	建保七年三月廿六日	依抑執達如件	右京権大夫平在御判	（実深カ）
b	二八二六	「承久三年」九月四日	仍執達如件	図書允清原在判奉	宗像大宮司殿
c	二八七五	承久三年閏十月十四日	仍執達如件	陸奥守（花押）	相模守殿
d	補七七四	承久四年正月廿日	仍執達如件	陸奥守（花押）	武蔵守殿
e	二九六一	貞応元年五月十八日	仍執達如件	陸奥守平判	（六波羅探題）
f	三〇五二	貞応二年二月十六日	仍執達如件	前陸奥守	
g	三一二二	六月廿八日	依仰執達如件	前陸奥守（花押）	相模守殿
h	三一二八	貞応二年七月六日	仍執達如件	前陸奥守判	相模守殿
i	三一八七	貞応二年十二月八日	依仰執達如件	（花押）（北条義時）	武蔵守殿
j	三三六九	元仁二年五月二日	依仰執達如件	武蔵守平泰時判	進上　相模守殿
k	三四三七	嘉禄元年十二月二日	依仰執達如件	武蔵守（花押）相模守（花押）	前大宰少弐殿

本章の主題は、湯山・五味氏がふれていないこの藤原頼経将軍以降の問題を論ずることにあるのだが、行論上の必要から、義時執権期に関しても少し論及しておきたい。

まず、史料1の様式が分布する期間より少し幅をもって、「仍執達如件」「依仰執達如件」の書止文言をもつ幕府発給の奉書を『鎌倉遺文』等から検索すると、表のようになる。「二位殿御教書」といわれたb[5]を除くすべてが義時ないし泰時を奉者としており、そのうち宛所不明のfを除くと、残りはすべて六波羅探題か鎮西奉行宛てになる。一方、史料1以下の五通の宛所は、湯山氏が指摘しているように、守護もしくは地頭である。

史料数の少ない状況下ではあるが、右の結果を素直に解釈するならば、当該期の鎌倉幕府は執権を奉者とする文書の様式を、幕府機関宛てと御家人宛てとで使い分けていた可能性が高い。しかも六波羅探題は当該期に「関東御教書」の呼称を使っている[6]から、将軍不在期においてもそれらの文書は、関東御教書として機能したものと考えられよう。

史料1の様式は北条泰時執権期に入ると完全になくなり、「依（鎌倉殿）仰執達如件」の書止で結ぶ関東御教書は、嘉禄二年十二月八日付の山鹿三郎宛て（『鎌倉遺文』三五五五号）を初見として、御家人にも発給されるようになる。嘉禄二年のある時点で、関東御教書の発給原則が変更されたことがわかる。[7]したがって、右に述べた表収載文書と史料1以下五通との様式の使い分けは、義時執権期に限定されることになる。ただし、宛所による様式の区分を二タイプに固定する必要はなく、同じ時期に発給されたつぎのような文書にも注目すべきである。

【史料2】尊経閣文庫所蔵文書（『鎌倉遺文』二九五七号）

八幡宮御領河内国甲斐庄事、成敗状進覧之、縦雖被置地頭職、相従庄務、不致濫妨候者、何可有訴訟候哉、以此旨可言上之由、所候也、義時恐惶謹言、

貞応元五月六日　　　　陸奥守平義時上（裏花押）

甲斐荘の地頭停止問題に関して、北条義時が奉じた文書である。文中の「成敗状」は同日付関東下知状（『鎌倉遺文』二九五六号）にあたるが、これと同じセットは醍醐寺領荘園に関する①承久四年の四月五日付のものが現存する（『鎌倉遺文』二九四三号・二九四五号）。また、史料2と同じ形式の奉書は、承久三年から貞応三年（一二二四）にかけて、②九条家宛て八月二十二日付（『鎌倉遺文』補七六四号）、③久我家宛て八月十五日付（『鎌倉遺文』二九九一号）、④近衛家宛て九月三日付（『鎌倉遺文』補七九四号）、⑤高野山宛て三月十六日付（『鎌倉遺文』三二二〇号）などが確認できる。

史料2および①〜⑤は、いずれも執権を奉者として公家側に出されているが、時期的に重なる史料1以下の五

通と同様に所領相論のものを含んでいる。したがって、史料2以下も義時執権期の宛所による様式の区分とみるべきではなかろうか。

相田二郎氏は、この史料2とつぎの二つの文書を例示して、「請文の形式をとつた御教書と同じ意味の奉書」、氏のいう「請文奉書」に分類している。

【史料3】高野山文書（『鎌倉遺文』四八四六号）

高野山領備後国大田庄地頭非法事、衆徒解状謹下預候畢、尋明子細、可成敗候、且其由仰重時・時盛候也、以此趣可有御披露之旨、鎌倉按察殿御消息所候也、恐惶謹言、

十月廿八日　　武蔵守平「泰時」（裏花押）

相模守平「時房」（裏花押）

【史料4】久我家文書（『鎌倉遺文』三一八二八号）

池大納言家遺領播磨国石作庄・河内国大和田庄・尾張国海東上中庄・伊勢国木作庄等事、任祖父御譲状、御管領不可有相違之由、可申之旨候、以此趣可令披露給候、恐惶謹言、

八月廿五日　　右馬権頭平「茂時」（裏花押）

相　模　守　平「守時」（裏花押）

史料3は嘉禎元年（一二三五）、史料4は鎌倉最末期の正慶元年（一三三二）と推測される。いずれも「恐惶謹言」の書止や無年号は書状の形式をとり、執権と連署が自署し裏花押を据える鄭重な様式である。「請文」の下付はないが、奉書でありながら請文の様式をも備えている。

相田氏はこの史料2・3・4について、「当時、幕府の執権連署が奉じて出すこの請文を、御教書を関東御教

書と呼ぶと同じ式に関東請文と称し」たと述べている。しかし、だれが「関東請文」の呼称をもちいたのか、どこでどのように機能したのか、また鎌倉期を通じた展開のあり方については、「関東請文」呼称の論拠を含めてまったく論じられていない。さらに、関東御教書と「関東請文」の類別は次元が異なっており、史料2・3・4をも関東御教書に含めたうえで、「問状」「召文」「請文」その他の機能面からさらに分類すべきではないか、という疑問もわいてくる。

とはいえ、このような様式の奉書形式の文書が、北条泰時執権期以降も「依仰執達如件」の書止をもつ関東御教書と並行して、鎌倉末期まで幕府から発給されたらしいことの指摘は重要である。そして、こうした問題提起が研究史上で行われていたにもかかわらず、右に述べた課題が残されたままである現状をこそ克服しなければならない。

相田氏のいう「関東請文」の当否はともかく、執権義時を奉者とする史料2が、公家政権で「請文」として機能したことは、つぎの史料から確認することができる。

【史料5】石清水田中家文書（『鎌倉遺文』二九九二号）

八幡宮御領河内国甲斐庄事、義時朝臣請文副下知状如此候、可令申上給之由候也、恐惶謹言、

貞応元八月十七日　　右衛門権佐（花押）

謹上　源宰相中将殿

摂政藤原家実の御教書であるが、史料2は「義時朝臣請文」と呼ばれ、関東下知状とセットでこの摂関家御教書とともに機能したことがわかる。では、史料3・4のような義時死後の執権・連署が奉じた文書はどうなのだろうか。そして御家人にも宛てられるようになった関東御教書との関係は、どのように理解したらよいのだろう

か。出発点がようやく定まったところで、いよいよ主題に踏み込むことにしよう。

第二節　貴族社会における関東御教書の書様変化

嘉禄二年（一二二六）正月、藤原頼経は征夷大将軍に任じられると同時に正五位下、右少将となった。(8) このの ち執権と連署が奉者となって「依仰執達如件」の書止文言で結ぶ関東御教書の初見は、大宰少弐宛て嘉禄二年二月十八日付である（宇佐記所収文書、『鎌倉遺文』三四六三号）。これ以後、同様な事例はそれこそ枚挙にいとまがない。その一方で、執権・連署を奉者とするつぎのような奉書形式の文書が出されている。

【史料6】随心院文書（『鎌倉遺文』三四七九号）

「関東御返事案」

入道権大納言家御領間三箇條事

一、播磨国三方庄地頭停止事

一、丹後国周枳社地頭非法可停止事

一、越後国白鳥庄相伝事

右、被仰下候條々、且随御使之申状、成敗状等令成進候、以此趣可有御披露之由、内々所候也、恐惶謹言、

嘉禄二年
四月十九日　　　　武蔵守平泰時裏判

相模守平時房裏判

案文のため一筆だが、「嘉禄二年」はほんらい付年号であろう。最初の一つ書き部分に対応する嘉禄二年三月

二十七日付の藤原頼経袖判下文（『鎌倉遺文』三四七八号）が現存しており、北条義時執権期における史料2と同様に、史料6も関東下知状と一緒に機能したことがわかる。

同じ嘉禄二年で同じ署判者、そして同じ様式の文書をさがすと、まず⑥九月十二日付（『鎌倉遺文』三五二〇号）があり、書止文言は「以此旨可令披露給之由候也、恐惶謹言」で「武蔵守泰時」「相模守時房」の連署と「在判」の裏書がある。⑦十一月二十八日付（『鎌倉遺文』三五五一号）は「以此等之趣、可令申沙汰給旨所候也、恐惶謹言」との書止文言で、泰時と時房が自署して裏花押を据えている。史料6と⑥も原本では「泰時」「時房」が自署であろう。なお、史料6は「内々所候也」とある点で他と異なり注目されるが[9]、ここでは立ち入らない。史料6と⑥⑦はいずれも宛所をもたないが、京都の公家側に出されたことが内容から明らかであり、史料2・3・4と共通している。では、これらの奉書は「依仰執達如件」の書止で結ぶ関東御教書とは関係のない文書なのであろうか。

【史料7】氷室文書（『鎌倉遺文』三九八二号）

主水司申丹波国神吉氷□事、解状謹給預候畢、尋下子細於時盛候、其状進上之、随左右□令成敗候、以此趣可有御披露之由所候也、恐惶謹言、

「寛喜二年」
四月廿八日　　　武蔵守平「泰時」（裏花押）
　　　　　　　　相模守平「時房」（裏花押）

様式等は史料6や⑥⑦とまったく一致する。中央官司の所領をめぐる訴えをうけて、北条時盛を尋問する文書を進上している。残念ながらその「状」は現存していないが、内容からすれば関東御教書であった可能性が高い。つまり、同一案件について執権と連署が将軍の意を奉じて出す奉書形式の文書において、宛所により様式が使い

分けられていたと考えられるのである。つぎの二つの文書はそれを裏づけてくれる。

【史料8】禅定寺文書（『鎌倉遺文』補九八八号）

（前欠）所□申禅定山□并寄人御所侍事、解状副具書遣之、此事自　殿下如被仰下者、地頭□等令安堵之様大切也云々、所詮於件輩作田者、令収納有限段別加徴、可免除万雑事也、是則相互無訴無煩歟者、自今以後、不可有違乱之状、依鎌倉殿仰、執達如件、

寛喜元年十一月八日　　武蔵守

相模守

【史料9】禅定寺文書（『鎌倉遺文』補九八九号）

（前欠）候之処、田原庄□御教書并御請文等、謹以返上之、解状謹給預候畢、所詮於件輩作田者、令収納有限段別加徴、可免除万雑事之旨、下知時盛畢、其状進上之、是則地頭□等安堵之計候歟、以此趣可有御披露之由所候也、仍言上如件、恐惶謹言、

十一月八日　　武蔵守平泰時（裏書「在判」）

相模守平時房（裏書「在判」）

進上　二條中納言殿

前者は宛所をもたないが、後者の内容から北条時盛に宛てたものと考えてよい。後者は九条道家政権で事実上の関東申次をつとめた二条定高[10]に宛てた文書である。これら二通の奉書形式の文書は、鎌倉幕府が同一日付で同一案件について発給したものである。

これまで公家側に宛てた奉書に同一日付の関東下知状がセットで発給された事例はいくつか例挙してきたが、

それは文書形式の異なる組み合わせである。しかし、右の史料8・9は執権と連署を奉者として将軍の意を伝達する奉書形式で共通しているのに、書止や署判の書様に明らかな違いがみられる。これは鎌倉幕府が執権と連署を奉者とする奉書の様式を、宛所によって使い分けていたことを示している。

つぎに宛所が同一人物であるにもかかわらず、書止の様式が異なる事例を指摘することにしよう。右の史料9とつぎの文書を比較していただきたい。

【史料10】『天台座主記』三ノ七十六（『鎌倉遺文』四八〇八号）

今月廿三日山門衆徒奉振三社十禅師・客人社・八王子神輿於洛中候云々、（中略）以此趣可有御披露之由、鎌倉前中納言殿御消息所候也、恐惶謹言、

七月廿九日　武蔵守平泰時

相模守平時房

進上　二條中納言殿

史料9は寛喜元年（一二二九）、史料10は文暦二年（一二三五）の文書である。前者は案文で、後者は『天台座主記』に収録されたものであるが、文書の原本では「泰時」「時房」が自署で、各自の裏花押が据えられていたと考えてよい。

両者は同じ様式・署判者で宛所も二条定高で一致するが、決定的な違いは後者の史料10の書止に「鎌倉前中納言殿御消息所候也」の文言があることである。ちなみに⑧「寛喜三年」の付年号をもつ六月二十五日付の奉書（『福井県史』資料編2中世）では、書止が史料9とほぼ同じ「以此趣可被披露候之旨所仰也、恐惶謹言」となっており、「鎌倉前中納言殿御消息所候也」の文言はまだ存在しない。この違いはなぜ生じたのであろうか。

将軍藤原頼経は、貞永元年（一二三二）二月に従三位となり公卿に列した。そして翌二年正月に任じられた権中納言を文暦元年（一二三四）の十二月に辞しており、史料10の文暦二年当時は「前中納言」であった。つまり史料10の書止に変化したのは、将軍頼経が三位に叙されたことと、権中納言に任官・辞任したことにもとづいている。これは、公家政権側に鎌倉幕府将軍の意を執権と連署が奉じて出す文書の様式が、宛所による使い分けだけでなく、将軍の官位や官職の変化にも対応していた事実を示している。そして、同様の事実はこれ以後の将軍頼経期を通じて指摘することができる。

まず、嘉禎元年（一二三五）の十月二十八日付の史料3をみると、書止の文言は「鎌倉按察殿御消息所候也、恐惶謹言」となっている。これは、その直前に将軍頼経が按察使となったことに対応している。この文言をもつ奉書は、ほかに嘉禎二年の十一月十五日付（『鎌倉遺文』五〇八四号）まで四通を確認できる。頼経は同月二十二日の除目で民部卿に遷っているから、「鎌倉按察殿」の文言がみえなくなることに対応するわけである。

つづいて頼経は、嘉禎四年（一二三八）三月に権大納言となり翌月には辞しているが、つぎの文書はそれに対応するものである。

【史料11】九条家文書（『鎌倉遺文』補一二七二号）

摂津国井門庄・筑前国三奈木領等者、一向当家領候、而所令進　禅定殿下御領候也、以此旨可令申上給之由、鎌倉前大納言殿御消息候也、仍言上如件、泰時恐惶謹言

仁治元年十一月一日　　前武蔵守平泰時

進上　修理大夫殿

仁治元年（一二四〇）十一月十七日付の六波羅施行状（『鎌倉遺文』補一二七三号）の内容から、同年の文書とわか

る。「鎌倉前大納言殿御消息所候也」の文言は、嘉禎四年（一二三八）四月から権大納言を辞したままの頼経にふさわしい。

さて、頼経は「前大納言」のまま、寛元二年（一二四四）四月に征夷大将軍を子息の頼嗣に譲り、翌三年七月に出家する。ここまで同じ将軍のもとでの奉書についてみてきたわけだが、将軍がかわるとどうなるのであろうか。まず、つぎの文書をみたい。

【史料12】保阪潤治氏所蔵文書（『福井県史』資料編2中世）

越前国宇坂庄間事、雑掌申状給預候了、於検注者、不可依狼藉問注、先可被遂行候也、明春可進幸円候、至狼藉問注者、召返遠流百姓、可遂其節之由、下知重時朝臣候、彼状進覧之、以此旨、可令披露給之由、鎌倉少将殿御消息候也、時頼恐惶謹言、

寛元四年
十二月三日　　　　左近将監時頼

宇坂荘の所領相論に関して近衛家に宛てた奉書である。奉者が執権北条時頼の単署となった理由は、このとき連署が空席であったことによる。将軍が右少将の頼嗣にかわったことをうけて、書止の文言が「鎌倉少将殿御消息所候也」に変化している。同じ文言をもつ奉書は宝治元年（一二四七）にも確認できるが、このとき頼嗣はまだ三位に達していない。父頼経のときに比べると、「○○殿御消息所候也」の文言使用がややルーズになっている。

このの ち将軍頼嗣は、建長三年（一二五一）六月に従三位に昇るが、翌四年二月には左中将のまま征夷大将軍を辞し、京都に送還されてしまう。かわって鎌倉には宗尊親王が将軍として迎えられた。その四年後になるが、つぎのような奉書をみいだすことができる。

【史料13】八坂神社文書（『鎌倉遺文』八〇〇四号）

感神院領越中国堀江庄内三ヶ村給主申地頭非法事、雖召決候、両方任申請、可中分之由、加下知之旨所候也、以此趣可有御披露候歟、恐惶謹言、

六月十二日　　相模守時頼裏判
　　　　　　　陸奥守政村同

建長八年（一二五六）六月五日付の富来武者入道宛て関東御教書案（『鎌倉遺文』八〇〇三号）との関連から、同年の文書とわかる。やはり同年と推測される七月二十一日付の左大弁藤原経俊宛て奉書（『経俊卿記』建長八年八月記裏書）の書止も、「可申旨候、以此趣可令披露給候、恐惶謹言」となっている。「〇〇殿御消息所候也」の文言が消えたのは、将軍宗尊が親王だからであろうか。

文永三年（一二六六）七月、宗尊親王は将軍罷免のうえ京都に送還され、子息の惟康が将軍につけられた。惟康は源姓を与えられ、文永七年十二月に従三位、左中将に任じられている。そして文永九年正月には左中将のまま従二位に昇った。この年末に出されたのがつぎの奉書である。

【史料14】『東大寺要録』二（『鎌倉遺文』一一一六六号）

東大寺衆徒申寺領美濃国大井庄内楽田郷事、被停止重経法師押領之由、鎌倉二位中将殿御消息候也、恐惶謹言、

文永九
十二月廿六日　　相模守在判
　　　　　　　　左京権大夫在判

やはり書止に注目すると、惟康の官位・官職に対応して「鎌倉二位中将殿御消息候也」の文言が加わっている。

親王であった父宗尊将軍時代との区別は明白であろう。なお、史料14はこれまでみてきた奉書と比べると、執権・連署の自署がなく裏花押でもない点で薄礼といえるが、従来と同じ厚礼の奉書も発給されている。

【史料15】春日神社文書（『鎌倉遺文』一二四二九号）

興福寺訴申宗兼・宗政事、重　院宣謹下給候了、宗兼関東家人役事、於去年四月十四日状者、召返候了、至其事者、宜在　聖断之旨、鎌倉二位中将殿可申之由候、以此旨可令披露給候、恐惶謹言、

「建治三年」
七月廿六日　　　相模守「時宗」（裏花押）

進上　右馬権頭入道殿

『鎌倉遺文』では「建治二年」となっている付年号を建治三年（一二七七）とすべきことは、本郷和人氏が指摘している。[11]このののち惟康は、弘安二年（一二七九）正月に正二位、弘安十年六月に権中納言・右大将となり、十月四日には親王宣下をうける。つぎの奉書はその三ヶ月後のものである。

関東中次西園寺実兼の家司を宛所としており、院宣をうけて発給されたことが知られる。[12]

【史料16】『公衡公記』弘安十一年正月二十日条（『鎌倉遺文』一六四六三号）

條々事、以行覚令申之由、可申之旨所候也、以此旨可令披露給候、恐惶謹言、

正月四日　　　前武蔵守宣時判
　　　　　　　相模守貞時判

進上　右馬権頭入道殿

関東中次西園寺公衡が日記に写したものである。「條々事」の内容は別紙に記されており、院に申し入れる内容となっているが、ここではふれない。父宗尊と同様に親王となった将軍惟康の意を奉じる奉書の書止から、

「鎌倉二位中将殿」の文言が消えていることが確認できれば十分である。

以上、公家側に出された執権・連署を奉者とする奉書形式の文書を、藤原頼経から惟康親王まで四代の将軍にわたってみてきた。これ以後は事例を精査していないが、正慶元年（一三三二）の史料4までに管見に入った十通をみると、そこには「〇〇殿御消息所候也」や「〇〇殿可申之由候」の文言はなく、史料16以後は書様が共通している。これは、当該期の将軍がいずれも親王であったことに対応するとみてよかろう。

あらためて確認しておくが、北条泰時執権期から鎌倉幕府倒壊まで、六波羅・鎮西の両探題や守護・地頭御家人を宛所とする奉書、すなわち執権と連署が奉じて「依仰執達如件」の書止で結ぶ関東御教書の様式は一貫している。その一方で、同じく執権・連署が将軍の意を奉じて、公家側に発給する奉書も存在していた。とくに史料8・9で明示したように、この二つの奉書の様式は同一案件で同一日付のものが併存する事例がある。したがって、この二つの様式は執権と連署の奉じた関東御教書の宛所によるランク分けとみなすことができる。事実、つぎのような事例が存在する。

【史料17】九条家文書（『鎌倉遺文』九三五二号）

備前国小豆□丹波国多□被仰遣六□

恐惶謹言、

「文永二年」
九月□

【史料18】九条家文書（『鎌倉遺文』九四〇六号）

備前国小豆嶋・常陸国□□（村田）庄・丹波国多紀北庄預□（所）職事、去九月廿日関東□（御教）書如此候、以此旨可□□□給候、恐惶謹言

十一月十九日　散□

左近□

進上　上総前司殿

第七章で論じたごとく、備前国小豆島以下の預所職をめぐる安嘉門院と九条三位局の相論に、鎌倉幕府が事実上の裁許を下したのが史料17で、これを六波羅探題が施行して史料18を発給した。後者では前者を指して「関東御教書」と称している。鎌倉幕府の内部にあっては、史料17のような様式も関東御教書なのである。

さらに重要な点は、そうした公家側に出される関東御教書において、藤原頼経以降そのときどきの将軍の地位・身分に応じて、様式が変化していたことである。この事実は従来の研究でまったく指摘されておらず、本章ではじめて明らかにしたことである。

藤原頼経将軍期に幕府発給文書ではじめて使われた「○○殿御消息所候也」の文言は、「前左大将殿御消息所候也」（『鎌倉遺文』二四二六六号・二四二六七号）、「近衛北政所御消息所候也」（『鎌倉遺文』二九二四四号）、「大覚寺宮御消息所候也」（『鎌倉遺文』三〇二六一号）などのように、鎌倉期の貴族社会の御教書・奉書で広くもちいられていた。これは、将軍頼経が三位に達して御教書を発給できるようになった段階で、鎌倉幕府が京都の貴族社会で機能するための関東御教書に、そうした文言を採用したと考えられる。なぜなら、佐藤進一氏が注目したように、同じ将軍頼経の意を藤原定員（御所奉行か）が奉じた執権北条経時宛ての御教書は、「御気色候也、仍言上如件」の書止で結んでおり[13]、ここでみてきたような書様とは明確に区別されていたからである。

しかも興味深いことに、頼経将軍期に出された史料6以降の文書をみると、奥に連署の時房が署判し、執権である泰時は下位に位置づけられている。これは時房が泰時よりもつねに位階が高かったことの反映と考えられる[14]。

つまり、鎌倉幕府発給文書における署判の序列が、幕府内の職制ではなく、朝廷の官位にもとづいているのである。

では、このような関東御教書は貴族社会にもたらされたのち、どのように機能し、いかなる名称が与えられていたのであろうか。相田二郎氏の「関東請文」説を含めて、最後にこの問題を考えてみよう。

第三節　関東御教書の機能と呼称

承久の乱直後、執権北条義時を奉者とする史料2が、摂関家御教書で「義時朝臣請文」と呼ばれていたことは前述したが、藤原頼経が将軍となり、北条泰時のもとで執権連署制が確立した時期はどうであろうか。文書の伝達経路や機能、それに文書の呼称が明確な事例をさがすと、つぎの史料群(15)が注目される。

【史料19】

（端裏書）
「野鞍庄　将軍家御避文」

可令早停止普成仏院領摂津国野鞍庄地頭職事

右、依寺僧訴訟、所被下　殿下御教書也者、早可停止彼職之状、依鎌倉殿仰、下知如件、

嘉禎元年十二月廿四日

武蔵守平（花押）

相模守平（花押）

【史料20】

（端裏書）
「関東御請文両国司奉書」
普成仏院所司申、野鞍庄地頭事、解状下預候畢、停止状進上之、以此旨可有御披露之由、按察殿御消息所候也、恐惶謹言、
十二月廿六日　　　武蔵守平「泰時」（裏花押）
　　　　　　　　　相模守平「時房」（裏花押）

【史料21】
（端裏書）
「六波羅殿施行符」
摂津国野鞍庄地頭職事
右、任去年十二月廿四日関東御下知状、可令停止彼職之状如件、
嘉禎二年正月十五日　　　掃部助平（花押）
　　　　　　　　　　　　駿河守平（花押）

【史料22】
（端裏書）
「殿下御教書皇后宮大夫進師良朝臣奉書」
寺領摂津国野鞍庄地頭職事、被申関東之処、請文副地頭停止下文如此候者、公家長日御祈、無退転可令勤行給也、
依　摂政殿御気色、執達如件、
正月十六日　　　皇后宮少進橘（花押）
謹上　普成仏院々主律師御房

普成仏院は十二世紀後葉に建立された美福門院得子の御願寺で、得子の施入した摂津国野鞍荘を寺領とした[16]。右の史料19～22は、嘉禎元年（一二三五）から翌二年にかけて、野鞍荘の地頭停止をめぐって出された一連の文書群であり、のちに院主職を相伝した醍醐寺三宝院に伝来した。

さて、文書の流れを簡単に整理してみよう。普成仏院の寺僧が地頭停止をもとめる解状を公家政権に提起し、関白九条道家の「殿下御教書」が幕府に発給された（現存せず）。これをうけて幕府は、史料20と地頭職停止を下知する史料19を出し、六波羅探題は関東下知状をうけて施行状の史料21を発給した。その翌日、九条道家は関東下知状を副えた史料20をうけて、普成仏院の院主に史料22を出したのである。

文書の原本をみると、史料19と史料20の本文は同筆と認めてよく、同年ながら別件の史料3（写真）とも同筆である。これらの訴訟が同じ幕府奉行人の担当で処理されたことを知りうる。それはともかく、史料19・20のセットは史料22の殿下御教書とともに京都で機能し、その際に史料20がやはり「関東」の「請文」と呼ばれている。受給者側でも史料20を「関東御請文」と認識していたことが端裏書から知られる。

つぎに頼経から将軍が交替した後はどうだろうか。まず頼嗣将軍期をみると、日付欠藤原通明申文（『鎌倉遺文』補一四九四号）にも「一通　関東御請文　寛元二年十二月廿一日」とあり、「関東請文」と呼ばれていたことがわかる。

惟康将軍期の史料15には、関連史料として建治三年の付年号をもつ八月九日藤氏長者御教書（『鎌倉遺文』一二八一三号）があり、そこで「学侶訴申宗兼等事、院宣副関東請文如此、宗兼被召返関東家人役状云々」といわれている。史料15もやはり「関東請文」と表現されて、院宣とともに機能したことが判明する。

また、『経任卿記』弘安六年三月十七日条（『歴代残闕日記』巻五十六）をみると、中御門経任は「春宮大夫状到来、

山門事、関東請文如此、可披露云々」と記したのちに、

【史料23】

山門事、重　院宣謹下預候了、早速以使者可言上之由、可申旨候也、以此趣可令披露給候、恐惶謹言、

三月九日　　駿河守平業時在裏判

相模守平時宗同

という文書を写している。関東申次西園寺公衡に到来した史料23が「関東請文」と呼ばれ、経任を通じて院に披露されたことがわかる。

このようにみてくると、公家側に出された関東御教書は、殿下御教書・関東申次の御教書・院宣などと一緒に機能することがあり、その場合に貴族社会において「関東請文」と称されたことが知られよう。藤原頼経の将軍在位中に「○○殿御消息所候也」の文言が書止に使用されたのも、まずは宛所との身分的関係や摂関家（九条家）を実家とする頼経の貴族社会での地位をふまえ、一緒に機能する殿下御教書・関東申次の御教書・院宣の様式とのつりあいを勘案した結果だったと考えられる。

では、公家側に出された関東御教書は、一律に「関東請文」とすべきなのだろうか。答えは否である。元亨二年（一三二二）十二月十五日の年紀をもつ『右筆条々』[17]には、

一、自関東被進京都御教書并申書様

可同貴所御請文書様、

とあり、鎌倉幕府から公家側に送られる「御教書」は、あくまで様式上は上級貴族の請文のそれに則るにすぎない。むしろこの記述からも明らかなように、関東の鎌倉幕府から京都の公家側に送られる御教書の存在は、一般

的に認知されていた。「関東請文」と称された史料15が同じ訴訟過程の別の文書[18]では「関東状」とも表現され、鎌倉後期の公家日記でもこの呼称が頻出するように[19]、それらに共通する性格は、鎌倉幕府が出した奉書形式の文書ということにつきる。したがって、まずこれを関東御教書の範疇に位置づけ、宛所による様式の区分のひとつとしたうえで、それぞれの伝達経路や機能に応じて分類し、適切な文書名を付与する必要があろう。

おわりに

本章では、将軍の意を執権・連署が奉じて公家側に出された関東御教書について論じてきた。この関東御教書は、嘉禄二年以降、六波羅・鎮西探題や御家人を宛所とする関東御教書とは様式上の区分がなされていたものだが、じつは公家側に出された関東御教書のなかでも、さらに宛所に応じて書止や署判の書様に区別がなされていた。惟康将軍期の史料14と史料15はその好例であり、これが書札礼にもとづくことは容易に推察できよう。

さらに注目すべきは、公家側に出された関東御教書が「関東御返事」「関東返報」「関東執　奏状」などと表現される機能をはたしたり、史料4・史料6のように中央貴族の「相伝」「管領」する荘園所職を「安堵」する関東御教書が存在することである[20]。これらの事例では、公家側の意志決定が事実上、鎌倉幕府によって制約される反面、幕府側も将軍の国政上の地位によって、公家側に対する意志伝達の文書様式が大きく規定されていたことになる。本章で論じてきた関東御教書は、中世荘園の領有や知行の問題を含めた国政上における、公武権力双方の相互関係・相互作用に規定された文書体系の具体例として、位置づけることができるのである。

註

（1）相田二郎『日本の古文書』（岩波書店、上巻一九四九年、下巻一九五四年）。
（2）橋本初子「別形態の院宣・綸旨―「御奉行所候也」という文書について―」（『史林』六二巻五号、一九七九年）、同「別形態の藤氏長者宣―「御奉行所候也」という文書について―」（『鎌倉遺文研究』六、二〇〇〇年）。
（3）湯山賢一「北条義時執権時代の下知状と御教書」（日本古文書学会編『日本古文書学論集』5中世Ⅰ、吉川弘文館、一九八六年。初出は一九七九年）。
（4）五味文彦「執事・執権・得宗―安堵と理非―」（同『増補吾妻鏡の方法　事実と神話にみる中世』吉川弘文館、二〇〇〇年。初出は一九八八年）。
（5）文永十一年六月十八日宗像長氏証文注進状（宗像神社文書、『鎌倉遺文』一一六七二号）。
（6）貞応元年八月二十一日六波羅御教書案（石清水八幡宮文書、『鎌倉遺文』二九九五号）。ただし、ここで「関東御教書」と称されているのは、同年七月二十四日関東下知状（石清水八幡宮文書、『鎌倉遺文』二九八二号）を指している可能性もある。
（7）近藤成一「文書様式にみる鎌倉幕府権力の転回―下文の変質―」（註（3）所引論集、初出は一九八一年）が下文と下知状の分析から重視した嘉禄二年は、御教書の分析からも画期となるものと考えている。
（8）官位・官職については、とくに断らないかぎり『公卿補任』による。
（9）「内々」の意味およびその文書様式については、筧雅博「「内々」の意味するもの」（網野善彦他編『ことばの文化史』中世4、平凡社、一九八九年）、百瀬今朝雄『弘安書札礼の研究　中世公家社会における家格の桎梏』（東京大学出版会、二〇〇〇年）。なお、鎌倉幕府の奉書で「内々所候也」の文言をもつ事例は、嘉禎三年（一二三七）の七月七日付（高野山文書、『鎌倉遺文』五一五四号）にも確認できる。
（10）本郷和人『中世朝廷訴訟の研究』（東京大学出版会、一九九五年）。
（11）註（10）所引本郷和人著書。なお、川添昭二「北条時宗文書の考察―請文・巻数請取・書状―」（『鎌倉遺文研究』二、一九九八年）も参照。

(12) 当該訴訟の経緯や文書伝達経路は、註(10)所引本郷和人著書に分析がある。

(13) 佐藤進一『古文書学入門』(法政大学出版局、一九七一年)。御教書は寛元元年の八月二十二日付(金剛三昧院文書、『鎌倉遺文』六二二七号)。佐藤氏はこの奉書を「将軍家御教書」と呼ぶべきとしたが、この様式の御教書がどの程度発給されたのかは不明としている。なお、嘉元三年と推定されている五月十三日付の式部卿宮令旨(清水寺文書、『鎌倉遺文』二二二一三号)は、将軍久明親王の意を執権北条師時に伝達したもので、「式部卿宮令旨所候也、仍執達如件」と結んでいる。まさに令旨の様式であるが、佐藤氏の提案にしたがうならば、これも「将軍家御教書」ということになる。また、註(9)所引筧雅博論文が注目しているように、『建治三年記』六月十三日条によると、北条時宗に肥前・肥後安富荘地頭職を与える将軍惟康王の「内々」の「御気色」が恩沢奉行の安達泰盛に伝えられ、同地頭職に補任する「奉書」が問注所執事の太田康有により作成されたという。こうした将軍御所から執権などに意思伝達される文書についても、意識的に追究する必要性を痛感している。

(14) 北条時房・泰時の官位は『関東評定衆伝』(『群書類従』第四輯)による。なお、この点は後掲する普成仏院文書に即して田沼睦氏より示唆をうけた。また、関東下知状については、笠松宏至氏が執権時頼・連署政村の署判順序に即して同様の事例を指摘している(網野善彦・笠松宏至『中世の裁判を読み解く』学生社、二〇〇〇年)。

(15) 国立歴史民俗博物館所蔵「田中穣氏旧蔵典籍古文書」普成仏院文書。全文は『兵庫県史』中世八において翻刻されている。

(16) 普成仏院(仏名院)については、高橋慎一朗「仏名院と醍醐寺三宝院」(『東京大学史料編纂所研究紀要』六、一九九六年)。

(17) 『続群書類従』第三十一輯下。なお、『右筆条々』の性格については、宮崎肇「中世書流の成立—世尊寺家と世尊寺流—」(鎌倉遺文研究会編『鎌倉期社会と史料論』東京堂出版、二〇〇二年)を参照。

(18) 「建治三年」八月五日西園寺実兼施行状(春日神社文書、『鎌倉遺文』一二八〇三号)。

(19) たとえば、『吉続記』正安三年十一月十六日・二十五日条、『花園院日記』正中元年十二月二十九日条など。鎌倉期の公武間で交わされる文書等については、森茂暁『鎌倉時代の朝幕関係』(思文閣出版、一九九一年)が貴重な先行研究となっているが、残念ながら本章で注目した公家側に出される関東御教書は分析されていない。森氏の研究に本章の所見を加味してさらに研究を深めたい。

(20) 榎原雅治「本所所蔵「文殿訴訟関係文書写」」(『東京大学史料編纂所研究紀要』七、一九九七年)で紹介された徳治二年六月十日源守忠申状写によると、父為定の遺領について「関東両度成賜安堵状候畢、随則件関東状備　叡覧」えたという。なお、鎌倉末期に後宇多院や後醍醐天皇から東寺へ施入された院御願寺の執務職や荘園に関して、鎌倉幕府が発給した文書(本書で論じた公家側宛ての関東御教書)が、実質的に「安堵状という性格」をもったことは、上島有「荘園文書」(網野善彦他編『講座日本荘園史』1、吉川弘文館、一九八九年)を参照。

第三部　鎌倉幕府の訴訟文書体系

第十章　訴陳状の機能論的考察

はじめに

前近代の訴訟制度研究が古文書等の分析に立脚する以上、古文書学的観点にもとづく訴訟文書の綿密な検討は不可欠な作業である。訴訟の手続きや機構・吏僚に関する分厚い研究蓄積を有する鎌倉幕府の場合、石井良助・佐藤進一両氏の研究[1]を出発点として、当事者側に伝来した訴訟文書の様式論的な考察は飛躍的に進展した。おもな手続文書に限っていえば、羽下徳彦「訴訟文書」[2]が現在の到達点を示している。しかし、幕府内部で作成されて機能した文書や記録は未開拓の領域であるうえ、幕府と当事者のあいだを往来した基本的な文書についても、幕府吏僚（奉行人）の役割を明確にした機能論的研究に、未解明な部分が残されている。本章が主題とする訴陳状もその重要な論点のひとつである。

近年、井原今朝男氏は、市河文書に残る鎌倉期の「日付のない訴陳状」をとりあげて、その作成目的や機能のあり方を裏花押・異筆・押紙の意味に着目して追究すべきことを指摘した[3]。鎌倉幕府の訴訟文書に存在する裏花押については、引付頭人・奉行人による裁許状・和与状の裏封がよく知られている[4]。羽下徳彦氏もこれをふまえて、訴訟文書に存在する端裏銘や裏花押・裏書に注意を喚起していたが、問題の訴陳状に関しては現存例の正文・案文の判断材料とするにとどまっている。端裏銘や裏花押などに着目した訴陳状の機能論的考察は、むしろ室町幕府や検非違使庁に即して豊かな蓄積があり、[5] 鎌倉幕府に関する同様の研究が立ち遅れている現状にある。

本章は、このような研究状況を打開するべく、鎌倉幕府の訴訟に繋属した訴陳状と関係文書の古文書学的検討（端裏銘・裏花押・筆跡）を行い、実際の訴訟過程におけるその動きと機能のあり方を、幕府奉行人との関係で論じるものである。そのうえで、室町幕府や検非違使庁の事例との比較検討を通じて、鎌倉幕府における訴訟手続発達の具体相を、訴訟文書からあとづけることにしたい。

第一節　鎌倉幕府奉行人による「書銘封裏」

1　訴陳状の動き

鎌倉幕府の訴訟においては、訴状に依拠して一方的な判決を下す「片面的訴訟」が一貫して存在していたといわれる。しかし、両当事者が幕府に訴陳状を提出する「双面的訴訟」も保障されており、[6] 鎌倉後期には両者の複合する緻密な訴訟手続が発達した。『沙汰未練書』[7] はその詳細な内容を伝える貴重な史料である。石井良助氏以降の研究は、この『沙汰未練書』の記述を重視し、鎌倉後期に訴が幕府に提起され、「訴陳に番う」段階に入った場合の文書の動きをつぎのように説明している。

Ⅰ　訴人は幕府に訴状と具書案を提出し、これが受理されると賦奉行（問注所に所属）が訴状に「賦銘」を加えて引付方にこれを渡す。

Ⅱ　原則として三問三答を限度に、担当の引付奉行人を介して訴状と陳状が交換される。

Ⅲ　幕府での直接対決（引付問答）に入る以前、訴人・論人は訴陳状の正文を「奉行所」に持参する。そこで訴陳状を貼り継ぎ、両当事者が継目裏花押を据えて裏を封じたのち、担当奉行人に提出する。

Ⅳ　裁許の下知状が勝訴者に交付されると、さきの訴陳状正文と具書案は幕府の「文庫」に送られ保管される。

右の各段階のうち、Ⅱの詳細について羽下徳彦氏は、元亨三年（一三二三）五月十日鎮西下知状（河上神社文書、『裁許』鎮一二九）[8]に「先日及訴陳一問答之処、元応二年十二月廿三日夜博多炎上之□、雑掌帯持本解案・良弁陳状等、焼失之上者」とあることから、初度訴状と初度陳状が提出された後は、訴人（雑掌）側に訴状の案文（「本解案」）と陳状の正文（「良弁陳状」）があったことを確認し、逆に論人側には訴状の正文と陳状の案文があったと推測している。そして、ひきつづき三問三答まで進んだ時点では、訴人側には陳状の正文三通と訴状の案文三通があり、論人側には訴状の正文三通と陳状の案文三通が存在したと想定している。

一問一答の終了時点でいえば、訴人の保持していた「本解案」の解釈に異論があるものの（後述）、訴人が陳状の正文を、論人が訴状の正文をそれぞれ保持していたことは他の史料[9]でも裏づけられる。しかし、三問三答まで進んだ場合に、二度・三度の訴状（重訴状）が論人に、同じく陳状（重陳状）の正文が訴人の手許にあるとは限らない。

訴状と陳状が三通ずつ提出され、三問三答の形式を整えているようにみえても、相手方の主張や反論の内容を見ないまま、重訴状や重陳状を作成・提出することがあった。詳しくは三節で述べるが、鎌倉後期の和泉国久米田寺免田をめぐる訴訟で、論人に荷担した奉行人が「二答三答状」を「抑留」して訴人に「下」さなかったにもかかわらず、訴人から重訴状が提出されているのはその好例である[10]。もとより羽下氏の想定する訴陳状正文の保管状況を確認できる場合も少なくないが、それはむしろ理想型というべきであろう。

訴状や陳状が相手方の当事者に渡らない事態が起きるのは、中世の訴陳状が上級権力に愁訴・嘆願する上申文書だからである。羽下徳彦氏や笠松宏至氏は、鎌倉幕府に繋属した訴陳状の様式や文言から上申文書である点を強調するが、石井良助氏が強調した訴訟手続の「当事者追行主義」にひきつけられるのか、訴陳状の動きや機能の点では、それが当事者間で主体的にやりとりされ、奉行人の手は素通りするだけのように論じている。[11]

しかし、鎌倉幕府の場合も訴陳状のタテの動きを重視すべきなのであって、当事者自身が「於初度申状者、永仁元年十一月　日本奉行仁上之[12]」とか「属先奉行人飯河播磨坊光瑜、捧二答状之処、円雅代禅勝下賜之後[13]」、あるいは「此陳状者、大保六郎入道之許被上之処、其後不請取雑掌之間[14]」と表現しているように、訴陳状は当事者から幕府の担当奉行人に「捧」げ、「上」るものであった。訴陳状の受け取り手は、あくまで裁判を行う鎌倉幕府の担当奉行人とみなければならず、それゆえに「彼陳状紛失之旨、本奉行人頓宮弥次郎盛康出請文畢[15]」というような奉行人による訴陳状の紛失という事態も起こりうるのである。

これに対応して、相手方の訴状ないし陳状を受け取った場合、当事者はそれを鎌倉幕府の奉行人から「下預」かるものと認識していた[16]。幕府の奉行人から相手方の当事者に訴陳状が「下」される際には、もっと幕府側の意志を重視しなければならず、論人に反論もしくは承伏の機会（訴人には再反論もしくは承伏の機会）を与えるために、訴状（陳状）を相手方に「下」す主体は幕府と考えるべきである。

訴状はこの点がとくに明確であって、鎌倉幕府の奉行人が訴状を論人に「下」す際には、「訴状如此」「重訴状如此」といった文言をもつ幕府の御教書（弘安七年（一二八四）からは原則として引付頭人奉書）が発給され、訴状の内容への意志表示が論人に命じられる。御教書と訴状を実際に論人のもとへ運ぶのは訴人側であるが、命令主体はあくまで幕府であった。

2　訴状を封じ下す

では、鎌倉幕府の奉行人に提出された訴状が、幕府御教書とともに論人の手に「下」される際の手続内容とその機能について検討しよう。

南北朝期の史料には、室町幕府を主格とした訴状の送達を「封下」と表現する事例が頻出する。佐藤進一氏は『古文書学入門』(17)のなかで、その一例から「訴状を封じ下す」ことの内容をつぎのように解説している。

訴人が訴状を幕府に出すと、担当の部局及び奉行人が定められて、奉行は訴状の裏に花押を記入して（これを裏判・裏封という。訴状が長文で用紙を二枚以上貼り継いである場合は、その紙継目の裏に花押を記す）、たしかにその訴状が担当奉行の確認を経たことを明らかにした上で、論人（被告）に交付する、（以下略）

要するに、「封下」された訴状には担当奉行人の裏花押が据えられているという。佐藤氏はつづけて、その訴状が引付頭人奉書などの答弁催促状と一緒に論人へ送られると述べている。一方、上島有氏は、室町幕府では担当奉行人が訴状に裏花押と端裏銘を書き入れ、同じ奉行人が引付頭人奉書（「訴状如此」のような副進文言をもつ）も執筆することを指摘している(18)。上島氏は「訴状を封じ下す」ことにはふれておらず、佐藤氏も論拠を明示していないため、両者の関係は判然としない。そこで、室町幕府の実例とともに鎌倉幕府の「封下」した訴状の特徴を確認し、鎌倉幕府の発給した答弁催促状との関係を考えたい。

【史料1】

（端裏）「尼明泉代重申状　観応元四廿八」

佐々木三郎章氏女子尼明泉代祐信重言上

欲早被成重御教書、被召上同又三郎惟俊、被停止非拠濫妨、明泉蒙御成敗、越後国加地庄内田畠在家等事

副進

一通　先度被封下中状案

（裏花押）

右、当庄内桜曽祢条内田地三千五百束苅、屋敷一所并小畠、高浜条内田地千九百束苅、西畠一町者、明泉相伝所領也、而惟俊致押妨狼藉之間、康永三年七月四日・同年十一月廿八日被封下中状之処、不及請文散状上者、重被成御教書、不日被召上惟俊、被停止非拠之押妨、明泉為蒙御成敗、重言上如件、

観応元年三月　日[19]

越後国加地荘内の田畠在家をめぐり、佐々木章氏女子尼明泉の代官祐信が提出した重申状である。端裏の文字と裏花押は鎌倉幕府の引付奉行人から室町幕府の奉行人に転身した三善某のものであり[20]（二節を参照）、史料1は室町幕府に繋属した訴状の原本である。副進文書の康永三年（一三四四）十一月日付「先度被封下中状案」は現存しないが、その写しが史料1とともに伝来している[21]。それをみると、袖端に「銘云　尼明泉代重申状康永三十一廿八」とあり、さらに史料1の裏花押と同じ位置に「在判」と書かれている。佐藤氏の指摘する奉行人の裏花押を表現した「在判」の文字とともに、同じ奉行人が端裏に記入したと思われる「銘」、つまり端裏銘の内容も忠実に写し取られているのである。

佐藤氏の述べる「訴状を封じ下す」の「封」は裏封に通じるが、実際に「訴状を封じ下す」ときには奉行人の裏花押だけでなく、同じ奉行人が端裏銘をも記入したとみてよい。上島氏の注目した幕府奉行人の端裏銘とほぼ定位置の裏花押（紙継目の場合を含む）は、そのまま「封下」された訴状の特徴ともいうことができる[22]。

これをふまえて、元亨四年（一三二四）十一月二十三日関東下知状案（田鎖文書、『裁許』関三〇〇）をみると、「光

頼正安三年十月十八日岡田左衛門入道奉行之時、被封下本解状案備進之間」とあり、正安三年（一三〇一）に鎌倉幕府の引付奉行人から論人の閉伊光頼に本解状＝初度訴状が「封下」され、後日その本解状の案文が光頼から幕府に提出されている。鎌倉幕府の引付奉行人が論人側に「訴状を封じ下す」手続きを行っている。さらに、史料1の訴訟を担当して「訴状を封じ下」した室町幕府奉行人が鎌倉幕府の引付奉行人であった事実がしめすように、この手続きは奉行人を介して、鎌倉幕府から室町幕府に継承されたのである。

ところで、鎌倉幕府の所務沙汰に繋属した訴状の端裏銘については、賦奉行が書き入れる「賦銘」の内容検討との関わりから、つぎの史料が指摘されてきた。(23)

イ　元応元年閏七月日台明寺雑掌澄海重申状（台明寺文書）

ロ（日付なし）朽木時経代明祐重申状（朽木文書）

ハ（日付なし）伊賀盛光代正法申状（飯野文書）

佐藤進一氏は、イとロに据えられた裏花押を引付奉行人の花押とみてイとロを重訴状の正文とし、それぞれの端裏にある「台明寺雑掌□申状 元応元後七廿九」「出羽四郎兵衛尉代重申状 正慶元十二廿七」の文字が引付奉行人の記入した文書名と引付受理の年月日であると述べて、賦奉行の「賦銘」も同様な内容であったと類推している。また、羽下徳彦氏は、裏花押をもつ初度訴状の事例としてハを挙げ、その端裏に記された「伊賀左衛門三郎 嘉暦四二八」の文字が「賦銘」である可能性を指摘している。

たしかに右の訴状イ・ロ・ハには、それぞれ室町幕府の訴訟で確認されている端裏銘と同じ形式・大きさの端裏文字があり、ほぼ同じ位置に裏花押が据えられている。しかし、訴状イ・ロ・ハの端裏文字や裏花押の記主が鎌倉幕府奉行人であることは証明されておらず、この点は別個に論証が必要である。また、訴状イ・ロ・ハはいずれもそれを提出した訴人側に伝来し、論人のもとには渡されなかった可能性が高いことから、これらは三問三答とは異なる手続きとの関係を検討すべきであろう（後述）。

そこで、鎌倉幕府の訴訟で論人に「封下」された訴状の実例をあらためてさがすと、つぎの史料が浮かび上がってくる。(24)

①嘉元三年六月日鮫島光家申状（二階堂文書）
（袖端切り取り）

②徳治三年二月日近江国朽木荘地頭代弁空重申状（葛川明王院文書）
（端裏）「義綱代弁空重申状　徳治三二廿七」

③正和三年九月日肥前国伊佐早荘雑掌重申状（深江家文書）
（端裏）「伊佐早庄雑掌□」

④文保二年十月日斑島行覚重申状（有浦文書）
（端裏）「斑嶋源次郎入道重申□」

⑤日付なし金沢称名寺雑掌行信重申状（金沢文庫文書）
（端裏）「称名寺雑□□□　元応元六廿七」

⑥元応元年七月日斑島行覚申状（有浦文書）
（端裏）「斑嶋源次郎入道申状　元応元九一」

①〜⑥の中央下やや袖寄りの位置（室町幕府の訴状と同じ位置）には、それぞれ裏花押が据えられている。さらに、②〜⑥の端裏文字の内容を文書名の次行に示した。これは一般的な端裏書のようなメモ程度の小さな文字

徳治三年二月日近江国朽木荘地頭代弁空重申状（国立国会図書館所蔵葛川明王院文書）

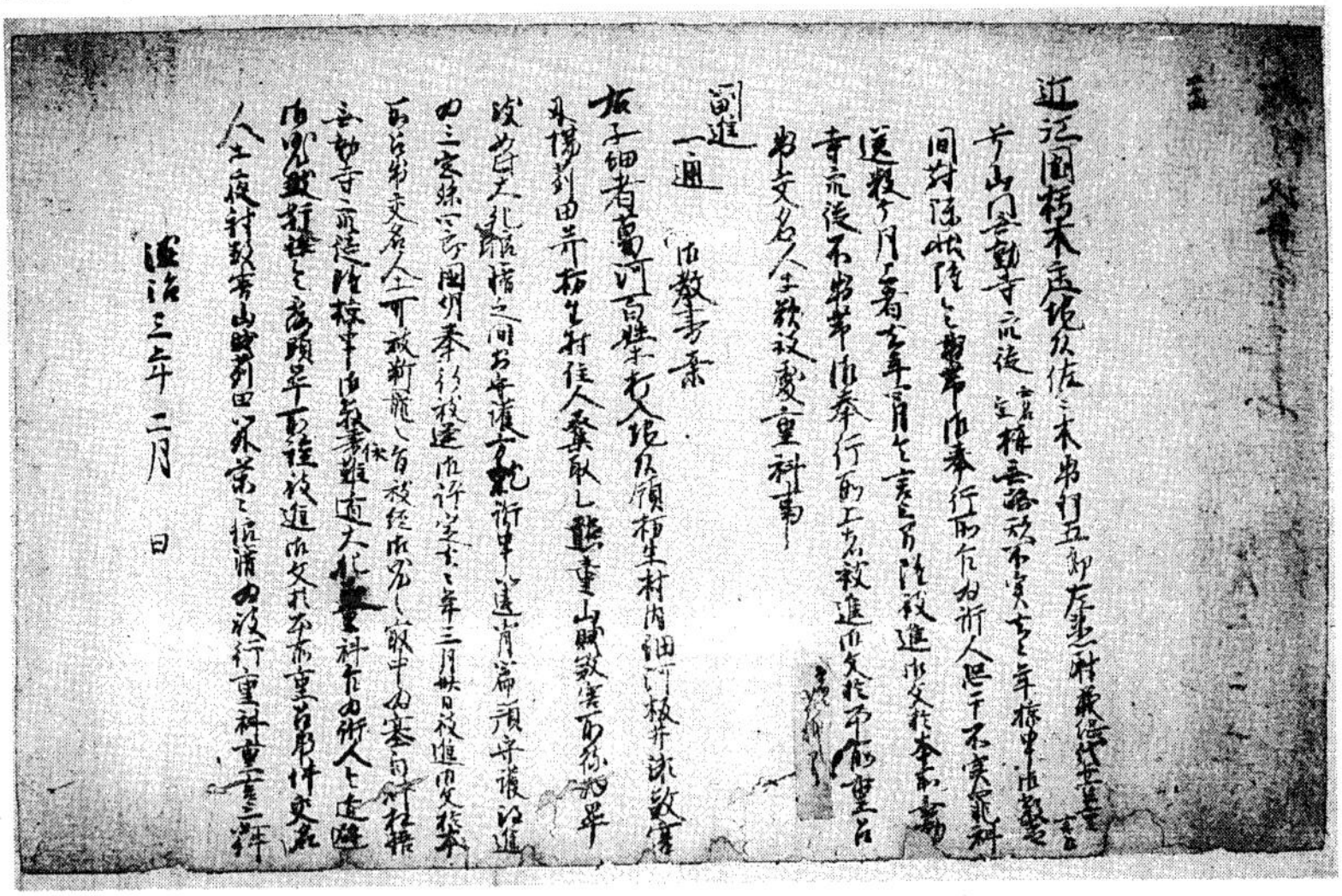

（表）

（裏）

ではなく、折り幅に相応しく天から地にかかるほどの堂々とした文字で、訴状の本文とは異筆・異墨だが、裏花押とは同墨である（②の端裏銘と裏花押の写真を掲出した）。

これらの裏花押・端裏文字については、いずれもだれのものか現在のところ確定はできない。ところが、④の端裏文字と裏花押の記主を考える材料として、同じ訴訟の過程で発給された鎮西御教書が斑島文書に伝来している。

【史料2】

斑嶋源次郎入道行覚申、肥前国志佐浦近元名田地等事、訴状副具書如此、為有其沙汰、早可被参決、仍執達如件、

文保二年十月五日　　遠江守（花押）

丹後次郎殿[25]

内容からみて、斑島行覚の初度訴状を受け取った鎮西探題が、論人の丹後次郎（佐志定）に発給した御教書である。初度訴状は現存していないが、この御教書は論人に渡されず、訴人側がそのまま保管したことになる。重訴状である④は、このあと訴人から幕府に提出され、幕府の御教書とともに論人に届けられたが、今度は御教書は残らず重訴状④のみが論人のもとに伝来したのである。このような経過をふまえて、④の端裏文字と史料2の本文を原本写真で見比べたところ、両者が同筆であることを確認した。つまり、④の端裏文字は端裏銘であり、裏花押とともに鎮西探題の奉行人が書き入れたものであった。④に対応する鎮西御教書は現存していないが、そこに「重訴状如此」という文言があったことは明らかで、それが④にあたることを端裏銘が同定する機能をはたしていたのである。ここに④は鎮西御教書の「副進文書」として機能したものと考えられる。なお、以上の関係

は、③と正和三年（一三一四）十月三日鎮西御教書のあいだでも証明することができる。

以上を前提にしてようやく、②~⑥の端裏文字と①~⑥の裏花押も鎌倉幕府の奉行人が書き入れたものであり、同じ奉行人が書いた幕府御教書の「副進文書」として、論人の手に運ばれた（「封下」された）ものと考えることができる。

訴状と具書案が継いである場合の事例では、日付のない真野宗明申状案（金沢文庫文書、『鎌倉遺文』二九五三六号）の奥下裏にある「具書継目奉行人加判形」という注記が参考になる。この申状案の端裏には、正文の端裏銘を写したと思われる「□野左衛門六郎申状 嘉暦元七廿四」という記載もあり、本文以外の多様な情報を伝えていることから、「具書継目奉行人加判形」の注記は、訴状と副進文書との継目に担当奉行人の裏花押が据えられた事実をしめすと考える。これを前提にすると、元応二年八月日豊後国都甲荘雑掌正円・正俊等重申状[26]と具書案の紙継目に据えられた裏花押も鎌倉幕府奉行人の据えたものであり、端裏の「都甲庄雑掌進訴状 元応二八十三」も同じ奉行人の書いた端裏銘とみてよかろう。

3　陳状の端裏銘と裏花押

では、陳状の場合はどうであろうか。従来の研究では陳状の正文に関する論及はなく、「陳状を封じ下す」という史料表現もみられない。そこで、鎌倉幕府の奉行人が陳状に端裏銘と裏花押を書き入れた事例をしめすことにしよう。

まず、元徳三年（一三三一）十二月十三日某下知状案（舛田文書、『鎌倉遺文』三一五五九号）には「西得法師于時在俗為代官、備件譲状捧陳状之刻、奉行古海四郎保良書銘封裏之由、性妙申之処、犬子無陳謝」とあり、鎮西引付奉行

人の古海保良が陳状に「銘を書き、裏を封じ」ている。これは担当奉行人が陳状に端裏銘と裏花押を書き入れ、それが実際の訴訟で機能した事実を伝えている。[27]

そして、奉行人の端裏銘と裏花押を有する陳状の実例として、菅浦文書の永仁五年（一二九七）二月日近江国守護代宗源陳状を挙げることができる。この陳状には、本文とは異筆の青墨で書かれた裏花押と「近江国守護代陳状　永仁五四十五」の端裏文字が記されているが、これは同陳状の提出を六波羅探題に報告した（永仁五年）三月二日近江守護佐々木頼綱請文の端裏文字「佐々木備中前司請文　永仁五三十五」と同筆・同墨であり、六波羅奉行人の書き入れた端裏銘および裏花押と考えられる。[28]また、二紙以上にわたる陳状の場合は、「澄心重陳状　応長二三九」の端裏銘をもつ神護寺文書の応長二年（一三一二）三月日播磨国福井荘東保宿院村地頭代澄心重陳状[29]を実例として、紙継目ごとに裏花押が据えられたことを指摘できる。

以上のように、鎌倉幕府に提出された訴状および陳状には、引付奉行人による端裏銘と裏花押の記入が行われていた。史料用語に即してそれらを概念化すれば、担当奉行人による訴陳状への「書銘封裏」という手続きが存在したのである。

4　請文等への「書銘封裏」

ところで、上島有氏は、鎌倉幕府でも端裏銘が採用されていたことを東寺百合文書から指摘するなかで、伊予国弓削島荘の和与状に幕府奉行人が裏封と端裏銘「栄実和与状」を書き入れた事例や、地頭請所の丹波国大山荘で幕府裁許により東寺に切り出された下地の分田坪付注文と地頭の請文に、幕府奉行人が端裏銘と裏花押を書き入れた事例を紹介している。とくに前者の事例では、和与状の裏封および端裏銘の文字が和与を承認した関東下知状の本文と同筆であり、かつ下知状の訂正文字の裏花押が和与状の裏封にみえる奉行人の花押と一致するという、きわめて重要な事実が確認されている。

石井良助氏の法制史研究でも、和与状の法的機能が幕府奉行人の裏封と裁許下知状によって獲得されることは指摘されていた。しかし和与状だけでなく、当事者等の提出した請文や注進状にも鎌倉幕府奉行人が端裏銘や裏花押を書き入れ、それと幕府発給文書（裁許下知状や御教書）との相関関係が一般化しうることは、以下の事例に徴して明らかである。

すなわち、正中二年（一三二五）八月二十七日三隅兼員代明仁・尼良海代道正連署和与状[30]には、鎌倉幕府奉行人の裏封と「明仁道正和与状」の端裏銘がある。また嘉暦三年（一三二八）七月二十三日関東下知状（熊谷家文書、『裁許』関三一三）には「将又熊谷図書助入道西忍領相論之時、女子尼蓮忍代訴申直継之時、捧請文畢、奉行人性昭所書銘也」とあり、幕府奉行人の安威性昭による論人請文への「書銘」の事実が知られる。さらに東寺百合文書には、東寺領常陸国信太荘の雑掌定祐が荘内各郷の地頭による年貢未進を鎌倉幕府に訴えた訴訟で、奉行人英連が端裏銘と裏花押を書き入れた嘉暦四年三月二十八日散位政宗請文ほか三通の請文が残る。これと関連する嘉暦四年四月五日・同年六月八日の関東御教書の本文は、請文三通の端裏銘と同筆であり、いずれも担当奉行人の英連が執筆したことがわかる[31]。丹波国大山荘の地頭請所・年貢未進をめぐる訴訟では、弘安十年十二月十日関東下知状（東寺文書楽、『裁許』関一六七）による裁許をうけて地頭の中沢基員が提出した、仁治二年（一二四一）五月日と文永三年（一二六六）二月日の領家得分注文案[32]があり、それぞれに幕府奉行人が「基員所進」の端裏銘を書き、紙継目には引付頭人の北条公時が関東下知状の紙継目とともに裏花押を据えている。

このように上島氏の指摘を一般化する事例は枚挙にいとまがない。ただ、ここで私が主張したいことは、第一に、鎌倉幕府の奉行人による端裏銘と裏花押の記入は訴陳状にも行われており、菅浦文書の近江国守護代陳状と守護請文の事例でみられるように、同じ端裏銘や裏花押を有する訴陳状と請文等の関係にも留意すべき点である。鎌倉幕府に関して、この点はだれも指摘していないが、当事者のもとにセットで伝来した訴陳状と請文の機能を考えるうえで重要な視角と考える（後述）。

第二には、当事者や第三者（両使）の請文は幕府への上申文書である以上、その動きを考える際には、訴陳状と同じようにタテのベクトルを基本に据えるべきである。

たとえば、元応三年（一三二一）三月日上神殿迎祐申状（島津家他家文書、『鎌倉遺文』二七七三〇号）には「進両御使請文畢、仍被経御沙汰最中、去年十二月廿三日夜、博多炎上之時、両使請文正文於奉行所焼失之由、奉行人問答之上者」とあり、両使の請文が「御沙汰最中」は奉行人の手許で保管されていた事実が知られる。この場合は焼失したが、無事に結審すれば、担当奉行人の端裏銘を有する請文が訴人に手渡されたはずである。事実、文保二年（一三一八）十二月十二日鎮西御教書案（詫摩文書、『鎌倉遺文』二六八八九号）に「先奉行朝西相尋子細之剰（刻）、出皆納返抄之由、教賢捧請文之間、彼状書銘、下給地頭畢」とあり、幕府奉行人に提出された論人教賢の請文は、同じ奉行人が端裏銘を書き入れ、当事者に「下給」わっている。

論人や両使の請文は訴人側が運んでくる場合が多いだけに、幕府奉行人から端裏銘を書いてもらっただけで、訴人がそのまま保管すると考えやすい。しかし実際は、訴人側が論人や両使から請文を取って幕府奉行人に提出し、あらためて幕府から交付してもらうのが基本である。幕府奉行人の端裏銘はそうした請文の動きと機能を裏づけるものであった。

第三に、上島氏は室町幕府の奉行人による「書銘封裏」が鎌倉幕府に遡及する事実を指摘しているが、それは鎌倉幕府の奉行人による「書銘封裏」の手続きが奉行人を介して室町幕府に受け継がれた歴史事実の反映として理解すべきである。

三浦和田氏文書の貞和二年（一三四六）七月十九日足利直義袖判下知状案[33]によると、審理過程で召し出された「本所雑掌所帯正慶元年御下知状并時如同年請文等」に「榎下左近大夫寂連法師銘封」があり、室町幕府はその「銘封」（「銘を書き、裏を封ずる」の意）を根拠に同文書の効力を認めている。「銘封」を加えた「榎下左近大夫寂連」は正慶元年（一三三二）の鎌倉幕府裁許を担当した引付奉行人であり[34]、かれは室町幕府でも活動しているという。鎌倉幕府からひきつづき室町幕府に仕えた奉行人[35]によって、訴訟文書に対する手続きの継承が行われたからこそ、鎌倉幕府の訴訟文書が室町幕府でも機能できたのである。

以上、鎌倉幕府の訴訟において、訴陳状や請文などの上申文書に担当奉行人が端裏銘や裏花押を書き入れ、裁許下知状などの幕府発給文書との相関関係が、花押や筆跡などで視覚化されていたことを述べた。訴陳状が当事者から鎌倉幕府に提出されるのは、上申文書としての動きに即したものだが、鎌倉幕府により相手方の当事者（おもに論人）に下される際には、幕府が発給した命令文書の「副進文書」としての機能を有している。それを視覚化したのが、幕府奉行人による訴陳状への「書銘封裏」手続だったのである。

第二節　訴人が保存する訴状の機能

鎌倉幕府に提出された訴陳状は、答弁催促状や召文の「副進文書」として一時的に下されても、結審時には両当事者が幕府に返却し、ほんらいの受け取り手である幕府に収納された。にもかかわらず、訴陳状の正文が当事者に残され、現存するのはなぜだろうか。

『沙汰未練書』をみると、当事者から鎌倉幕府に訴陳状が返却され文庫に収納されるのは、三問三答を基本形とした訴陳状を両当事者が幕府に持参して貼り継ぎ、継目に裏花押を据えて、裁許が下された場合の規定しかない。これを裏返せば、両当事者に幕府の裁許を仰ぐという合意がなく、したがって訴陳状を継ぎ裏を封ずることもしない場合に、訴陳状が当事者に残された可能性が考えられる。

正安四年（一三〇二）六月日肥後国多良木村地頭代申状案（相良家文書、『鎌倉遺文』二一一一三号）には、「先年頼包等企濫訴之間、聊雖番訴陳、入人於中可和与之由、依令望申、相互存和談儀之処、就和与状、号不給御下知状」とあり、訴陳状での応酬後に仲人を介して当事者間で「私和与」を成立させ、裁許下知状も発給されなかった事実が知られる。後年この相論は再燃して右記の訴状提出にいたるのだが、和与成立後の経過からみて、訴人には陳状の正文が、論人には訴状の正文がそのまま残されていたに違いない[36]。

また、弘安十年（一二八七）六月二十一日備後国大田荘文書目録の裏書（高野山文書、『鎌倉遺文』一七七九八号）によると、当事者による訴陳状の提出と幕府での直接対決を行っても、引付奉行人が両当事者に「仰含」めるだけで終了した「引付成敗」が確認される。これは前回訴訟の判決を前提としたものでやや特殊な事例だが、鎌倉幕府に繋属した訴訟で当事者が訴陳状を提出して争っても、裁許下知状の発給はおろか、評定会議にもかけられず、引付勘録事書さえ作成されずに終結するケースが存在したことは興味深い。この場合も訴陳状が合理的に当事者の手許に残ることになったものと考えられる。

しかし、このようなケーススタディをもってしても、訴状と答弁催促状ないし召文がセットで訴人側に伝来した理由は説明しきれない。鎌倉前期の「事実者」型裁許状（問状）と訴状が訴人側に残されている事例を除くと、管見のかぎり、訴人側に伝来した訴状の実例は、三問三答の手続きが整備された鎌倉後期に集中している。訴人に残された訴状は、どのような機能をはたしたのか。そしてそれは、どのような訴訟手続と関係しているのだろうか。

1 本解状案

まず、訴人に残された訴状が、鎌倉幕府の奉行人に提出された正文であるかどうかを確認しておく必要がある。というのも、河音能平氏[37]と井原今朝男氏は、それぞれ田代文書と市河文書に残る鎌倉期の訴陳状を例に、訴人側に伝来した訴状が幕府奉行人によって作成された校正案文（井原氏はとくに「本解案」と呼ぶ）であると推測しており、前節で提示した訴状の現存例も、それと同様に理解することもできるからである。

河音氏と井原氏の共通点は、訴人が提出した訴状の正文から鎌倉幕府の奉行人が案文を作成し、その案文に端裏銘と裏花押を書き入れて訴人に渡すという理解にある。しかし、両氏ともに明確な史料的根拠がなく、田代文書については原本の閲覧が困難で影写本しか利用できない制約があったり、市河文書の訴状についても、提出された本解状を幕府奉行人が写して裏花押を据えた「本解案」にしては、本文と裏花押とが異筆・異墨であったりして、両氏の理解には首肯しがたい理由がある。

前節で提示した訴状の裏花押と端裏銘は、すべて訴状本文とは異筆・異墨であった。その理由は、あくまで訴人側が作成し提出した訴状の正文に、鎌倉幕府奉行人が裏花押と端裏銘を書き入れたからと考える。そして、河音氏や井原氏のいう訴状の校正案文が仮に存在するとしても、それが案文である以上、訴状の正文と区別する表記がなされたはずである。たとえば、正中二年（一三二五）十月日美濃国鵜飼西荘地頭泰高・忠茂申状案[38]には、六波羅奉行人の手になる裏花押と端裏銘「忠茂申状案」が存在する。当事者でない熊谷氏にこの文書が伝来した経緯は不明だが、端裏銘に「案」の文字が明記されている事実は注目してよかろう。さらに、訴人が作成する「本解案」の検討を通じて、この点を明確にしておきたい。

前節でふれたように、羽下徳彦氏は、鎌倉幕府の訴訟で一問一答が終了した後、訴人の手許には「本解案」と陳状の正文があると述べ、この「本解案」を訴人の作成した本解状＝初度訴状の案文と解釈している。一方、岩元修一氏は室町幕府初期の事例として、つぎのような「本解案」を紹介している。(39) すなわち、訴人が室町幕府に提出した本解状が論人のもとで紛失したため、二問状（重訴状）と一緒に本解状の案文が訴人から提出され、室町幕府奉行人がその端裏に「〇〇〇本解案　暦応□□□」という銘を書き、紙継目に裏花押を据えたうえで、論人側に下したというものである。

この二つの「本解案」に関する解釈で共通する点は、幕府に提出した本解状の正文とは別に、訴人はその案文を独自に作成して保管していたことである。岩元氏の指摘した事例でいうと、本解状＝初度訴状が紛失した場合、訴人からその案文が幕府に提出され、幕府奉行人が「本解案」の端裏銘と裏花押を書き入れることになる。しかし、「本解案」の存在形態はこれだけなのだろうか。つぎの南北朝初期の史料をみてみたい。

【史料3】

（端裏銘）「尼玄法代本解案　康永元十二十四」

和田左衛門四郎茂長女子尼玄法代玄政謹言上

欲早被停止同彦四郎茂実今者号兵衛尉非分押領、任相伝道理、可全知行旨、

被仰下越後国奥山庄内鍬柄村・塩谷・塩沢三ヶ村地頭職事

副進　　　　　　　　　　　　（裏花押）
一巻　御下知以下手継状案
一巻　国宣御牒以下案
一巻　軍忠支証状案
右於彼村々地頭職者、去元亨三年十月廿日自祖母尼仏心手、玄法譲得之、知行無相違之條、正中二年七月七日御下知以下炳焉也、仍案文備右、爰彼茂実無故去々年暦応三七月二日以来、令押領之條希代次第也、然早被止彼妨、仰両御使被打渡下地於玄法、為全知行、恐々粗言上如件、

康永元年元〔十二〕月　日

史料3は同じ訴訟で両使あてに発給された康永三年（一三四四）閏二月四日引付頭人奉書と一緒に伝来している。[40]史料3の端裏銘は頭人奉書の本文と同筆であり、その執筆者は担当奉行人である。さらに、史料3の裏花押は、前掲史料1の裏花押と一致し、史料3の端裏銘は史料1の端裏銘と同筆で、頭人奉書の本文とも同筆である。したがって、史料1と史料3に端裏銘と裏花押を書き入れたのは同じ室町幕府奉行人である。また、史料1および史料3の裏花押は、三浦和田氏文書の元徳三年六月五日海老名忠顕和与状[41]に裏封を加えた、鎌倉幕府引付奉行人「権少外記三善」の花押に一致する。つまり、史料1と史料3に端裏銘と裏花押を書き入れた室町幕府の引付奉行人は、鎌倉幕府引付奉行人から転身した三善某であり、岩元修一氏によると富部親信であることが知られる。[42]

ところで、史料3と頭人奉書は訴人の尼玄法側に伝来した。室町幕府奉行人による「本解案」の端裏銘と裏花押をもつ本解案が、訴訟相手の論人ではなく作成主体の訴人側に残されていたのである。これは、岩元氏の挙げ

る事例とは異なり、訴人から本解状の正文と案文がともに幕府に提出され、それぞれに奉行人の端裏銘と裏花押が書き入れられて、正文は論人側に渡り、「本解案」は訴人のもとに返された結果と考えられる。

この私見を前提に、鎌倉幕府の訴訟における「本解案」の実例を検討しよう。

【史料4】

（端裏銘）「和田又四郎賦本解状案元亨三 下之 □」

和田又四郎章連童名犬若謹言上

欲早被賦寄五番引付、安威左衛門入道性昭奉行被停□茂実童名弥福濫妨、任誡文被経御沙汰、越後国奥山庄内草水□□松浦以下事

副進

一通　亡父兼連譲状案徳治三年八月十三日 元応二年六月十六日御外題

一通　御下知案元亨二年七月七日

（裏花押）

右所々者、章連就兼連譲、賜御外題領知之処、伯母平氏致押領□□間、為性昭奉行元亨二年七月七日所預御下知也、爰茂実在国代官等、今年八月致濫妨之間、相尋子細之処、任本主置文致沙汰之旨、返答□□弥事也、（中略）□経御沙汰、為宛賜茂実所領、粗恐々言上如件、

元亨三年十月　日(43)

注目すべきは端裏銘と裏花押であるが、その記主は現段階では明らかにできない。ただ、端裏銘に「賦本解状案」とあることからみて、その記主はこの訴訟の担当奉行に指名された安威性昭ではなく、本解状を受理する賦奉行の可能性が高い。そして、史料4は訴人が本解状＝初度訴状を賦奉行に提出したときに生じた文書とみるべ

きである。そこで、鎌倉幕府の訴訟における「本解状案」の動きと機能をつぎのように考えておく。訴人の和田章連は、同じ内容でおそらく同筆の本解状を二通作成して賦奉行に提出した。そのうちの一通は本解状として、賦奉行が端裏銘（賦銘）と裏花押を書いて担当奉行（安威性昭）に渡し、論人に送達される。一方、残りの一通は「本解状案」として、賦奉行が端裏銘と裏花押を書いて訴人に返却した。史料4は後者である。つまり、この「本解状案」は、鎌倉幕府から論人に送達された本解状の公式の控（賦奉行の端裏銘と裏花押がある）として訴人側が保管していたものであり、幕府に提出された本解状が紛失したような場合、本解状と同じ機能をはたすことができたのである。

鎌倉幕府の訴訟に繋属した「本解状案」を訴人が保管していたことは、元亨四年（一三二四）十一月九日薩摩国伊作荘文書渡状（島津伊作家文書、『鎌倉遺文』二八八七二号）の「本解状案文保三年六月日」などの類例もある。ゆえに、元亨三年五月十日鎮西下知状の「雑掌帯持本解案」も、羽下氏の解釈とは異なり、この史料4と同じ性格の文書と考えるべきである。さらに室町幕府段階の「本解案」についても、史料4を実例とする鎌倉幕府の手続きが奉行人を介して室町幕府に継承されたことをしめす史料3の存在を強調しておきたい。

鎌倉幕府に訴を提起した訴人の手許には、幕府奉行人の端裏銘と裏花押をもつ「本解状案」が保管されていたが、その端裏銘には「案」の文字が入ることから、訴状の正文と明確に区別することができる。ゆえに、前節で提示した「○○○訴状 徳治□□□」「○○○重訴状 元応□□□」というような端裏銘と裏花押をもつ訴状は、たとえ訴人のもとに伝来したものであっても、鎌倉幕府に繋属した訴状の正文と考えてよいのである。

2　訴人のもつ訴状

さて、たびたび参照してきた河上神社文書の元亨三年（一三二三）五月十日鎮西下知状は、訴人のもつ訴状正文の機能を検証するうえでも、興味深い事実を提示している。

河上宮雑掌の禅勝は、同宮免田を知行する良弁が神用銭を正応年間から対捍しつづけたため、下地の返付を鎮西探題に訴えた。訴人の禅勝と論人の良弁は初度の訴状と陳状を提出したが、元応二年（一三二〇）末の博多火災で禅勝のもつ「本解案・良弁陳状等」が焼失したため、禅勝は「被召出良弁、可□其沙汰云々」の「重訴状」を鎮西探題に提出した。そこで探題は、元亨二年七月二日以降、良弁に召文を発給したが出頭しないため、使者を派遣して実否を尋問させたところ、同年十二月二十日付で良弁が請文を提出してきた。それによると、博多の火災で禅勝の「本解状」を紛失したので、あらためて「下給」わりたいという。翌元亨三年二月には良弁の代官が探題に出頭したので、探題側が「訴状」を「召下」そうとしたところ、受け取らずに下国し数ヶ月が過ぎた。禅勝はこれを「難渋咎」として非難し、探題もこれを認めて、良弁に神用銭の究済を命じる裁許下知状を発給したのである。

裁許にいたる経過で重視すべきなのは、一問一答後に訴人禅勝が提出した「禅勝重訴状」にもとづき裁許下知状が発給されており、論人はその「重訴状」を受け取らず、「重陳状」も提出していないことが明らかな点である。この場合、「禅勝重訴状」に鎮西探題の担当奉行人は裏花押と端裏銘を書き入れ、論人に対する召文を作成して、それらを訴人に託したはずであるが、結局この「重訴状」と召文は論人側に下されることなく、訴人の手許に残ったものと推測される。そして、この「重訴状」にもとづき論人の「難渋之咎」を適用して裁許下知状が発給されたのだから、訴人は鎮西奉行人の裏花押と端裏銘を有する「重訴状」と召文＝鎮西御教書を権利保証文書として保存したに違いない。残念ながらそのセットは現存しないが、つぎの史料[44]はその類例と考えられる。

【史料5】

（端裏銘）「龍造寺八郎重訴状□」

肥前国御家人龍造寺八郎家実重言上

伯父又六家季雖被下御教書、不及参陳上者、急速欲被経御沙汰、祖父持善遺領龍造寺以下散在所領等事

（裏花押）

副進

一通　御教書案

右、子細言上先度畢、而家季背召文、不及請文陳状之上者、為被経御沙汰、言上如件、

正和二年二月　日

【史料6】

龍造寺八郎家実申、祖父持善遺領肥前国龍造寺村并筑前国比伊郷田地在家、筑後国荒木村内田地等地頭職事、

重訴状如此、先度遣召文畢、所詮、今月中可令参対也、仍執達如件、

正和二年二月九日　前上総介（花押）

龍造寺又六殿

【史料7】

（端裏銘）「比志嶋孫太郎入道代申　嘉暦元十廿」

薩摩国比志嶋孫太郎入道仏念代義範謹言上
　号入来院地頭代、貞雄対于仏念、申成御教書由雖承及、不付本解状并御教書、令隠密上者、任□被
　成下返御教書、被究明掠訴、欲蒙御成敗、諸三郎童鬼太郎男平三郎并次郎検校所当米由事
（裏花押）
右、彼貞雄書載比志嶋孫太郎忠範名字於訴状訴申由、雖承及、不付本解状、剰忠範法名仏念代義範当参時者、不
及出仕、不対揚上者、急速召給本解状、為申明貞雄非拠掠訴、言上如件、
　嘉暦元年十月　日

【史料8】
薩摩国比志嶋孫太郎入道仏念代義範申所当米事、申状如此、為訴人、不終沙汰篇云々、来月五日以前、可被
明申之状如件、
　嘉暦元年十月廿日　　修理亮（花押）
　　入来院地頭代

史料5の端裏銘と史料6の本文は同筆であり、史料7の端裏銘と史料8の本文も同筆であることを、それぞれ原本で確認した。つまり、鎮西御教書を執筆した鎮西奉行人が、訴状に裏花押と端裏銘を書き入れたのであり、史料5や史料7の端裏銘が文書の同定機能をはたしていたことがわかる。史料5は訴人が論人の「召文違背」を訴えた事例、史料7は逆に訴人の「非拠」を論人が訴えた――幕府はこのような論人の出した申状も「訴状」と呼んだ[45]――事例であるが、佐藤進一・羽下徳彦両氏の指摘する訴状イ・ハも、論人の「難渋」を糾弾したものであった。

史料8やイなどに共通してみられるように、一方当事者（多くの場合は論人）による「難渋之咎」「召文違背之咎」などの訴訟手続違反は、総じて「不終沙汰之篇」と表現されている。そこには、手続規則にのっとり鎌倉幕府の「沙汰」＝訴訟を最後まで全うすべき当事者の「義務」違反、とでもいうような認識が含意されている。そして、こうした訴訟手続違反が適用されて鎌倉幕府の裁許が下ると、幕府御教書を書いた奉行人の裏花押と端裏銘を有する訴状は、訴人の手許にそのまま残されたのではなかろうか。

「禅勝重訴状」や史料5・史料7それにイ・ハの各訴状は、いまだ幕府奉行人と当事者の範囲内で動いていた。しかし、鎌倉幕府の訴訟手続法では、訴状と答弁催促状・召文の送達を論人が三回にわたって拒否または無視した場合、奉行人の「下人」を派遣したり、近隣御家人を使節（両使）として起用し、論人の態度を糾弾した重訴状を論人に届けさせて、陳状・請文の提出や出頭の命令を伝達することが規定されていた。(46)この段階でようやく論人が訴訟に参加することもあれば、そのまま手続違反をつづけることもあり、後者の場合それを非難する重訴状が出される。(47)あるいは、幕府の命令を伝達するはずの使節（両使）が役目をはたさず、訴人からその事実を追及する重訴状が提出される場合もある。(48)

このように訴人のもとに伝来した訴状といっても、その前提となる事態や提出の目的には、個々の訴訟過程における段階差があり、一律には論じられないところがある。とりわけ判決不履行を訴えた「下知違背之咎」の適用をもとめる訴状の場合は、訴状提出の前提としての判決の有無という点でさらに大きな段階差を考慮しなければならない。(49)

【史料9】
（端裏銘）
「伊賀左衛門三郎重状　正慶元八十八」

陸奥国好嶋西庄預所伊賀左衛門三郎盛光代祐円重言上
　欲早地頭好嶋彦太郎泰行背御下知并度々御教書、押領上者、仰于本御使白河上野入道・小山出羽入道等遂入部、不日可打渡
　旨被仰下好嶋山事
副進
　二通　御下知案
　　　　　　　　　　　　　　　　　　　　　（裏花押）
右山者、泰行祖父好嶋小太郎盛隆与盛光祖父伊賀前司頼泰致相論之刻、去正応三年九月十二日頼泰預御裁許畢、而泰行致押領之間、為明石民部大夫行連奉行就訴申、去元亨四年十二月七日光貞盛光亡父重所預御下知也、而泰行令違背両度御下知、依不打渡彼山、度々被仰御使白河上野入道并小山出羽入道等之処、不遂入部、送年序訖、仍重欲申成御教書之刻、行連無出仕之間、申渡御奉行訖、然早仰于先御使渡給彼山之後、至泰行者、為被処御下知違背之咎、重恐々言上如件、(50)

【史料10】
陸奥国好嶋庄預所伊賀左衛門三郎盛光申好嶋山事、重訴状如此、地頭好嶋彦太郎泰行背下知、不打渡云々、早白河上野入道相共、莅彼所、守下知状、仍仰付于盛光、可執進請取状、若不叙用者、載起請詞、可注申之旨、先度被仰下之処、不事行云々、招罪科歟、不日可被申左右之状、依仰執達如件、
　正慶元年八月十八日　　　　中務大輔（花押）
　　小山出羽入道殿(51)

【史料11】
（端裏銘）「定尊重申状　正慶元七十」

東大寺領美濃国茜部庄雑掌定尊重言上
欲早以御下知違背篇、被経御沙汰、被糺返抑留年貢、被処其身於罪科、為当庄地頭長井右馬助高冬代大夫阿闍梨〈不知実名〉、抑留元徳二三両年乃貢間、就訴申、去月廿七日雖被成厳重御下知、曾以不叙用、不弁抑留年貢条、重科難遁子細事

副進

一通　御下知案　（裏花押）

右当庄者、百口学侶衣服之料所重色異他之条、御沙汰事旧畢、而彼地頭代違背御下知、抑留元徳二三両年乃貢之間、以御下知違背篇、可被行地頭於罪科之由、寺家就訴申、去月廿七日雖被成厳重御下知、曾以不叙用之上者、罪責弥難遁者哉、然者、早以御下知違背篇、被経御沙汰、且被糺返抑留年貢、且為被行其身於罪科、重言上如件、

正慶元年七月　日[52]

【史料12】

東大寺領美乃国茜部庄雑掌定尊申、当庄元徳二三両年々貢事、重申状・具書如此、任先下知状、早速可被糺〔弁〕返也〔済也〕、仍執達如件、

正慶元年七月十六日　　左近将監（花押）
越後守（花押）

大夫阿闍梨御房[53]

関東の事例として史料9・10を、六波羅探題の事例として史料11・12を挙げた。原本ないし写真で確認すると、

史料9の端裏銘と史料10の本文は同筆、史料11の端裏銘と史料12の本文も同筆であり、端裏銘によって文書の同定がなされていたことがわかる。どちらも論人による裁許下知状の厳格な履行をもとめているが、佐藤進一氏の指摘した訴状ロもこれらと同じ事例であった。

判決の有無という前提条件の大きな違いはあるものの、前述した訴状やこれらの訴状に共通しているのは、訴訟相手や使節（両使）の手続違反を糾弾する、あるいは訴訟相手の判決不履行を非難する点であって、これが問題を解く大きなカギになると考える。

鎌倉後期の訴状と幕府発給文書のセットが訴人のもとに保存されたのは、単に「論人が受け取らなかったから」「両使が送達を拒否したから」という個別事情にとどまらず、その訴状の内容とそれをうけた鎌倉幕府の裁許のあり方に即したものである。すなわち、訴人のもとに伝来した鎌倉後期の訴状は、もはや争点を一方当事者の訴訟への参加や手続きの受容如何、あるいは判決履行の要求に転化させているのであって、相手方の善処がないかぎり、両当事者による判決受容の意志表示を象徴する「訴陳を継ぐ」こともできず、したがって幕府文庫へも収納されない訴状は、幕府御教書とともに訴人のもとに残らざるを得ない。そして、その訴状にもとづき相手方の訴訟手続違反を適用した鎌倉幕府の裁許が出たり、判決履行を厳命する幕府御教書が出ると、今度はみずからの権利文書としての機能が期待され、訴人はむしろ訴状を積極的に保存した。その機能を可視的に保障するのが、訴状に記入された幕府奉行人の端裏銘と裏花押だったわけである。

前節で述べた、論人や使節（両使）の請文にも訴陳状と同様な鎌倉幕府奉行人による端裏銘と裏花押が記入され、やはり訴人のもとに保存されるようになるのも、そうした訴状の残り方と通底している。相手方の訴訟手続違反によって判決が下されようとしている段階で、幕府奉行人の使者や論所近隣の第三者でもある使節（両使）

の提出してくる請文等は、論人や第三者の態度・意志を確認する機能が期待されるのであり、さらに訴状と同じ幕府奉行人の端裏銘と裏花押が記入されていることで、判決後に論人から訴訟が蒸し返されても即座に退けうる、「公文書」としての機能が保障されていたと考えられる。

以上のような理解の背景には、当事者の「不終沙汰之篇」という用語に象徴される、鎌倉幕府の訴訟に繋属してその手続きを遵守すべきであるという認識、個別具体的な事実関係の究明に優先する一般性をもった規範の存在を考えざるを得ない。新田一郎氏は、そうした規範意識が十三世紀末期に芽生えたことを主張し、鎌倉幕府での現象例として、訴訟手続違反などの「切り札」にもとづく即決的な裁許、そして「下知違背之咎」の厳密な運用による既判力確立への模索、を指摘している(54)。訴人に残された鎌倉後期の訴状が、まさにこれらの現象例に即した内容であることは重視すべきだが、そうした訴状や請文等の残り方を鎌倉末期の幕府訴訟システムと規定することには、いささか躊躇せざるを得ない。

逆説的な言い方かもしれないが、それを遵守すべきであるという規範意識の裏打ちを社会的に持ちはじめた訴訟手続の中身、あるいは本章で強調してきた訴陳状の上中文書としての本質からすれば、訴状や請文などが鎌倉幕府から訴人に戻されてそのまま保存されることは、やはり「あるべき姿」ではない。末期の鎌倉幕府は、両当事者がそろって三問三答の訴陳状を継ぎ裏封をして幕府に返却し判決に合意する、という「あるべき姿」の追究を放棄せず、またそうであるがゆえに一方当事者の手続違反という「切り札」によって、即決的な裁許を再生産していかざるを得ない現実との矛盾に直面していた。

当事者はこうした状況を前に、鎌倉幕府が奉行人の端裏銘や裏花押によって可視的に機能を保障した訴訟文書をかき集め、「とりあえず保存しておく」という行動に出たのではなかったか。鎌倉後期の幕府に訴訟を提起した当事者が「為奉行人以封裏書銘、被為御沙汰之亀鏡者、公家武家一同法也」と主張したように、その行動の本質は、これまで強調されてきた「当事者主義」ではなく、鎌倉幕府の権力に依存するものであったことを、しっかりと見定めておく必要があろう。

第三節　端裏銘と裏花押からみた鎌倉幕府訴訟の特色

鎌倉幕府における訴訟文書の機能を、訴陳状や請文等の端裏銘や裏花押に着目しながら検証してきたが、先行して研究蓄積のある室町幕府や検非違使庁と比較した場合、鎌倉幕府の特色はどのように描けるだろうか。

上島有氏によると、室町幕府に提出された訴状（申状）は、担当奉行人が端裏銘と裏花押を書き入れ、同じ奉行人が執筆した引付頭人奉書とともに訴人のもとへ返却された。これは石井良助氏の指摘した「特別訴訟手続」にもとづいており、端裏銘の日付と引付頭人奉書の日付は同一で、評定会議の日付を記しているという。これに対し鎌倉幕府の事例（史料5〜12）をみると、担当奉行人が訴状に端裏銘と裏花押を書き入れ、引付頭人奉書ないし御教書を執筆する手続きは、少なくとも鎌倉幕府の後期に確認できる。ただし、鎌倉幕府における訴状の端裏銘の日付と引付頭人奉書ないし御教書の日付は必ずしも一致せず、また日付が一致する場合でも、それは定例の評定会議が開催される日付ではない。(55)

この鎌倉幕府における端裏銘の日付の意味をさぐることから出発して、鎌倉幕府の端裏銘および裏花押の変遷とその特色を考えてみよう。

日付のない相馬孫五郎重胤申状案（相馬文書、『鎌倉遺文』二七九一八号）をみると、端裏に「□□孫五郎 元亨元十二十七云々」、文書奥に「元亨元十二十七賦上之被賦一番奉行人壱岐前司政有五大堂・頭人赤橋武蔵守殿守時」という異筆部分がある。端裏の書き込みは訴状正文にある端裏銘を写したもの、文書奥の文字は当事者のメモと考えられるが、両者の記載内容を照らし合わせると、端裏銘の日付は、この訴状が鎌倉幕府の賦奉行に提出・受理された日付である（当日に一番引付に賦られた可能性が高い）ことがわかる。

では、重訴状や陳状の日付は何か。佐藤進一氏はこれを「引付受理の年月日」としているが、具体的な論拠を示していない。[56]そこで管見に入った訴陳状の端裏銘をみてみると、早い時期の現存例である建治二年（一二七六）六月日若狭国御家人重申状（東寺百合文書メ、『鎌倉遺文』一二三八三号）の端裏銘に「若狭国御家人等重申状　到建治二七七」とあり、また原本は失われてしまったが、日付のない平幹盛重陳状にも「左衛門太郎重陳状　到正安四六廿四」という端裏銘の存在したことが同陳状の写し（常陸吉田神社文書、『鎌倉遺文』二一一一四号）から判明する。いずれも日付のうえに「到」の文字があり、この訴状ないし陳状が受け取り手に到来した日付であることを示す。その受け取り手が鎌倉幕府奉行人であることは、一節でふれた和泉国久米田寺の雑掌快実が提出した申状の内容から明らかである。

> 次祐家令引汲論人寂仙之条、先段言上畢、何況不下二答三答之状、任寂仙申請令抑留之、而可継訴陳之由、成使節書下、擬令作落訴人於違背罪科之条、言語道断次第也、件書下案文備右之、被召出二答三答状、以到来付、被校合之時、可令露顕者哉、

和泉国内に散在する久米田寺免田の訴訟で、訴人の雑掌快実は、論人である寂仙が六波羅奉行人下条祐家と結託して行った訴訟妨害を列挙しているが、そのひとつに論人寂仙の「二答三答状」を奉行人が「抑留」する事実があった。快実はこの「二答三答状」を披見すらしていないのに、奉行人から「訴陳状を継ぐ」ために陳状を持

参するよう書下で再三要求され、あやうく手続違反に問われるところだったという。こうした六波羅奉行人の不法行為は、「二答三答状を召し出し、到来付をもって校合せらるるの時」に露見すると快実は述べているが、この陳状に記入されているという「到来付」こそ、奉行人に陳状が到来した日付であり、奉行人が陳状に書き入れた端裏銘の日付部分だったと考えられる。

鎌倉幕府の評定会議で承認された「引付勘録事書」の袖余白に「無相違」と記入することを「頭付（頭書）」といい(57)、借銭の分割返済時に借請状の裏に返済額を書き入れることを「裏付（裏書）」というように(58)、文書の機能に関わる後筆部分が「〜付」と呼ばれる事例は多い。「到来付」もその一例であり、鎌倉幕府の訴訟では訴陳状だけでなく請文などにも書き入れられた。

【史料13】

（端裏書）
「太良保地頭請文　文永六七十一　自奉行所給事、同七月廿八日、到来以後、経十八ヶ日歟」

去五日御教書并准后御教書及雑掌訴状具書等、謹下預候了、抑就太良保雑掌解、被仰下候大番役雑事等事、進上代官陳状仕候、以此旨、可有御披露哉候覧、恐惶謹言、

文永六年
七月十一日　沙弥定蓮請文(59)

（裏に「在判」の文字）

鎌倉後期の若狭国太良保をめぐる訴訟において、地頭が鎌倉幕府の御教書や東寺雑掌の訴状をうけて提出した請文の案文で、端裏の文字および本文はすべて定宴の筆跡である。端裏をみると、この請文の正文が「奉行所」に提出され、奉行人が「太良保地頭請文　文永六七十一」という端裏銘を書き入れたことがわかる。そして、この「文永六七十一」という日付が奉行所に「到来」した日を意味する「到来付」であり、そののち二十八日になっ

て奉行人から東寺雑掌に渡されたことが読みとれる。

ところで、この太良保地頭請文の「到来付」は文永六年（一二六九）で管見の範囲では早期の事例に属するが、鎌倉幕府ではこうした「到来付」を鎌倉中期までは採用していなかったらしい。

都甲文書の寛元元年（一二四三）五月日大神惟家申状と同年五月二十六日北条重時書下[60]は、豊後国都甲荘内の地頭大神氏の「往古屋敷堀内」をめぐる六波羅探題での訴訟に関わる文書である。折紙の申状には六波羅探題北条重時の据えた裏花押と、折返端部分に訴状本文とは異筆ながら細字で小さい「都甲」の文字がある。寛元年間の六波羅探題における訴訟手続を伝える備後国大田荘赤屋郷沙汰次第案（高野山文書、『鎌倉遺文』六九三二号）によると、訴人は「解状」と挙状を「六波羅家」に提出し、その当日に「所詮、任先例、不可有新儀違乱云々」という「御下知状」を得たという。この「六波羅家」という表現が示すように、引付衆や評定衆の設置をみていない当時の六波羅では、探題その人が訴訟進行の中心にあったと考えられ、中状に北条重時が裏花押を据えたのもそのためであろう。また、裏花押との関係を考慮すれば、折返端部分の「都甲」という異筆は、六波羅で記入された端裏銘とみてよかろう。

さらに、井原今朝男氏の注目した市河文書の中野仲能訴状と同重訴状[61]をみると、両者ともに折紙で同じ位置に裏花押が据えられているが、訴状の折返端部分には「中野」という異筆の文字がある。この「中野」の文字と、同訴状を論人市河氏に送達した文永十一年六月十五日関東御教書の本文にある「中野」の文字は、よく似ている が同筆とは断定できない。しかし、都甲文書の折紙訴状に記入された端裏銘「都甲」と様式が一致し、文字の大きさもほぼ同じ、そして幕府奉行人が据えたと推測される裏花押もあることから、市河文書の中野仲能訴状にある「中野」も、鎌倉幕府奉行人が書き入れた端裏銘と考えたい。

都甲文書の寛元元年訴状と市河文書の文永十一年訴状には、訴人の姓のみを細字で書き入れた簡略な端裏銘と小ぶりな裏花押（後者で縦二・三×横二・三㎝）があった。つまり、鎌倉中期の幕府では訴陳状の端裏銘に日付、「到来付」を記入していなかったと考えられる。ちなみに同時期の幕府訴訟で、端裏銘と裏花押が記入された正嘉三年（一二五九）二月二十二日弓削島荘雑掌・地頭連署和与状（東寺百合文書ヒ、『鎌倉遺文』八三五〇号）をみると、端裏に小さく細字で書かれた「領家地頭和与状」の銘（縦五・一×横二・二㎝）と小ぶりな裏花押（縦二・三×横二・二㎝）がある。このような端裏銘と裏花押の特徴は、鎌倉後期の幕府に繋属した訴陳状にはみられず、むしろ検非違使庁の事例に酷似する。

先行研究から、鎌倉後期の公家訴訟や検非違使庁で行われた上申文書の端裏銘を参照すると、訴陳状では嘉暦二年（一三二七）四月日玉熊丸代宗康申状（東寺百合文書ロ）の「宗康申状」（縦六・一×横一・五㎝）など、請文・注進状では「玄雄状」や嘉暦二年六月七日南泉坊成尋請文（同文書マ）の「成尋所進」（縦六・一×横一・五㎝）などの文言が知られる。(62)いずれも簡略な内容で文字も細くて小さく、鎌倉中期の幕府における端裏銘と一致している。公家訴訟文書の端裏銘も同様であり、(63)これが端裏銘の本来的なあり方であったと考えられる。

五味文彦(64)・橋本初子両氏によれば、中世における検非違使庁の奉行官人を基軸に据えた判決文書の体系は、十三世紀後半の文永年間に確立しており、上申文書に対する奉行官人の端裏銘と裏花押の記入もそれに連動していたはずである。ところが、当該期の鎌倉幕府訴訟では、それまでの幕府や検非違使庁を乗り越える特徴をもった端裏銘が登場してくる。

紀伊国阿弖河荘の地頭尼唯心の代官が預所の非法を訴えて六波羅探題に提出した日付のない訴状(65)は、都甲文書・市河文書の訴状と同じ折紙形式で裏花押が据えられている。原本を確認できないのが残念だが、折返端部分にある「河合二郎三郎 文永四十一八」は裏花押とのセット関係から端裏銘と考えられる。この「文永四十一八」が「到来付」であり、これ以後の実例ではすべて、「□□□申状」といった端裏銘ほんらいの記載内容から一字分くらい空白をとり、その右斜め下に軸線をずらして小さめの文字で記入する。まさに従来型の簡略な端裏銘に日付を書き加えた「到来付」の名称にふさわしい書式である。

弘長元年（一二六一）の「関東新制條々」には、「問注書（状カ）下事」として、問状の清書人が「訴陳状到来」との関係を顧慮せずに書き上げるのは問題があるから、以後は本奉行人が訴陳状を受け取り、問状を書き下すように指示する条文[66]がある。六波羅探題に繋属した阿弖河荘地頭代訴状の端裏銘にある「到来付」は文永四年（一二六七）で、この条文と時期的に近接し内容上の関連も深い。鎌倉の事例では「中野」という端裏銘を有する中野仲能訴状が文永十一年であり、訴状の端裏銘への「到来付」の採用は六波羅が先行する。前述した建治二年（一二七六）の若狭国御家人重訴状に小さい裏花押と「到建治二七七」のついた細字の端裏銘があり、請文の例でも、六波羅に提出された四月二十二日近江守護佐々木頼綱請文[67]に「佐々木備中前司 竹生嶋訴事 弘安八五十八」という細字の端裏銘が確認できる。これらの事例から、「到来付」を加えた端裏銘が文永〜弘安期に発達し、その起点が六波羅探題にあったと推測することもできよう。

もとより今後も事例の収集と精査を行う必要があるものの、巨視的にみると、鎌倉幕府の訴訟における端裏銘と裏花押の転換は、文永〜弘安期にかけて進行したものと考えたい。そして、「到来付」を有する端裏銘の早い事例が六波羅探題に集中することを重視するならば、この転換は六波羅探題から実務的に起きた可能性すら指摘できる。同じ京都に所在する検非違使庁との差別化目的が六波羅にあったとみることも、無理な推測とも思えない。この点で、鎌倉幕府の訴訟機構や手続きを鎌倉から六波羅・鎮西の各探題への一方的な「移植」と評価する佐藤進一氏の見解は、いまだ再検討の余地が残されているといえよう。

前述した鎌倉末期の訴訟当事者による「為奉行人以封裏書銘、被為御沙汰之亀鏡者、公家武家一同法也」という主張は、鎌倉幕府の奉行人と検非違使庁の奉行官人による「書銘封裏」手続の同質化をしめすようにみえる。しかし、十三世紀後半の文永〜弘安期以降も、検非違使庁は簡略な端裏銘と裏花押の記入をそのまま維持したのに対し、鎌倉幕府はこの時期をほぼ画期として、「到来付」を加えた端裏銘を独自に使いはじめ、その文字や裏花押は前掲写真のように大きく力強い筆勢に変化していく。

とくに奉行人の受け取り年月日をしめす「到来付」の登場が、すぐあとの正応年間から厳密に適用されるようになる「召文違背之咎」[68]などの幕府訴訟手続の強化と同根のものであったことは間違いない。十三世紀末に鎌倉幕府は、公家訴訟を質的に上まわる独自な「書銘封裏」手続を編み出し、その実務にたずさわる奉行人を介して室町幕府へと定着させていったのである。

おわりに

本章は、鎌倉幕府の訴訟に登場する文書、とりわけ当事者が作成し、幕府に提出する訴陳状などの上申文書の機能について、幕府が発給する御教書や裁許下知状などとの関係に着目して、古文書学的な視角から検討した。結論をまとめると、鎌倉幕府は、提訴から判決にいたるそれらの訴訟文書の機能と文書間の相関関係を、奉行人による端裏銘・裏花押（「書銘封裏」）、あるいは幕府発給文書の筆跡等によって可視的にしめしていた。十三世紀後半にはその手続内容が高度化され、公家側の類似の手続きを質的に超越するが、これは実務にたずさわる奉行人の存続を通じて室町幕府に継承・発展されることになった。

少なくとも鎌倉後期の幕府訴訟に繋属した文書は、幕府奉行人の筆跡や花押によって、いわば「一件文書」としてのまとまりが視覚化されており、当事者もこの枠組みに依存しながら訴訟文書を保管していた。つぎなる課題は、それと幕府内部で作成・保管された文書や記録との関係であり、ここでも幕府奉行人の役割がクローズアップされることになろう。本章ではふれ得なかった古文書学的知見を含めて、第十一・十二章で論じることにしたい。

なお、訴陳状の研究に即して二、三述べておきたい。本章で紹介した鎌倉中期の訴状正文は、かつて笠松宏至[69]氏が訴状の本来的な姿と推測したような、いずれも折紙でほとんどが日付を欠く形式であった。すでに羽下徳彦氏が問題提起している、このような形式の訴陳状と竪紙で日付をもつ訴陳状とが併存する鎌倉後期において、両者の機能上の異同があるのか否か、などについてはまったく検討できなかった。また『沙汰未練書』に登場する当事者の訴陳状に準じる上申文書で論及できなかったものも少なくない。

訴陳状は引付方の担当する所務沙汰だけでなく、侍所の検断沙汰や問注所の雑務沙汰、さらには政所沙汰や安堵沙汰にも作成・提出され、その実例が少数ながらも伝来している。管見によれば、これらの訴陳状における鎌倉幕府奉行人の端裏銘の内容や裏花押の位置などは微妙に異なっており、本章で分析した引付方のケースを基本線にそれぞれの訴陳状の動きと機能を検証する必要もあろう。訴訟関係にかぎっても、鎌倉幕府関係文書の研究にはまだまだ未解決の問題が山積している。最後にこの点を強調しておきたい。

註

（1）石井良助『中世武家不動産訴訟法の研究』（弘文堂書房、一九三八年）、佐藤進一『鎌倉幕府訴訟制度の研究』（畝傍書房、一九四三年／岩波書店より復刊、一九九三年）。石井氏と佐藤氏の見解は、とくにことわらないかぎりこれによる。

（2）羽下徳彦「訴訟文書」（中尾堯他編『日本古文書学講座』5中世Ⅱ、雄山閣出版、一九八〇年）。羽下氏の見解は、とくにことわらないかぎりこれによる。

（3）井原今朝男「北条重時袖判奉書と訴陳状の裏花押」（『日本歴史』六二一、二〇〇〇年）。井原氏の見解は、とくにことわらないかぎりこれによる。

（4）註（1）所引石井良助著書および佐藤進一著書、笠松宏至「「裏を封ずる」ということ」（同『法と言葉の中世史』平凡社、一九八四年。初出は一九七九年）。

（5）南北朝期の室町幕府に関しては、上島有「南北朝時代の申状について」（日本古文書学会編『日本古文書学論集』7中世Ⅲ、一九八六年。初出は一九七六年）、同「端裏銘について」（『摂大学術』人文・社会篇三、一九八五年）、岩元修一「初期室町幕府訴訟制度について」（九州大学国史学研究室編『古代中世史論集』吉川弘文館、一九九〇年）、同「南北朝期室町幕府の訴状受理について」（『九州史学』一一八・一一九、一九九七年）、同「初期室町幕府における訴状の送達について」（『古文書研究』五一、二〇〇〇年）、同「南北朝期室町幕府における訴訟関係文書の考察」（『九州史学』一二七、二〇〇一年）、同「成立期室町幕府の訴訟手続きについて―「封下訴状」という表現を手がかりにして―」（『七隈史学』三、二〇〇二年）。公家側の訴訟文書については、橋本初子「公家訴訟における文書の機能論的考察」（『古文書研究』一四、一九七九年）、同「中世の検非違使庁関係文書について」（『古文書研究』一六、一九八一年）。

（6）新田一郎「『覆勘沙汰』覚書」（『遙かなる中世』九、一九八八年）、同『日本中世の社会と法　国制史的変容』（東京大学出版会、一九九五年）。なお、「片面的訴訟」「双面的訴訟」の語は石井紫郎「合戦と追捕」（同『日本国制史研究Ⅱ　日本人の国家生活』東京大学出版会、一九八六年）による。

（7）佐藤進一・池内義資編『中世法制史料集』第二巻室町幕府法、附録による。

（8）瀬野精一郎編『増訂鎌倉幕府裁許状集』上・下（増訂版第二刷）からの引用を示す。関東裁許状は関、六波羅裁許状は羅、鎮西裁許状は鎮と略称し、数字は同書の収録番号を示す。以下同じ。
（9）嘉暦二年九月二十三日六波羅下知状写（甲子夜話続篇巻七十一、『裁許』羅六七）、嘉暦三年八月十二日関東下知状（相承院文書、『裁許』関三一四）など。
（10）嘉暦三年十一月日久米田寺雑掌快実申状案（久米田寺文書、『岸和田市史』第六巻、中世編一二八号）。
（11）笠松宏至「解状・訴陳状」（日本歴史学会編『概説古文書学』古代・中世編、吉川弘文館、一九八三年）。
（12）正安二年四月日丹波国宮田荘雑掌庭中申状案（近衛家領宮田荘訴訟文書、東京大学史料編纂所架蔵影写本による）。
（13）元徳四年正月日肥前河上社雑掌家邦陳状写（河上宮古文書写、『鎌倉遺文』三一六六九号）。
（14）元亨三年八月日国分友貞陳状写（国分文書、『鎌倉遺文』二八五〇二号）。
（15）応長元年七月二十二日鎮西下知状（肥前後藤家文書、『裁許』鎮三六）。
（16）正中二年七月日渋谷重名陳状案（清色亀鑑巻八所収文書、『鎌倉遺文』二九一六八号）の「下預候別当次郎丸追進状、加一見、謹以返□□」、正中二年四月七日能勢判官代沙弥善昭請文（東寺百合文書イ、『鎌倉遺文』二九〇八〇号。以下、東寺百合文書は国立歴史民俗博物館架蔵の写真帳で確認した）の「今年二月十五日御教書并重申状・具書謹下預候畢」などを参照。追進状が訴陳状のバリエーションとして考え得ることは、註（1）所引石井良助著書、さらに嘉暦二年八月二十五日関東下知状（海老名文書、『裁許』関三一二）の「如宗心追進陳状者」という記述などを参照。
（17）佐藤進一『古文書学入門』（法政大学出版局、一九七一年／新版、一九九七年。引用は前者による）。
（18）註（5）所引上島有論文。以下、上島氏の見解はこれによる。
（19）山形大学附属図書館所蔵中条家文書、『新潟県史』資料編4中世二、一七八八号。同文書は同図書館のご厚意により原本を調査した。
（20）史料1の端裏銘は、康永元年十二月日和田茂長女子代尼玄法本解状案（反町英作氏所蔵三浦和田文書、『新潟県史』資料編4中世二、一二五二号。同文書は新潟県立文書館架蔵マイクロフィルム写真で確認した。以下同じ）の端裏銘と康永三年閏二月四日室町幕府引付頭人奉書（同上文書、『新潟県史』資料編4中世二、一二五五号）の本文と同筆である。また後述するように、史料1の裏花押と尼玄法本解状案の裏花押は、元徳三年六月五日海老名忠顕和与状（反町英作氏所蔵三浦和田氏文書、『新潟県史』資料編4中世二、一二三三号）に裏封を行った鎌倉幕府奉行人「三善」某の花押と一致する。

(21) 山形大学附属図書館所蔵中条家文書、『新潟県史』資料編4中世二、一八九四号。同文書は同図書館のご厚意により原本を調査した。

(22) なお、訴陳状と同様に所務沙汰で引付方に提出される追進状や覆勘沙汰の覆勘状にも端裏銘は記入されたようである。正中二年六月日渋谷別当次郎丸代追進状案（入来院寺尾文書、『鎌倉遺文』二九一四一号。註（16）所引史料との関係に注意）の「□□渋谷別当次郎丸追進状（年号欠カ）二六廿七」、野本時重重訴状（塙不二丸氏所蔵文書、『茨城県史料』中世編Ⅰ「塙不二丸氏所蔵文書」一三号）の袖端にある「銘云　時重覆勘状正和五閏十々六」などを参照。

(23) イは『鎌倉遺文』二七一一八号。ロは奥野高広・加藤哲校訂『朽木文書』第二、四二七号。国立公文書館内閣文庫架蔵写真帳で確認した。ハは『福島県史』資料編2古代中世資料「飯野文書」一五二号。飯野文書は東京大学史料編纂所架蔵写真帳で確認した。

(24) ①は『静岡県史』資料編5中世一、一五五九号。伴瀬明美氏のご厚意により東京大学史料編纂所で原本を調査した。②は『鎌倉遺文』二三二八五号。国立国会図書館頒布の写真で確認した。③は『佐賀県史料集成』第四巻、深江家文書二二号。東京大学史料編纂所架蔵写真帳で確認した。④⑥は福田以久生・村井章介編『肥前松浦党有浦文書』二〇号・二一号。佐賀県立図書館のご厚意により原本を調査した。⑤は福島金治「新出金沢文庫文書について—翻刻と紹介—」（『金沢文庫研究』二九三、一九九四年）による。

(25) 斑島文書、『鎌倉遺文』二六七九八号。東京大学史料編纂所架蔵写真帳で確認した。

(26) 都甲文書、『鎌倉遺文』二七五四四号。東京大学史料編纂所架蔵影写本で確認した。

(27) 古海保良の在職徴証は川添昭二「鎮西評定衆及び同引付衆・引付奉行人」（『九州中世史研究』一、一九七八年）。

(28) 蔵持重裕「〈史料紹介〉中世菅浦文書について（二）」（『滋賀大学経済学部附属史料館研究紀要』三〇、五七号・五八号）。

原本調査では岩崎奈緒子氏にお世話になった。

（29）神護寺文書、『鎌倉遺文』二四五五〇号。東京大学史料編纂所架蔵写真帳で確認した。

（30）吉川家文書、『大日本古文書』吉川家文書之二、一一二九号。

（31）東寺百合文書せ武一一～一五。各請文の裏花押が鎌倉幕府奉行人（姓不明）英連のものであることは、美濃国小木曽荘雑掌地頭代連署和与状の裏封の写真（冷泉家時雨亭叢書五一『冷泉家古文書』二三七頁）との照合による。なお、請文の端裏銘は、青方文書の応長元年九月十八日蘇津孝宗請文にある「蘇津孫三郎請文応長元九廿九」（吉原弘道『青方文書の研究』九州大学大学院比較社会文化研究科服部英雄研究室、一九九九年）など、枚挙にいとまがない。

（32）前者は東寺百合文書や、後者は国立歴史民俗博物館所蔵「田中穣氏旧蔵典籍古文書」。弘安十年の裁許下知状とともに『兵庫県史』史料編中世六に収録され、継目裏花押の一致が指摘されているが、各注文案の端裏銘「基員所進」が同筆であることを含めて、写真および原本で確認した。なお、文保元年九月日青方高継注進状（青方文書、『鎌倉遺文』二六三七八号）の「高次所進」も端裏銘であろう。

（33）反町英作氏所蔵三浦和田氏文書、『新潟県史』資料編4中世二、一二五七号。

（34）佐藤進一「鎌倉幕府職員表復原の試み」（註（1）所引佐藤進一著書に附録として収載）正和五年の項に鎌倉幕府の引付奉行人として「ゑのしたの次郎」の在職が指摘されている。榎下寂連はその同族と考えられる。

（35）鎌倉幕府末期から室町幕府初期の奉行人の連続性は、佐藤進一「室町幕府開創期の官制体系」（同『日本中世史論集』岩波書店、一九九〇年。初出は一九六〇年）。

（36）評定会議の後に「私和与」が成立し、「評議」の結果が差し置かれた事例もある（元亨三年十一月二十九日鎮西下知状、禰寝文書、『裁許』鎮一四七）。この場合、訴陳状が当事者に残されたかどうかは不明である。

（37）河音能平「筑後田代文書として伝来した和泉上村文書について」（同『世界史のなかの日本中世文書』文理閣、一九九六年。初出は一九八七年）。

（38）『大日本古文書』熊谷家文書二〇三号。美濃国鵜飼西荘に関するこの申状の裏花押と、安芸国宮荘を論所とする元徳三年二月日周防親経代行俊重申状案（『大日本古文書』吉川家文書之二、一一四四号）の裏花押が一致する。同時期に美濃と安芸の地頭関係訴訟を担当した幕府機関は六波羅探題であり、両訴状の裏花押も六波羅奉行人の据えたものと考えてよかろう。
(39) 註（5）所引岩元修一「初期室町幕府における訴状の送達について」。
(40) 反町英作氏所蔵三浦和田文書、『新潟県史』資料編4中世二、一二五二号・一二五五号。同文書は新潟県立文書館架蔵マイクロフィルム写真で確認した。以下同じ。
(41) 『新潟県史』資料編4中世二、一二三三号。
(42) 註（5）所引岩元修一「成立期室町幕府の訴訟手続きについて」。
(43) 『新潟県史』資料編4中世二、一二四三号。
(44) 龍造寺文書、『鎌倉遺文』二四八〇七号・二四七九〇号。比志島文書、『鎌倉遺文』二九六三八号・二九六三九号。佐賀県立図書館のご厚意により前者の原本を、伴瀬明美氏のご厚意により東京大学史料編纂所で後者の原本を調査した。
(45) 元亨四年十一月二十三日関東下知状案（田鎖文書、『裁許』関三〇〇）など。
(46) 佐藤進一・池内義資編『中世法制史料集』第一巻鎌倉幕府法、追加法二二三・六八八・六八九など。具体例は正応三年九月十二日関東下知状（飯野文書、『裁許』関一八二）の「帯陳状可参決旨、下三箇度召文之処、盛隆不参之間、遣雑色之刻、如奉行人時連代善勝執進盛隆今年六月廿一日請文者」、正慶元年八月十二日六波羅御教書案（竹内文平氏所蔵文書、『鎌倉遺文』三一八〇八号）の「正文者、同月十五日以和田四郎・飯尾大蔵右衛門尉下人、直付地頭代了」など数多い。
(47) 註（16）所引沙弥善昭請文など。
(48) 飯野文書、「伊賀三郎重状嘉暦三八」という端裏銘と裏花押をもつ日付のない伊賀盛光代正法重訴状二通と、嘉暦三年八月八日引付頭人安達時顕奉書（舘鼻誠・小林一岳・飯野光世「好島荘調査報告（一）―飯野・国魂文書、北白土居館址―」〔『季刊中世の東国・秋冬』八号、一九八四年〕、『福島県史』資料編2古代中世資料「飯野文書」一五五号・三〇号）。
(49) 「下知違背之咎」については古澤直人『鎌倉幕府と中世国家』（校倉書房、一九九一年）。
(50)・(51) 『福島県史』資料編2古代中世資料「飯野文書」一五三号・三五号。

(52)・(53)『鎌倉遺文』三一七七五号・三一七八〇号。原本調査では東大寺図書館の横内裕人氏にお世話になった。
(54) 註(6)所引新田一郎著書。
(55) 鎌倉の評定会議の日付については、近藤成一「鎌倉幕府裁許状の日付」(『鎌倉遺文研究』四、一九九九年)。
(56) 山家浩樹「端裏銘の日付」(鎌倉遺文研究会編『鎌倉期社会と史料論』東京堂出版、二〇〇二年)は、室町幕府に提出された申状を中心に、端裏銘の日付が原則として受理の日付であったことを明らかにしている。
(57) 本書第十一章。
(58) 永村眞『中世東大寺の組織と経営』(塙書房、一九八九年)。
(59) 文永六年七月十一日太良保地頭定蓮請文案(東寺百合文書エ、『若狭国太良荘史料集成』八八号)。
(60) 都甲文書、『鎌倉遺文』六一八七号・六一八五号。東京大学史料編纂所架蔵影写本で確認した。
(61) 市河文書、『鎌倉遺文』九二八六号・一七四八一号。井原今朝男氏撮影の原本写真で確認した。
(62) 註(5)所引上島有「端裏銘について」および橋本初子「中世の検非違使庁関係文書について」。ただし「玄雄状」は嘉暦元年十二月十七日玄雄避状・法眼某和与状案(八坂神社文書・早稲田大学所蔵文書、『鎌倉遺文』二九六八七号・二九六八八号)。
(63) 註(5)所引橋本初子「公家訴訟における文書の機能論的考察」。
(64) 五味文彦「使庁の構成と幕府―一二～一四世紀の洛中支配―」(『歴史学研究』三九二、一九七三年)。
(65) 高野山文書、仲村研編『紀伊国阿氐河荘史料』一、一七四号。なお、東京大学史料編纂所架蔵影写本で確認した。
(66) 註(46)所引『中世法制史料集』第一巻鎌倉幕府法、追加法三五一。
(67) 竹生島文書、太田浩司「〈史料紹介〉竹生島文書(1)」(『市立長浜城歴史博物館年報』二、一九八八年)。原本調査では太田氏にお世話になった。
(68)「召文違背之咎」の適用については註(49)所引古澤直人著書。
(69) 笠松宏至「「日付のない訴陳状」考」(同『日本中世法史論』東京大学出版会、一九七九年。初出は一九七七年)。

第十一章　裁許下知状の再発給と「原簿」

はじめに

鎌倉幕府で行われる訴訟の手続きは「当事者主義」を原則としており[1]、証拠文書や判例はもちろん、幕府制定の成文法も訴訟当事者が「発見」しなければならなかったという[2]。このため、鎌倉幕府に訴訟を提起しようとする者も、また逆に訴えられた者も、みずからの主張の「正当性」を根拠づけるべく、さまざまな経路を通じて幕府法や過去の判例の証文を探し求めることになった。つぎにみる一荘園の所務相論は、そうした法令・判例の証文が判決内容を左右した訴訟の典型例ということができる。

十三世紀末の美濃国茜部荘では、東大寺と地頭長井氏が地頭請所の存廃をめぐって激しく対立し、寺家側から六波羅探題に訴訟が提起されていた。訴陳状が応酬される過程で、両当事者は幕府の判例を引用するべく、「傍例御下知」や「関東御事書」といった証文を提出し、かつ相手側の証文に論難を加えたのであるが、これをうけて弘安元年（一二七八）末に六波羅が下した裁許内容[3]は、地頭側の証文を採用して地頭請所の存続を認めるものであった。この裁許状をみるかぎり、東大寺側の「傍例御下知」が棄却された理由はそれが案文であったことに尽きるが、翌年に越訴を試みた東大寺はこの点についてつぎのように反論している[4]。

御下知状云、広沢・赤尾傍例御下知事、無正文之上、文章不分明云々、於引付問答者、広沢御下知者、関東御成敗也、寺家雖不帯之、任傍例、可被尋究之由、申之了、次赤尾庄者、雖非請所、為武家御口入、令補之下司職、雖経年序、本所違背之時、被改易了、其状在寺家、可召寄之由、申之了、其後於奉行人之前、令披覧《見》正文了、而無正文之由被載之條、豈非奉行人之非勘哉、（傍線は筆者。以下同じ）

引付奉行人の「非勘」を訴えた後半部分はひとまず措くとして、ここでは他領の上野国園田御厨広沢郷に関する前半部分（傍線部分）に注目したい。これによると東大寺は、さきの引付問答（口頭弁論）における主張を繰り返して、訴訟当事者が「傍例御下知」の正文を帯びていなくても、それは幕府の下した裁許なのだから、幕府みずからが「傍例にまかせ、尋ね究められるべき」であると述べている。

ここで東大寺が幕府側にもとめているのは、「訴訟当事者の申出に係わらざる証拠」の蒐集でもなければ、「当事者の引用せざる判決例」の引用でもない。何らかの経路によって入手した裁許下知状の案文の内容確認を、その正文の発給主体たる鎌倉幕府に要求しているのであり、そこでは鎌倉幕府における文書群（発給文書の控・草案、訴訟関係文書など）の保管[5]が意識されていたに違いない。

本章は、この東大寺による要求に考察の端緒を得て、鎌倉幕府の発給した裁許下知状の「原簿」として機能する書面の保管について検討する。その際には、石井良助[6]・佐藤進一[7]両氏に代表される鎌倉幕府訴訟制度の研究成果を参照しつつ、とくに十三世紀末葉以降の所務沙汰に対する裁許下知状（六波羅・鎮西下知状も含む）の作成手続との関わりにおいて考察を進めていくことにしたい。

第一節　評定事書

鎌倉幕府による裁許下知状の発給（勝訴人への交付）以後、その文面を幕府自身が確認し得る資料の存否について考えると、鎌倉末期に成立したとされる訴訟手続の解説書『沙汰未練書』にも記されるように、越訴沙汰（再審請求）に際して、幕府側が原判決の内容を「評定事書」によって確認していること[8]がまず想起される。『沙汰未練書』の「評定沙汰事」および「御下知被成事」（後掲）によると、評定事書は執権・連署と評定衆（引付頭人を含む）が出席した評定沙汰で決定された判決内容を記し、裁許下知状の作成根拠となるもの[9]である。すでに、佐藤進一氏[10]が指摘しているように、弘安七年（一二八四）八月の幕府訴訟制度の改革以降、関東の評定事書は、引付方の作成した「一事案についてただ一箇の判断を」載せた「引付勘録事書」（訴陳状の応酬や口頭弁論の終了後、引付頭人・引付衆・奉行人が訴論人の主張内容の理非について評議した結果を記すもので、当該訴訟を担当する本奉行＝主任奉行が原案を作成）が評定沙汰で承認され、その余白部分と思われる「頭」に承認する旨を書き付けた（「頭書」）ものを指す。この制度は六波羅・鎮西両探題にも移植されていく。

ところで、関東および鎮西探題では、評定事書を文庫に納めた事実が川添昭二[11]・羽下徳彦[12]両氏によって指摘されている。『沙汰未練書』の「文庫トハ」には「引付評定事切文書等置所也、又文倉トモ云、又文殿トモ云、京都・関東ニ在之」とあり、文庫は六波羅探題にも存在していたこと、さらに『建治三年記』十二月十九日条にみえる「六波羅政務條々」のなかに「下知符案・事書開闔事」とあって、評定事書の取り扱いが指示されていることから、六波羅の文庫においても評定事書が保管されていたと考えられる。本節では、この幕府に保管された評定事書について検討することとし、『建治三年記』がそれと並記し同様な機能をはたしていたと推測される下知符案は次節で扱う。

まず、文庫に保管された評定事書の機能をしめす事例をみてみよう。

備前国藤野保地頭代と美作国八塔寺衆徒との相論を裁許した、嘉元二年（一三〇四）九月二十日六波羅下知状(13)案の末尾には、つぎのような興味深い記述がある。

　正安元年十月廿七日被成下知処、院主円能律師住坊同四年九月十三日夜炎上之時、令焼失之旨、衆徒等令言上之間、召出事書、重所被成下也、仍下知如件、

正安元年（一二九九）十月に発給された裁許下知状が三年後に焼失し、その旨を受給者が幕府に申し立ててきたため、幕府側は「事書」をもとに裁許下知状を再発給している。

さらに、加賀国得橋郷佐羅村をめぐる得橋郷地頭代と加賀国白山中宮佐羅別宮雑掌との相論に対し、六波羅探題が徳治三年（一三〇八）五月に下した裁許下知状(14)によれば、同村を別宮雑掌に打ち渡すように命じていた嘉元二年六波羅下知状の内容を確認する際に、

　召出先度事書之処、如去嘉元二年十一月十二日評定事書者、加賀国得橋郷内佐羅別宮御供田雑掌貞清申、同国得橋本郷牛嶋村地頭丹波掃部助貞高代乗賢押領当御供田、致苅田追捕由事、就御使安房蔵人大夫氏時・富樫四郎泰景執進乗賢和与状、可被成御下知云々、（傍点は筆者。以下同じ）

というように、幕府側は「事書」を参照している。この「事書」が評定事書を指すことは明らかであるから、幕府は裁許下知状の再発給や内容確認を行う際に、評定事書をもちいていたことがわかる。(15)

以上のような事例は、評定事書と裁許下知状の文面が一字一句のレベルで共通していたことを推測させるが、

これを実際に確認し得る材料がある。評定事書の全文を引用した史料をみてみたい。

安心院二郎公時代子息公―顕字有憚与同又五郎公宣代家光相論豊前国安心院内上松井村事

[a]右、遠州時代為大保六郎入道契道奉行、被収公当村之処、両方依進覆勘状、被止闕所注進儀之間、於引付、重可有其沙汰之由、去年四月廿五日評定訖、[b]爰如文庫頭人安富弥四郎入道寂円・信夫太郎入道隆慶所進元応元年閏七月廿五日評定事書者、安心院二郎公時与同又五郎公宣相論豊前国安心院内上松井村事、（中略）仍召決之処、関阿得暇之條、公泰弘長三年状分明之上、以越中法師、為間夫之旨、載永仁六年状之条、謀書顕然之由、公時雖申之、公泰加自筆於彼状訖、筆跡相似公―承伏之類書歟是一、（中略）雖為離別妻妾、於嫁他人者、可被召所譲得之所領之旨、被定置訖是二、（中略）此上関弘安十一年宰府奉書、五十余年不知行之由、不能掠申歟是三、凡於公時者、母堂関阿嫁他夫之条、承伏之間、依不可知行先夫所領、関阿譲状不能許容、至公宣者、亡父公泰譲与妻女之地、難悔返之間、後日譲状為枝葉之上、公泰存日彼妻嫁間夫之由公宣申之、為競望当村、露亡父恥辱条、難遁告言之咎、然則、於件村者、須被収公之歟云々、頭書云、無相違云々者、於引付之座、召決之処、（中略）然則、於彼□公泰弘安八年後判譲状、公宣如元可令領知矣者、依仰下知如件、

正中二年七月廿九日

修理亮平朝臣（花押）[16]

事書および傍線a部分によると、豊前国安心院内上松井村の相続をめぐる安心院公時と同公宣の相論は、北条随時が探題に在職した文保～元応期に提起され、そのときは訴論人双方の主張が否定されたうえ、同村を収公する裁許が下されていた。ところがその後、訴論人双方が覆勘状を提出し異議を申し立ててきたため、同村の「闕

る。

所注進」を停止し、鎮西の引付方において再審理することになった。それに対する裁許状がこの鎮西下知状であ

さて、傍線b部分によると、引付方は再審理の開始にあたり、原判決の内容を確認するべく、「元応元年閏七月廿五日評定事書」を参照し、その事書以下の全文と「頭書」の文言「無相違」（評定沙汰による承認の意味[17]）を裁許状にも引用した（------部分。紙幅の都合上、訴論人の主張内容はほぼ省略した）。これをみると、評定事書の内容は、①訴論人の名前と論所を明記した事書につづいて、②争点ごとに訴陳状・証拠文書の必要な部分を引用し、③それに対する引付方の判断内容を記している。この①→②→③という体裁はもちろん、内容的にみても、判決文言として部分的に補訂する必要のある③以外[18]は裁許下知状そのものであり、実際に裁許下知状の事書・事実書は、評定事書のそれをほぼ全文にわたって採用していたと考えられる[19]。

評定事書が裁許下知状の「原簿」として機能し得る理由が確認できたところで、つぎにそれが保管された文庫について検討しよう。

右掲の正中二年（一三二五）七月二十九日鎮西下知状によれば、評定事書は「文庫頭人」から所進されている。これによって、鎮西探題には文庫が存在し、そこに評定事書が保管されていたことが確認できる。この鎮西の文庫は元応二年（一三二〇）に火災に見舞われ、そこに保管されていた評定事書など書面の多数が焼失したのであるが、そうした突発的な事故に遭遇しないかぎり、文庫における評定事書などの保管は確実に行われていた。たとえば、筑前国朝町村の領有をめぐる、佐々目光重の子息袈裟王丸と同法橋清禅との相論（越訴）に裁許を下した正中二年四月五日鎮西下知状案[20]には、

　爰召渡本訴陳具書并先度事書、雖可有其沙汰、去元応二年十二月廿三日夜、博多炎上之時、於文庫令焼失之

間、召出清禅、所給嘉元三年九月廿二日下知状披見之処、

とあり、嘉元三年（一三〇五）九月の評定事書が元応二年末の文庫焼失まで、じつに十五年間にわたって保管されていたことが知られる。この期間は、鎮西探題に対する確定判決権の付与（十三世紀最末期）から探題滅亡にいたる年月の半数近くに達するとともに、探題在職者の交替も経験している(21)。さらに前掲した「元応元年閏七月廿五日評定事書」のように、元応二年の文庫の火災で焼失をまぬがれた評定事書の存在も大きい。これらの事実をふまえると、鎮西探題の文庫は文書群の保管機能を日常的に十分はたしていたと考えられるのである。

では、関東の文庫はどうであろうか。まず、つぎの史料をみてみよう。

右、此文書者、為大田庄桑原方関東沙汰令申出畢、（中略）於二番引付頭人尾張入道殿法名道鑒、為明石民部大夫行宗奉行、被経御沙汰、同（正応三年、筆者注）十二月十八日、於御引付、（中略）披仰含両方併、此事、任弘安七年十一月廿七日御下知状、地頭遂年貢結解、可令糺返未進之処、無其儀、令申越訴之條無道也、早叙用本御下知、可遂結解也、於其以前者、一切不可有越訴御沙汰云々、爰地頭猶貽欝訴、令申子細之間、同（正応、筆者注）四年十一月十九日、重遂引付問答、同十二月三日、被取捨、同七日、被合御評定、同九日、於御引付、被召対両方、被仰含併、（中略）早遂結解、可令究済年貢、若猶背此旨、不遂結解、不糺返未進者、雖申越訴、一切不可有御沙汰、両方可令存知此旨云々、就之、既被合御評定之上者、可給御下知状之由、雑掌申之、奉行人問答云、於本御下知之下、両方令申子細之時、有御沙汰、被仰含之外、就一事、被成二重御下知之法無之、但去年者、為御引付成敗之間、不及取捨勘録、今度者、被合御評定之間、十二月七日御評定、三十一ヶ條事書一通仁続合之天、任御評定之旨、有頭付被定勝負、不遂年貢結解、不糺返未進者、不可有越訴御沙汰之由、有御成敗、評定衆被封裏天、被納置二階堂文殿之間、雖不成重御下知、全以為本所不可有不足、可令存其旨

也云々、

右に引用したのは、弘安十年（一二八七）六月二十一日備後国大田荘文書目録の裏書[22]である。これは、桑原方地頭との所務相論のために関東へ下向する高野山側の雑掌淵信が借り出した文書のリスト（目録）の裏側に、訴訟終結後の正応五年（一二九二）正月に淵信が関東での訴訟経過を記したものである。

淵信によると、この訴訟の実質的な審理は、正応三年と翌四年とに大別される。まず正応三年十二月十八日には、地頭が弘安七年の下知状で命じられた年貢結解の遂行等を履行しないかぎり、その越訴は認めない旨を引付方の判断で言い渡した。これに地頭側が承服せず、翌四年十一月十九日に重ねて引付問答を行い、十二月七日には評定沙汰が開かれた。その評議結果は、正応三年の引付方による命令内容を再確認したものであったが、淵信は評定沙汰の結論を記す裁許下知状の発給を要求した。これに対し引付奉行人は、「一事に就」いての「二重御下知」の発給を否定したうえで、前年と異なり今回は評定沙汰を行い、「三十一ヶ条事書」を一通に繋ぎあわせて、「頭付」のあとに評定衆がその裏を封じて「二階堂文殿」に納め置いたのだから、下知状を発給せずとも不足はないはずだ、と諭している。

正応四年十二月の評定沙汰において、「三十一ヶ条事書」に「有頭付被定勝負」というのは、評定沙汰で承認された「引付勘録事書」の「頭に是非を書付」ける「頭書」のことであるから、この「三十一ヶ条事書」は評定事書とみて間違いない[23]。また、それを納め置いた二階堂の「文殿」は文庫の別称である（前掲『沙汰未練書』の「文庫トハ」）から、鎮西探題と同様に関東の文庫も評定事書を保管していたことがわかる。

関東の文庫が文殿と呼ばれ、かつ十三世紀末の時点で鎌倉の政治的中心部をはずれた「二階堂」に所在していた[24]ことは興味深い事実であるが、現段階ではその理由を明らかにしうる材料をもちえていない。ただ、関東の文殿における評定事書の保管状況を推測させる手がかりとしては、播磨国細河荘地頭職の相伝をめぐる冷泉為相と二条為世との相論（越訴）を裁許した正和二年（一三一三）七月二十日関東下知状(25)と、越後国奥山荘中条の遺領相論を裁許した正和三年九月二十三日関東下知状案(26)がある。

まず、前者についてみてみよう。細河荘地頭職は藤原為家から嫡子為氏（為世の父）に相伝されていたが、為家はこれを悔い返して次子の為相に譲与し、幕府は正応二年（一二八九）十一月七日にこれを安堵した。ところが、為氏の嫡子為世はこの処理を不服として幕府に訴え、正応四年八月十四日には当荘地頭職の相伝を為世側に認める裁許下知状が発給された。これに対して為相側が延慶二年（一三〇九）に越訴状を提出したため、幕府法廷で再審理されることになり、幕府側は「先度評定事書」を参照しようとした。これが正応四年八月十四日付裁許下知状の作成根拠となった評定事書であることは間違いないが、肝心の評定事書は紛失していたという。

以上の経緯だけをみると、文殿における文書保管の情況がずさんであったかの印象を拭いきれない。しかし、正応四年の評定事書が紛失していた理由としては、つぎのような事情が想定されるのである。すなわち、問題の評定事書の作成から約二年後の正応六年四月十三日に大規模な直下型地震が発生した。その結果、鎌倉では、「堂捨（舎）人詫（宅）悉顛倒、上下死去之輩不知幾千人、同時建長寺炎上(27)」、また「大慈寺丈六堂以下埋没、寿福寺顛倒、巨福山顛倒、乃炎上、所々顛倒不遑称計(28)」といわれる甚大な被害をうけている。こうした惨状のなか、文殿のみが無傷であったとは考えられず、そこに保管されていた評定事書なども散逸してしまったとみるのが自然であろう。

延慶二年の越訴状を受理した幕府法廷で「先度評定事書」を参照しようとしたのは、まさに越訴沙汰の手続きに沿ったものではある。ただ、そうした幕府側によるマニュアル通りの行為からはむしろ、大地震の記憶が鮮明さを失っていくなかで、二十数年前の評定事書も保管されていて当然という意識を読みとることはできまいか。

事実、正応の地震後からは再び評定事書が着実に保管され始めた徴証をみいだすことができる。前述の奥山荘中条に関する正和三年九月二十三日関東下知状案をみてみよう。

和田三郎左衛門尉義（茂）連後家尼道信代浄意与相模左近大夫将監規時代道然・頼兼相論越後国奥山庄中条事
右、浄意則当条者、義連遺領内也、子息七郎義（茂）貞・八郎義（茂）泰確論之間、於参分弐者、任譲状給義貞、至壹分者、為未処分之地、可支配之旨、永仁四年十一月廿四日被裁許畢、可分給之由訴之、道然等亦義貞当知行之間、相模入道一円拝領、如先度事書者、義泰并二女子者、依搆謀書、可除得分親云々、其後一女子死去、道信者有謀書同意之咎、難競望之旨、就陳之、欲是非之処、去十七日両方和与畢、（以下略）

この和田茂連後家道信と相模規時（北条貞規）との相論の背景には、つぎのような前史が存在する。[29]亡父茂連遺領の相伝をめぐる和田茂貞と茂泰との相論に対し、幕府が永仁四年（一二九六）十一月二十四日付で発給した裁許状[30]によると、茂貞は茂連譲状にまかせて奥山荘中条の三分の二を安堵されたが、茂泰は謀書の咎により所領の譲得を否定され、残りの中条三分の一は未処分地[31]として茂泰およびそれに与同した女子を除く、得分親に配分すべきことが命じられた。ところが、茂貞は嘉元三年（一三〇五）の連署北条時村暗殺事件に加担したため、その所領が没収されることとなり、奥山荘中条は一円にわたって「相模入道」つまり得宗北条貞時が獲得し、さらに孫の北条貞規に伝領されていたのである。

こうした幕府の処置に対して茂連後家の道信は、永仁四年の幕府裁許を根拠にしつつ、奥山荘中条三分の一は茂連遺領の未処分地としてその配分が命じられており、茂連後家である自分にも所領を分給してほしいと幕府に訴えた。中条の当給人である北条貞規側は、この要求を否定するべく、茂貞が中条一円を当知行していたから没収したこと、さらに「先度事書」を引用して、茂連譲状を偽作した茂泰と「二女子」は未処分地の得分親から除

図1

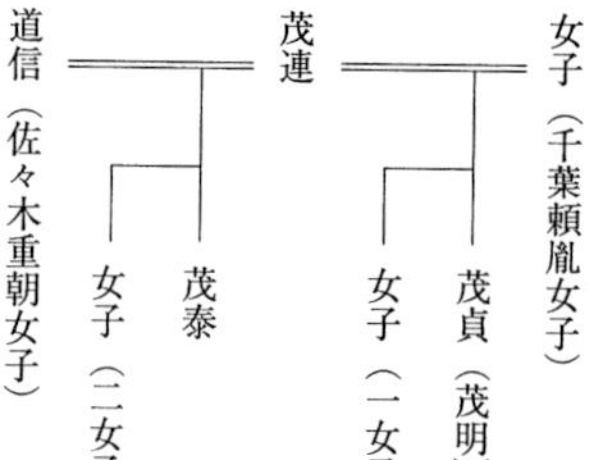

かれており、道信も「謀書同意の咎」によって相続権が認められないことを主張している。

ここで、貞規側が永仁相論時に敗訴した茂泰らの処遇を問題にし、かつ道信にも「謀書同意の咎あり」として、その主張の法的根拠を否定することには、それなりの理由があった。じつは道信は茂泰と「二女子」の生母であり（図1参照）、永仁四年の裁許下知状も道信・茂泰の系統は帯持していない。いわば道信は実子を敗訴させた幕府の裁許を逆手にとって、北条得宗家との訴訟に挑んでいたのである。そして、この相論は事実上、道信側の勝訴に近い内容で決着（和与）した。その背景のひとつには、貞規側が論拠とした「先度事書」の内容が、前述のような道信側の主張を裏づける結果になったことが推測される。すなわち、正和三年の幕府法廷で参照された「先度事書」とは、茂貞と茂泰との相論を裁いた永仁四年の評定事書（同年十一月二十四日関東下知状の作成根拠）であり、そこには後家道信を未処分地の得分親から除くという文言は一切存在しなかったのである。

以上、相論の過程に深く立ち入ってみてきたが、それによって永仁四年の評定事書が正和三年までの十八年間にわたって、保管されつづけたことを確認できた。この事例に加え、前掲した大田荘文書目録裏書の傍線部分では、裁許下知状の発給を要求する大田荘雑掌に対して引付奉行人が、「文殿」における評定事書の保管事実をもって、裁許下知状の発給と同様な強制力が保証されると述べていることにも注目したい。少なくとも、十三世紀末以降の関東の文殿には、裁許下知状の「原簿」として機能しうる評定事書が着実に保管されていたのである。

第二節　下知符案

本節では下知符案について考えたい。まず、下知符案をもちいた裁許下知状の再発給について、鎌倉後期の大和国夜部荘をめぐる相論[32]からみてみよう。

夜部荘は安貞二年（一二二八）に鎌倉幕府から高野山の金剛三昧院に寄進されたが、十三世紀後半に相伝をめぐって紛争が頻発した。そのひとつに寂静院前寺僧信正を張本とするものがあり、夜部荘に対する信正の「姧謀沙汰」を衆僧たちが鎌倉幕府に訴え、弘安七年（一二八四）には裁許下知状を獲得した。勝訴した衆僧たちは、この裁許下知状を「寺庫」に納めたという。ところが正応四年（一二九一）ころになって、今度は道寛なる僧侶が「寺院之使節と号して」鎌倉幕府におもむき、問題の裁許下知状の「正文」が紛失したと虚偽の申し立てを行った。これをうけて幕府は「本符案」にもとづき、重ねて裁許下知状を発給したという。この「本符案」は鎌倉幕府に保管された下知符案と考えられ、裁許下知状の原本が紛失した場合に、当事者の要求に応じてそれを再発給しうる機能を有したことがわかる。

道寛の申告により弘安七年の「本符案」から作成された裁許下知状は現存していないが、つぎにみる円宗寺領越中国石黒荘弘瀬郷の所務相論を裁許した弘長二年（一二六二）三月一日の関東下知状[33]は、鎌倉幕府から再発給された裁許下知状の内容を伝えるものである。

円宗寺領越中国石黒庄弘瀬雑掌幸貞□定朝・左近将監時定・藤四郎宗定相論条々

（二十六ヶ条を省略）

以前条々大概如此、抑去年十二月成給下知状於両方畢、而雑掌方下知状於参河国八橋宿、令焼失之由申之間、以先度符案、重所被写下也者、依将軍家仰、下知如件、

弘長二年三月一日

武蔵守平朝臣（花押）

相模守平朝臣（花押）

下知状末尾の文章によると、裁許下知状の正本は弘長元年十二月に円宗寺雑掌・地頭双方に発給されたが、雑掌側の下知状が三河国八橋宿で焼失してしまい、雑掌がその旨を申し立ててきたため、鎌倉幕府は「符案」を写して弘長二年の裁許下知状を作成している。この「符案」は下知符案を指し、それをもちいて紛失した裁許下知状を再発給したことがわかる。

さらに下知符案は、裁許下知状の内容確認にも、もちいられていた徴証がある。信濃国伊那郡中沢郷を本貫地とする中沢真氏(34)は、同郷内八ヶ村および出雲国牛尾荘地頭職を嘉禄三年（一二二七）五月に嫡子為真に譲与した。このとき真氏は、為真に男子がない場合は、当該所領を弟の真直・真光に譲与すべきことを命じていたが、はたして為真は男子を得ることができず、牛尾荘地頭職を真直に、中沢郷四ヶ村を真光に譲与するとともに、残る同郷四ヶ村を女子（後家女子）に与えた（図2参照）。この後家女子に対する四ヶ村の譲与は、真氏の遺命に違背するとして、真直と真光はその返給をもとめて幕府に提訴したが、嘉禎三年（一二三七）四月に幕府が下した裁許内容は、後家女子の知行を安堵する一方で、為真が家子に譲与していた中曾蔵村は真直と真光に分与することとし、当事者各人に裁許下知状が発給された（以下「嘉禎下知状」とする）。ところが、真直の受給した「嘉禎下知状」を相伝した子息の円性は、永仁二年（一二九四）二月に私宅が炎上した際に、それを焼失してしまったため、

幕府に対して「紛失御下知」の発給(35)をもとめた。これをうけて幕府は、円性に関東下知状を発給したのであるが、その案文が現在に伝わっている。

可令早神真光為信濃国伊那郡中沢郷内中曾蔵村参分壱地頭職事

右、対決之処、如真直・真光等申者、（中略）如後家代信友申者、（中略）仍以彼村（中曾蔵村、筆者注）参分弐者、可為真直分、以参分一者、可令真光為地頭職之状、依鎌倉殿仰下知如件、嘉禎三年四月十一日云云者、件御下知状者、中沢太郎為真後家女子・次郎真直（円性父）・四郎真光拝領之処、真直所紛（給）分御下知状去永仁二年二月十一日私宅炎上之時焼失畢、被召出真光所帯御下知状、為後証可預下知之由、円性依申之、仰真光子息四郎太郎法師（法名真仏）所被召出也、任円性所進案文、可預御下知之由雖申之、無校正符案之間、不能比校、仍任真光所進御下知文、所被写下也者、依鎌倉殿仰、下知如件、

嘉元四年九月七日

陸奥守平朝臣判

相模守平朝臣判(36)

この下知状を受給した円性は真直の子息である。ところが、事書をみると真直の弟真光宛ての内容となっている。円性にこうした下知状が与えられた理由を傍線部分にみてみよう。父真直宛ての「嘉禎下知状」を紛失した円性は、幕府によって叔父真光宛ての「嘉禎下知状」正文をその子息から提出させ、それを証拠文書としつつ、父真直宛ての「嘉禎下知状」の案文を提出して、その再発給をもとめた。しかし幕府は、円性が提出した「嘉禎下知状」の案文の文面を照合する「校正符案」がないため、真直宛て

図2

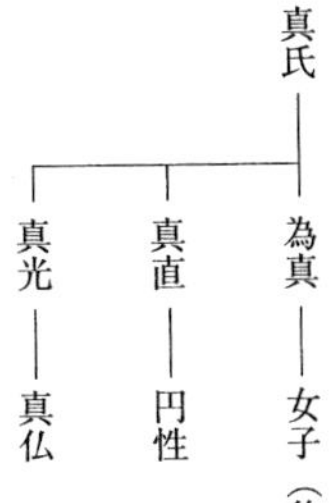

知状を円性に与えたのである。

「嘉禎下知状」の再発給は拒否し、真光宛ての「嘉禎下知状」の全文を写した右掲の嘉元四年（一三〇六）関東下知状を円性に与えたのである。

ここで注目したいのは、幕府が裁許下知状の案文の内容を「校正符案」によって照合しようとした点である。石井良助氏は、この「校正符案」を校正案文（正文と照合することによって、正文と同じ効力を付与された案文）と同義に理解した。[37]しかし右の「校正符案」は、文書正本の受給者がその紛失時に備えて保管していた校正案文ではなく、裁許下知状の発給主体たる幕府が、独自に照合するために保管していた裁許下知状の「符案」（下知符案）と考えるべきであろう。なお、十四世紀最初頭の嘉元段階において、約七十年前の「符案」がないため照合し得ないとする裁許下知状の文言からは、単純に「符案」が嘉元以前に紛失していたと理解するよりも、むしろ鎌倉後期には確立していた「符案」の保管・利用が、鎌倉前期には行われていなかった情況を読みとることができるように思われる。

以上、鎌倉幕府が裁許下知状の再発給や内容確認の際に、下知符案をもちいた事例を挙げてきた。つぎに下知符案がいかにして作成されるのかをみてみよう。

（永仁）七年正月廿七日被逢御評定、可被成御下知之旨、治定畢、被書定御下知符案之後、奉行人越前孫七郎妻死去之間、依禁忌、彼訴陳具書并御下知符案等、被渡但馬三郎政有之許畢、但馬三郎奉行於御引付被取捨御下知符案、被下清書之仁肥後蔵人許之後、正安元年四月十七日書挙之、同十八日両守殿御判於被成天、翌日十九日於御引付頭人長井宮内権大輔被封彼御下知之継目裏、則雑掌実信下賜之畢、

右に引用したのは、関東における所務相論の進行内容を記した、正安三年（一三〇一）正月十一日紀伊国薬勝寺沙汰次第注文[38]のうち、裁許下知状の作成過程をしめす部分である。これによると、永仁七年（一二九九）正月

の評定沙汰によって裁許内容が決定され、本奉行（担当奉行）の越前孫七郎が評定沙汰の結論（評定事書）をもとに下知符案を書き、それを引付において「取捨」したうえで清書奉行に回付している。ここまでの経過は『沙汰未練書』の「御下知被成事」にみえる、

以評定落去事書ヲ、奉行書御下知案文、引付披露ス是ヲ御下知、取捨ト云、案文治定之後、或当奉行、或清書奉行書上時

（後略）

という記述に合致しており、鎌倉末期の幕府裁判所で裁許下知状が作成される際の一般的な手順であったとみてよい。したがって下知符案とは、評定事書をもとに作成された下知状の草案（「御下知取捨」＝引付方での最終チェックを受けたもの）であり、その記載内容が勝訴人に交付される裁許下知状正本と共通するがゆえに、裁許下知状の「原簿」として機能することができたのである。

では、下知符案は幕府内でどのように保管されていたのであろうか。前述したように、訴訟終結後の評定事書や訴陳状・具書は文殿・文庫に納められる。下知符案もそれと同様であった可能性もあるが、その明証はない。評定事書と下知符案のいずれかをもちいた事例が併存することは、むしろ両者が異なる場所で保管されていた可能性を示唆する。はたして、つぎに引用する嘉元三年（一三〇五）三月日備後国大田荘山中郷雑掌慶海重訴状案[39]の内容は、すべての下知符案が文庫のような同一箇所にプールされていなかったことをしめしている。

当郷者、去弘安七年被成関東御下知、同九年六波羅殿御下知畢、而違背彼御下知等、令抑留年貢之間、就訴申、去正応二年雖成下六波羅殿御下知、違背彼御下知、于今不糺返之條、御下知違背罪科難遁者哉、爰於彼御下知正文者、先雑掌令抑留之間、本奉行人斎藤帯刀兵衛尉可有御尋之由、就令言上、即有御尋之処、於彼・・・・・御下知符案者、被選出之上者、早被成下重御下知、於数年抑留物者、任員数被糺返、至公文貞信者、為傍輩、

向後、欲被行御下知違背罪科、

雑掌慶海は、公文の富部貞信が、正応二年（一二八九）の六波羅下知状に背いて年貢抑留をつづけた（それ以前には弘安七年関東下知状・同九年六波羅下知状も無視していた）ため、いわゆる「下知違背の咎」の適用を掲げて幕府に訴訟を提起した。ところが、正応二年下知状の正文を前任の雑掌が「抑留」してしまい、肝心の証拠文書が正文ではなかったため（公文側からその提示が要求されたのであろう）、正応の訴訟を担当した本奉行（主任奉行）に問い合わせを要求したところ、正応二年の「御下知符案」が「選び出され」てきたので、それにもとづき公文を「下知違背の罪科」に処してほしいと述べている。

以上の経過で注目されるのは、正応二年の下知符案をその当時の本奉行（斎藤帯刀兵衛尉[40]）が提出したことである。下知符案は本奉行が作成し、それをもとにした裁許下知状の清書も本奉行か清書奉行が担当する。したがって、下知符案を提出した斎藤帯刀兵衛尉はその作成者であり、裁許下知状の清書もかれが担当したのかもしれない。問題は、裁許下知状発給後の下知符案の行方であるが、もしそれが評定事書のように文庫で一括保管されていたならば、雑掌慶海から直接に事情を聞いた嘉元時の担当奉行人（実名不詳）も、正応の下知符案を所進できたはずである。しかし現実にはそれが行われず、かつての本奉行に事情が伝わった段階で下知符案が提出されてきたことからすれば、下知符案はその作成者たる引付奉行人の手許に保管されていたと理解するのが自然であろう。

こうした担当奉行人による訴訟関係資料の保管という論点はすでに提示されており、笠松宏至氏は『吾妻鏡』の法制記事の原拠史料について考察する際にそれを援用して、鎌倉幕府追加法の法源（「法文の草案」など立法過程で生じた「各種の文書類（あるいはその写し）」）が、その制定を担当した公事奉行人の手許に備忘録的に分散して保存されていたと推測している。(41)さらに河音能平氏は、この笠松氏の見解を裁許下知状の場合にも適用して、その発給に関与した公事奉行人がみずからの「備忘録（控帳簿）」に必要なものを書写しており、裁許状正本の紛失者は奉行人の家で「一定の法的効力」をもつ案文を写し取ることができたと述べている。河音氏がその論拠とした史料を検討してみよう。

A　高倉院法華堂御領尾張国富吉庄雑掌謹言上
　欲早被経御　奏聞、被成下　院宣於官長者、被写出当庄建久八年　宣旨・立券状等間事
副進
　一通　関東御下知案（就証文紛失被写出符案由事）
右、当庄預所伊勢太郎兵衛尉久定、去永仁六年十一月廿六日夜、自強盗人被殺害之時、住宅放火之間、調度証文等紛失、仍於関東御下知等者、為椙原主計允親綱奉行、悉被写出之畢、立券庄号状者、任以往例、被納官家云々、早被仰官長官、被写出彼　宣旨・立券状等、為備後代亀鏡、仍粗言上如件、
　文保二年十月　日(42)

B　六条八幡新宮領尾張国日置庄雑掌与同国富吉庄東一色地頭代永成相論成洲（又号生出嶋六丈嶋）堺事、如永成所進建久八年六月廿八日官符宣・同十二月廿一日立券状者案文也、而彼正文現在于官庫云々、申入　公家、早速□□写進之状、依仰執達如件、
　文保二年十二月廿三日　相模守御判
　　　　　　　　　　　武蔵守同
陸奥守殿

越後前司殿(43)

史料Aによると、永仁六年（一二九八）に尾張国富吉荘預所の住宅が放火され、そこに保管されていた「調度証文等」が紛失したため、同荘雑掌はそのうち宣旨・立券状の写しを官務家小槻氏から作成してもらうようにもとめている。この要求は、高倉院法華堂禅衆→権少僧都尊雅→後宇多院庁→小槻氏というルートで伝達されたことが判明している。(44)一方、六波羅探題宛ての関東御教書である史料Bをみると、尾張国日置荘と富吉荘との境相論に際し、富吉荘地頭代が幕府に証拠文書として提出した建久八年（一一九七）の官宣旨・立券状が案文であったため、六波羅探題から朝廷に申し入れて、「官庫」に現存する「正文」から写しを作成してもらい、それを入手するように命じている。

史料A・Bは、小槻氏に対して、尾張国富吉荘関係の太政官発給文書の写しを作成してもらうようにもとめている。十一世紀末以降、大夫史を世襲した小槻氏（壬生家）の私文庫には、太政官発給文書（太政官符・宣旨・官宣旨）の正式の控＝「官底符案」が保管されており、その写しの外題に大夫史小槻氏の保証文言・花押を据えてもらい、紛失した正本にかわる法的効力をもつ文書とすることができたのである。(45)

ところで、関東下知状の問題については、史料Aの傍線a・b部分に事情が記されている。まず、bをみると、「関東御下知等」は相原親綱を奉行として写し出されたとある。これについて河音氏は、相原親綱を下知状正本の発給時の担当奉行人とみて、かれの「備忘録（控帳簿）」に写し取られていた関東下知状の内容をもとに、「校正案文」を作成してもらったと解釈した。しかし史料A・Bに「公事奉行人の備忘録」の存在を裏づける内容はみいだせない。

相原親綱が関東下知状を写し出す際に何をもちいたかを突きとめるには、むしろ史料Aの傍線a部分に注目する必要がある。それによると、富吉荘雑掌は官宣旨などの写しの作成要求を補強するために、「就証文紛失、被写出符案由」を記す「関東御下知案」を副進していた。それとまったく同じ文面の関東下知状案と考えられる文書が壬生家文書に伝来している。

C　尾張国富吉庄雑掌信忠◦申御下知状等紛失事

右、如申状者、当庄所務条々事、去貞応元年五月卅日・仁治二年九月十五日・文永元年十二月十三日御下知等、北条遠州禅門四月五日去状不記年号、永仁六年十一月廿六日夜、当庄預所伊勢太郎兵衛尉久定為強盗人被殺害之時、私宅放火之間、焼失畢、当庄雑掌浄念与当一色地頭代政氏相論之刻、六波羅注進之間、為安富大蔵大夫長嗣奉行、正安元年十二月廿五日鎌倉預御下知畢、被召出件具書等、任校正案文、可成賜御下知云々、仍被召事書并長嗣奉行事切具書等、披見之処、彼御下知具書等、為和田大輔房快顕奉行、加校正筆令注進之旨、所見也、此上不及子細、然則、於貞応・仁治・文永御下知及北条遠州禅門去状者、以本案所写下也者、依鎌倉殿仰、下知如件、

延慶四年五月一日

陸奥守平朝臣御判

相模守平朝臣御判[46]

雑掌信忠は、永仁六年十一月の預所殺害事件により焼失した「貞応・仁治・文永御下知及北条遠州禅門去状」を写し出してくれるよう鎌倉幕府にもとめたが、そこで依拠すべき「校正案文」として雑掌信忠が挙げたのは、富吉荘雑掌浄念と同荘一色地頭代政氏の訴訟が六波羅探題から鎌倉に注進された際に、六波羅奉行人の和田快顕を担当として「校正筆を加え」た具書案であった。六波羅から注進されたこの具書案は、安富長嗣を担当奉行と

して正安元年（一二九九）十二月に鎌倉で裁許が下されたあと、評定事書と一緒に鎌倉幕府で保管されていたことになる。鎌倉幕府は、こうした雑掌信忠の要求をうけて評定事書と具書案を確認し、そこに含まれる「貞応・仁治・文永御下知及北条遠州禅門去状」の「校正案文」（幕府側はこれを「本案」と呼び「符案」「下知符案」と区別している）から、椙原親綱に命じて写しを作成させたのである。

以上の経過から明らかなように、椙原親綱は預所宿所で焼失した裁許下知状原本の発給担当奉行ではなく、しかも鎌倉幕府が雑掌の要求をうけて参照したのは、担当奉行人の「備忘録（控帳簿）」でもなかった。史料Cとあわせみることによって、史料A・Bが河音氏の論拠となり得ないことは明らかである。

ただし、延慶四年（一三一一）に雑掌信忠が入手した「貞応・仁治・文永御下知及北条遠州禅門去状」の写しは、十数年前から鎌倉幕府に保管されていた具書案（六波羅からの注進時に和田快顕が「校正筆を加え」た「校正案文」）から、椙原親綱が作成した校正案文であったと考えられる。そして、裁許下知状の発給を担当した引付奉行人自身による校正案文の作成事例も、原拠資料は河音氏のいう「備忘録」ではないが、その実例を確認することができる。

態用御裏候、恐存候、抑此事就雑掌之訴、為奉行申沙汰仕候了、検注事候之間、為地頭請所之条、御下知候之上者、不及沙汰候云々、且御下知状案写進候、是者一円椙本知行之時、番訴陳候之間、御下知者已遣彼方候了、誠御分之後不令番訴陳給候、仍各別不及被成下候、可有御心得候歟、兼又以便宜令参入、諸事可申入候、恐惶謹言、

□□　　長氏（花押）(47)

正安元年（一二九九）十二月二十五日付で東福寺住持恵雲が宗像新左衛門尉長氏に宛てた書状の裏を使い、長

氏が恵雲に宛ててしたためた返事の内容である。いうまでもなく宗像長氏は六波羅探題の引付奉行人である。[48]

まず表側の恵雲書状によると、この年四月に備中国上原郷地頭職が鎌倉幕府から東福寺に寄進されたが、それ以前に国衙雑掌が地頭請所の勘落を訴えて、下原郷の地頭代および上原郷の前地頭と訴訟になり、地頭側勝訴の裁許下知状が発給されたので、新たに上原郷地頭となった東福寺にも、各別の下知状を発給してほしいと懇願した。これに対して宗像長氏は、右の返事のなかで、当該訴訟を担当した奉行人として「御下知状案」を東福寺側に「写進」めるかわりに、訴陳に番えていない東福寺に各別の下知状を発給することはできない旨を述べている。

九条家文書中の東福寺文書には、このとき宗像長氏が作成した、正安元年十二月二十三日六波羅下知状の校正案文[49]が伝来しており、そこには長氏が加えたとみられる「校正了」の文字と合点を確認することができる。これはまさに、裁許下知状の発給担当者たる引付奉行人が作成した校正案文の実例であり、その原拠資料としてもちいられたのは下知符案であったと考えられる。なぜなら、問題の六波羅下知状案をみると、文面中の「并喬麦百石」と「喬麦百石」の部分が抹消されて見セ消チとなっており、勝訴者に手交された裁許下知状の正文（下知符案の字句を修正して清書した文書）を写したのならば、こうした単純なミスが繰り返されるはずがないからである。

このように鎌倉幕府の奉行人は、みずから保管する下知符案をもちいて、裁許下知状の校正案文を私的に作成することがあり得た。しかし、右に挙げた東福寺の事例は、裁許下知状正文の紛失にともなうケースではなく、東福寺は訴訟の当事者でもない点に留意する必要がある。また、富吉荘雑掌が焼失した裁許下知状の校正案文を鎌倉幕府で作成してもらったケースは、そこにいたる経過や事情を明記した史料Cのような下知状が新たに発給されている。そして、さきに引用した越中国石黒荘の裁許下知状では、紛失した前年発給の正文とは異なる再発給時の日付で、しかも前年発給時とは異なる現任の執権・連署が花押を据えている。

これらの事実をふまえると、裁許下知状を紛失した当事者は、奉行人との私的な交渉によって校正案文を作成してもらうのが一般的なのではなく、奉行人を介在させたとしても、鎌倉幕府から正式に再発給してもらうのが原則であったと考えられる。そして幕府側が当事者の要求をうけて、評定事書ないし下知符案に依拠して裁許下知状を再発給するにしても、その実態は日付をあらため現任の執権・連署が花押を据えて、新たな裁許下知状の正文を発給するものであった。この意味において、引付奉行人が各自で保管する下知符案は、文庫で保管される評定事書とならんで、鎌倉幕府の文書発給システムのなかに公的な位置づけを与えられていたとみることができる。

おわりに

以上、鎌倉幕府の評定事書と下知符案について考察してきた。これまでにもその存在自体は知られていた評定事書と下知符案の両者における、きわめて類似した機能とまったく異なる保管のあり方をクローズアップすることを通じて、研究蓄積の薄い鎌倉幕府の文書保管[50]について私なりの問題提起はできたものと考える。

なお、幕府発給文書をはじめとする中世文書の保管・機能などにおける当事者主義の貫徹という議論[51]との関わりから補足しておくと、評定事書と下知符案は特定人物を受取者として作成される文書ではなく、むしろ裁許下知状の作成過程で生じた書面であって、それが裁許下知状の「原簿」としての機能をはたしていたのである。とくに下知符案は、その作成者である引付奉行人によって保管され、独自な照合機能をもつ「帳簿」に転用されたものであり、今後そうした訴訟過程で生じる関係資料の保管と機能について、すでに佐藤進一氏[52]が指摘している十三世紀末以降の幕府訴訟制度における職権主義の台頭、さらには鎌倉期における公事奉行人の「家」の成立と関わらせながら追究する必要がある。

註

（1）石井良助『中世武家不動産訴訟法の研究』（弘文堂書房、一九三八年）。

（2）笠松宏至「中世法の特質」（同『日本中世法史論』東京大学出版会、一九七九年。初出は一九六三年）。

（3）弘安元年十二月八日六波羅下知状案（東大寺文書、瀬野精一郎編『増訂鎌倉幕府裁許状集』〔増訂版第二刷〕六波羅探題裁許状一六。以下、『裁許』と略称し、関東裁許状を関、六波羅探題裁許状を羅、鎮西探題裁許状を鎮とする）。

（4）弘安二年正月日東大寺学侶等越訴状案（東大寺文書、『鎌倉遺文』一三四〇二号）。

（5）近年、河音能平氏は、中世の文書発給主体における文書群（発給文書の正式の控・草案、発給文書控帳簿、上申文書の正文、訴訟関係文書群等）の保管と廃棄の原則について、文書・帳簿機能論の観点から追究することの必要性を提起している。河音能平「日本前期中世（十一世紀～十六世紀）における文書の機能と伝来の諸形態」・同「日本中世前期の官司・権門における文書群の保管と廃棄の原則について」（同『世界史のなかの日本中世文書』文理閣、一九九六年。初出はそれぞれ一九八七年・一九九〇年）等を参照。なお、以下の行論中で河音能平氏の見解を引用する場合は、すべて後者の論文による。

（6）註（1）所引石井良助著書第一篇「鎌倉幕府不動産訴訟法」。

（7）佐藤進一『鎌倉幕府訴訟制度の研究』（畝傍書房、一九四三年／岩波書店より復刊、一九九三年。引用は後者による）。

（8）『沙汰未練書』「越訴沙汰事」。本章での『沙汰未練書』の引用は、佐藤進一・池内義資編『中世法制史料集』第二巻室町幕府法による。

（9）以下、本章ではこの意味での評定事書について論じる。

(10) 註（7）所引佐藤進一著書。
(11) 川添昭二『鎌倉文化』（教育社、一九七八年）。
(12) 羽下徳彦「訴訟文書」（中尾堯他編『日本古文書学講座』5中世Ⅱ、雄山閣出版、一九八〇年）。
(13) 黄備古簡集、『裁許』羅補一七。
(14) 南禅寺文書、『裁許』羅四四。
(15) 日付欠の「訴陳違目」と題する引付方の判決準備資料（「斉民要術」紙背文書、『鎌倉遺文』一一六一〇号）には、訴訟当事者から「事書」の提示が要求された事例がみえる。
(16) 溝口文書、『裁許』鎮一六四。
(17) 註（1）所引石井良助著書では「頭書」の文言を不明としている。
(18) たとえば、「是三」の「不能掠申歟」を「不能掠申矣」というように。
(19) 引付方設置以前の事例であるが、寛元元年九月二十五日付の問注所執事宛て御教書（佐藤進一・池内義資編『中世法制史料集』第一巻鎌倉幕府法、追加法二一三）には、「訴訟事有評定、事書入見参、可施行之由、被仰下之後、御成敗遅々、尤以不便、自今以後、付奉行人、任事書、早々可被成上御下知状也、兼又御下知状与事書、於問注所令勘合、事書無相違者、可被下知也」とあり、奉行人が評定事書から作成した裁許下知状を問注所において評定事書と照合していたことがわかる。
(20) 宗像辰美氏所蔵文書、『裁許』鎮一六一。
(21) 正和四年（一三一五）に北条（金沢）政顕から北条（阿蘇）随時に交替している。探題の交替とそれにともなう奉行人等の構成の変動については、川添昭二「鎮西評定衆及び同引付衆・引付奉行人」（『九州中世史研究』一、一九七八年）、村井章介「蒙古襲来と鎮西探題の成立」（同『アジアのなかの中世日本』校倉書房、一九八八年。初出は一九七八年）を参照。
(22) 高野山文書、『鎌倉遺文』一七七九八号。
(23) この「三十一ヶ条事書」が評定事書であることは、その継目に「封裏」していることからも裏づけられる。評定事書の継目については、註（19）所引『中世法制史料集』第一巻鎌倉幕府法、追加法六九一を参照。

(24)　十三世紀前半における御所の移転（大倉御所から宇都宮辻子御所へ）にともない、鎌倉の政治的中心が鶴岡八幡宮―若宮大路のラインに変化したことについては、松尾剛次「武家の「首都」鎌倉の成立―将軍御所と鶴岡八幡宮とを中心に―」（石井進編『都と鄙の中世史』吉川弘文館、一九九二年）。
(25)　冷泉家文書、『裁許』関二六四。
(26)　三浦和田羽黒家文書、『裁許』関二六八。
(27)　『親玄僧正日記』正応六年四月十三日条（『中世内乱史研究』一五、一九九四年の翻刻による）。
(28)　『鎌倉年代記』裏書永仁元年条。
(29)　以下の越後国奥山荘に関する叙述は、田村裕「奥山荘波月条絵図の作成背景をめぐって」（『日本史研究』三一〇、一九八八年）、田村裕・樋口純子「鎌倉・南北朝期の奥山荘北条をめぐる女性たち（上）―中世武士団三浦和田氏像の再検討―」（『越佐研究』四七、一九九〇年）に多くを拠っている。なお、北条貞規については、佐藤進一「鎌倉幕府職員表復元の試み」（註（7）所引佐藤進一著書。初出は一九八七年）正和三年項、筧雅博「得宗・与奪・得宗方」（網野善彦他編『ことばの文化史』中世1、平凡社、一九八八年）を参照。
(30)　中条家文書、『裁許』関二〇七。
(31)　鎌倉幕府法における未処分地の配分については、石井進他編『中世政治社会思想』上（岩波書店、一九七二年）の式目二十七条に関する補注（笠松宏至執筆）を参照。
(32)　正安二年二月日素浄外十五名連署陳状案（金剛三昧院文書、『鎌倉遺文』二〇三八三号）。
(33)　尊経閣文庫所蔵古文書纂仁和寺心蓮院文書、『裁許』関一〇六。
(34)　以下の中沢氏に関する叙述は、本文中に引用した嘉元四年関東下知状案の中略部分、正和元年七月七日六波羅下知状案（集古文書、『裁許』羅五〇）による。
(35)　これと同様に、関東下知状の正文を紛失したため、その案文を証拠文書として提出して「紛失之御下知」の発給を要求している事例としては、元亨元年三月日但馬進美寺住僧等解（進美寺文書、『鎌倉遺文』二七七五五号）がある。なお、この進美寺の場合は、「関東御祈祷所代々御下知」であった。

(36) 集古文書、『裁許』関二四六。なお、この嘉元四年九月七日関東下知状の正文が正和元年当時に存在し、幕府発給の裁許下知状として機能したことは、註(34)所引六波羅下知状案を参照。

(37) 註(1)所引石井良助著書。

(38) 紀伊続風土記所収文書、『鎌倉遺文』二〇七〇一号。

(39) 高野山文書、『鎌倉遺文』二三二五〇号。

(40) この事例のように、「本奉行」が単なる主任奉行の意にとどまらず、現在進行中の訴訟を担当する「当奉行」に対して過去の訴訟の主任奉行を指す場合があったことについては、註(1)所引石井良助著書を参照。なお、斎藤帯刀兵衛尉基明の在職徴証については、森幸夫「六波羅探題職員ノート」(『三浦古文化』四二、一九八七年)。

(41) 笠松宏至「吾妻鏡と追加法と」(註(2)所引笠松宏至著書。初出は一九六一年)。

(42) 『図書寮叢刊』壬生家文書一八五号。

(43) 『図書寮叢刊』壬生家文書三七七号。

(44) 『図書寮叢刊』壬生家文書一八二号・一八一号・一八三号・五三一号。

(45) なお、飯倉晴武「壬生家文書の特異な一面」(『鎌倉遺文』二七巻月報、一九八四年)はその実例として、河内国金剛寺に伝来した建久二年十月十六日官宣旨案、京都東寺に伝来した永仁五年九月十二日官宣旨案を挙げており、両文書の外題(袖)には、それぞれ「以官底符案、注出訖　左大史(花押)」「以官底符案、注出之　左大史(花押)」とある。これ以外にも、文暦二年九月六日官宣旨案(根津美術館所蔵文書、『鎌倉遺文』補一一七〇号)の右余白には「令校合官底之留案畢」とあり、「官底之留案」という表現もあったことが知られる。

(46) 『図書寮叢刊』壬生家文書三七四号。

(47) (正安元年)東福寺住持恵雲并宗像長氏往返状(『図書寮叢刊』九条家文書一六三五号)。

(48) 宗像長氏の在職徴証は註(40)所引森幸夫論文。

(49) 正安元年十二月二十三日六波羅下知状案（『図書寮叢刊』九条家文書一六三四号）。
(50) この点については、大村拓生・高橋一樹・春田直紀・廣田浩治「中世文書論の現状と課題」（河音能平編『中世文書論の視座』東京堂出版、一九九六年）を参照。
(51) 註（50）所引大村拓生他論文および矢田俊文「戦国期幕府・守護の発給文書とその機能」（同『日本中世戦国期権力構造の研究』塙書房、一九九八年。初出は一九九六年）を参照。
(52) 註（7）所引佐藤進一著書。

第十二章　訴訟文書・記録の保管利用システム
――鎌倉幕府の文庫と奉行人の「家」

はじめに

前近代の古文書、とりわけ現存する中世文書に訴訟関係文書のしめる割合はきわめて高い。それらは訴訟の当事者に伝来したものが大半であり、そこから訴訟の過程で生じた文書の総体を理解しようとすることには限界がある。しかし、権力の性格や社会の実態を訴訟文書や訴訟のあり方を通じて考察するためには、当事者に残された召喚状や裁許状をはじめとする裁判者側の発給文書だけでなく、当事者やその関係者が法廷に提出した上申文書、さらには裁判機構の内部で作成・保管・利用された文書や記録をも俎上にのせ、これらを全体的に分析する努力が必要である。

日本中世の鎌倉幕府については、石井良助『中世武家不動産訴訟法の研究』[1]と佐藤進一『鎌倉幕府訴訟制度の研究』[2]により、訴訟の手続きから機構・吏僚にいたる研究の基礎が固められた。それと並行して、訴訟文書に関しては、伝来数の多い裁許下知状を中心に、幕府発給文書の様式論的研究が進展した。しかし、裁許下知状の内容に凝縮される訴訟過程の文書群、とりわけ幕府内部で作成・保管（廃棄）され機能する文書や記録については、これを意識的に追究した研究が極端に少なく、現在も未開拓の分野であるといってよい[3]。

鎌倉幕府のこうした研究状況は、幕府内部の文書・記録が現存していないことの影響が大きいが、研究史的にみると、その事実自体の評価には微妙なズレがある。

石井良助氏は、『沙汰未練書』の記述などから鎌倉幕府の文書収納に関説しつつも、論旨としては内部文書・記録の「不在」と訴訟手続の「当事者主義」を表裏の関係として強調した。一方、佐藤進一氏は同時代的な視角から、「引付」の機能や「裁判記録」の存在を示唆している。(4) この両氏の認識差は、佐藤氏の具体的な分析が未公表であることもあって、研究史上の論点とはならず、吏僚の家に引付史料が伝来する室町幕府とそれのない鎌倉幕府との段階差を説く、漠然とした通説的理解(5)が生み出されるにいたったと考える。

前章では、このような研究状況を克服するべく、佐藤氏の視角を当事者側に伝来した同時代文書の内容分析に継承して、鎌倉幕府の文庫と吏僚（奉行人）に別々に保管される書面が、ともに裁許下知状の「原簿」として機能することを論じた。(6) 本章はこれをさらに展開させて、実際の訴訟過程における文書や記録の作成・保管・機能のあり方を幕府内部を中心に復元し、そこに文庫と幕府吏僚（奉行人）を位置づけるものである。

その際に、研究史との関係から結論的に述べておきたいのは、鎌倉後期の幕府に訴訟文書・記録を「体系」的に保管する文庫が存在した事実(7)である。はやくに小野則秋(8)氏が指摘した評定衆の武家文庫や、笠松宏至(9)氏が法源の存在形態に関して着目した奉行人のもつ文書草案などの機能についても、この文庫に保管された文書・記録との関係性のもとに分析・評価する必要がある。そして、最終的には文庫と吏僚の関係が解明されなければならない。

本章はこうした作業を通じて、中世前期の政治権力における発給文書と内部文書の関係を分析し、そこに発生する吏僚の仕事を文書体系から浮き彫りにする試みでもある。

第一節　訴訟文書・記録の作成と保管

鎌倉幕府の訴訟制度は、十三世紀後半を境に当事者の身分による区分から訴訟内容による区分（所務・検断・雑務）へと変化した。佐藤進一氏はこの大きな枠組みを示したうえで、幕府訴訟の中核をなす所務沙汰が、引付方を担当機関として分立する時期を文永年間にもとめ、さらにこの引付方が手続準備機関から判決手続機関となって、「引付責任制」が確立する弘安七年（一二八四）の訴訟制度改革を重視している。

石井良助氏や佐藤氏の研究がこれ以降の鎌倉後期を主たる分析対象としていたこともあり、近年は鎌倉前・中期に焦点をあわせた研究[10]が進展して、問注所や政所を中心とする訴訟制度の具体像が解明されつつある。その成果によると、鎌倉前期の御家人訴訟をおもに担当した問注所は、訴の受理から判決にいたる手続きの実務に加え、公家側の記録所勘状や文殿勘状によく似た「問注所勘状」を提出するなど諮問機関的な役割を担っていたが、嘉禄元年（一二二五）の評定衆設置によって手続準備機関に限定された。そして寛元元年（一二四三）の結番評定の創設を経て、建長元年（一二四九）に御家人訴訟の専門部局として引付方が整備されると、問注所はその役割を訴の受理機関に低下させていくという。

提訴から裁許までの訴訟過程に生ずる文書や記録は、こうした鎌倉幕府における機構の整備や手続きの緻密化に比例して、質量ともに変化したことが予想される。そこで本章では、訴訟文書・記録の実態を、段階を追いながら整理したい。

1　問注記と評定事書

嘉禄元年（一二二五）に正式に発足した評定沙汰は、執権を中心とした幕府訴訟の中核をなす合議の場である。翌二年には将軍・執権両権力の併存体制が確立して、下文と下知状の機能分化をもたらし、執権の署判する裁許下知状が判決内容を当事者に伝達する幕府発給文書となった。(11)しかし、この時期は訴人の主張内容を一方的に認める「事実者」型裁許の比率が高いうえ、判決に対する将軍の干渉も排除できていない。当事者間の対決にもとづく判決は貞永元年（一二三二）の御成敗式目制定後に主流をしめ、それが排他的になるのは、執権が裁判権を完全に掌握するのと同じ寛元年間である。(12)

寛元元年（一二四三）二月、新執権北条経時のもとで、評定衆の一部を三方に結番させる改革が行われたのにつづいて、五月と九月には評定沙汰の事書から裁許下知状を発給する手続法が改正されている（後述）。幕府が受理した訴状に裏花押と端裏銘を記入する手続きの存在も同年に確認でき、(13)論人に対する中立的な問状が寛元三年に初見することも指摘されている。(14)訴人の主張を事実と仮定し、論人にその肯定をもとめる形式からの転換であり、寛元元年九月以降には、裁許下知状の事書形式も「甲与乙相論」型に集約できるという。(15)この「甲与乙相論」型は、訴陳状や口頭弁論を通じた訴人と論人の対決を反映しており、ここに〈訴陳状の提出→口頭弁論→評定→判決〉という対決型訴訟の確立をみることができる。

さて、この当事者間の対決と幕府内の評定を通じた判決の導出には、いくつかの文書や記録が作成されるが、その骨格をなすのは問注記（問注申詞記）と評定事書である（以下、評定事書は訴訟関係のものを指す）。

問注記は幕府成立前から存在する訊問記録であり、十二世紀の院庁や摂関家で作成された問注記が、東大寺文書などに伝来する。鎌倉幕府の問注記も、当事者の提出した文書や問注対決（口頭弁論）の内容を文字化・整序した書面であり、「問者」たる問注奉行人と両当事者が署判を据えて完成する点でも院政期の問注記と一致する。[16][17]

鎌倉幕府における問注記の作成過程は、寛元二年の六波羅を例にとると、複数日にわたる「問注日」に訴人と論人が陳述した内容を、「書手」の問注奉行人が速記した複数のペーパーがあり、後日それを奉行人と両当事者で「読合」を行って確認し、さらに「取詮句人」による編集作業をうけて論点ごとに整序され、再び口頭確認の「読合」を経て、一通の公式な問注記に仕立てられる。これは問注記を「固める」といわれ、その作業の総括として、当事者と問注奉行人による、最終的な内容の相互承認を意味する署判が据えられた。「読み合い」「固める」という作業手順が、中世荘園の土地台帳である「検注帳」（検注取帳・名寄帳・検注目録）のそれと酷似している点は注目される。なぜなら、「検注帳」の取帳や目録と同様に、問注記を「固める」過程で生じた資料も、それぞれの存在意義と機能を有するようになることが示唆されるからである。[18][19][20]

ところで、評定沙汰ではこの問注記をふまえて、判決内容を決議し事書（評定事書）にまとめ、裁許下知状の作成に進む。寛元元年の追加法で改正されたその手続内容を『吾妻鏡』（以下、『鏡』）でみると、まず寛元元年五月二十三日条には、

親衛被遣御書於加賀民部大夫許、是評定雖事終、事書遅々之時、諸人歎申事也、向後付奉行人等、引合事書与御下知草案、加内評定之後、可令清書之由云々、

さらに寛元元年九月二十五日条には、

諸人訴論事、有評定、事書入見参、可施行之由、被仰下之処、御成敗遅々、尤以不便、自今以後、付奉行人、任事書、早々可成御下知、又御下知与事書、於問注所可令勘合、事書無相違者、可下之由被仰加賀民部大夫、

とある。評定事書の草案ができあがると、文言を読み上げ確認したうえで正文が作成され、その内容を裁許下知状に文書化して当事者に「施行」する。上記の追加法は、先行研究[21]が注目するように評定事書への将軍のチェックを省略したもので、奉行人による評定事書と裁許下知状の照合、清書した裁許下知状の問注所での評定事書との最終的な照合を、問注所執事（加賀民部大夫）に命じている。

こうした手続内容から判断すると、訴訟終了後の評定事書は、裁許下知状との「勘合」が行われた問注所か、執事の私宅に保管された可能性が高い。問注所の独立当初は、問注対決が執事私宅で行われており[22]、小野則秋氏が注目した『鏡』承久三年（一二二一）正月二十五日条でも、執事私宅における問注記の保管事実が知られる。ところが、『鏡』建長五年（一二五三）九月二十六日条からは、追加法の事書正文を執事の責任下に問注所で保管するシステムが読みとれるし、文永年間のある陳状[23]は、問注所に置かれた前回訴訟の具書と一緒に、「問注記并御事書」も召し出すよう要求している。執事私宅に依存していた問注記や評定事書の管理は、鎌倉中期にはハード面も含めて、整備が進んだ問注所に移行したのではないだろうか。

一方、評定事書や裁許下知状の草案、それに問注記の作成で生じた記録や草案は、その案件ごとに担当の問注所奉行人に残されていたと考えられる。天福元年（一二三三）五月日石清水八幡宮寺所司申状[24]によると、「貞応三年於六波羅遂問注之時」に都合の悪い証言をした論人は、その「申詞」を収録した「問注記」を「於奉行人法橋泰然之許、引出之」したため、「于今無裁許」の状態だという。担当奉行人と密着した問注記の作成過程とともに、その関係資料の保存場所をも示唆する事例である。また、嘉禄二年まで存在した問注所勘状[25]も、担当の奉行人が案文を作成・保存していたようで[26]、近藤成一氏の指摘する襴寝文書の「問注所勘状」断簡[27]は、奉行人が作成した写しが当事者に渡されたものであろう。

以上のように、十三世紀中葉の鎌倉幕府では、評定事書が集中保管されるもとで、それに関わる草案類が、担当奉行人のもとにバラバラに残されていた状況が推察できる。当該期の鎌倉幕府は、理念的に奉行人の「私宅」における「公文書」の分散保存を否定していたようであり、(28)奉行人も担当案件の関係資料をどれほどの利用目的をもって保存したのかはよくわからない。ただ、この時期の裁許下知状をみると、年号裏に「越州武庫」(越前兵庫助政宗)や「江親民部大夫」(新江民部大夫以基)といった問注所の担当奉行人名(通称)をサインした事例(29)があることから、当事者との関係から担当奉行人としての文書保存に、何らかの意味が生じている状況は推測できよう。

2　引付奉行人の記録と文書

建長元年(一二四九)に御家人訴訟を担当する引付方が設置されると、問注所奉行人の多くは引付奉行人に組織されていく。ちなみに越前兵庫助政宗と新江民部大夫以基も、『鏡』建長三年六月五日条以下の引付番文に登場する。弘長元年(一二六一)には、訴陳状の引付奉行人による管理が追加法で指示される(30)一方で、「問注遅引事」として問注所執事・奉行人の忠勤を督励する追加法も出ており、(31)問注記等の作成は問注所の職員が行っていた。しかし遅くとも文永元年(一二六四)には、その問注対決すら引付方に奪われ、「引付問答」が登場する。(32)所務沙汰の担当機関として引付方が確立していくこの時期、審理過程に生ずる文書や記録も、引付奉行人を中心に整備されることになる。

引付奉行人の作成・保管する文書や記録を代表するのは、訴陳状や「引付問答」での当事者の主張内容を詳細に筆録した「引付記録(引付日記)」である。文永三年(一二六六)四月九日関東下知状(33)では重要な事実を書き漏らした奉行人の責任が糾弾され、弘安七〜八年（一二八四〜八五）の追加法五八九でも「引付記録当日可令書事」と指示されているように、この「引付記録」は沙汰日ごとに審理経過を逐一記録した「日記」であった。

徳治二年（一三〇七）十月日斑目蓮性陳状案[34]によると、訴人側が自己の主張を裏づけるために、永仁二年（一二九四）の五番引付で対馬民部大夫重実を奉行として進められた関連訴訟を引き合いに出し、

雖不被下御下知状、被記録歟、奉行人現在之上者、有御尋、不可有其隠歟云々、

と主張して、蓮性もその記録の参照を認めている。裁許下知状は発給されなくとも担当奉行人の記録を確認するべし、という要求がなされるほど、「引付記録」の存在と機能は当事者に認知されていた。かつて問注所奉行人が問注日ごとにつけていた問注記作成準備資料は、現在の公判記録のような機能を期待される「引付記録」「引付日記」へと転換した。そして、引付奉行人は単なる手続担当の吏僚というだけではなく、訴訟終了後も「引付記録」の保存者として、当事者から明確に意識されるようになったのである。

初期室町幕府の事例であるが、越後国奥山荘金山郷の訴訟で、幕府は「先沙汰之次第」を調査するべく、「建武三年十二月一日為信濃入道道珍奉行、充給安堵」った際の「建武三年記録」を二階堂道珍のもとから召し出し、道珍からも「勘申」の「状」が提出されている[35]。この「建武三年記録」は、奉行人の道珍が担当した個別案件に関する「記録（日記）」をみずから年単位に編集した記録と考えられ、鎌倉幕府最末期の引付奉行人も同じ作業を行っていた可能性が高い。そして道珍は「記録」から「勘申」の文書を作成しているが、鎌倉幕府の引付奉行人も、当事者間の主張内容を争点ごとに整理したり両者の矛盾点をまとめた文書を「引付記録（引付日記）」から作成している[36]。

そうした文書の実例として、『斉民要術』紙背文書に含まれる引付頭人北条実時の保管文書中に文永年間の

「訴陳所詮条々」[37]と「訴陳違目」[38]がある。前者は端造りに「…沙汰之事」とあるように、室町初期の二階堂道珍が作成・提出した勘文のような体裁をとっている。また「訴陳違目」は弘安二年八月日迎蓮重陳状案[39]の「云訴陳違目、云問答道理、為顕然之間、被成御下知了」とか、日付のない平河道照申状案[40]の「其違目被載彼御下知」というように、当事者間の対立点を抽出したものである。いずれも説得的な判決内容を導出するために必要不可欠の文書であり、引付方の内談などで活用されていたと考えられる。

担当奉行人は、さらにこれらの記録や文書から争点ごとに内容を整理し、そこに引付方の意見を付して「引付勘録事書」をまとめ、評定沙汰に提出する。佐藤進一氏が指摘するように、当初はこの「引付勘録事書」に引付方の理非判断が争点ごとに複数提示されていたが、弘安七年（一二八四）の訴訟制度改革によって理非判断は争点ごとに一つと改められた。評定沙汰でこの「引付勘録事書」が読み上げられ、執権・連署および評定衆の審議を経て内容承認の合議が成立すると、「引付勘録事書」への「頭付」「頭書」によって評定事書となり、その紙継目には評定衆が裏花押を据えた。石井良助氏は、この「頭付」で書き入れる文言は不明としていたが、前章ではそれが「無相違」であることを指摘した。また、記入文言は「勘判」ともいわれたこと[41]が知られる。

引付奉行人は、この評定事書を文書化するために裁許下知状の草案を書き、それを引付方で審議・添削したうえで裁許下知状の原本を作成する（清書は別人の場合もある）。裁許下知状の紙継目には引付頭人が裏花押を据え、年号裏に散見される通称のサインも引付奉行人のものに変化している。[42]前章で論じたように、当事者はこの裁許下知状の原本を紛失しても、下知符案を原資料に裁許下知状を再発給してもらうことができた。鎌倉中期には「御下知草案」としかみられていなかった書面を、照合用資料に転用するようになったのが下知符案である。引付奉行人はこれをはじめ、前述した「引付記録」「訴陳違目」などの記録や文書を担当案件に応じて保存していたのである。

そもそも引付方は、五味文彦氏[43]が指摘するように、問注所との関係を強く帯びて出発した。『鏡』文永三年（一二六六）三月六日条には「諸人訴論事、被止引付沙汰、問注所召愁訴陳状、可勘申是非也」とあり、つづく十三日条に載る追加法には「御評定之後、執筆之仁、令進草案事書者、被加一見、理到无相違者、可被付対馬前司也」とあって、引付方が廃止されると、訴陳状の管理から評定事書正文の作成にいたる引付方の職務が、問注所に転嫁できたことがわかる。しかし、こののち引付方が復活し、引付奉行人を基軸に訴訟手続と前述のような文書・記録が整備され、弘安七年（一二八四）の「引付責任制」によって所務沙汰の専門機関として引付方が確立すると、問注所への従属度は著しく低下し、むしろ訴訟機関としての引付方の自立性がめだってくる。

このような状況に対応するのが、評定事書を事切文書（訴陳状正文と具書案）とともに、文庫に収納するシステムの登場である。『沙汰未練書』[44]によると、鎌倉幕府の文庫は「引付評定事切文書等置所」で「文倉」とも「文殿」ともいい、「京都関東」にあると説明されているが、関係史料から鎮西探題にも文庫が存在したことがわかる。

鎌倉の文殿は正応四年（一二九一）の評定事書を収めた事例[45]、鎮西の文庫は元応元年（一三一九）の火災[46]がそれぞれ初見である。ただし、鎮西では永仁六年（一二九八）末の評定事書が延慶二年（一三〇九）の訴訟でも参照されているので[47]、文庫における評定事書の保管は、鎮西の引付が初見する永仁段階まで遡ることが確実である。また、鎌倉幕府の文庫は、「文庫頭人」二名がおかれた鎮西探題の文庫のように[48]、個々の吏僚の家政に寄生したものではない。問注所ないしその執事私宅に依存していた評定事書の保存は、所務沙汰機関＝引付方の確立から少し遅れて、さらに独自の保管体制を備えるにいたったのである。

第二節　文庫とその保管文書

1　評定事書と裁許下知状

鎌倉幕府の訴訟に関する評定事書は、現在まったく伝来していない。それは評定事書が裁判権者たる幕府の内部に留め置かれる性格のものだったからである。では、鎌倉幕府が文庫で保管する評定事書と当事者に発給される裁許下知状との関係はどのように考えたらよいであろうか。

鎌倉幕府での訴訟経過にふれた数多くの文書が、「被合御評定」「被逢御評定」「御評定ニ合」「ひやう定にあはせられ[49]」と表現するように、評定沙汰は、執権以下の出席者が口頭確認も含めて合意を形成する場である。評定事書はその合意内容を表象する唯一の書面であって、書札礼文書で典型的にみられる宛所・差出・署判を必要としない[50]。したがって、執権・連署の署判と日付を有し、当事者への「下知」を目的とした文書である裁許下知状とは、その性格も作成目的もおのずと異なっている。

法制史学や古文書学を含む従来の研究では、文書としての裁許下知状を「判決文」と理解し、鎌倉幕府に保管された評定事書の存在や機能などは、まったく顧慮されることがなかった。しかし、鎌倉幕府の訴訟について「当事者主義」を過度に強調するあまり、幕府の判決行為を当事者に対する裁許下知状の発給のみで完結すると理解するならば、評定事書の作成と保管、とりわけ和与の裁許時にも評定事書が作成・保管されることの意味は説明できない。

鎌倉幕府は、訴訟終結のもっとも合理的な理由となりうる当事者間の和与が成立した場合でも、それを承認する裁許下知状の発給とは別に、係争事実と和与の承認を記録した評定事書を独自に保管していた。[51]しかも、和与を裁許する評定事書の作成後に、一方当事者の死去で要求がないため裁許下知状が発給されなかった事例[52]もある。むろん評定事書の作成と裁許下知状の発給が直結しなかったケースは、和与以外の判決[53]でも確認できる。また、備後国大田荘桑原方をめぐる弘安～正応年間の訴訟では、前回訴訟時における裁許下知状の存在という事情はあるが、文殿における評定事書の保管事実が勝訴した荘園領主の権利を保証するとして、引付奉行人が裁許下知状の発給を拒否している。[54]

これらの事例は、評定事書を単なる裁許下知状の作成準備資料としてみることの誤りを明示しており、鎌倉幕府自体は当事者の対決か和与かにかかわらず、評定沙汰に持ち込まれた訴訟の評定事書を作成し、文庫で保管することに、裁許下知状の発給を越える独自の価値と意図をもっていたと考えざるを得ない。裁許下知状に記される日付が作成日ではなく評定沙汰の日付、すなわち評定事書の内容に幕府内の合意が成立した日そのものである事実[55]もこれを裏づける。

前章では、この評定事書が裁許下知状の「原簿」として機能する事実を指摘したが、いま述べたような理由からさらに一歩進んで、評定事書と裁許下知状の関係を、現在の判決原本と判決正本のような関係として理解すべきであると考える。現在の判決原本は裁判所が作成して裁判官が捺印し、判決公判で裁判長が当事者に対して読み上げ、そのまま裁判所に保管される。裁判所はこの判決原本と同文であることを書記官が署名・捺印して保証する判決正本を作成し、それを当事者に交付することで裁判が終結する。

前節で引用した寛元元年九月二十五日の追加法や、現存する裁許下知状の文面中[56]でも、鎌倉幕府が表明しているように、鎌倉幕府の裁許下知状は、幕府吏僚トップの執権・連署が評定事書をもとに判決内容を当事者に「施行」する文書である。事実、前章で実例を示したように、鎌倉幕府の裁許下知状は、評定事書の文面を写して「依鎌倉殿仰下知如件」の書止文言と日付を加え、最後に執権・連署が署判した文書形式となっている。これは現在の判決原本から判決正本を作る関係とまったく同じである。

さらに鎌倉幕府は、裁許下知状を紛失した当事者の申請に応じて、裁許下知状を再発給することができたが、その際に作られる新たな裁許下知状は、現任の執権・連署が署判し日付も改訂された[57]。つまり紛失した裁許下知状を再現するのではなく、もともと幕府に保管されている評定事書を再び「施行」するための文書を、当事者の要求を認めた時点の執権・連署が作成・発給しただけのことなのである。

紛失時の再発給方法にあらわれた鎌倉幕府裁許下知状の独自性は、公家政権が太政官発給文書を再発給する場合との比較でより明確となる。すでに河音能平氏[58]が指摘しているように、中世における太政官発給文書の再発給は、官務家小槻氏が累々と保管する太政官発給文書の「官底符案」「官底留案」、いわば「公式の控」を写して可能になるものであり、たとえ紛失した原文書が何十年以上昔のものであろうと、再発給文書の本文はもとより日付や発給責任者たる上卿・史の名前も原文書と一字一句同じで、その効力を証明するために「以官底符案注出之／左大史（花押）」といった小槻氏の署判が袖下に据えられた。つまり公家側は、発給文書の控を使って原文書そのものを復元する（ただし上卿や史の花押はない）のであり、前述した鎌倉幕府の裁許下知状とは決定的に異なっているのである。

太政官発給文書では、上卿とともに実務担当者の史も署判するが、前述のように鎌倉幕府の裁許下知状には担当奉行人の個人名が表記されることはない。かれらは幕府発給文書の文面に登場せず、きわめて「官僚」的である。その一方で、担当奉行人の保存する裁許下知状の草案が、照合用資料の性格を意識した下知符案と呼ばれるようになり、幕府の文庫で保管された評定事書と同じ機能をはたし得る事実は、引付奉行人の仕事と幕府の文庫との有機的関係を示唆する。この点を文庫の文書保管のあり方から検証しよう。

2　文　庫

評定沙汰の合意形成を象徴する評定事書は、訴陳状と具書案からなる事切文書とセットで幕府の文庫に収納されることになるが、その前提として、訴陳状を鎌倉幕府の文庫に収納するためには、両当事者による「訴陳を継（続）ぐ」手続きが必要である。

石井良助氏は、『沙汰未練書』の記述や豊富な実例を挙げて、その手続内容を紹介している。それによると、訴人が要求した時点で訴陳状による応酬を終了し、訴人は陳状を、論人は訴状を引付奉行人のもとに持ち寄り、両者が訴陳状や具書案を貼り継いで巻子状にして紙継目に裏花押を据える。これが「訴陳を継ぐ」手続きである。上級権力に愁訴・嘆願する上申文書である訴陳状の本質を考えれば、両当事者が鎌倉幕府に出向いて「訴陳状を継ぐ」行為には、判決受容の意志を幕府に表明する従順な姿勢が認められる。そして、「引付問答」を経て評定沙汰で合意した評定事書と巻子状の訴陳状等が文庫に収納されることは、その評定事書に記された幕府の裁許内容に両当事者も合意した、つまり同じ引付方で覆勘沙汰を行わない、という状態をシンボリックに示している。[59] この段階で愁訴・嘆願の上申文書としての訴陳状の本質が「事切」れたと表現されるのも頷ける。

鎌倉後期の公家政権では、『兼仲卿記』の紙背文書が典型的に示すように、担当奉行が訴陳状や関係文書の正文を管理し、訴訟終了後にはそれを廃棄して、自己の日記の料紙に再利用するなどしていた。[60] 提出された訴陳状等の正文を相手方の当事者に「下預」け、結審前に返却させて、裁許後は幕府の文殿・文庫で保管した同時期の鎌倉幕府とは、きわめて対照的である。また、鎌倉中期以降の公家側の「官文殿」は、官務家小槻氏の私文庫をその実態としていたが、鎌倉幕府の文殿や文庫はそれとは異なり、前述したように吏僚の家政からは独立した文書保存施設であった。その文殿における文書保管の具体相をみてみよう。

　　尾張国富吉庄雑掌信忠。申御下知状等紛失事

右、如申状者、当庄所務条々事、去貞応元年五月卅日・仁治二年九月十五日・文永元年十二月十三日御下知等、北条遠州禅門四月五日去状不記年号、永仁六年十一月廿六日夜、当庄預所伊勢太郎兵衛尉久定為強盗人被殺害之時、私宅放火之間、焼失畢、当庄雑掌浄念与当一色地頭代政氏相論之刻、六波羅注進之間、為安富大蔵大夫長嗣奉行、正安元年十二月廿五日鎌倉預御下知畢、被召出件具書等、任校正案文、可成賜御下知云々、仍被召事書并長嗣奉行事切具書等、披見之処、彼御下知具書等、為和田大輔房快顕奉行、加校正筆令注進之旨、所見也、（以下略）

前章でふれた延慶四年（一三一一）五月一日関東下知状案[61]である。尾張国富吉荘雑掌の信忠は、同荘の所務相論に対する三通の裁許下知状などが永仁六年（一二九八）に焼失したため、それらの再発給をもとめ、原拠資料として、同荘の所務相論に対する正安元年（一二九九）の幕府裁許で使用された「具書」を指定した。この正安訴訟は、提訴先の六波羅から注進をうけた鎌倉で裁許が下されたが、延慶段階の幕府は正安元年の評定事書と「事切具書等」を調査し、その「御下知具書」は六波羅奉行人の和田快顕が「校正筆を加え」た「校正案文」である事実を確認して、裁許下知状等の再発給を許可したのである。

そこで注目したいのは、正安から延慶まで保管されていた正安相論の「事書并長嗣奉行事切具書」である。延

慶四年における裁許下知状の再発給を担当したのは相原親綱だが、かれは富吉荘雑掌申状の「為安富大蔵大夫長嗣奉行、正安元年十二月廿五日鎌倉預御下知畢」という申し出をふまえて、安富長嗣が担当した正安裁許の評定事書と事切文書を文殿から取り寄せた。そして幕府はそれを「長嗣奉行事切具書」と表現している。これは文殿のなかに評定事書と事切文書が雑然と溜まっているのではなく、担当した引付奉行人ごとに「体系」的に保管されている状態を反映したものと考えられる。[62]

鎌倉の文殿は、正応六年（一二九三）の直下型大地震で被害をうけ、正応年間の評定事書を散失したようである。しかし、その後は永仁四年（一二九六）の評定事書が正和三年（一三一四）の訴訟で参照されるまでの十八年間、永仁五年の評定事書が元応二年（一三二〇）に訴訟で利用されるまでの二十三年間、それぞれ厳密に保管していた事実を指摘できる。[63][64][65]

鎮西の文庫も同様であって、元応二年末に文庫が火災にあう前の評定事書が焼失せずに、正中二年（一三二五）の訴訟で利用されており、火災等の危機管理に配慮した施設であったと推測できる。また「文庫頭人」二名の体制も、佐藤進一氏が注目した執権・連署や両六波羅探題、両使などに共通する、「相互監視（牽制）」と「責任の明確化」を目的とした鎌倉幕府の「二人共同執務」、つまり最小限度の合議制に裏打ちされたものであった。[66][67]

六波羅探題の文庫は直接的な史料に恵まれないが、その存在と機能をうかがうことのできる素材はいくつかある。とりわけ、嘉暦三年（一三二八）末に和泉国久米田寺雑掌が出した申状では、同寺免田をめぐる地頭との相論が、六波羅探題で裁許された際の「訴陳正文并御事書」を関東へ召し下して覆勘沙汰に付すようもとめており、六波羅における評定事書の作成や訴陳状等とのセットでの保管が知られる。[68]

問題はその保管体制だが、『建治三年記』十二月十九日条の「六波羅政務條々」や、弘安元年（一二七八）十二月八日六波羅下知状[69]にみえる、筆頭評定衆による「下知符案・事書開闔事」の「奉行」や引付奉行人への「関東御事書」の「預置」という表現（傍点は筆者、以下同じ）からは、あくまで特定施設での保管を常態とする理念が読みとれる。そして紀伊国三上荘薬勝寺をめぐる雑掌と地頭の相論を、関東が永仁七年（一二九九）に裁許する際、弘安期の大田文調進作業に関わる六波羅探題の多様な行政記録（「彼此記録」）を六波羅奉行人が単独で調査・報告し得た事実[70]をふまえると、十三世紀末以降の六波羅探題における評定事書や事切文書の保管も、個々の吏僚に依拠したバラバラなものではなく、『沙汰未練書』に明記される「文庫」での整然とした保管体制を想定すべきであろう。

六波羅の文庫が史料にあらわれないのは、さしあたり確定判決権の不保持との関係が推測される。この点を六波羅の特色として留意しつつも、鎌倉の文殿を中核にした、幕府文庫における訴訟関係の文書保管体制を総体的に評価すれば、法曹吏僚とりわけ引付奉行人の編成に対応した体系性を備えていたことは指摘してよかろう。それは、前節で推測した引付方の確立と幕府文庫の成立との密接な関係を構造的に裏づけることにもなる。

次節では、この幕府の文庫と当事者を媒介する引付奉行人の仕事と「家」に注目しながら、鎌倉後期の幕府における、訴訟文書・記録の保管と利用の体系を描き出すことにしたい。

第三節　訴訟文書・記録の保管利用体系――文庫と「家」――

鎌倉幕府に繋属した所務沙汰の手続きは、引付奉行人を軸に進行する。鎌倉幕府の訴訟が上級権力への愁訴・嘆願である以上、当事者（とくに訴人）もそれを否定できず、担当奉行人のもとへの日参や奉行人の交代による審理の遅延、あるいは奉行人の引汲行為を嘆き伝える書状[71]が数多く伝来している。
訴訟手続にしめる引付奉行人の位置は、訴陳状の動きと機能から表現するとわかりやすい[72]。すなわち、担当奉行人は、当事者の提出する訴陳状を受け取る立場にあり、それらに端裏銘と裏花押を書き入れ、みずから執筆した答弁催促や出頭命令の幕府発給文書の「副進文書」として、相手方の当事者に「下」す主体であった。つまり、訴陳状は引付奉行人と当事者のタテの関係にそって動くのであり、当事者から提出されるときと相手方の当事者に下されるときには、引付奉行人の端裏銘と裏花押の有無に象徴される機能上の大きな変化が認められる。そして一時的に相手方の当事者に「預」けられた訴陳状は、再び担当奉行人のもとに返却されて、前述の「訴陳を継ぐ」手続きに入るのである。

鎌倉後期の当事者側の史料で訴陳状や具書案の動きをたどっていると、その提出先や紛失場所として、鎌倉・京都・博多それぞれの「奉行所[73]」「奉行人住宅[74]」「宿所[75]」が頻出する。「住宅」「宿所」は奉行人のまさに居住空間であるが、ここに通いつめる当事者は「奉行」の「所」という意味で「奉行所」と称することもあった。正安四年（一三〇二）の陳状[76]では、訴人側が関連する前回訴訟の「訴陳」を「奉行所江令返進畢」と主張することに反論して、「令返進何奉行所哉、早可差申名字者也」と述べている。「奉行所」が幕府内に確固たる施設として存在するならば、おこり得ない主張であり、各奉行人の「住宅」「宿所」が「奉行所」と呼ばれたことを裏づける。

引付奉行人がみずからの「宿所」「奉行所」に担当案件の「引付記録」「下知符案」などを保存していたのは理解しやすいが、訴陳状や具書案の動きが同じ「宿所」との関係で史料上にみられるのは、つぎのような事情を反映している。

第一に、担当奉行人の「宿所」「奉行所」が、訴陳状等の本来的な提出先と保管者として機能していたことである。裁許後に幕府の文庫に収納された訴陳状等が越訴で再審理される場合も、引付奉行人の「宿所」で保管されており、その過程で焼失・紛失した事例が確認できる。[77] また鎌倉後期の傾向として、訴訟手続違反をつづける一方当事者に訴陳状等を「下預」けることができず、担当奉行人の「宿所」に残されるケースが増加したことも挙げられる。[78]

第二に、弘安年間に鎌倉へ下向した東大寺の僧侶が証文の写しを返送する際に「当時沙汰之最中に候、関東之習、以案文不事行候」と書き送ったように、[79] 鎌倉幕府は証文審査で正文を重視しており、その方針にそって当事者が持ち込んだ具書の正文を、担当奉行人に預ける場合である。兄弟間の遺領相論などでは、相伝文書の所在そのものが争点となるため、担当奉行人がこれを「宿所」で一時保管することもあった。[80] このような両当事者に対する「中立」性ゆえに、担当奉行人は両当事者による和与状の作成をみずからの「宿所」で行わせることもあったようである。[81]

引付奉行人の「宿所」「奉行所」は、生活空間と訴訟実務の拠点を兼ね備えていたが、それを継承するのはかれらの子息である。応長二年（一三一二）三月日福井荘東保宿院村地頭代重陳状[82]は「於関東御教書已下具書者、本奉行人雅楽入道正観之許在之歟、早仰彼遺跡、被召出之」と主張するし、元亨二年（一三二二）前後の平河道照申状案によると、かつて鎌倉の越訴で「長田左衛門尉奉行之時」に鎮西から召し出した証文が「長田左衛門尉跡・見在」する事実が指摘されている。訴訟の当事者は引付奉行人の「遺跡」「跡」に「宿所」保管文書が継承されていることを認識しており、鎌倉末期の金沢貞顕書状[83]に「長門六郎兵衛入道跡、いかやうにゆつりて候やらん、子息等年少にて」とあるように、その「遺跡」「跡」とは、ほんらい引付奉行人の「子息」であると考えられていたことがわかる。

もちろん「宿所」を受けつぐ引付奉行人の子息は、父親と同じ奉行人の道を歩んでいた。従来の研究でも、幕府奉行人の検出作業による同一姓の時期的連続や、[84]『尊卑分脈』に系図が収録された斎藤氏による式目注釈学の継承発展が指摘されているが、[85]より文書論的観点から、引付奉行人の仕事と「家」の問題にアプローチする必要があろう。

引付奉行人の子息は、父親の担当する幕府発給文書や制札の清書、あるいは校正案文の入字などの実務をこなして経験と実績をつむ。備前国金山寺と丹後国金剛心院に対する元亨三・四年（一三二三・二四）の六波羅制札を[86]担当した「奉行人　宗像三郎兵衛入道真性／清書同四郎重基」や、弘安期に作成された建長三年（一二五一）二月十四日付宗像氏業譲状案の裏書を「入字」した六波羅奉行人斎藤観意の「子息」など、奉行人父子の活動例は[87]少なくない。

さらに注目すべきは、その斎藤観意の子息基任が、正安二年（一三〇〇）までに父のあとをついで六波羅奉行人となっていた事実である。[88]観意と基任は、在京人「中沢三郎左衛門尉基員并同子息」の「父子二代烏帽子親」となっており、[89]御家人から縁故関係を「父子二代」にわたってもとめられるような、引付奉行人の「家」を十三世紀後半には確立していた。これは斎藤氏だけでなく、元徳二年（一三三〇）の吏僚人事を伝える金沢貞顕書状[90]に「去十九日、矢野伊賀入道二男加賀権守、信濃入道孫子勘解由判官、寺社京下奉行に被成候、（中略）壱岐入道二男転右筆、大和右近大夫嫡子佐渡大郎左衛門合奉行ニ加候つる」とあるように、家格の高い評定衆クラスの子息とは別に、引付奉行人の子息は引付方の右筆や合奉行を歴任して、父親と同じ引付方の本奉行人の地位と「宿所」を継承したものと考えられる。

美濃国茜部荘をめぐる弘安期の訴訟で東大寺は、斎藤観意に「預置」かれた「関東御事書」の内容を入手し、

「傍例」として主張している。[91] 丹波国大山荘の地頭職などを領有する中沢基員父子が観意父子に接近した目的も、東大寺と同じであろう。当事者の側からみると、引付奉行人の「家」は訴訟の関係文書・記録や手続内容そのものが「情報」として有形無形（書面・口頭）に蓄積されており、それを入手するためのもっとも身近な回路であった。嘉元二年（一三〇四）の東寺領若狭国太良荘をめぐる地頭代との訴訟を通じて、雑掌が訴訟手続に関する「当時関東御事書」の詳細な内容をライブに知り得たのもその好例である。[92]

引付奉行人が過去に担当した訴訟案件の「情報」を、当事者以外の利害関係者がもとめる場合もある。備中国上原郷の地頭職を鎌倉幕府から寄進された東福寺の住持は、六波羅奉行人の宗像真性に頼んで、前地頭のときにおきた訴訟の裁許下知状と同内容の「御下知案」をもらっている。[93] また、越後国奥山荘中条の遺領相論で北条氏得宗家から和与を勝ち取った後家や、[94] 美濃国茜部荘の年貢訴訟を提起した東大寺など、[95] 引付奉行人自身を当事者とする訴訟の関係文書や裁許内容を「傍例」として集めた事例も枚挙にいとまがない。「傍例御下知」と称する裁許下知状の要段を書き抜いた案文が武家・公家・寺家を問わず数多く伝来していることも、[96] そうした「傍例」収集との関係で理解する必要があろう。

引付奉行人の経済的基盤は、幕府から宛行れる所領に加え、そうした文書の作成や法令の情報提供、訴訟手続にともなう当事者からの礼銭・賄賂がしめていた。たとえば、東寺領伊予国弓削島荘の沙汰雑掌として鎌倉に下向した加治木頼平は、半年間で「小奉行酒肴三貫」を使っているし、[97] 同じ東寺の所領に関する訴訟で、雑掌から「既遂引付問答了、可合評定之由」を報告された東寺供僧たちは、「奉行ニ可有志否、可有其儀」と評定し「其足付ハ年行事分ヲ可充」ことを申し合わせている。[98] その奉行人に対する「志」は、摂津国輪田荘の年貢未進をめぐり九条家が六波羅に提起した訴訟でも、つぎのような経費のなかで計上されている。

二十三貫文　武家御下知二ヶ度給之時に、奉行人之志、小奉行分に両度致沙汰畢、此外四ヶ年沙汰之間、奉
行人・小奉行連々酒肴雖致沙汰、依無御年貢足、今度ハ不申之、(99)

九条家側は四年間にわたる訴訟過程で奉行人たちをつぎつぎと接待し、裁許下知状の発給時にも「志」、つまり礼銭を六波羅奉行人に支払った。室町幕府で指摘されている文書発給時の礼銭は、すでに鎌倉幕府で存在したわけである。それらの合計は二十三貫文におよび、訴訟で活躍した雑掌の用途も含めると、九条家はせっかく勝ち取った未進年貢の弁済分の大半を損失している。その反面、引付方の担当奉行人は訴訟一件につきかなり高額の所得があったことがわかる。

弓削島荘や輪田荘の訴訟では、ともに礼銭等の支出先として「小奉行」が登場するが、これは引付奉行人のもとで清書・入字を担当した奉行人の子息と考えられる。また、訴訟手続違反を繰り返す論人へ召文御教書を送達する「奉行人使者」の経費も訴人側の負担となるが、かれらは「松田掃部允下人与次郎」のように表現される奉行人の私的な従者であった。(100)清書・入字を担当する「小奉行」、使節をつとめる「下人」、いずれも幕府の職制に位置づけられた存在ではなく、引付奉行人の「宿所」を拠点にかれの家政を構成する人々である。鎌倉後期の幕府における訴訟手続は、このようなハード・ソフト両面にわたる引付奉行人の家政機構がささえていたのである。

しかし、鎌倉後期の幕府訴訟は引付奉行人の家政の集合体だけで成り立っていたわけではない。引付奉行人の「家」が保存する個別案件の記録・文書、たとえば「下知符案」は、鎌倉幕府の文庫で総体的に保管される評定事書によって、その機能が保証されていた。なぜなら、下知符案は評定事書を文書化する過程で生じた草案だからである。訴訟文書・記録の保管と利用のあり方からみると、個々の引付奉行人の「家」は、それを越えた文書保管施設、合議・衆議の理念に裏打ちされた鎌倉幕府の文庫によって、正当性を担保されている。とくに十三世

紀末以降、引付方が存廃を繰り返しつつ肥大化した結果、中央の文筆官僚に出自せず新たに輩出された奉行人、御家人出身の引付奉行人[101]は、この文庫との関係性のもとに「家」を存立させているといってよかろう。

正応年間に初見する鎌倉幕府の文庫（文殿）は、鎌倉中期には確認できる評定事書の集中保管システムの延長線上に位置する文書保管施設であった。ただ、同じ案件をめぐって何度でも訴訟の蒸し返しが可能であった鎌倉中期までとは異なり、この文庫で評定事書を保管することには、弘安七年（一二八四）以前の裁許を不易化した正応三年（一二九〇）九月の「関東御事書」を最後に、不易法が出ていない事実とも関わって、正応四年（一二九一）の段階で引付奉行人が公言した「就一事、被成二重御下知之法無之」という言葉[102]や、古澤直人氏[103]が指摘した弘安年間に顕在化する「下知違背之咎」の適用に象徴される、裁許内容の厳守という規範意識の登場[104]が大きく影響していたことを見据えておく必要がある。その一方で文庫は、やや先行して確立した「引付責任制」、そのもとで活動する引付奉行人とまったく無関係に存立していたわけでもない。そこに鎌倉幕府における文庫の限界があった。

前節で述べた文庫の文書保管のあり方は、まさにこのことをものがたっている。鎌倉幕府の文庫は、評定事書と事切文書を担当奉行人ごとに保管する一方で、それらの全体像を把握した帳簿類を作成していない可能性が高い。事実、鎌倉最末期の肥後国長島内田畠をめぐる訴訟では、鎮西探題と鎌倉のあいだで注進と返進を二回繰り返しているが、鎌倉が二回目の差し戻しを決定した理由は、一回目の注進時に鎌倉で審理を担当した引付奉行人の名前を両当事者が忘れたためであった。[105]逆に担当奉行人名を表明できれば、かれが担当案件に応じて保存する「引付記録」等も含めて、幕府の保管文書・記録を使った審理が実現したはずである。つまり、越訴にせよ裁許下知状の再発給にせよ、最終的に文庫に行き着く鎌倉幕府の保管文書・記録の内容に当事者がアクセスするためには、訴訟時の担当奉行人名の明示と引付奉行人の介在が必要だったのである。

鎌倉幕府の訴訟に繋属した当事者は、このように訴訟の過程はもとより終了後であっても、つねに担当奉行人との関係を維持、少なくとも意識せざるを得なかった。当事者側が訴訟時の上申文書に「…を奉行として三問三答に番う」というような文言を必ず主張し、譲状においてさえ「ゑのしたの次郎ふきやうとして、正和五年六月廿七日御下知ニあつかりて」と明記するのもそれをよくあらわしている。[106] また、「欲早被与奪当庄本訴奉行人安富三郎貞泰方」[107]とか「欲早被賦寄五番引付安威左衛門入道性昭奉行」[108]のように、当事者が訴状で特定の引付奉行人を指定（「与奪」要求）する現象が鎌倉後期に顕在化する背景も、以上に述べてきた鎌倉幕府の文庫と引付奉行人の「家」における訴訟文書・記録の保管構造のもとで理解すべきであろう。[109]

おわりに

鎌倉幕府の訴訟制度に関する従来の研究は、奉行人の「家」ばかりに注目しすぎていた。しかも、そこで重視された奉行人の「家」が保存するという「文書・記録」の実態はきわめて曖昧であったし、その機能を幕府発給文書との関係でのみ理解しようとする傾向が強かった。本章も奉行人の「家」を重視して、そこに蓄積された文書や記録を、訴訟手続に即して具体的に把握することにつとめたが、それを幕府外の当事者に発給された文書＝裁許下知状との関係にとどまらず、評定事書に象徴される幕府内部で作成・保管・機能が完結する書面との有機的関係を論じたつもりである。そこで浮かび上がってきたのが、十三世紀末葉以降、引付奉行人との関係において「体系」的に、評定事書等を保管する鎌倉幕府の文庫（文殿）の存在であった。

本章の論旨に立脚すれば、鎌倉幕府に訴訟文書・記録は保存されていない、という理解は捨て去らなければならない。少なくとも鎌倉後期の幕府には、文庫にしろ、奉行人の「家」にしろ、みずからが裁いた訴訟の内容をみずから確認する能力が備わっていた。裁判機構の内部に文書や記録が蓄えられていることと、訴訟の手続きや挙証の面で「当事者主義」的な傾向が認められることとは、ほんらい別次元の問題であり、両者は矛盾しないと考える。

むしろ問題は、鎌倉幕府が文書や記録をもっていながら、その利用のあり方が「当事者主義」的に史料上に登場することである。[110]本章ではその理由を、(α) 幕府文庫における文書・記録保管のあり方、(β) 当事者によるその文書・記録の内容へのアクセス方法、この両者に共通する奉行人（吏僚）の役割との関係で考えてみた。端的にいえば、鎌倉幕府の文庫には多数の評定事書や事切文書が担当奉行人ごとに保存されてはいるが、その全貌を把握した帳簿、あるいは個別データを縦横に引き出すことのできるインデックスは存在しないため、その担当奉行人（の「家」）に頼むか、少なくとも担当奉行人の名前を明示しないことには、幕府側もわからない、ということになる。

引付方が確立途上にあった建治三年（一二七七）九月、引付頭人の人事について得宗に報告があり、「次武州一番頭、前武州二番頭領状等言上之処、仰云、武州者元三番頭也、相率三番衆可転一番也、越州者元一番也、其衆相共可遷三番」という指示が出された（『建治三年記』九月四日条）。また追加法五七六「引付評定事」では、「二方止寄合之儀、一方一日廿ヶ條、可申沙汰」きことが命じられている。いずれも頭人を核にした各番のまとまりや責任が重視される一方、それを越えた奉行人の人事や訴訟関係「情報」の交換は、制約をうけたと考えられる。[111]「引付責任制」は、その両面をあわせもっている。すべての評定事書が収納される文庫の内部構造も、この枠組みから自由ではなかった。繰り返しになるが、これが鎌倉幕府における達成と限界であり、鎌倉幕府と室町幕府をへだてる「壁」なのだと考える。

註

（1）石井良助『中世武家不動産訴訟法の研究』（弘文堂書房、一九三八年）。石井氏の見解はすべてこれによる。

（2）佐藤進一『鎌倉幕府訴訟制度の研究』（畝傍書房、一九四三年／岩波書店より「附録　鎌倉幕府職員表復原の試み」を増補して復刊、一九九三年。本章は後者を参照した）。佐藤氏の見解はとくにことわらないかぎりこれによる。

（3）この点は大村拓生・高橋一樹・春田直紀・廣田浩治「中世文書論の現状と課題」（河音能平編『中世文書論の視座』東京堂出版、一九九六年）の「二　幕府研究から」でも問題提起し、若干の事例検討と研究史整理を行った。そこでふれなかった重要な業績を補足的に示すと、佐々木文昭「初期鎌倉幕府問注所試論」（佐伯有清編『日本古代中世史論考』吉川弘文館、一九八七年）、五味文彦『吾妻鏡の方法』（吉川弘文館、一九九〇年。増補版、二〇〇〇年）、仁平義孝「執権政治期の幕政運営について」（『国立歴史民俗博物館研究報告』四五、一九九二年）、岡邦信「引付制成立前史小考」（九州大学国史学研究室編『古代中世史論集』吉川弘文館、一九九〇年）、同「鎌倉幕府法の制定過程について」（『法制史研究』四八、一九九九年）などが挙げられる。

（4）註（2）所引佐藤進一著書および同『日本の中世国家』（岩波書店、一九八三年）。

（5）笠松宏至「室町幕府訴訟制度「意見」の考察」（同『日本中世法史論』東京大学出版会、一九七九年。初出は一九六〇年）。

（6）評定事書などは裁許下知状の原薄ではなく、その機能をはたしたという意味で、括弧つきの「原薄」と表記したことをことわっておく。

（7）鎌倉幕府における文庫への言及は、石井良助・佐藤進一両氏のほか、川添昭二『鎌倉文化』（教育社、一九七八年）、羽下徳彦「訴訟文書」（中尾堯他編『日本古文書学講座』5中世編Ⅱ、雄山閣出版、一九八〇年）にみられる。

（8）小野則秋『日本文庫史研究』上（大雅堂、一九四四年）。
（9）笠松宏至「吾妻鏡と追加法と」（註（5）所引笠松宏至著書。初出は一九六一年）。
（10）註（3）所引諸論文等を参照。
（11）近藤成一「文書様式にみる鎌倉幕府権力の転回―下文の変質―」（日本古文書学会編『日本古文書学論集』5中世Ⅰ、吉川弘文館、一九八六年。初出は一九八一年）。
（12）この点の学説史整理は、新田一郎「日本中世法制史研究の動向から―「中世法」の構成を中心に―」（『法制史研究』三六、一九八七年）および近藤成一「鎌倉幕府裁許状の事書について」（皆川完一編『古代中世史料学研究』下巻、吉川弘文館、一九九八年）を参照。
（13）本書第十章参照。
（14）山本幸司「裁許状・問状から見た鎌倉幕府初期訴訟制度」（『史学雑誌』九四編四号、一九八五年）。
（15）註（12）所引近藤成一論文。
（16）酒井紀美「申詞と申状」（『歴史評論』六〇七、二〇〇〇年）。
（17）訴陳違目（「斉民要術」紙背文書、『鎌倉遺文』一一六一〇号）。
（18）寛元二年七月日紀伊国名手荘・丹生屋村相論六波羅問注交名日記（高野山文書、『鎌倉遺文』六三五四号）。
（19）日付なし清原良元申状（安達直哉「東京国立博物館所蔵の『年代記』紙背文書について」〔『鎌倉遺文研究』五、二〇〇〇年〕）。
（20）富澤清人「中世検注の特質」（同『中世荘園と検注』吉川弘文館、一九九六年。初出は一九八二年）。
（21）註（3）所引諸論文を参照。
（22）『鏡』建久十年四月一日条。
（23）日付欠某重陳状（「斉民要術」紙背文書、『鎌倉遺文』一一六〇六号）。
（24）石清水八幡宮文書、『鎌倉遺文』四五一二号。

(25) 註(3)所引佐々木文昭論文。

(26) 貞応二年四月日関東下知状案(薩藩旧記雑録末吉羽島氏文書、『鎌倉遺文』三〇八九号)によると、担当奉行人は勘状の「正文」と「案文」を作成し、正文を評定会議に提出することになっていた。

(27) 註(12)所引近藤成一論文、嘉禄元年八月日大隅守護名越朝時下知状・「建保五年正月日問注所勘状」断簡(禰寝文書、『鎌倉遺文』三四〇〇号・五三三五号)。後者によれば、その体裁は副進文書一点ずつの内容を抄録したうえで、争点ごとに提出文書や問注対決での両当事者の主張内容を引用しつつ、問注所の判断を「然者、重能申状、首尾相違歟、仍清忠所申、非無証拠歟是二」のように記載する。評定会議はそれを承認(不承認の場合は重勘状を要求)すると、「如問注所勘状者…」のように同勘状を引用する判決内容が事書形式にまとめられたものと考えられる。

(28) 「諸御領乃貢結解勘定」について政所奉行人の「私宅」での公務執行を禁止したり(『鏡』建久四年十月二十一日条)、幕府草創期に大江広元の管理した文書・記録類が「公要」により「右筆輩方」に散在している状況を嫌い、これを集めて目録作成のうえ広元の子孫に送付した事実(『鏡』貞永元年十二月五日条)など。

(29) 寛元元年七月十九日関東下知状(『大日本古文書』醍醐寺文書之一、二一二号)の紙継目に評定衆の藤原満定が裏花押を据え、年号裏には「越州武庫」とある。註(3)所引五味文彦著書および仁平義孝論文を参照。また、越後国奥山荘の預所(実際は雑掌)と地頭の相論を裁許した仁治元年十月十日関東下知状と寛元二年七月二十一日関東下知状(山形大学附属図書館所蔵中条家文書、『新潟県史』資料編4中世二、一七四九号・一七五二号)は、ともに本文は同筆で、年号裏にも問注所奉行人の「江親民部大夫」というサインがある。この人物は『鏡』寛元二年七月二十日条に「別府左近将監成政申相模国成松名事、(中略)江新民部丞奉行之」とみえる問注所奉行人であり、かれが奥山荘訴訟の担当奉行人であったことがわかる。なお、鎌倉幕府下知状の年号裏に奉行人のサインがあることについては、『新潟県史』資料編4中世二の解説(羽下徳彦執筆)および仁平義孝「鎌倉幕府発給文書にみえる「年号裏書」について」(日本古文書学会第二十七回学術大会要旨、『古文書研究』四一・四二、一九九五年)から教えられた。

(30) 佐藤進一・池内義資編『中世法制史料集』鎌倉幕府法、追加法三五一。以下、鎌倉幕府追加法は同書の番号のみ掲げる。

(31) 追加法三五二。
(32) 文永元年十月十日関東下知状（結城文書、瀬野精一郎編『増訂鎌倉幕府裁許状集』上、一一二。以下、『裁許』関一一二のように略す）に「以訴陳状、於引付之座、召問両方之処」とある。
(33) 小早川家文書、『裁許』関一一五。
(34) 斑目文書、『鎌倉遺文』二三二〇七七号。
(35) 貞和二年七月十九日足利直義袖判下知状案（反町英作氏所蔵三浦和田氏文書、『新潟県史』資料編4中世二、一二五七号）。
(36) 日次記ではない「日記」の性格と、それから各種の文書が作られることについては、榎原雅治「日記とよばれた文書—荘園文書と惣有文書の接点—」（『史学雑誌』一〇五編八号、一九九六年）。
(37) 関東引付勘文（「斉民要術」紙背文書、『鎌倉遺文』一〇九二三号）。
(38) 註（17）に同じ。
(39) 東大寺文書、『鎌倉遺文』一三六七五号。
(40) 平川文書、『鎌倉遺文』二八二九八号。
(41) 元徳元年十一月二十九日鎮西下知状（島津他家文書、『鎌倉遺文』三〇七八六号）。
(42) 文保二年十一月七日六波羅下知状（東大寺文書、『岐阜県史』史料編古代・中世三、茜部荘三四〇号）の「飯但」など。
(43) 註（3）所引五味文彦著書。
(44) 佐藤進一・池内義資編『中世法制史料集』第二巻室町幕府法、附録。
(45) 備後国大田荘文書目録裏書（高野山文書、『鎌倉遺文』一七七九八号）。
(46) 正中二年四月五日鎮西下知状（宗像辰美氏所蔵文書、瀬野精一郎編『鎌倉幕府裁許状集』下、鎮西探題裁許状一六一。以下、同書からの引用は、六波羅探題裁許状は『裁許』羅、鎮西探題裁許状は『裁許』鎮と略して各収録番号を記す）。
(47) 延慶二年九月十二日鎮西下知状（禰寝文書、『裁許』鎮二三）。
(48) 正中二年七月二十九日鎮西下知状（溝口文書、『裁許』鎮一六四）。

(49) 蓬左文庫所蔵「侍中群要」第二紙背文書中の某書状（『鎌倉遺文』二二五六二号）など。
(50) 事書のこのような性格については富田正弘「中世史料論」（『岩波講座日本歴史』別巻3、一九九五年）等を参照。
(51) たとえば、徳治三年五月二日六波羅下知状（南禅寺文書、『裁許』羅四四）。
(52) 正安四年十二月一日関東下知状（市河文書、『裁許』関二三七）。
(53) 正和元年五月九日関東下知状写（鹿島旧大禰宜家文書、『裁許』関二六一）の末尾に、「但去年六月廿三日落居之処、延引之間、今日所被施行也者、依鎌倉殿仰、下知如件」とある。
(54) 註（45）所引史料。
(55) 近藤成一「鎌倉幕府裁許状の日付」（『鎌倉遺文研究』四、一九九九年）。
(56) 註（53）所引史料。
(57) 本書第十一章で具体例を挙げて詳述したので参照願いたい。
(58) 河音能平「日本中世前期の官司・権門における文書群の保管と廃棄の原則について」（同『世界史のなかの日本中世文書』文理閣、一九九六年。初出は一九九〇年）。
(59) 覆勘沙汰については、新田一郎「「覆勘沙汰」覚書」（『遙かなる中世』九、一九八八年）を参照。
(60) 禅定寺領・山城国曾束荘堺和与目安案（古代学協会編『禅定寺文書』七八号・七九号）によると、禅定寺と曾束荘の双方から提出された訴陳状の「正文」は平等院の公文所に保管され、相手方の当事者には「案文」が渡されている。なお、鎌倉幕府でも、「斉民要術」紙背文書のように、北条実時が引付頭人の職務上入手した訴陳状や引付方の内部資料を廃棄・再利用した事例が文永末年にある。この訴陳状には奉行人の裏花押や端裏銘がみられないことから、当事者が提出し、実際に機能した訴陳状を写した案文である可能性もあるが、かりに正文であったとすると、文永段階の幕府では訴陳状を文庫に収納していなかった、あるいは文庫そのものが存在しなかったと考えることもできよう。今後の課題としたい。
(61) 『図書寮叢刊』壬生家文書三七四号。
(62) 文保二年十月日尾張国富吉荘雑掌申状案（『図書寮叢刊』壬生家文書一八五号）。

（63）　本書第十一章では、正応四年の「先度評定事書」を延慶二年の越訴時に参照しようとしたところ紛失していた事実が判明した事例を紹介したが、さらに正安元年十二月二十七日関東下知状（鹿島旧大禰宜家文書、『裁許』関二二三）に「正応事書案并具書等」とあり、「正応事書」の正文がなくなっていたとみられることも注意される。
（64）　正和三年九月二十三日関東下知状案（三浦和田羽黒家文書、『裁許』関二六八）
（65）　元応二年九月二十五日関東下知状案（小早川家文書、『裁許』関二八五）
（66）　正中二年七月二十九日鎮西下知状（溝口文書、『裁許』鎮一六四）。
（67）　註（4）所引佐藤進一著書。
（68）　嘉暦三年十一月日久米田寺雑掌快実申状案（久米田寺文書、『岸和田市史』第六巻史料編Ⅰ、中世編一二八号）。
（69）　内閣文庫所蔵文書、『裁許』羅一六。
（70）　永仁七年正月二十七日関東下知状（薬王寺文書、『裁許』関二一八）。
（71）　たとえば、（永仁元年）十二月十六日定厳書状（東寺百合文書ル、『鎌倉遺文』一八四二二号）、（正安元年）五月二十二日東大寺在京衆等書状案（東大寺文書、『鎌倉遺文』二〇一二四号）、日付欠山内経之書状（『日野市史』史料集高幡不動胎内文書編、一号文書）など。
（72）　以下の訴陳状と引付奉行人については、本書第十章を参照。
（73）　嘉暦二年九月二十日鎮西下知状（詫摩文書、『裁許』鎮一七二）に「総州御代、被裁許領家方之間、中立越訴、自先雑掌教賢之時、雖相番訴陳状等、於奉行所令焼失之上」とある。「総州御代」とは、上総介を官途とした北条政顕の探題赴任期間（正安四年から正和四年まで）を指す。
（74）　註（41）所引史料に「且総州時代雖召類書、奉行人住宅炎上之時、焼失畢」とある。「総州時代」は前述の「総州御代」と同じ。
（75）　元亨四年十二月七日関東下知状（飯野文書、『裁許』関三〇一）に「行連宿所元亨元年炎上之時、具書紛失之間」とある。「行連」は引付奉行人明石民部大夫行連。

(76) 日付のない平幹盛陳状（常陸吉田神社文書、『鎌倉遺文』二二一一四号）。

(77) 註（73）所引史料。

(78) たとえば、元亨三年七月二十七日関東下知状案（諏訪大社下社文書、『裁許』関二九五）、元徳元年十一月七日関東下知状（東寺百合文書せ、『裁許』関三一五）など。

(79) （弘安四年）五月十九日東大寺大勧進聖守書状（東大寺文書、遠藤基郎「史料紹介「筒井寛秀氏所蔵文書」所収の弘安徳政関連文書」〔『南都仏教』七六、一九九九年〕による）。

(80) 弘安六年八月日沙弥行照解・正応四年十二月七日鎌倉将軍家政所下文（越前島津家文書、『鎌倉遺文』一四九三五号・一七六六号）によると、播磨国下揖保荘地頭職をめぐる兄弟間の遺領相論で、幕府吏僚とみられる「加賀入道行照」の「宿所」に「重書」文書が「預」けられている。

(81) 嘉暦元年十二月十七日玄雄避状（八坂神社文書、『鎌倉遺文』二九六八七号）および嘉暦元年十二月十七日法眼某和与状案（早稲田大学所蔵文書、『鎌倉遺文』二九六八八号）によると、検非違使庁の奉行官人の「宿所」で両当事者が和与状を作成し、それらに奉行官人が端裏銘と裏花押を記入した事実が知られる。鎌倉幕府の訴訟でも同日付の和与状が少なくなく、元亨四年四月十九日備前国鹿忍荘下司・豊原荘雑掌和与状案（安仁神社文書、『鎌倉遺文』二八七二八号）に「六波羅奉行八門□玄番左衛門入道也、和与状使、此奉行注進了」とあることから類推した。

(82) 神護寺文書、『鎌倉遺文』二四五五〇号。

(83) 金沢文庫文書、『鎌倉遺文』三〇七九七号。この書状で貞顕は、「子息等年少にて、弥御要人不足に候事」として、長門「家」をつぐべき適当な人物がいないことを嘆いている。そのような場合、ほかの「家」から養子を入れる場合もあったようである。

(84) 註（2）所引佐藤進一著書附録、森幸夫「六波羅探題職員ノート」（『三浦古文化』四二、一九八七年）・同「六波羅探題職員ノート・補遺」（『国学院雑誌』九一巻八号、一九九〇年）、川添昭二「鎮西評定衆及び同引付衆・引付奉行人」（『九州中世史研究』一、一九七八年）。

(85) 義江彰夫「『関東御式目』作者考」(石井進編『中世の法と政治』吉川弘文館、一九九二年)など。
(86) 田良島哲「六波羅探題発給の二枚の制札」(『日本歴史』五一一、一九九〇年)参照。
(87) 宗像神社文書、『鎌倉遺文』七二七五号。なお、室町幕府初期の事例であるが、山形大学附属図書館所蔵中条家文書の具書案(架蔵番号五―一五)に含まれる貞和三年三月十七日足利直義裁許状案の「三方内談之時一方武蔵守師直御□/奉行人門真左衛門入道寂意也、執筆者/寂意次男新左衛門尉云々」という注記も興味深い。
(88) 註(84)所引森幸夫論文。
(89) 正安二年四月日丹波国宮田荘雑掌円詮庭中申状案(近衛家領宮田荘訴訟文書、東京大学史料編纂所架蔵の影写本による)。
(90) 金沢文庫文書、『鎌倉遺文』三〇九八四号。
(91) 註(69)所引史料。
(92) (嘉元二年)七月十五日頼有書状(東寺百合文書エ)。
(93) (正安元年)東福寺住持恵雲并宗像長氏往返状(『図書寮叢刊』九条家文書一六三五号)。本書第十一章を参照。
(94) 相論の経過は本書第十一章に譲るが、酷似した訴訟内容の文保二年三月二十七日因幡国佐治郷北方地頭職和与状案が中条家に伝来(山形大学附属図書館所蔵中条家文書、『鎌倉遺文』二六六一三号)している。佐治氏は北条氏極楽寺流被官で六波羅奉行人をつとめている(註(84)所引森幸夫論文を参照)。
(95) 弘安二年正月日東大寺学侶等越訴状案(東京大学文学部所蔵文書、『鎌倉遺文』一三四〇二号)。
(96) 建治年間の阿弖河荘をめぐる訴訟で、論人の湯浅宗親が「訴訟習、為傍例、令尋進如此之御下知案者、傍例也」と主張したのをはじめ、註(95)所引史料では「傍例御下知」として「赤尾庄関東御下知状案文永三年」が副進されており、文保元年十一月日白魚行覚申状案(青方文書、『鎌倉遺文』二六四四六号)でも「関東傍例御下知厳重之間」として正和四年六月二日の「御下知要段」を副進している(吉原弘道『青方文書の研究』〔九州大学大学院比較社会文化研究科服部研究室、一九九九年〕を参照)。また、「那賀庄傍例御下知案」の端裏書を有する文永十年八月十日関東下知状案、要段を書き抜いた日吉社領能登国堀松荘に関する文永十年十一月十四日関東下知状案が高野山文書(『裁許』関補五一・一三四)に伝来している。元徳元年十一月二十六日美濃小木曾荘雑掌地頭代連署和与状（冷泉家時雨亭文庫編『冷泉家古文書』一五〇号）に「地頭代顕性者、亦捧文暦御式目并所々傍例御下知等、可為未検注地之由、雖番訴陳」とあり、湯浅氏のいう「訴訟習」が鎌倉末期まで実在したことがわかる。もとより本章で問題としているのは、その機能に関わる入手方法についてである。

(97) 正応五年十二月十八日弓削島荘雑掌在鎌倉用途結解状（東寺百合文書と、『鎌倉遺文』一八〇七〇号）。

(98) 東寺供僧嘉元三年冬季引付（東寺百合文書ら、『愛媛県史』史料編古代・中世三九二号）。

(99) 正和二年八月日摂津国輪田荘西方地頭請年貢注文（九条家文書、『鎌倉遺文』二四九六五号）。

(100) 元徳元年九月二十九日顕覚請取状（東大寺文書、『鎌倉遺文』三〇七四一号）。なお、「奉行人使者」という用語は、正安三年五月十六日関東下知状（池田文書、『裁許』関二三一）の「以奉行人政連・宗実使者、重下御教書畢」、元徳二年十月二十七日関東御教書（桂文書、『鎌倉遺文』三一二五三号）の「以奉行人能定文永使者、付遣重奉書訖」などによる。

(101) 元徳元年（一三二九）ころと推測されている金沢貞顕書状の一通（金沢文庫文書、『鎌倉遺文』三〇七九七号）に「右筆奉行五人つゝにて候しか、刑部権大輔入道奉行にて、近年六人になされ候」とあることなどを参照。新たな「家」の典型例として六波羅奉行人の松田氏が挙げられる。榎原雅治「新出「丹後松田系図」と松田氏の検討」（『東京大学史料編纂所研究紀要』四、一九九四年）を参照。また、森幸夫「六波羅奉行人の出自に関する考察」（『金沢文庫研究』三〇九、二〇〇二年）もこの点に関わる重要な研究である。

(102) 註（45）所引史料。

(103) 古澤直人『鎌倉幕府と中世国家』（校倉書房、一九九一年）。

(104) 新田一郎『日本中世の社会と法　国制史的変容』（東京大学出版会、一九九五年）。

(105) 註（41）所引史料。

(106) 元応二年（月日欠）尼音阿譲状（中村文書、『鎌倉遺文』二七六七四号）。

(107) 文保三年六月日薩摩国伊作荘雑掌下司申状（伊作家文書、『鎌倉遺文』二七〇二五号）。

(108) 元亨三年十月日和田章連本解状案（反町英作氏所蔵三浦和田氏文書、『新潟県史』資料編4中世二、一一二四三号）。

(109) 上杉和彦「鎌倉幕府法の効力について」(同『日本中世法体系成立史論』校倉書房、一九九六年。初出は一九八八年) が指摘する、「非幕府法圏内の訴訟当事者」による幕府法の引用・依存が鎌倉後期に高まる現象も、同様な視点から分析をさらに深めていく必要があろう。

(110) 鎌倉末期の鎮西探題では訴訟手続に関する「関東御事書」を職権的に適用して裁許を導く事例が散見されるから、いちがいにこのように表現することも不適切かもしれない。

(111) 金沢貞顕のある書状 (金沢文庫文書、『鎌倉遺文』三〇七八二号) に「真性奉行日記事、大略於彼方校合之条、返々不審候、能々可有御沙汰候」とあり、鎌倉最末期には奉行人間の訴訟・公事に関する「情報」共有化が進みつつあったことを示すような史料もみられる。しかし、その動きが大きく進展するのは、やはり室町幕府に入ってからであろう。この点については、前川祐一郎「室町幕府法の蓄積と公布・受容」(『歴史学研究』七二九、一九九九年) を参照。

成稿一覧

序　章　中世荘園制論の視角　新稿

第一章　知行国支配と中世荘園の立荘
「中世荘園の立荘と王家・摂関家」（元木泰雄編『日本の時代史7　院政の展開と内乱』吉川弘文館、二〇〇二年十二月）の一部と「平安末・鎌倉期の越後と佐渡―中世荘園の形成と国衙領支配―」（田村裕・坂井秀弥編『中世の越後と佐渡　遺物と文書が語る中世的世界』高志書院、一九九九年六月）の一部をあわせて大幅に加筆。

第二章　王家領荘園の立荘
「中世荘園の形成と「加納」―王家領荘園を中心に―」（『日本史研究』四五二、二〇〇〇年四月）を補訂。

補　論　十二世紀における摂関家領荘園の立荘と存在形態　新稿
ただし前掲「中世荘園の立荘と王家・摂関家」の一部（摂関家領荘園に関する叙述）を利用した箇所がある。

第三章　寺領荘園の立荘
「鳥羽院政期における寺領荘園の立荘と知行国支配―東大寺領荘園を中心に―」（『ヒストリア』一七一、二〇〇〇年九月）を補訂。

第四章　中世荘園制の形成
「「荘園公領制」から「中世荘園制」へ」（『歴史評論』六二二、二〇〇二年二月）を改稿。

第五章　中世荘園の荘務請負と在京沙汰人
「中世荘園の荘務執行とその請負主体―院政期の沙汰人をめぐって―」（『市大日本史』六、二〇〇三年五月）を補訂。

第六章　鎌倉後期～南北朝期における本家職の創出
「鎌倉後期～南北朝期における本家職の成立」（『国立歴史民俗博物館研究報告』一〇四、二〇〇三年三月）を補訂。

第七章　重層的領有体系の成立と鎌倉幕府―本家職の成立をめぐって　新稿

第八章　畿内近国における鎌倉幕府の寺領荘園支配―法隆寺領播磨国鵤荘　新稿

第九章　関東御教書の様式にみる公武関係
「関東御教書の様式について」（『鎌倉遺文研究』八、二〇〇一年十月）を補訂。

第十章　訴陳状の機能論的考察

「鎌倉幕府訴訟文書の機能論的考察—訴陳状を中心に—」（『古文書研究』五四、二〇〇一年十一月）を補訂。

第十一章　裁許下知状の再発給と「原簿」

「鎌倉幕府の保管文書とその機能—裁許下知状の「原簿」—」（河音能平編『中世文書論の視座』東京堂出版、一九九六年三月）を改稿。

第十二章　訴訟文書・記録の保管利用システム—鎌倉幕府の文庫と奉行人の「家」

「鎌倉幕府における訴訟文書・記録の保管利用システム—幕府の文庫と奉行人の「家」—」（『歴史学研究』七五八、二〇〇二年一月）。

高 橋 一 樹 (たかはし・かずき)

略 歴

1967年 新潟市に生まれる
1990年 新潟大学教育学部中学校教員養成課程社会科卒業
1997年 大阪市立大学大学院文学研究科後期博士課程日本史専攻単位取得退学
1997年 国立歴史民俗博物館歴史研究部助手
現 在 武蔵大学人文学部教授、博士(文学)(大阪市立大学)

主要著書・論文
「荘園制の変質と公武権力」(『歴史学研究』794、2004年)
「荘園制と都市・農村」(『中世 日本と西欧』吉川弘文館、2009年)
「中世権門寺社の材木調達にみる技術の社会的配置」(『国立歴史民俗博物館研究報告』157、2010年)
『東国武士団と鎌倉幕府』(吉川弘文館、2013年)

中世荘園制と鎌倉幕府 〔オンデマンド版〕

2013年5月20日 発行

著 者 高 橋 一 樹
発 行 者 白 石 タ イ
発 行 所 株式会社 塙 書 房
〒113-0033 東京都文京区本郷6-8-16
TEL 03(3812)5821 FAX 03(3811)0617
URL http://www.hanawashobo.co.jp/

印刷・製本 株式会社 デジタルパブリッシングサービス
http://www.d-pub.co.jp

© Kazuki Takahashi 2013

ISBN978-4-8273-1657-5 C3021 Printed in Japan
定価はカヴァーに表示してあります。

中世荘園制《ちゅうせいしょうえんせい》と鎌倉幕府《かまくらばくふ》

2004年1月10日　第1版第1刷

著　者　高　橋　一　樹
発行者　白　石　タ　イ

発行所　株式会社　塙　書　房

〒113-0033　東京都文京区本郷6丁目8-16
電話 03(3812)5821㈹
FAX　03(3811)0617
振替　00100-6-8782

検印廃止

亜細亜印刷・弘伸製本

人名索引

こ

さ

し

す

せ

そ

た

ち

つ

て

と

よ

ら

り

れ

所領名・地名・寺社名索引

あ

い

か

き

し

す

せ

そ

な

に

ぬ

の

は

ひ

ふ

ほ

ま

事項索引

あ

い

う

き

く

け

こ

す

せ

そ

て

と

な

に

ね

の

は

ひ

ほ

ま

み

む

め

も

や

ゆ

よ

り

る

れ

ろ

わ

なお、本書は、日本学術振興会平成十五年度科学研究費補助金（研究成果公開促進費）の交付をうけて刊行するものである。

二〇〇三年八月

高橋一樹

本書刊行直前に恩師河音能平先生の訃報に接した。本書をお届けできなかった無念を胸に刻みつつ、先生の学恩に少しでもお応えできるよう、今後も努力を重ねていく所存である。河音能平先生のご冥福を心よりお祈りしたい。

平先生をはじめとする、数多くの恩師や先学・学友の導きが、私の狭い研究の視野や方法を広げてくださった。そのおひとりであった故川端新氏のご冥福をお祈りしつつ、これらの方々との交わりをこれまで以上に大切にしていきたいと思う。

早くに家庭をもち先行きがみえないながらも、大学院生のころは日本史研究会・大阪歴史学会・大阪市立大学中世史研究会などの場で、本当に自由で生きいきとした、そして緊張感のみなぎる学問的な空気を吸いながら、ひたすらに史料を読み、フィールドを歩き、いろいろなことを思いつき、勝手な考えをめぐらす時間と環境をもつことができた。もともと論理的な思考が苦手なうえに、まともな文章を書けないことにはかわりはないが、それでも本書に収めた論文のほとんどは、学籍の切れる年に採用された国立歴史民俗博物館に勤務し、井原今朝男氏、小島道裕氏などから背中を押してもらいながら、かたちにしてきたものである。しかし、豊富な史料の原本に接する時間を与えられ、学際的な共同研究や展示準備を通じての新たな知的発見、すぐれた研究者の方々との交流など、あらゆる意味でめぐまれた現在の職場で得られたさまざまな学恩を、本書のなかに生かし切れていないことは、自分なりに承知しているつもりである。いつもあたたかく見守ってくださる歴博の方々にあまえることなく、もっと厳しくみずからを律していきたいと思う。

本書の出版に際しては、栄原永遠男先生より塙書房にご推薦いただき、同編集部の寺島正行氏には種々ご迷惑をおかけした。同世代の著者に最善のご助力を惜しまれなかった同氏はもとより、塙書房のみなさまがたに厚く御礼申し上げる。

最後に私ごとで恐縮だが、故郷で古希をむかえた父、そして母に、本書を届ける日のあることを素直によろこびたい。

あとがき

本書に収めた論文は、大学院博士課程に在籍していたころから昨年前半までに書いたものである。初出の公表時期としては本年前半のものを含むが、第五章は二〇〇二年五月の大阪市立大学日本史学会第五回大会の報告ペーパー、第六章は国立歴史民俗博物館の共同研究「室町期荘園制の研究」の研究成果として二〇〇二年三月に提出した論文である。本書の構成を組み立てる際に、これらの論文を収録すべきか否か迷うこともあったが、当時すでに私の手を離れて公表を待つ段階にあり、そしてなにより本書の全体構想には欠かせない論文であるとの強い思いから、各掲載書の刊行者より許可を得て、若干の補訂を加えて本書に収めることにした。いずれも諒とされたい。

さて本書の原型は、二〇〇一年九月に大阪市立大学より博士（文学）を授与された学位請求論文である。まさしく精力的にご審査いただき貴重なご意見をたまわった栄原永遠男・塚田孝・中村圭爾の各先生はもとより、博士課程在籍中からご指導をいただいた広川禎秀先生、仁木宏氏ほか日本史研究室のみなさまがたに厚く御礼申し上げる。

本書はこの学位論文を出発点に内容の補訂と再構成、そして新稿の追加によって成り立っている。これらの論文と同様に、まだまだ若い私が学窓の思い出などを語るにはいささか早すぎる。しかし、今日まがりなりにも研究者としてあることの原点は、故郷の大学で田村裕先生より学問的営為の厳しさ、すばらしさを身をもって教わり、重厚な研究蓄積のある北越後・阿賀北の荘園文書と格闘した日々にある。転じて関西の大学院では、河音能